PAUL SÉBILLOT

LÉGENDES

ET

CURIOSITÉS DES MÉTIERS

OUVRAGE ORNÉ DE 220 GRAVURES

D'APRÈS DES ESTAMPES ANCIENNES ET MODERNES OU DES DESSINS INÉDITS

PARIS

ERNEST FLAMMARION, ÉDITEUR

26, RUE RACINE, PRÈS L'ODÉON

LÉGENDES

ET

CURIOSITÉS DES MÉTIERS

OUVRAGES DU MÊME AUTEUR

IMPRIMERIE E. FLAMMARION. 26, RUE RACINE. PARIS.

PAUL SÉBILLOT

LÉGENDES

ET

CURIOSITÉS DES MÉTIERS

LES MEUNIERS — LES BOULANGERS — LES PATISSIERS
LES BOUCHERS — LES FILEUSES
LES TISSERANDS — LES OUVRIÈRES EN GAZE — LES CORDIERS
LES TAILLEURS — LES COUTURIÈRES — LES DENTELLIÈRES
LES MODISTES — LES LAVANDIÈRES ET BLANCHISSEUSES
LES CORDONNIERS — LES CHAPELIERS
LES COIFFEURS — LES TAILLEURS DE PIERRE — LES MAÇONS
LES COUVREURS — LES CHARPENTIERS
LES MENUISIERS — LES BOISIERS ET LES SABOTIERS — LES TONNELIERS
LES CHARRONS — LES TOURNEURS
LES PEINTRES, VITRIERS ET DOREURS — LES BUCHERONS
LES CHARBONNIERS — LES FORGERONS
LES CHAUDRONNIERS — LES SERRURIERS — LES CLOUTIERS
LES IMPRIMEURS

OUVRAGE ORNÉ DE 220 GRAVURES
D'APRÈS DES ESTAMPES ANCIENNES ET MODERNES OU DES DESSINS INÉDITS

PARIS

ERNEST FLAMMARION, ÉDITEUR

26, RUE RACINE, 26

TABLE

DES

MONOGRAPHIES ET DES GRAVURES[1]

LES MEUNIERS
I

LES BOULANGERS
II

(1) Les noms placés entre parenthèses sont ceux des auteurs des gravures ou ceux des livres dont elles sont extraites.

**

III
LES PATISSIERS

IV
LES BOUCHERS

LES FILEUSES

V

VI
LES TISSERANDS

LES LAVANDIÈRES ET LES BLANCHISSEUSES

LES CORDONNIERS

LES CHAPELIERS

XI

LES COIFFEURS

XII

LES TAILLEURS DE PIERRE

LES MAÇONS

LES COUVREURS

XIII

LES CHARPENTIERS

LES MENUISIERS

LES BOISIERS ET LES SABOTIERS

LES TONNELIERS

LES CHARRONS

LES TOURNEURS

LES SERRURIERS ET LES CLOUTIERS

LES IMPRIMEURS

IMPRIMERIE E. FLAMMARION, 26, RUE RACINE, PARIS.

PRÉFACE

On s'est beaucoup occupé des métiers au point de vue technique, économique, social ou historique: on a reproduit avec détail les règlements qui les régissaient sous le régime des corporations: mais on n'a guère parlé, si ce n'est très incidemment, de ce qu'on pourrait appeler leur histoire familière.

Au cours de mes études sur les traditions populaires, j'avais été frappé du petit nombre de renseignements que les divers auteurs me fournissaient à ce sujet. Les traditionnistes de notre temps, qui ont recueilli tant d'observations curieuses sur les paysans, parfois sur les marins, ont rarement étudié les ouvriers. Nulle enquête n'était pourtant plus urgente, parce que le nivellement de mœurs, d'usages et d'idées que produit la civilisation moderne se fait surtout sentir dans les villes, où réside le plus grand nombre des gens de métier, et que tout ce qu'ils ont pu conserver d'original est condamné à une disparition prochaine. Il y a plus de dix ans, j'avais esquissé dans la revue *L'Homme*, un programme de recherches sur les artisans, et à plusieurs reprises j'ai essayé d'appeler sur eux l'attention de mes collaborateurs de la *Revue des Traditions populaires*; mais alors que j'obtenais tant de faits sur la vie, les mœurs et les superstitions de la campagne, je constatais que bien peu s'intéressaient aux gens qui travaillent à des métiers, sans doute parce que l'observation était plus difficile, ou bien parce que l'on croyait qu'elle fournirait une maigre récolte. Les très nombreux livres de *Folk Lore* publiés depuis quinze ans, si riches en détails sur les paysans, n'en consignaient qu'un bien petit nombre sur les ouvriers. Je continuais cependant à glaner des notes, et c'est en réunissant quelques-unes d'entre elles que j'écrivis la petite monographie intitulée : *Traditions et Superstitions de la Boulangerie* (1890). Elle parut curieuse à quelques-uns de ceux qui l'avaient lue, et plusieurs me demandèrent si je ne pourrais traiter les divers autres métiers en les envisageant au même point de vue.

Si l'entreprise n'était pas facile à exécuter, elle était de celles qui sont faites pour tenter un amateur de recherches. Je me mis à étudier le sujet plus à fond, et je fus amené peu à peu à modifier, et surtout à élargir, le plan que j'avais d'abord adopté. Au lieu de me borner, comme je l'avais fait dans mon premier ouvrage, à enregistrer les superstitions, les contes et les proverbes qui s'attachent à chaque métier, je pensai qu'il convenait d'y ajouter les coutumes, les fêtes, les traits de mœurs, parfois même les anecdotes typiques, et que la mise en œuvre de ces divers éléments pourrait former une sorte d'histoire intime des métiers.

Les mœurs et les coutumes des artisans avaient préoccupé le savant A.-A. Monteil ; mais l'auteur de l'*Histoire des Français des divers états* s'était placé à un point de vue plus général que le mien ; ses indications, souvent fort intéressantes, s'appliquent surtout au XVIᵉ siècle, et ses deux derniers volumes n'en fournissent qu'un petit nombre qui touchent à mon sujet. Les auteurs du *Livre d'Or des Métiers* avaient procédé, ainsi que je le fais, par monographies ; mais il n'en parut que sept, fort inégales comme étendue et comme mérite. Pas plus que Monteil ils n'avaient attaché d'importance aux dictons et surtout aux contes et aux légendes ; mais Paul Lacroix et Édouard Fournier connaissaient trop bien les écrivains comiques ou satiriques, l'ancien théâtre et les livrets populaires, dont on leur doit tant de rééditions, pour ne pas avoir pressenti le parti que l'on peut en tirer pour l'histoire des mœurs et des coutumes.

Ces diverses productions, œuvres d'écrivains dont souvent le talent est médiocre, fournissent à celui qui a le courage de les lire des renseignements d'autant plus précieux qu'ils se rencontrent tout naturellement sous leur plume, alors qu'ils ne pensent pas à donner un document, mais simplement à consigner quelque anecdote plaisante ou singulière. Il en est qui jettent sur certaines pratiques, sur certaines coutumes, sur des préjugés, une lumière souvent inattendue et qui a toute la saveur d'une étude d'après nature. On rencontre assez fréquemment de ces traits chez les conteurs, ou chez les auteurs de facéties dans le genre de celles qu'on a mises sous le nom de Tabarin.

Avant le milieu du XVII⁰ siècle, l'ancien théâtre choisissait parfois ses personnages parmi les ouvriers les plus populaires : on y voit des chaudronniers, des forgerons, des tailleurs, des meuniers, des gagne-petit de la rue, et plusieurs passages visent les mœurs ou les ridicules de divers autres artisans. Quand, sous l'influence des grands classiques, la comédie devient plus régulière et s'attache à peindre des caractères, les gens de métier y figurent plus rarement; les parades même de la Foire, bien que destinées surtout à l'amusement du peuple, ne les mettent qu'assez rarement à la scène, et ils n'y reparaissent, d'une façon quelque peu suivie, que vers la fin du siècle dernier. De nos jours on a vu au théâtre beaucoup de pièces dont le héros était un ouvrier; mais ce n'était souvent qu'une étiquette, et rarement les mœurs ou les ridicules particuliers à chaque état y étaient décrits avec fidélité.

Dans les anciens romans et dans les recueils de nouvelles, on ne rencontre guère, jusqu'à Restif de la Bretonne, que des traits épars. quelques personnages épisodiques, et les romanciers contemporains n'ont pas toujours assez connu les ouvriers, pour que l'on puisse considérer comme très exacts les détails qu'ils donnent sur leurs mœurs, leurs habitudes, sur leurs préjugés; en dépit de leur prétention au document, le portrait qu'ils peignent est le plus souvent ou poussé à la charge ou flatté jusqu'à l'idéalisation.

Rares aux époques où la noblesse est beaucoup, la bourgeoisie quelque chose et les artisans bien peu, les renseignements sur la partie du peuple qui travaille manuellement deviennent plus abondants à mesure que le commerce et l'industrie se développent. Mais toujours ils sont très dispersés, et l'on trouverait à peine avant notre siècle deux ou trois ouvrages de quelque valeur où l'on se soit occupé de la vie intime des ouvriers.

Sous le règne de Louis-Philippe, on s''y intéresse davantage; on voit paraître les *Physiologies* de beaucoup de métiers, ou des ouvrages dans lesquels ils sont, suivant une expression qui avait fait école, « peints par eux-mêmes ». Mais si parmi les écrivains qui ont écrit ces diverses monographies, il en est qui avaient observé exactement et sans parti pris, un grand nombre, sous l'influence romantique, avaient voulu créer des types, donné à leurs personnages un relief exagéré, et leur avaient prêté des mots et des idées qu'ils ne pouvaient pas avoir. Le pittoresque à la mode faisait tort à la vérité, qui souvent paraissait secondaire à des écrivains qui visaient avant tout à l'amusement des lecteurs; de là, suivant que le sujet prêtait à l'éloge ou à la satire, des travestissements, parfois étranges, de corps de métiers qui n'avaient mérité

Ni cet excès d'honneur, ni cette indignité.

Dans les monographies qui composent ce volume, j'ai mis en œuvre les documents empruntés à ces diverses sources; il en est, surtout pour les périodes anciennes, qui me semblent présenter le caractère d'une incontestable véracité; malgré leur exagération évidente, je n'ai pas écarté certains autres, mais j'ai eu soin de les citer à peu près *in extenso*, ou de mettre, par quelques lignes, le lecteur en garde. Je n'ai pas non plus négligé les statuts des métiers, les ordonnances ou les traités de police, dans lesquels il m'est arrivé de rencontrer des traits de coutumes ou de mœurs qui rentraient directement dans mon sujet.

A côté de faits empruntés à des livres, il en est un bon nombre qui proviennent d'une enquête que j'ai faite personnellement, ou en m'adressant à des correspondants qui m'avaient déjà fourni des matériaux pour mes ouvrages précédents. Afin de provoquer de nouvelles recherches, je les ai insérés dans la *Revue des traditions populaires*; parmi les autres communications, qui paraissent ici pour la première fois, plusieurs me sont venues de personnes qui avaient lu les livraisons que j'ai publiées au commencement de cette année.

En écrivant le mot *Légendes* sur la première ligne du titre de ce livre, je n'ai pas été seulement guidé par le désir de plaire au lecteur en reproduisant des récits touchants, curieux ou comiques. Souvent la littérature orale reflète exactement les idées populaires, et forme un complément utile aux faits constatés par les écrivains. En ce qui concerne les contes et les légendes, on remarque que les ouvriers des divers états y tiennent une bien petite place, si on la compare à celle des laboureurs, des marins et des bergers, quoique ces humbles personnages figurent moins souvent dans le merveilleux royaume de : « Il était une fois », que les rois et les reines, les princes et les princesses. Parfois le métier exercé par le héros n'est pas en rapport direct et nécessaire avec le récit, et, suivant les pays, la profession qui lui est attribuée peut changer. Mais si le rôle est de ceux qui demandent de la finesse, de la ruse plutôt que de la force, on peut être à peu près certain qu'il sera tenu par un cordonnier, un tailleur ou un meunier, alors que les gens forts ou orgueilleux sont des forgerons ou des charpentiers.

D'autres récits appartiennent à la série des moralités : des boulangers ou des lavandières sont punis de leur mauvais cœur, tandis que des sabotiers ou des bûcherons compatissants reçoivent des récompenses. Il en est qui servent à expliquer ou à justifier des prohibitions, ou qui montrent comment sont traités ceux qui n'ont pas respecté le bien d'autrui. A tout prendre, ces contes forment une école de morale qui en vaut bien d'autres à visées plus ambitieuses.

Les sentiments du peuple qui achète, à l'égard du métier qui produit, se manifestent surtout dans les proverbes, les dictons, les formulettes et les sobriquets. Ils en mettent en relief les qualités, plus souvent les défauts réels ou supposés, et se montrent particulièrement agressifs sur le chapitre de la probité. Je ne prétends pas, loin de là, qu'ils soient tous justifiés par les faits, même anciens. Actuellement il en est beaucoup qui sont de simples survivances, et qui, s'ils ont eu une réelle raison d'être, s'appliquent à un état de choses qui n'existe plus. De ce nombre sont la plus grande partie de ceux qui visent certains larcins professionnels. Quoi qu'on ait pu dire, dans la plupart des métiers, la moralité générale a grandement

progressé, et le temps n'est plus où le consommateur voyait nécessairement un voleur dans le fabricant qui lui livrait un objet ou le
marchand qui le lui vendait. Cela tient en partie à ce que l'ouvrier
ne travaille plus guère sur des matériaux appartenant aux particuliers, et qu'il n'a plus la tentation de s'en approprier une partie. En
outre, les commerces étant devenus libres, la concurrence empêche
de rechercher de petits gains illicites qui, bientôt découverts,
feraient le client déserter la boutique où se serait produite la
fraude, pour s'adresser au voisin.

Les dires populaires constatent aussi une sorte de réprobation
qui s'attachait à tout un corps de métier, non pas cette fois en
raison de fraudes ou de vol, mais à cause du métier lui-même, et
parce qu'il avait été exercé à une certaine époque par des races
méprisées. Il y avait naguère encore, dans plusieurs pays de France,
de véritables parias, tenus à l'écart par les populations au milieu
desquelles ils vivaient, qui étaient à chaque instant exposés à des
avanies et à des injures, et qui étaient, pour ainsi dire, condamnés
à ne se marier jamais qu'entre eux. Ces préjugés, fort heureusement, vont s'effaçant tous les jours, et le temps n'est peut-être pas
très loin où ceux qui étaient les plus vivaces au commencement de
ce siècle, auront entièrement disparu.

Les artisans d'autrefois avaient bien des usages particuliers, bien
des fêtes dont le caractère, souvent presque rituel, remontait à des
époques lointaines ; des cérémonies spéciales avaient lieu à des
époques déterminées de l'année, lorsque l'apprenti devenait compagnon, quand l'ouvrier passait contremaître. Quelques-unes n'existent plus qu'à l'état de souvenir ; d'autres sont en train de mourir.
S'il en est qui ne sont pas à regretter, il y en avait certaines qui
entretenaient une sorte de lien entre les diverses catégories du
métier, depuis le patron jusqu'au petit garçon qui commençait son
apprentissage. Ceux qui rêvent de creuser un fossé entre deux
éléments, qui sont aussi nécessaires l'un que l'autre, pourront
se réjouir de voir cesser ces rapports ; il n'en sera pas de même
de ceux qui pensent que

> Quand les bœufs vont deux par deux
> Le labourage en va mieux.

J'ai donné un assez large développement à l'illustration documentaire, puisqu'elle comprend 220 gravures. Elle est empruntée à des sources très variées. La plupart du temps elle est en relation directe avec le texte, que souvent elle complète ou éclaircit. C'est surtout le cas de celle qui représente des scènes de mœurs. D'autres images reproduisent des costumes d'autrefois, d'anciens modes de travail, des intérieurs d'ateliers ou de boutiques, qui permettent, mieux qu'une longue description, de se figurer le milieu dans lequel vivait ou travaillait l'ouvrier aux siècles derniers.

Depuis les vieux bois si pittoresques et si exacts de Jost Amman jusqu'aux belles planches de l'*Encyclopédie méthodique*, les métiers n'ont pas été regardés comme de simples thèmes à images agréables, que l'on pouvait traiter par à peu près. Le cadre dans lequel les artistes ont placé les personnages est très bien choisi et bien rendu, avec ses détails particuliers; il est certaines estampes traitées avec un tel souci de la vérité qu'elles permettent de reconstituer le métier avec les ustensiles qui servaient à l'exercer, et ses produits à divers états d'avancement. Les anciennes caricatures elles-mêmes révèlent une observation très attentive, et tout en étant comiques ou satiriques, elles nous conservent bien des détails de costume, d'attitudes ou d'accessoires qui ne sont pas mis là par amour du pittoresque, mais parce qu'ils existaient réellement, et que les dessinateurs d'alors jugeaient qu'ils étaient utiles au sujet qu'ils voulaient représenter. A ce point de vue, elles sont très supérieures à celles de l'époque moderne, faites plus hâtivement, et dont les auteurs se sont du reste placés à un point de vue différent.

Les images de métiers sont assez nombreuses, moins pourtant qu'on ne serait tenté de le croire, et souvent elles visent plus la technique que les mœurs ou les coutumes des artisans. Les artistes se sont plutôt occupés des ouvriers qui parcouraient les rues, des marchands ou des revendeurs qui annonçaient leur présence par des cris, que des producteurs. On doit faire une exception pour les gravures et pour les images populaires qui ont paru depuis le règne de Henri IV jusqu'au milieu de celui de Louis XIV : Abraham Bosse, Lagniet, Guérard, les Bonnart, les uns comme auteurs, les autres comme éditeurs d'estampes, font aux artisans une assez large place, et leurs planches constituent des documents de premier ordre pour l'histoire intime des métiers; pour en retrouver l'équivalent, sinon comme mérite, du moins comme abondance, il faut arriver à la période révolutionnaire.

C'est à la première de ces époques et au XVIIIe siècle que j'ai fait les plus larges emprunts. J'ai donné moins de place aux estampes modernes, parce que la lithographie, qui est le procédé le plus employé pendant la première moitié de ce siècle, est d'une reproduction moins facile que la gravure, et aussi parce que leurs auteurs, presque tous des humoristes, ont laissé de côté nombre de métiers qui, se prêtant autrefois à une satire que tout le monde comprenait à demi-mot, avaient cessé de fournir des sujets populaires à la plaisanterie. J'ai encore moins pris à l'imagerie contemporaine; la plupart du temps, elle n'a fait que reprendre quelques-uns des thèmes des siècles passés, avec un art plus médiocre, et sans y ajouter des traits bien caractéristiques.

PAUL SÉBILLOT

LÉGENDES ET CURIOSITÉS

DES MÉTIERS

LES MEUNIERS

Suivant une légende du Berry, le diable, après avoir exa-
miné quel pouvait être de tous les métiers d'ici-bas celui qui
rapportait le plus et celui où il était le plus facile, pour quelqu'un de peu scrupuleux, de faire fortune, ne tarda pas à être
convaincu que c'était celui de meunier. Il établit sur la rivière
de l'Igneraie un moulin tout en fer, dont les diverses pièces
avaient été forgées dans les ateliers de l'enfer. Les *meulants*
vinrent de tous côtés à la nouvelle usine, dont la vogue devint
si grande, que tous les meuniers des environs, dont on avait
du reste à se plaindre, furent réduits à un chômage complet.
Quand le diable eut accaparé toute la clientèle, il traita si mal
ses pratiques, que celles-ci crièrent plus que jamais misère.
Saint Martin, qui passa par là, résolut de venir en aide à ces
pauvres gens. On était en hiver, et il construisit, en amont de
celui du diable, un moulin tout en glace. De toutes parts on y
vint moudre, et chacun s'en retourna si content de la quantité

et de la qualité de la farine qui lui avait été livrée par le nouveau meunier, que le diable se trouva à son tour sans pratiques. Alors il vint proposer à saint Martin d'échanger son moulin contre le sien. Le saint y consentit, mais il demanda en retour mille pistoles : c'était exactement le chiffre du gain illicite que le diable avait fait depuis qu'il était meunier. Pendant huit jours, celui-ci fut satisfait de son marché, mais alors il vint du dégel : les meules commencèrent à suer, et au lieu de la farine sèche qu'elles donnaient auparavant, elles ne laissèrent plus échapper que de la pâte.

Le commencement de ce récit, qui a été recueilli par Laisnel de la Salle, reflète assez exactement les anciennes préventions populaires à l'égard des meuniers. Leur mauvaise réputation, assez justifiée autrefois, tenait surtout à ce que, au lieu de recevoir un salaire, ils exerçaient un prélèvement en nature sur les grains qui leur étaient confiés. Il en était résulté des abus que constatent, en termes très sévères pour les meuniers, plusieurs ordonnances qui avaient essayé d'y mettre fin : elles défendaient de prendre la mouture en grains, mais seulement en argent, à raison de douze deniers par setier, et recommandaient de rendre les farines en même poids que le blé, à deux livres près, pour le déchet. Au cas où celui qui faisait moudre aurait préféré ne pas payer en argent, le droit de mouture était fixé à un boisseau par setier. Les contraventions étaient punies par l'amende ou par le pilori. Ces pénalités, dont la dernière avait un caractère infamant, n'avaient pas complètement réussi à empêcher certains meuniers de « tirer d'un sac double mouture », comme dit un proverbe, qui doit probablement son origine à leur manière de procéder. « Chaque meunier a son setier », disait-on aussi en parlant de quelqu'un dont on avait besoin, et qui abusait de la situation. Cette façon de mesurer était générale en Europe, et elle avait aussi donné lieu au dicton anglais : *Every honnest miller has a thumb of gold* : tout honnête meunier a un pouce d'or ; en Écosse, on dit d'une personne peu délicate qu'elle a un pouce de meunier : *He hiz a miller's thum*. Un proverbe satirique de la Basse-Bretagne semble aussi en relation avec ce pouce, aussi voleur que celui que les marins attribuent au commis aux vivres :

Ar miliner, laer ar bleud
A vo daoned beteg e veud,
Hag e veud, ann daoneta,
A ia er zac'h da genta.

Le meunier voleur de farine. — Sera damné jusqu'au pouce, — Et son pouce, le plus damné. — Va le premier dans le sac.

En Béarn, on dit aussi : *Lou moulié biu de la pugnero* : le meunier vit de la poignée ou prélèvement fait en nature ; et en Basse-Écosse : *The miller aye taks the best muter wi's ain hand* : la meilleure mouture du meunier est sa propre main.

Ainsi que d'autres industriels, auxquels on pouvait reprocher d'avoir gardé plus que leur dû, les meuniers avaient imaginé une réponse équivoque qui ne les empêchait pas de voler, mais leur évitait, à ce qu'ils croyaient, un mensonge : « Les meusniers, dit Tabourot, ont une mesme façon de parler que les cousturiers, appelant leur asne le grand Diable et leur sac Raison ; et rapportant la farine à ceux ausquels elle appartient, si on leur demande s'ils n'en ont point pris plus qu'ils ne leur en faut, respondent : Le grand diable m'emporte si j'ay pris que par raison. Mais pour tout cela ils disent qu'ils ne dérobent rien, car on leur donne. » Ils avaient trouvé une autre manière d'expliquer les quantités qui manquaient. Dans un petit poëme français du XIIIe siècle sur les boulangers, les vols des meuniers sur le grain qu'on leur donnait à moudre sont mis sur le compte des rats qui dévalisent le grenier de nuit, et les poules qui le mettent à contribution le jour. Un

dicton de la Corrèze semble prouver que cette excuse n'est pas
tombée en désuétude :

> *Moulinié, farinié,*
> *Traouquo chatso, pano bla*
> *Et peï dit que coï lou rat.*

Meunier farinier, — Perce le sac, vole le blé. — Et qui dit que c'est le
rat.

Plusieurs articles de coutumes locales constatent qu'à l'intérieur du moulin des dispositions ingénieuses avaient pour but
de favoriser un bénéfice illicite : au lieu d'environner les
meules d'un cercle d'ais en rond, certains meuniers lui avaient
donné une forme carrée, en sorte que la farine qui remplissait
les quatre angles de ce carré, n'étant plus poussée par le mouvement de la meule, y restait en repos, et y demeurait contre
les intérêts des particuliers dont ils faisaient moudre le blé.
D'autres faisaient plusieurs ouvertures au cercle d'ais, par où
la farine tombait en d'autres lieux que la huche où elle devait
être reçue par le propriétaire du blé. Un article des coutumes
avait ordonné aux seigneurs ou à leurs meuniers de renoncer
à ces modes de construction frauduleuse.

On comprend que ces pratiques aient valu aux meuniers
d'autrefois une détestable réputation ; le poëte anglais John
Lydgate disait qu'ils avaient tous les droits possibles au pilori ;
dans les dictons injurieux, ils étaient associés aux tailleurs et
aux boulangers, et formaient avec eux la trinité industrielle
la plus blasonnée au moyen âge ; on en trouve l'écho dans les
dictons populaires et dans les farces : « Si vous aviez enclos
dans un grand sac un sergeant, un musnier, un tailleur et un
procureur, qui est-ce de ces quatre qui sortiroit le premier, si
on luy faisoit ouverte ? demande Tabarin, qui répond : le premier qui sortiroit du sac c'est un larron, mon maistre. Il n'y a
rien de plus asseuré que ce je dis. »

— E'en voekeraar, een molenaar, een wisselaar, een tollenaer,
  Zijn de vier evangelisten van Lucifaar.

— Un usurier, un meunier, un changeur et un péager sont quatre évangélistes pour Lucifer. (Prov. flamand.)

Il y avait des blasons injurieux qui leur étaient spéciaux : ainsi dans les *Adevineaux amoureux,* publiés au XV° siècle ; la

Gravure satirique de Lagniet contre les protestants et les meuniers.

réponse à la question : Qui est le plus privé larron qui soit ? est : c'est un mounier. Le même recueil contient une autre demande : Pourquoy ne pugnist on point les mouniers de larrechin ? Parce que rien ne prendent s'on ne leur porte. Tabarin pose à son maître plusieurs questions sur les meuniers : Quelle est la chose la plus hardie du monde ? C'est la chemise d'un meunier, parce qu'elle prend tous les jours au matin un larron à la gorge, et ce dicton est encore vivant en Bretagne.

Na euz ket hardissoc'h eget rarhed eur miliner
Rag bep mintin e pak eul laer.

Naguère on disait que ce qu'il y a de plus infatigable, c'est
la cravate d'un meunier, parce qu'elle peut sans se lasser tenir
toujours un coquin à la gorge.

D'après les *Fantaisies* de Tabarin, l'animal le plus hardi
qui soit sur la terre, c'est l'âne des meuniers, parce qu'il est
tous les jours au milieu des larrons, et toutefois il n'a aucune
peur.

Aujourd'hui, les habitants des villes n'ont guère affaire
directement aux meuniers, et ce n'est plus qu'à la campagne
que les consommateurs sont en rapport avec eux : il n'en était
pas ainsi jadis. Vers le milieu du XVIIe siècle, le meunier est,
à Paris même, le personnage aux dépens duquel s'égayent le
plus les auteurs d'images satiriques et les farceurs populaires.

Parmi les *Facéties tabariniques* figure « le Procez, plaintes
et informations d'un moulin à vent de la porte Sainct-Anthoine
contre le sieur Tabarin touchant son habillement de toille
neufve intenté par devant Messieurs les Meusniers du faux-
bourg Sainct-Martin avec l'arret desdits Meusniers, prononcé
en jaquette blanche (1622). Ce moulin comparait devant Messieurs les Meusniers, en la cour d'Attrape, et ayant été mis
hors de cause, il ne voyoit que trois personnes devant qui il
pouvoit demander son renvoy ; car de tout temps il a ses causes
commises en la court des Larrons, sçavoir est les meusniers,
les cousturiers et les autres. Il voulut donc sçavoir son renvoy
par devant les cousturiers ; mais on trouva qu'ils estoient aussi
larrons que les meusniers. »

L'*Almanach prophétique* du sieur Tabarin pour l'année 1623
enjoint « aux meusniers d'avoir un certain recoin en leur
meule pour attraper de la farine, et de prendre double mouture. » Sauval dit que le peuple de Paris leur attribuait un

singulier patron : « Les six corps des Marchands et tous les corps des Métiers ont chacun divers saints et saintes pour des raisons plaisantes, car je n'oserois dire ridicules, de peur de profaner comme eux les choses les plus saintes. Les Meuniers ont le bon Larron, comme s'ils reconnoissoient eux-mêmes qu'ils sont larrons, mais qu'à la fin ils pourront s'amender »

On disait, au XVIᵉ siècle, d'un voleur, qu'il était « fidèle comme un meunier » (p. 5). Maintenant encore, la malice populaire s'exerce souvent à son égard : •

> *Na pa rafe ar vilin nemet eun dro krenn,*
> *Ar miliner 'zo sur d'oc'h he grampoezenn.*

Le moulin. ne donnât-il qu'un tour de roue. — D'avoir sa crêpe le meunier est certain. (Basse-Bretagne.)

> *Quant lou moulié ba hè mole,*
> *Trico traco, dab la molo,*
> *Dou bèt blat, dou fin blat,*
> *Quauque coupet de coustat.*

Quand le meunier va faire moudre. — Tric trac. avec sa meule. — Du beau blé. du fin blé, — Il met quelque mesure de côté. (Gascogne.)

— *Waar vindt men een molenaarshaan, die nooit een gestolen graantje gepikt heeft?* — Où trouve-t-on un coq de meunier qui n'a jamais picoté un grain de blé volé? (Flandre).

— *Als de muis in den meelzak zit, denkt zij, dat ze de molenaar zelf is.* — Quand la souris est dans le sac à farine elle se croit le meunier lui-même. (Flandre.)

— *Quannu li mulinara gridanu curri à la trimogna.* — Quand le meunier crie, cours à la trémie. (Sicile.)

A Saint-Malo, on dit aux petits enfants, en les faisant sauter sur les genoux :

> Dansez, p'tite pouchée,
> Le blé perd à la mouture,
> Dansez, p'tite pouchée,
> Le blé perd chez le meunier.
> Les meuniers sont des larrons,
> Tant du Naye que du Sillon.

En Haute-Bretagne, la formulette qui suit est populaire :

> Meunier larron,
> Voleur de blé.
> C'est ton métier.
> La corde au cou,
> Comme un coucou.
> Le fer aux pieds.
> Comme un damné.
> Quat' diabl' à l'entourer.
> Qui l'emport'ront dans l'fond d'la mé (mer).

On dit en Seine-et-Marne :

> Meunier larron.
> Voleur de son pour son cochon :
> Voleur de blé,
> C'est son métier.

> Lair! lair er meliner!
> Ur sahad bled do hé rair.

> Voleur! voleur meunier! — Un sac de farine sur le dos. (Morbihan.)

Le moulin lui-même prenait une voix pour conseiller le vol. En Forez, le baritel ou tamis dit au meunier : « Prends par te, par me, par l'anon. »

Un petit conte picard, aussi irrévérencieux qu'un fabliau et peu charitable pour les meuniers, semble dire que c'est en vertu d'une autorisation divine qu'ils auraient constamment prélevé plus que leur dû sur les manées de leurs clients : le jour de l'Ascension, Jésus-Christ se dirigea vers un moulin à vent; comme ce moulin était arrêté, il se mit en devoir de gravir les échelons de l'une des ailes, afin de prendre son élan pour monter au ciel. Le meunier, qui regardait à l'une des fenêtres de son moulin, lui cria : Où allez-vous? — Je vais au ciel, répondit Jésus. — Dans ce cas, attendez-moi donc, j'y vais avec vous, répliqua le meunier, qui sortit aussitôt et s'accrocha aux pans de la robe du Christ. — Non, non, dit

Jésus, en le repoussant doucement : je vole en haut, toi vole en bas.

Dans les farces et les récits populaires les meuniers figurent

Gravure satirique de Lagniet (1637).

parmi les gens qu'on ne voit pas en paradis. La farce du *Meunyer de qui le diable emporte l'âme en enfer* (1496), représente un meunier qui, sur le point de mourir, fait sa confession :

> ...le long de l'année.
> J'ay ma volonté ordonnée;

Comme sçavez, à mon moulin,
Où plus que nul de mère née.
J'ay souvent la trousse donnée
A Gaultier, Guillaume et Colin,
Et ne sçay de chanvre ou de lin,
De bled valant plus d'un carlin,
Pour la doubte des adventures,
Ostant ung petit picotin,
Je pris de soir et de matin ;
Tousjours d'un sac doubles moutures,
Somme de toutes créatures
Pour suporter mes forfaictures,
Tout m'estoit bon : bran et farine.

Malgré ces aveux, sa contrition étant assez douteuse, le meunier aurait été en enfer si Lucifer n'avait envoyé, pour prendre son âme, un diable inexpérimenté qui croit qu'elle sort par le fondement ; c'est là qu'il se poste, tenant un sac ouvert, et dès qu'il y tombe quelque chose il se hâte de l'emporter. Ce que c'était, on le devine ; Lucifer se bouche le nez et se met fort en colère contre le diable maladroit.

Tous les meuniers n'avaient pas la même chance. Quand la sainte Vierge descendit aux enfers elle vit, d'après la légende de l'Ukraine, des barres en fer installées au-dessus du feu et beaucoup d'âmes coupables qui étaient suspendues par les jambes à ces barres, et avaient de grandes meules attachées à leur cou, et les diables attisaient le feu au-dessous d'eux avec des soufflets. Et la sainte Vierge dit : « Instruis-moi, saint archange Michel, qui sont ces pécheurs? » Michel dit : « Sainte Vierge, ce sont les meuniers malfaiteurs qui ont volé les grains et la farine d'autrui ».

On raconte chez les Petits-Russiens que l'aubergiste et le meunier se rencontrèrent en enfer : « Pourquoi es-tu ici, frère? dit le premier ; je suis pécheur, car je ne remplissais jamais entièrement le verre, mais toi? — Oh! mon cher, moi, quand je mesurais, la mesure était non seulement toute pleine,

toute pleine, mais trop pleine, et encore je pressais alors
dessus.

Il y avait toutefois des meuniers si pleins de ressources qu'ils
arrivaient par ruse à entrer en Paradis, bien qu'ils ne l'eussent guère mérité. On raconte, en Haute-Bretagne, que jadis
l'un d'eux mourut, et vint frapper à la porte du séjour des
bienheureux. Saint Pierre lui ouvrit et dès qu'il vit son
bonnet couvert de farine, il lui dit : « Comment, c'est toi qui
oses frapper à cette porte? Ne sais-tu pas que jamais meunier
n'est entré ni n'entrera en Paradis? — Ah! saint Pierre, je
ne suis pas venu pour cela, mais seulement pour regarder, et
voir comme c'est beau. Laissez-moi voir un peu et je m'en
irai sans faire de bruit ». Saint Pierre ouvrit la porte pour
que le meunier pût regarder; mais celui-ci, qui avait son
quart sous le bras, le lança entre les jambes du portier, qui
tomba, et, avant qu'il eût eu le temps de se relever, il se
précipita dans le Paradis, et s'assit sur son quart. On voulut
le faire déguerpir; mais il assura qu'il était sur son bien et
qu'il ne s'en irait pas. Le meunier la Guerliche, dont les
Contes d'un buveur de bière relatent les plaisantes aventures,
est repoussé par saint Pierre, puis par d'autres saints, qui
lui reprochent ses vols; mais il rappelle à chacun d'eux que
pendant leur vie terrestre ils ont commis d'aussi gros péchés
que lui. On finit par lui dépêcher les saints Innocents, et il
leur dit : « C'est justement pour vous que je viens! Est-ce
qu'on ne m'accuse point d'avoir escamoté la farine de mes
pratiques! Ce que je faisais c'était tout simplement pour vous
apporter un bon paquet de gaufres sucrées ». Les saints Innocents ouvrirent la porte et se précipitèrent en foule, les mains
tendues, vers la Guerliche, qui entra librement en distribuant
des gaufres à droite et à gauche.

Si les meuniers ne devenaient pas de petits saints, dignes

d'entrer au ciel sans passer par le purgatoire, ce n'était pas la faute des avertissements d'en haut. Parfois le diable en emportait un, et en leur qualité de protégés de saint Martin, ils avaient seuls le privilège de voir leurs prédécesseurs accomplir leur pénitence posthume. En Berry, deux longues files de fantômes, à genoux, la torche au poing et revêtus de sacs enfarinés surgissent soudainement à droite et à gauche du sentier que suit le passant, et l'accompagnent silencieusement jusqu'aux dernières limites de la plaine, en se traînant sur les genoux et en lui jetant sans cesse au visage une farine âcre et caustique. Les riverains de l'Igneraie prétendent que ce sont les âmes pénitentes de tous les meuniers malversants qui, depuis l'invention des moulins, ont exercé leur industrie sur les bords de cette petite rivière.

Le curieux récit qui suit, inséré par Restif de la Bretonne dans ses *Contemporaines*, rentre dans le même ordre d'idées : « Il y avait une fois un moulin dont la meunière n'avait pas de conscience ; elle prenait deux ou trois fois la mouture au pauvre monde pendant qu'on était endormi. Elle vint à mourir à la fin, et on dit que ce fut le diable qui lui tordit le cou. Voilà que le soir on l'ensevelit, et il resta deux femmes pour la garder. Mais au milieu de la nuit, elles sortirent du moulin en criant et courant. Les gens qui les rencontrèrent leur demandèrent ce qu'elles avaient. Et elles dirent qu'ayant entendu un certain bruit sur le lit de la meunière morte, dont les rideaux étaient fermés, elles les avaient ouverts et, qu'ayant regardé, c'étaient deux gros béliers, dont un tout noir et l'autre blanc, qui se battaient sur le corps, et que le noir avait dit au blanc : « C'est moi qui ai l'âme, je veux aussi avoir le corps ». Et tout le monde fut avertir le curé, qui vint avec le *Grimoire*, où il n'y a que les prêtres qui puissent lire, et qui fait venir le diable quand on le veut ; mais ils le renvoient de

Le Moulin de la Dissension, caricature contre les Huguenots (vers 1630).

même ; et il entra au moulin. Et dès qu'il vit le bélier noir il lui dit : « Que veux-tu ? » Lequel répondit : « J'ai l'âme, je veux le corps. — Non, dit le prêtre, en faisant trois signes de croix, car il a reçu les saintes huiles ». Et aussitôt le bélier noir s'en alla en fumée noire et épaisse ; au lieu que le blanc monta en l'air comme une petite étoile claire. »

En Basse-Bretagne, les meuniers ne sont pas aussi estimés que les laboureurs ; ils ne se marient pas aisément avec les filles de fermiers ; on les accuse d'être libertins et gourmands.

> *Krampoez hag amann a zo mad,*
> *Ha nebeudig euz pep sac'had,*
> *Hag ar merc'hed kempenn a-vad.*

Des crêpes et du beurre, bonnes choses. — Et un brin de chaque sac de farine ; — Et les jolies filles pareillement.

Ce sont eux qui passent pour être les auteurs des chansons grivoises et de celles qui offrent des traits piquants d'actualité. Le meunier, dit M. de la Villemarqué, traverse les villes, les bourgs, les villages, il visite le pauvre et le riche ; il se trouve aux foires et aux marchés ; il apprend les nouvelles, il les rime et les chante en cheminant, et sa chanson, répétée par les mendiants, les porte bientôt d'un bout de la Bretagne à l'autre.

Les laboureurs bas-bretons interpellent souvent le meunier qui passe et lui crient : « *Ingaler kaoc'h marc'h*, Partageur de crottin de cheval ». En Flandre on lui adresse cette formulette satirique :

> *Mulder, mulder, korendief,*
> *Groote zakken heeft hij lief ;*
> *Kleine wil hij niet malen :*
> *De duivel zal hem halen.*

Meunier, meunier, voleur de blé,
  Il aime les grand sacs ;
Il ne veut pas moudre les petits :
  Le diable l'emportera.

En Belgique, le dimanche de la Quasimodo est appelé *l'joû d'monni*, le jour aux meuniers, parce que l'on prétend que ceux-ci ne se pressent guère de faire leurs Pâques et attendent le dernier moment pour se mettre en règle avec leur conscience. L'ancien proverbe français : Faire ses Pâques avec les meuniers, se disait de celui qui ne communiait que le dernier jour du temps pascal.

Le mauvais renom des meuniers s'étendait jusqu'à leurs bêtes :

> De chaval de mouniè,
> De porc de boulengiè
> Et de filhos d'ostes
> Jamai noun t'accostes.

Du cheval du meunier, — Du porc du boulanger. — Des filles de l'aubergiste, — Ne l'approche jamais. (Provence.)

'— He has the impudence o' a miller's horse. — Il a l'impudence d'un cheval de meunier. (Écosse.)

Les garçons meuniers, les « menous de pouchées », avaient une réputation plus détestable encore que leurs patrons ; naguère, en Haute-Bretagne, les jeunes filles qui tenaient à leur bonne renommée devaient bien se garder de causer sur la route avec eux. Dans l'est de l'Angleterre, quand on veut parler d'une promesse sujette à caution, on dit : *The miller's boy said so.* C'est le garçon meunier qui l'a dit. Dans le Northumberland, pour parler d'une personne qui est en retard, on la compare au garçon meunier : *He's always behindhand, like the miller's filler.*

Autrefois, dans le Bocage normand, ceux chez qui les garçons meuniers venaient prendre ou rapporter la moulée, leur offraient des œufs de Pâques. La même coutume existait dans l'Yonne. Il y a une trentaine d'années quand ils arrivaient, grimpés sur leurs ânes, dans la ville de Saint-Malo, ils faisaient leur tournée à travers les rues, frappant aux portes un nombre de coups de marteau correspondant à l'étage habité par leurs clients.

La croyance populaire attribue aux meuniers une sorte de puissance occulte, et elle les range au nombre des corps d'état qui fournissent des adeptes à la sorcellerie ou exercent la médecine empirique par un privilège attaché à la profession. Il en est que l'on va secrètement consulter pour savoir comment se rendre au sabbat, retrouver des objets perdus ou se procurer des charmes. D'autres peuvent jeter des sorts à ceux qui leur déplaisent et se venger, même à distance.

Un meunier du Morbihan, qu'un paysan avait refusé de prendre dans sa carriole, lui dit que le vendredi d'après, au même endroit, son cheval n'avancera pas en dépit des coups de fouet: cela arriva en effet; mais un mendiant désensorcelle le cheval en faisant une conjuration qui atteint le meunier. Lecœur raconte aussi dans les *Esquisses du Bocage normand* qu'un garçon meunier, éconduit par une jeune fille, lui « joua un tour » et que depuis elle fut forcée de s'aliter, en proie à un mal étrange, à des cauchemars terribles, qui finirent par la conduire au tombeau.

Au moyen âge on attribuait aux meuniers, comme aujourd'hui dans plusieurs provinces, le pouvoir de guérir des affections spéciales. Contre le rhumatisme, il fallait faire frapper trois coups d'un marteau de moulin par le meunier ou la meunière en disant : *In nomine Patris*. En Berry, celui qui est ou a été meunier de père en fils, peut *panser de l'enchappe* ou engorgement des glandes axillaires au moyen de trois coups donnés sur la partie malade avec le marteau à piquer les meules. Cette vertu leur vient de saint Martin, patron des meuniers, qui de son vivant guérissait, à ce qu'on assure, cette infirmité exactement de la même manière.

Les meuniers n'ont pas, en général, de répugnance à travailler le dimanche ; mais, comme d'autres artisans, ils observent certains jours, en raison de préjugés séculaires : en

Les femmes au moulin, fragment de l'estampe du Caquet des femmes (XVIIᵉ siècle).

Belgique, ils sont persuadés qu'il leur arriverait quelque malheur s'ils mettaient leur usine en mouvement pendant la

fête de sainte Catherine (25 novembre), la patronne des métiers
où l'on fait tourner la roue; à Liège, ils observent le jour de
Sainte-Gertrude; aux environs d'Autun, tous les moulins établis
sur les cours d'eau de la ceinture du Beuvray, s'arrêtent le
11 novembre en l'honneur de saint Martin : Un meunier ayant
laissé tourner sa roue en ce jour sacré, subit de telles avaries
que personne depuis n'a osé l'imiter.

Le moulin partageait autrefois avec le lavoir et le four le
privilège d'être un des endroits où les femmes bavardaient le
plus volontiers; on dit encore en Bretagne : « Au four, au
moulin, on apprend des nouvelles », et un proverbe gaélique
constate qu'en Écosse le moulin est l'un des endroits les plus
recherchés pour les cancans (p. 17).

— Ceardach dutheha, muileann sgireachd, 'us tigh-osda na tri aiteachan a's
fhearr air son naigheachd. — Une boutique de forgeron de campagne, un
moulin de paroisse et une auberge, les trois meilleurs endroits pour les
nouvelles.

Aux moulins se rattachent des superstitions et des coutumes
dans lesquels les meuniers jouent un rôle. En Ukraine, quand
ils installent leur meule, ils prononcent cette formule :
« Taliarou, taliarou, la pierre perforée; la fille nourrit son fils,
le mari de sa mère »; cette phrase fait allusion à la légende
de la fille qui donna à téter à son père en prison. En Écosse,
la femme du meunier invite les voisins à assister à la pose de
la meule, et elle leur sert du pain, des gâteaux et de la
bière.

Dans le nord de la France, lorsqu'il arrive un décès chez
un meunier, le moulin est mis en deuil, c'est-à-dire les ailes
placées en croix, et elles restent ainsi jusqu'au moment de
l'inhumation; en Vendée, les ailes sont en croix de Saint-
André; s'il s'agit d'un mariage ou d'une naissance, un bouquet
est attaché au haut; dans les environs de Cassel, le jour de la

fête patronale et de celui du baptême d'un enfant de meunier, les ailes sont disposées de manière à former un trifolium.

En Écosse, c'était l'usage de coucher sur la trémie la personne qui entrait pour la première fois dans un moulin.

D'après de Lancre, les moulins pouvaient être ensorcelés, comme la plupart, du reste, des objets. Richard, dans les *Traditions de la Lorraine*, donne un texte où est constatée cette croyance, qui n'a pas peut-être entièrement disparu : « Simon Robert, meunier à Cleurie, remontra en toute révérence, dans une requête adressée à mesdames de l'abbaye de Remiremont, que, pendant l'année 1691, il n'a pu faire aucun profit des moulins qu'il tient à bail du monastère, d'autant que par un accident à lui non cognu, quoique lesdits moulins tournassent, ils ne produisoient aucune farine et les grains en sortoient presque comme il les mettoient dans la trémoire, ainsi qu'il pourra le faire congnoistre par une visite qu'il a été obligé de faire faire par la justice de la mairie de Celles, quoiqu'il eût fait son possible, et qu'il ne manque rien auxdits moulins, et s'il n'avoit eu recours à la prière et ne les eût fait bénir, il croit qu'ils auroient été perdus pour jamais ; cependant par la grace de Dieu, depuis la bénédiction donnée sur iceux, ils ont commencé à se remettre en estat au moyen du travail qu'il y a fait faire. »

En Écosse, on croyait qu'en jetant dans le canal de la terre empruntée à un cimetière on pouvait arrêter les roues.

Dans le même pays, on raconte que les fairies viennent la nuit se servir des moulins ; pour les empêcher, on a soin d'enlever quelques pièces ou bien d'attacher un caillou rond sur l'essieu. Mais on ne prenait pas toujours ces précautions, parce que les meuniers étaient parsuadés que la plus petite quantité de la farine des fairies leur portait chance ; si la nuit, ils les entendaient moudre, ils ne manquaient pas le matin de

Caricature contre l'usage de la farine, milieu du XVIIe siècle.

ramasser la farine qu'elles avaient laissée. Un meunier, après

avoir pris des mesures pour empêcher le moulin de tourner,
se mit en observation. A minuit, les fairies arrivèrent, et ne

purent réussir à moudre. Le meunier, voyant qu'elles s'en
allaient, sortit de sa cachette et mit la machine en mouvement.
Quand elles eurent moulu, elles lui donnèrent un peu de

farine, en lui disant de la placer aux quatre coins du coffre, et que de longtemps il ne serait vide.

Les moulins du nord de l'Angleterre sont fréquentés par une sorte de lutin appelé Killmoulis; il n'a pas de bouche, mais est pourvu d'un grand nez; il porte le plus grand intérêt aux moulins et aux meuniers; quand un malheur les menace, il pleure comme un enfant; il est très friand de viande de porc, et on lui adresse cette petite formulette : « Approche, mon vieux Killmoulis! Où étais-tu hier quand je tuais le cochon? Si tu étais venu, je t'en aurais donné de quoi te remplir le ventre. »

En Hollande, les moulins ont un autre esprit, le Kaboutermannekin, dont le caractère est bienveillant; lorsque la meule était avariée, le meunier n'avait qu'à la placer la nuit devant le moulin, en ayant soin de mettre à côté un morceau de pain, du beurre et un verre de bière; le lendemain, il était certain de la trouver bien réparée.

Dans le nord de l'Écosse, le Kelpie ou cheval d'eau lutin hantait aussi les moulins; un meunier, ennuyé des visites de l'un d'eux, enferma la nuit son cochon dans le moulin; quand celui-ci vit le Kelpie, il se précipita sur lui et lui fit peur. La nuit suivante, le lutin frappa à la fenêtre du meunier et lui demanda s'il y aurait encore quelqu'un au moulin. — Oui, répondit le meunier, et il y sera toujours. Le Kelpie ne revint plus. Le Brollachan était un monstre qui avait deux yeux et une bouche et ne pouvait dire que deux mots : Moi et toi; un jour qu'il était étendu le long du feu, le garçon du moulin y jeta un morceau de tourbe fraîche qui brûla le lutin. Il se mit à gémir, et sa mère arriva en lui demandant : Qui est-ce qui t'a brûlé? Le Brollachan ne sut que répondre : Moi. Sa mère répondit : Si c'était un autre, je me serais vengée. Le garçon de moulin renversa sur lui le vase à mesurer la farine et se blottit de façon à ressembler le plus possible à un sac. Il n'eut aucun mal, et le lutin et sa mère quittèrent le moulin.

Pendant la période révolutionnaire, l'imagerie qui fit tant d'allusions aux divers métiers, s'occupa peu de la meunerie. Je ne vois guère à citer que « la Marche du don Quichotte moderne pour la défense du moulin des abus », qui vise le prince de Condé et ses partisans; de nos jours les caricaturistes ne s'en préoccupent guère, et la dernière satire dessinée qui ait trait aux meuniers est peut-être le placard d'Épinal, intitulé le *Moulin merveilleux*; les maris y viennent en foule amener leur femmes pour qu'après avoir été moulues, elles deviennent meilleures. Voici le premier couplet de l'inscription qui l'accompagne :

> Approchez, jeunes et vieux,
> Dont les femmes laides, jolies,
> Au caractère vicieux,
> Ont besoin d'être repolies.
> Femme qui, du soir au matin
> Se bat, boit, jure et caquette.
> Amenez-la dans mon moulin.
> Et je vous la rendrai parfaite.

Il est vraisemblable que si le meunier tient si peu de place dans la satire moderne, c'est qu'il a cessé, dans les villes tout au moins, d'être en contact direct avec les consommateurs, et qu'on ne comprendrait plus facilement comme autrefois, les allusions qui seraient faites à la meunerie.

Jadis, au contraire, on voyait les meuniers venir dans les villes chercher le blé des particuliers et leur rapporter la farine. A Paris même, ils figuraient parmi les personnages connus de tout le monde : dans la première moitié du XVIIe siècle, aucun métier n'est l'objet d'autant d'images allégoriques ou satiriques. C'est alors que paraissent des gravures dirigées contre les protestants, comme celle de la page 5, où le meunier se moque d'eux, ou bien le Moulin de la Dissension (p. 17), celles contre l'usage de la farine pour poudrer les cheveux ou le visage (20-21), où le meunier joue un rôle en compagnie de son âne, dont il est aussi inséparable que saint Antoine de son cochon. Une autre série de charges, celle-là dirigée contre la profession elle-même, est celle du « meunier à l'anneau », dont la popularité est attestée par de nombreuses variantes. Suivant quelques auteurs, elle aurait dû son origine à une aventure, que Tallemant des Réaux a racontée : « Il y a dix ans environ, un meunier, à la Grève, gagea de passer dans un de ces anneaux qui sont attachés au pavé pour retenir les bateaux. Il fut pris par le milieu du ventre, qui s'enfla aussitôt des deux côtés. Le fer s'échauffa, c'était en été : il brûlait : il fallut l'arroser, tandis qu'on limait l'anneau, et on n'osa le limer sans la permission du prévôt des marchands. Tout cela fut si long qu'il fallut un confesseur. On en fit des tailles-douces aux almanachs, et, un an durant, dès qu'on voyait un meunier, on criait : « A l'anneau, à l'anneau, meunier ! »

Le bibliophile Jacob, dans une note de *Paris ridicule*, pense que ce cri « Meunier à l'anneau », que les meuniers regardaient comme une grave injure, n'avait pas l'origine que lui attribuent Colletet, dans les *Tracas de Paris*, et Tallemant des Réaux, et que l'on devait plutôt y voir une allusion au châtiment que les meuniers de Paris encouraient quand ils avaient retenu à leur profit une certaine quantité de farine sur le blé qu'on leur donnait à moudre ; car ils étaient alors condamnés à la peine du pilori ; or le patient que l'on piloriait se voyait exposé en public, la tête et les mains enfermés dans une espèce d'anneau ou de carcan mobile.

Un arrêt du Parlement défendit ces huées ; mais un passage des *Tracas de Paris* (1665), où est aussi relatée l'anecdote du meunier pris à l'anneau, montre qu'il n'était guère observé :

LE MVSNIER A L'ANNEAV

Ce sont meusniers, sans dire gare.
A cheval dessus leurs mulets,
Qui viennent desus vingt colets.
Canons, manteaux, chemises, bottes.
De faire rejaillir des crottes ;
Ils enragent dans leur peau
Que l'on dit : Meusnier à l'anneau !
De grands malheurs, par cy par là,
Sont arrivez de tout cela,
Car les meusniers, dans leur colère.
Joüoient tous les jours à pis faire :
Dès qu'un enfant les appelloit,
Monsieur le Meusnier le sangloit :
Puis se sauvoit de ruë en ruë.
En courant à bride abattuë.
Le père de l'enfant sanglé
Sortoit assez souvent, troublé.
Et sa femme, toute en furie
En vouloit faire boucherie...
Eux aussi par juste vengeance
Faisoient souvent jeuner la panse.
Retenoient d'un esprit malin
La farine un mois au moulin.
Ou prenoient la double mesure
Pour paiement de leur monture.
Celuy-ci s'excusoit souvent
Qu'il ne faisoit pas assez vent :
Et cet autre en faisant grimace
Que la rivière estoit trop basse.
Pour finir tous ces accidents
Nos Conseillers et Presidens
Renouvellerent leurs defenses
Contre de telles insolences ;
Et ce n'est plus que rarement
Qu'on leur fait ce compliment.
Dont mesme ils ne font plus que rire
Quand on s'avise de leur dire,
Car le temps, qui met tout à bout,
Leur a fait bien oublier tout.

Les chansons populaires dans lesquelles figurent les meuniers sont très nombreuses ; plusieurs d'entre elles ont un

refrain qui reproduit, avec plus ou moins de bonheur, le bruit que fait le tic-tac du moulin. Voici celui de la chanson du *Joli meunier*, populaire en Haute-Bretagne :

> J'aurai l'âne et le bât, et le sac et le blé.
> J'aurai le traintrin du joli meunier.

> *Ha ! ma meil a drei,*
> *Diga-diga-di,*
> *Ha ma meil a ia,*
> *Diga-diga-da.*

Ah ! mon moulin tournera, — Dig, — Ah ! mon moulin va. (Basse-Bretagne.)

Parmi ces chansons, il en est peu qui soient véritablement satiriques et qui reprochent aux meuniers, comme les dictons et les proverbes, les larcins professionnels. Elles les représentent plutôt comme des gens libertins, capables, comme el meunier de Pontaro de la ballade bretonne, d'enlever les filles et de les retenir au moulin, ou bien d'essayer par ruse de les mettre à mal, comme le meunier d'Arleux, héros d'un ancien fabliau. Plus généralement elles parlent de leur galanterie : la plus répandue en France est celle où, pendant que « le meunier Marion caressait », le loup mange l'âne laissé à la porte du moulin, à laquelle fait peut-être allusion la gravure de Valck (p. 29). Pour éviter que la fille ne soit grondée, le meunier lui donne de quoi en acheter un autre. Les meunières de la chanson populaire sont robustes, hautes en couleur, assez jolies pour mériter le nom de « belles meunières », et pas trop cruelles aux amoureux. C'est peut-être cette réputation qui donna l'idée aux ennemis du duc d'Aiguillon de l'accuser de s'être couvert de plus de farine que de gloire, en courtisant la meunière du moulin d'Anne, pendant que ses troupes battaient les Anglais à Saint-Cast (1758).

La chanson qui suit a été recueillie dans le Bas-Poitou par Bujeaud ; c'est la légende, versifiée par quelque poète rustique

d'une meunière, qui avait fait de son moulin une sorte de tour
de Nesle :

> En r'venant de Saint-Jean-d'Mont.
> On passe par un village,
> Qui avait un moulin à vent
> Qui faisait farine à tout vent.
>
> Dedans ce moulin l'y avait
> Un'e tant jolie meunière
> Qui appelait les passants :
> Entrez dans mon moulin à vent.
>
> Un jour un messieu passa,
> Un messieu à belle mine,
> Qui dit s'appeler Satan,
> Entre dans le moulin à vent.
>
> Depuis ce jour on voyait
> Le moulin tourner sans cesse :
> La farine et le froment
> Abondaient au moulin à vent.
>
> Puis un beau jour on vit r'passer
> Le messieu à belle mine,
> Et tôt un grand coup de vent
> Emporta le moulin à vent.

En général les meuniers qui ont affaire au diable s'en tirent
à meilleur compte. Dans un récit de la Haute-Bretagne, le
diable, qui a fait marché avec des meuniers pour la fourniture
de la farine de l'enfer, vient à un des moulins : le meunier,
Pierre-le-Drôle, lui dit que ses meules auraient besoin d'être
réparées. Pendant que le diable est fourré dessous et occupé
à les repiquer, le meunier laisse tomber la meule sur lui,
et ne le délivre qu'après lui avoir fait signer un écrit par
lequel il renonce au pacte conclu auparavant. Quand Pierre-
le-Drôle est mort, il se présente à la porte de l'enfer, et le
diable ne veut pas le recevoir, de peur d'être encore moulu,
disant qu'au surplus il y a en enfer assez de gens de son métier.

Les meuniers sont, au reste, au premier rang des artisans

qui, grâce à leur esprit ingénieux, viennent à bout d'entreprises que ne peuvent mener à bien des gens de condition plus

Habit de Meusnier

Gravure de C. Walck (XVIIᵉ siècle).

relevée. Les contes les représentent comme plus subtils que
les prêtres eux-mêmes. L'un d'eux, dont la donnée se retrouve

dans un fabliau du moyen âge, l'évêque meunier, se raconte encore dans beaucoup de pays de France : dans le sud-ouest, c'est lui qui doit répondre aux questions que lui posera son évêque, résoudre des énigmes, et aller le voir ni à pied ni à cheval, ni même vêtu. Un meunier vient à son secours, bâte son mulet, se met tout nu et s'enveloppe dans un filet, de sorte qu'il remplit ces conditions imposées ; il résout ensuite les questions, et lorsque l'évêque lui demande finalement de lui dire ce qu'il pense, il répond : Vous pensez au curé et non pas au meunier qui vous parle. L'évêque est si ravi, qu'il fait du meunier un curé. En Bretagne, l'abbé de Sans-Souci, qui devait résoudre, sous peine de vie, des énigmes posées par le roi, est tiré d'affaire par un de ses meuniers, auquel il promet la propriété de son moulin. Le meunier prit l'habit de Sans-Souci et vint trouver le roi, qui lui demanda combien pesait la terre. — Sire, ôtez les pierres qui sont dessus, et je vous le dirai. — Dis-moi ce que je vaux ? — Le bon Dieu a été vendu 30 deniers, en vous mettant à 29, je ne vous fais pas tort. — Dis-moi ce que je pense ? — Vous pensez parler à l'abbé Sans-Souci, et vous parlez à l'un de ses meuniers.

C'est aussi un meunier qui est le héros d'un conte anglais, qui présente plusieurs points de ressemblance avec la célèbre dispute entre Panurge et l'Écossais. Voyant un écolier embarrassé pour répondre à un professeur étranger qui devait lui faire subir son examen par signes, il lui propose de changer d'habits et d'aller à sa place. L'étranger tire une pomme de sa poche et la tient à la main en l'étendant vers le meunier ; celui-ci prend une croûte de pain dans sa poche et la présente de la même manière ; alors le professeur remet la pomme dans sa poche et étend un doigt vers le meunier ; celui-ci lui en montre deux ; le professeur étend trois doigts et le meunier lui présente son poing fermé. Le professeur donne le prix au meunier, et il explique à l'assistance que ses questions ont parfaitement été résolues par le candidat.

Près de Vufflens-la-Ville (Suisse romande), sur les bords de la Venosge, se trouve un moulin qu'on appelle le Moulin d'Amour. Autrefois, le fils du seigneur de Cossonay, petite ville des environs, tomba amoureux de la fille de son meunier et demanda à son père la permission de l'épouser. Le seigneur de Cossonay fit une réponse négative et irrévocable. Alors, le jeune homme quitta le château, renonça à son titre, et se fit meunier pour épouser sa belle. Il l'épousa en effet, et vécut longtemps heureux avec elle dans le moulin appelé depuis Moulin d'Amour.

L'âne conduisant le meunier, caricature du *Monde à rebours.*

SOURCES

Laisnel de la Salle, *Croyances du Centre*, I, 120, 129, 199. — de Lamare, *Traité de la police*. II. 676, 692, 769. — W. Gregor, *Kilns Mills*, 7. 18. — Communication de M. R. Macadam (Écosse). — O. Pradère. *La Bretagne poétique*, 309. — Communication de M. P. Lavenot (Morbihan). — Th. Wright, *Histoire de la caricature*, 124. — E. Rolland, *Rimes et jeux de l'Enfance*, 310. — Communication de M. A. de Cock (Flandre). — E. Rolland, *Devinettes*, 137. — E. Souvestre, *Derniers paysans*, 206. — L.-F. Sauvé, *Lavarou Koz*. — Sauval, *Antiquités de Paris*, II. 617. — J.-F. Bladé, *Poésies populaires de la Gascogne*, II, 267. — G. Pitrè, *Proverbi siciliani*. — E. Herpin, *La côte d'émeraude*, 110. — Paul Sébillot, *Coutumes de la Haute-Bretagne*, 76. — Fourtier, *Dictons de Seine-et-Marne*, 85. — A. Ledieu, *Traditions de Demuin*, 172. — P.-L. Jacob, *Recueil de farces, sotties et moralités*, 237 et suivantes. — *Jitté i Slovo*, V. 230. — Communication de M. T. Volkov (Ukraine). — Communication de M. Vladimir Bugiel. — *Revue des Traditions populaires*, V, 566; VI. 482; IX, 269, 282; X, 159. 107. — H. de la Villemarqué, *Barzaz-Breiz*, XXXIX. 437. — *Revue celtique*, V. 187. — A. Harou, *Le Folk-Lore de Godarville*, 63. — Mistral, *Tresor dou Felibrige*. — Lecœur, *Esquisses du Bocage normand*, II, 48, 178. — Ch. Moiset, *Croyances de l'Yonne*, 33. — E. Monseur, *Le Folk-Lore wallon*, 133. — Fouquet, *Légendes du Morbihan*, 9. — P.-L. Jacob, *Curiosités des Croyances du moyen âge*, 97. — W. Gregor, *Folk-Lore of Scotland*, 60. — D. Dergny, *Croyances, Usages, etc.*, 263. — Richard, *Traditions de la Lorraine*, 38. — Henderson, *Folk-Lore of Northern counties*, 254. — Thorpe, *Northern Mythology*, III. 187. — Loys Brueyre, *Contes de la Grande-Bretagne*, 126. — *Paris ridicule et burlesque*, 235. — Bujeaud, *Chansons populaires de l'Ouest*, II. 157. — Paul Sébillot, *Contes de la Haute-Bretagne*, I. 256. — J.-F. Bladé, *Contes de la Gascogne*, III. 297. — *Folk-Lore Record*, II. 175.

Fragment d'une des estampes du Meunier à l'anneau.

PAUL SÉBILLOT

LÉGENDES ET CURIOSITÉS

DES MÉTIERS

LES BOULANGERS

Autrefois le peuple n'était guère charitable pour les gens des métiers ; ceux dont il pouvait le moins se passer, qui lui rendaient presque quotidiennement des services, et auxquels il devait donner souvent de l'argent, étaient de sa part l'objet d'imputations de toutes sortes. Exagérant les défauts ou les méfaits de quelques-uns, il faisait volontiers rejaillir sur la corporation entière des reproches qui n'étaient mérités que par un petit nombre. Les meuniers, les tailleurs et les boulangers, placés au premier rang des artisans auxquels chacun avait affaire dans la pratique ordinaire de la vie, étaient aussi très particulièrement visés par les allusions blessantes, les dictons malveillants, méprisants ou moqueurs. Un proverbe hollandais prétend que cent boulangers, cent meuniers et cent tailleurs font trois cents voleurs ; il est vraisemblablement ancien : au moyen âge on disait que si l'on mettait ensemble

BOULANGERS.   1

trois personnes de métiers mal notés, la première qui en sortirait serait à coup sûr un boulanger.

> *Marteleys de ffeverys*
> *Belutcrye de boulengers*
> *Mensonges de procours,*
> *Desléutés de pledours,*
> *Tous ceuz ne valunt un denier,*

assure un dicton du XIII° siècle; plus tard Rabelais blasonne aussi « les meuniers qui sont ordinairement larrons et les boulangers qui ne valent guère mieux ».

En Angleterre, on nommait *a baker's dozen*, le nombre treize, que le vulgaire avait longtemps appelé la douzaine du diable; quand le diable eut fait son temps, on remplaça son nom par celui du boulanger, et le nombre treize devint la douzaine du boulanger.

Lorsque l'imprimerie commença à être répandue, on vit paraître des pamphlets en vers et en prose qui se font l'écho du mécontentement populaire, et traitent assez durement la profession. On a réimprimé de nos jours deux opuscules dont le titre indique le sujet et les tendances peu bienveillantes : *La plainte du Commun contre les boulangers et ces brouillons taverniers et autres avec la désespérance des usuriers; la Complainte du commun peuple à l'encontre des boulangers qui font du petit pain, et des taverniers qui brouillent le bon vin, lesquelz seront damnez au grand diable s'ils ne s'amendent.* La « Farce du Savetier » formulait la même accusation :

> AUDIN, savetier.
> Je me plains fort des boulenjers
> Qui font si petit pain.

> AUDETTE
> C'est pour croistre leur butin,
> Et leur estat faire braguer
> Et pour leurs filles marier.

Roger de Collerye, qui écrivit au commencement du XVIe siècle *La Satyre pour les habitants d'Auxerre*, sorte de cahier de doléances d'une ville de moyenne grandeur, parle assez longuement des boulangers, et par la bouche d'un de ses personnages, il leur adresse des reproches, parmi lesquels celui, qui leur a été souvent fait depuis, d'acheter les grains pour les accaparer :

LE VIGNERON

Or, par le vray Dieu, j'ai grand fain
De voir le bled à bon marché.
J'ay regardé et remarché
La façon de nos boulangiers
Qui vont, faignant estre estrangiers,
Au devant des bledz qu'on amaine ;
Que pleust à Dieu qu'en male estraine
Feussent entrez ! Quant les acheptent,
Ils vont daguynant et puis guectent
S'on les regarde ou près ou loing.
Ha ! par ma foy, il est besoing
Qu'on y mette bonne police...
Mais quoy c'est faulte de justice.
Tous les jours le pain appetice
Et n'est labouré bien ne beau.

PEUPLE FRANÇOIS

Il dict vray, et ne sent que l'eau,
De quoi le peuple est desplaisant.

LE VIGNERON

C'est pour le faire plus pesant.

JEMIN MA FLUSTE

Ils sont larrons comm' Escossoys
Qui vont pillotant les villaiges.

PEUPLE FRANÇOIS

Boullengiers payez de leurs gaiges
Seront, pour vray, quelque matin.

L'image populaire du *Grand diable d'argent*, qui remonte au XVII° siècle, et dont on réimprime encore des imitations, parle ainsi du boulanger. On le voit :

Armé d'un terrible cordon.
Quiconque est ennuyé de vivre,
De lui peut prendre une leçon :
Il l'aura, s'il va par trop vite,
Et bientôt s'il vole toujours.

L'histoire des soulèvements populaires montre que la menace contenue dans ces vers devenait souvent une réalité ; les émeutiers manquaient rarement d'envahir les boulangeries, en dépit des grilles de fer qui en garnissaient la devanture, et d'en enlever les marchandises. Là ne se bornait pas toujours leur vengeance : Monteil assure que pour un seul échevin pendu par le peuple, on pouvait citer cent boulangers et le double de meuniers. Au XVIII° siècle, il y eut des émeutes pour le prix du pain, qui furent signalées par des excès ; le 14 juillet 1725, tous les boulangers du faubourg Saint-Antoine furent pillés. Le 20 octobre 1789, la populace pendit à un réverbère de la place de l'Hôtel-de-Ville un boulanger de la rue du Marché-Palu, qu'une femme avait accusé d'avoir caché une partie de sa fournée.

Ceux qui savent que les idées populaires avaient jadis une tendance à revêtir la forme concrète du conte ou de l'exemple, qui avait, plus que tout autre, prise sur les imaginations peu cultivées, ne seront pas surpris des légendes qui avaient cours au sujet des boulangers. Les saints ou Dieu lui-même intervenaient pour punir ceux qui avaient poussé l'amour du gain jusqu'à dérober aux malheureux une partie de leur nourriture ; ils étaient métamorphosés en oiseaux ridicules, méprisés ou moqueurs, condamnés à répéter, comme une sorte de reproche

perpétuel aux gens du métier, les paroles que le coupable avait
prononcées en commettant sa mauvaise action.

Un boulanger du pays de Flandre, dans un moment de
cherté, rognait tant qu'il pouvait la pâte de chaque pain, sans
compassion pour les pauvres. Il ôtait ci, il ôtait là, en criant
toujours : « Coucou, coucou, bon profit ! » Mais Dieu avait

Opérations de boulangerie au XVIIᵉ siècle.

Cette gravure, qui est empruntée au livre de Franqueville, *Miroir de
l'art et de la nature* (1691), est accompagnée d'une explication en français,
en latin et en hollandais. Nous reproduisons la légende qui explique assez
bien les différentes opérations du métier :

« Le boulenger 1 sasse la farine avec le sas ou bluteau 2, et le met dans la
may (huche) 3 à pestrir : et il verse de l'eau dessus, il en fait une paste 4.
Il la pétrit avec une spatule de bois 5, puis après il en fait des pains 6, des
gâteaux 7, des miches 8, des craquelins 9. Ensuite il les met sur la pelle 10,
et il les enfourne 11 par l'embouchure du four 12 : mais avant de les
enfourner, on racle le four avec un fourgon 13 la braise et les charbons
qu'il ramasse en bas 14. C'est ainsi que l'on fait cuire le pain qui a de la
crouste 15 par dehors et de la mie 16 par dedans. »

pitié d'eux, et il arrivait que leur pâte s'élevait dans le four,
s'améliorait et formait de beaux pains. Loin de s'en réjouir, le

méchant continuait à écorner la pâte, toujours de plus en plus, en criant : « Coucou, coucou, encore trop, coucou! coucou, bon profit! » Le bon Dieu s'irrita et voilà qu'un beau jour le corps de cet homme se couvrit de plumes, ses mains se changèrent en ailes, ses pieds en pattes et il s'envola au bois, où dès que le printemps revient, il doit crier : Coucou, coucou! En Allemagne, un boulanger peu scrupuleux a aussi été métamorphosé. Il avait, à une époque de cherté, volé de la pâte aux pauvres gens, et lorsque notre Seigneur la bénissait dans le four, il l'en ôtait et en dérobait une partie en criant : Gukuk (regardez)! C'est le cri que répète le coucou; la couleur pâle et farineuse de ses ailes rappelle son origine; c'est aussi pour cela qu'on l'appelle Beckerknecht, garçon boulanger.

D'autres traditions attribuent la métamorphose du boulanger en oiseau ridicule, non à un vol de pâte, mais à un manque de charité. Un jour, rapporte Grimm dans la *Mythologie allemande*, le Christ passant devant la boutique d'un boulanger, sentit le pain frais; il envoya un de ses disciples pour en demander un morceau; le boulanger le lui refusa; mais sa femme et ses filles, plus compatissantes, lui donnèrent en cachette du pain. Le boulanger fut changé en coucou; sa femme et ses filles allèrent au ciel, où elles devinrent sept étoiles qui sont les Pléiades. Une autre boulangère, héroïne d'un conte grec, donne à une pauvresse la moitié d'un pain et celle-ci lui dit :

> Un roi tu épouseras,
> Et reine tu seras.

Après une suite d'aventures, elle devient en effet reine.

Mais toutes les femmes n'étaient pas aussi charitables, surtout les vieilles, dont l'âge a endurci le cœur, et elles sont punies de leur avarice. On raconte, en Norvège, que lorsque Notre-Seigneur et saint Pierre voyageaient sur terre, ils arri-

vèrent, après avoir fait une longue route et ayant grand'faim,
chez une vieille femme qui était à boulanger. Notre-Seigneur
lui demanda de lui faire un petit pain. Elle y consentit, prit un
morceau de pâte et se mit à le façonner ; mais à mesure qu'elle
y touchait, il grossissait et il finit par couvrir tout le moule.
Elle dit alors qu'il était trop gros pour eux ; elle en prit un
second qui grossit également, puis un troisième, et plus la pâte
augmentait, plus devenait grande sa cupidité. Elle finit par ne
plus vouloir rien leur donner. Alors Notre-Seigneur la changea
en pivert et lui dit : « Désormais, tu chercheras ta nourriture
entre l'écorce et le bois, et tu ne boiras que quand il pleuvra. »
En Danemark, une vieille femme que Jésus enfant avait
trouvée occupée à boulanger, et qui s'était montrée aussi peu
charitable, bien que la pâte se fût multipliée sous ses doigts,
est métamorphosée en vanneau. Les Bohémiens racontent
aussi qu'un jour que Jésus-Christ, n'ayant rien mangé depuis
longtemps, traversait un village, une femme se cacha pour ne
pas lui donner du pain ; quand il fut passé, elle mit la tête à la
fenêtre et cria : « Coucou ! » mais aussitôt elle fut changée en
oiseau et condamnée à répéter, par pénitence, le cri qu'elle
avait poussé par moquerie.

La législation d'autrefois était particulièrement sévère pour
les boulangers. Le *Livre des Métiers* énumère longuement
leurs devoirs ; une grande partie du second volume du *Traité
de la police* de de Lamare, est consacré à détailler les nombreuses contraventions auxquelles les exposait la moindre
infraction aux obligations multiples imposées à l'exercice de la
profession, et à relater les jugements rendus contre ceux qui
s'en écartaient.

En 1577 Henri III arrête en son conseil un règlement très
développé qui, entre autres prescriptions, ordonnait à tous les
boulangers de tenir en leurs fenêtres, ouvroirs ou charrettes,

des balances et poids légitimes afin que chaque acheteur pût peser par lui-même le pain ; il leur était en outre prescrit d'imprimer dessus leurs marques particulières, afin de discerner les pains que feraient les uns et les autres pour en répondre. Au milieu du XVIII° siècle, le *Code de police* ajoutait que les balances devaient être « suspendues à une hauteur suffisante pour que les bassins ne reçoivent point de la table des contre-coups ménagés au profit du vendeur, par une adresse frauduleuse ».

Les peines qui frappaient les contrevenants étaient fort sévères : elles emportaient la confiscation de la marchandise, la démolition des fours ou l'ordre de les murer pendant un temps déterminé, l'amende pécuniaire, l'amende honorable, la perte du métier, et, au moyen âge, la flagellation publique. Les condamnations sont très nombreuses à Paris au XVI° et au XVII° siècle. En 1491, trois boulangers appelèrent de la sentence du prévôt qui les avait condamnés « à être battus avec des verges par les carrefours de Paris », pour avoir contrevenu aux ordonnances. En 1521, quatre boulangers furent condamnés par sentence du prévôt, que confirma un arrêt du Parlement, « à estre menez par aucuns sergents depuis le Châtelet jusques au parvis Notre-Dame, lesdits hommes nuds testes, tenans chacun un cierge de cire du poids de deux livres, allumé, et illec requerir pardon et merci à Dieu, au Roy et à la justice, desdites fautes et offenses par eux commises; et ce fait, estre menez en ladite église et illec présenter et offrir lesdits cierges pour y demeurer jusqu'à ce qu'ils fussent bruslez et consumez. Et en outre auroit esté ordonné estre crié à son de trompe, par cri public, par tous les carrefours de cette ville de Paris que tous boulangers eussent à faire leurs pains du poids, blancheur et qualité suivant l'Ordonnance, sur peine d'estre battus et fustigez par les carrefours de Paris et autrement plus grièvement punis à la volonté de justice ». En 1541, un boulanger de Paris, chez lequel on avait trouvé des pains ayant six onces de moins que le poids légal, est condamné à

Histoire d'un Boulanger de Madrid qui a esté chastié pour avoir vendu son pain trop cher
sur le chant écoutez Messieurs ie vous prie.

On m'a condamné	On m'a mis en sang	On voit les enfans
En Justice	Mes épaules	Dans les rues
Destre promené	Aucun assistant	Les petits et grands
Pour mon indice	Ne me console	Aux avenues
A Cheval monté	Pauvre Boulanger	Qui disent enfin
Dessus un Asne	Gilles Maroufle	Voila le drole
M'ayant vû fouetter	On m'a maltritté	Qui vendoit son pain
Chacun me vanne	D'une pantoufle	Plus que les autres
Mon pain je vendois	Un chacun crioit	Les Nobles et Bourgeois
A usure	A voix pleine	Aux fenestres
Pour cela le foüet	Haro dessus moy	Me montroient aux doigts
Faut que j'endure	Chose certaine	Voila le traistre
Pauvre Boulanger	Fessez tout de bon	Son pain vendoit cher
Gilles Maroufle	Maustre Gavanne	Ce gros Maroufle
On m'a maltraitté	Dessus ce Miton	Faut le maltraitter
D'une pantoufle	Monté sur l'Asne	D'une pantoufle

faire amende honorable devant le portail de l'église Notre-Dame, tenant un cierge d'une livre de cire, à demander pardon à Dieu et à la justice, à payer une amende de huit livres parisis, et à subir un emprisonnement. En 1739, le boulanger

chargé de la fourniture du grand et du petit Châtelet est condamné à deux mille livres d'amende pour avoir altéré le pain
des prisonniers. En 1757, à un moment de disette, on intima
l'ordre aux boulangers du Havre de cuire et d'être toujours
nantis de pain à peine de trois jours de carcan, trois heures
chaque jour, à l'effet de quoi il en fut planté un sur la place de
la mairie.

A Augsbourg, en Allemagne, le boulanger pouvait, en
certains cas, être mis dans un panier au bout d'une perche et
plongé dans un étang d'eau bourbeuse. A Constantinople,
au IX\e siècle, le boulanger qui enfreignait les ordonnances
concernant sa profession, était, suivant la gravité de la contravention, fouetté, avait la barbe et les cheveux rasés, et était
promené lentement « en triomphe », à travers la ville, c'est-
à-dire monté sur un âne ou sur un chameau, et quand il avait
subi les huées et les outrages de la foule, il était banni à
perpétuité.

Il est vraisemblable que la ridicule promenade sur l'âne fut
appliquée au moyen âge dans une grande partie de l'Europe
aux boulangers coupables. Je n'en ai pas trouvé la constatation
en France ; mais un placard du XVII\e siècle, reproduit page 9,
qui fait partie de ma collection, montre qu'à cette époque il
était encore en usage en Espagne.

Si le peuple faisait des boulangers une sorte de bouc émis-
saire et leur reprochait des faits qui, souvent, tenaient à des
causes économiques dont ils étaient les premiers à souffrir, s'il
les accusait d'accaparer les grains, de donner peu de pain pour
beaucoup d'argent, il était loin au fond de mépriser la profession ; il la regardait au contraire comme l'une de celles qui
donnaient le plus de profit à ceux qui l'exerçaient.

D'après une légende anglaise, lorsque le bon roi Alfred
voulut établir un roi des métiers, il n'oublia pas de convoquer

les boulangers. Dans le *Dict des Boulenguiers*, la boulangerie est comparée à tous les autres états, et l'on montre sa supériorité en disant que c'est elle qui nourrit le genre humain et fait gagner le ciel par l'aumône.

Un des personnages de la *Moralité des Enfants de Maintenant*, en fait aussi l'éloge :

INSTRUCTION

Dictes moy de quel mestier
Si fut leur père en son temps
Dont a nourris ses beaulx enfans
Et jusques cy gaigné sa vie.

MIGNOTTE

Puis que voulez que je le die,
Il s'est vescu de boulanger.

INSTRUCTION

C'est ung bon mestier pour gaigner
Et decent à vie humaine ;
La science n'est pas villaine.
Vos enfants y povez bien mettre.
Ils apprendront bien ceste lettre
Ou aultre mestier pour bien vivre ;
Bon faict ses parens ensuyvre.

Des proverbes, dans lesquels se glissent parfois des traits de malice, constatent que le métier est bon : *Three dear years will raise a baker's daughter to a portion*. Trois années de cherté font une dot à la fille du boulanger. Un autre dicton du même pays d'Angleterre n'était pas moins favorable :

A baker's wife my bite of a bun
A brewer's wife my drink of a tun,
A fishermonger's wife my feed a conger :
But a serving-man's wife my stawe for the hunger.

La femme du boulanger peut goûter au pain, — Celle du brasseur peut boire au tonneau, — Celle du pêcheur se nourrir de congre, — Mais la femme d'un domestique doit attendre pour apaiser sa faim.

Et un proverbe allemand disait que les animaux domestiques eux-mêmes des boulangers n'étaient pas malheureux. *Für Müllers Henne, Bäckers Schwein und der Wittfrau Knecht soll man nicht sorgen.* Il est inutile de s'inquiéter de la poule du meunier, du porc du boulanger et du valet de ferme de la veuve.

Boulanger mettant le Pain au four

Gravure tirée du *Jeu universel de l'Industrie* (vers 1830).

Lorsqu'un boulanger devenait riche par son industrie, ses achats intelligents et son assiduité au travail, le peuple ne voulait pas croire que sa fortune eût été acquise par des moyens honnêtes : Un boulanger de Bordeaux, nommé Guilhem Demus, passait pour posséder une main de gloire, à l'aide de laquelle il s'était enrichi. Lorsqu'on taxa les habitants aisés pour payer la rançon de François Ier, on l'imposa à cinquante écus. Il en mit trois cents dans son tablier et vint lui-même les offrir au roi, en lui disant qu'il en avait encore d'autres à son service. Celui-ci demanda à ceux qui l'entouraient qui était ce brave sujet. On lui apprit que cet homme devait sa fortune à un sortilège et que son offre n'avait rien d'étonnant, puisqu'il possédait la *man de gorre*, grâce à laquelle il pouvait se procurer des trésors. On prétend, maître, lui dit alors François Ier, que vous avez une main de gloire? — Sire, répartit Demus, man de gorre sé lèbe matin et se couche tard.

* *
*

La boulangerie est un des seuls métiers dont il soit parlé avec quelque détail dans l'*Histoire naturelle* de Pline. Jusqu'à l'expédition des Romains contre Philippe, les citoyens fabriquaient eux-mêmes leur pain, et c'était un ouvrage que faisaient les femmes romaines, comme naguère encore en province bien des dames françaises. Les premiers boulangers que l'on vit à Rome furent ramenés de Grèce par les vainqueurs. A ces étrangers on adjoignit, dit de Lamare, plusieurs naturels du pays, presque tous du nombre des affranchis, qui embrassèrent volontairement ou par contrainte, un emploi si utile au pays. L'on en forma un collège, auquel ceux qui le composaient étaient nécessairement attachés, sans le pouvoir quitter sous quelque prétexte que ce pût être. Leurs enfants n'étaient pas libres de s'en séparer pour embrasser une autre profession, et ceux qui épousaient leurs filles étaient contraints de suivre la même loi. Aussitôt qu'il était né un fils à un boulanger, il était réputé du corps, mais il n'était obligé aux travaux qu'à l'âge de vingt ans accomplis. Les esclaves ne pouvaient entrer dans la corporation. On élevait à la dignité de sénateurs quelques-uns des principaux boulangers, principalement de ceux qui avaient servi l'État avec le plus grand zèle, surtout dans les temps de disette. Ils furent déchargés des tutelles, curatelles et toutes autres charges qui auraient pu les distraire de leur emploi. Ce fut encore pour la même raison qu'il n'y avait point de vacances pour eux, et que dans les temps où les tribunaux étaient fermés à tous les particuliers, les boulangers seuls partageaient avec le fisc le privilège d'y être admis pour la discussion de leurs affaires.

En France, jusque vers l'époque de Charlemagne, on ne constate guère l'existence de boulangeries publiques; d'après

la préface de l'édition du *Livre des Métiers* (1889), leur corporation, ainsi que toutes celles de France, s'est formée, et avant
toutes les autres, par une sorte de confrérie ou société reli-
gieuse, et, sous le nom de talmeliers qu'ils portaient alors, on
trouve la trace de leurs statuts avant le temps de saint Louis.
Mais les plus anciens règlements que nous possédions sont
ceux qui nous ont été conservés par le prévôt des marchands
Estienne Boileau, au début des Registres des Métiers, recueillis
vers l'an 1260. La partie qui concerne la boulangerie est la
plus développée de toutes celles du *Livre*.

Celui qui voulait passer maître devait faire une sorte de stage
de quatre années, pendant lequel il payait 25 deniers de coutume en plus, à Noël. A chaque paiement, il se faisait marquer,
sur son bâton, une coche par l'officier receveur de la coutume;
quand il avait ses quatre coches, il était en règle et l'on pouvait alors procéder à son installation. Le bâton des nouveaux
talmeliers n'était pas celui de la confrérie; mais la cérémonie
avait quelque analogie avec celle-là, en ce sens que le bâton
était déposé chez le talmelier et que le candidat le présentait,
comme garantie d'apprentissage, au moment de la réception.
Les auteurs de la préface du *Livre des Métiers* se demandent,
avec assez de vraisemblance, si le bâton à coches n'offrait pas
un emblème de la maîtrise, un signe quelconque d'autorité ?
En tout cas ce bâton ou échantillon avait une grande importance, car le talmelier qui le perdait subissait une amende de
douze deniers.

Lorsque l'apprentissage était terminé, et que la redevance
avait été payée au roi ou au grand panetier, son représentant,
qui était un des grands officiers de la couronne, le nouveau
talmelier qu'il s'agissait de recevoir à l'état de maître ou
ancien talmelier, se rendait à la maison du maître des talmeliers, où les gens du métier devaient se trouver présents. Ils

attendaient tous à la porte de la maison. Le récipiendaire
présentait au Maître un pot rempli de noix et de nieules
(oublies) et son bâton marqué de quatre coches, en disant :
« Maître, j'ai fait mes quatre années. » L'officier de la coutume
donnait son approbation, puis le Maître rendait au nouveau talmelier son pot et ses noix. Celui-ci les jetait contre le mur de
la maison, puis il entrait, suivi de ses compagnons, dans une
salle où tous prenaient part au feu et au vin fourni par le
Maître, au nom de la communauté, et les assistants buvaient
ensemble à la prospérité de leur jeune confrère. Cette cérémonie avait lieu, chaque année, le premier dimanche de janvier.
Les membres de la communauté ne pouvaient se dispenser d'y
assister qu'en envoyant un denier pour les frais du repas.
Faute de s'acquitter de cette obligation, ils s'exposaient à être
interdits pendant quelques jours.

La mention d'une cérémonie semblable ne se trouve point
dans d'autres métiers. Dès cette époque, on avait perdu l'idée
respectueuse attachée aux emblèmes de la cérémonie décrite
dans les règlements. Ce pot rempli de noix et d'oublies que le
talmelier brisait contre le mur en signe d'émancipation, cons-
tituait un symbole dont on ne se rendait déjà plus compte.
C'était un souvenir ancien d'une sorte d'hommage fait au grand
panetier, dont la maîtrise pouvait être considérée comme un fief
personnel et *sine gleba*, où les talmeliers se trouvaient ses
vassaux ; cérémonie curieuse, qui se rattache ainsi aux droits
nombreux et bizarres que les seigneurs exigeaient en diverses
circonstances de leurs vassaux. Cette coutume, déjà vieille
au XIII° siècle, montre que les talmeliers tenaient beaucoup à
leurs anciens usages. Quand ils revinrent à leurs premiers
statuts, dans le courant du XVII° siècle, ils tentèrent encore de
la faire revivre, en la modifiant, mais la société n'était plus
assez simple pour respecter ces usages primitifs, et la des-

cription resta dans les textes sans que la cérémonie fût célébrée.

Il n'est pas parlé de chef-d'œuvre dans le *Livre des Métiers*, où pourtant les statuts de la corporation sont très détaillés : mais on le trouve mentionné dans les règlements du XVIIe siècle. Pendant longtemps le chef-d'œuvre fut un des pains de chapitre dont Henri Estienne disait : « S'il est question de parler d'un pain ayant toutes les qualités d'un bon et friand pain, ne faut-il pas en venir au pain de chapitre ».

Le projet de statuts proposé par les boulangers de Paris et autorisé en partie par les arrêts des 21 février 1637 et 29 mai 1665, réduit l'apprentissage à trois années, au bout desquelles le compagnon est, après constatation de ses certificats et de sa moralité, admis à faire un chef-d'œuvre entier et complet de trois setiers de farine qui étaient convertis en pain blanc, brayé et coiffé de vingt-deux onces en pâte, et l'autre tiers en gros pain de sept à huit livres en pâte. Lorsque le chef-d'œuvre était accepté, le compagnon passait Maître, et il n'est plus fait mention de la cérémonie dans laquelle un pot rempli de noix était présenté, puis brisé. Mais au bout de trois années, le nouveau Maître était tenu d'apporter, le premier dimanche après les Rois « un pot neuf de terre verte ou de fayence, dans lequel il y aura un romarin ayant sa racine entière, aux branches duquel romarin il y aura des pois sucrez, oranges et autres fruits convenables, suivant le temps, et ledit pot remply de pois sucrez et sera ledit nouveau Maistre assisté des jurez et anciens des autres maistres dudit métier. Cela fait, dira au grand Pannetier : Maistre j'ay accomply mon temps ; et ledit grand Pannetier doit demander aux jurez s'il est vray ; ce fait prendra l'avis des jurez et anciens maistres, si ledit pot est dans la forme qu'il doit estre, et s'il est recevable : et s'ils disent qu'oüy, ledit grand Pannetier doit recevoir icelui et lui en donner acte et de là en avant n'est

Image de saint Honoré, gravée aux frais des boulangers (1720).

tenu que de payer chacun an le bon denier, qui est le denier parisis, pour reconnaissance de leur maistrise, et doivent

ceux qui seront défaillans d'apporter le bon denier dans ledit
jour, un chapon blanc d'amende envers ledit grand Pannetier ou huit sols pour iceluy. » Cet usage de présenter le pot
et les friandises ne tarda pas à tomber en désuétude. Dès le
milieu du XVII° siècle, on lui substitua, sous le nom d'hommage.
qui rappelait l'origine féodale de la redevance, le paiement
d'un louis d'or.

En Provence le boulanger est surnommé plaisamment *Brulo
pano, Gasto farino;* à Paris *criquet* ou *cri-cri* est un des surnoms familiers des boulangers, qui sont aussi appelés mitrons,
bien que ce nom soit plus spécial aux ouvriers. On a voulu
faire dériver ce mot d'une assimilation de la coiffure des boulangers à la mitre. *Le Moyen de parvenir* donne une autre
explication : Les valets des boulangers sont ainsi nommés pour
ce qu'ils n'ont point de haut-de-chausses, mais seulement une
devantière, telle ou semblable à celle des capucins qu'ils nomment une mutande, et qui en pure scolastique est appelée mitre
renversée. La mitre couvre la tête et ce devanteau le cul, qui
sont relatifs. Le diable était parfois surnommé le « boulanger » :
il est aussi noir que le boulanger est blanc, et il met au four
de l'enfer.

Les formulettes méprisantes adressées aux boulangers ne
paraissent pas avoir été bien nombreuses. En Écosse quelquefois les enfants se mettent à crier sur leur passage :

> *Batchie, batchie, bow wow wow*
> *Stop your heid in a ha' penny row.*

Boulanger, boulanger, bow wow wow, — Mets ta tête dans un pain
d'un sou.

A Rome on condamna à être employés au service des boulangeries tous ceux qui étaient accusés et convaincus de quelques fautes légères, et afin que le nombre ne manquât pas, les

juges d'Afrique devaient envoyer tous les cinq ans à Rome tous ceux qui avaient-été condamnés à cette peine.

Les compagnons boulangers étaient, au XVIe siècle, assujettis à des règlements de police très sévères. Une ordonnance du 13 mai 1569 nous apprend qu'ils devaient être continuellement en chemise, en caleçon, sans haut-de-chausses, et en bonnet, dans un costume tel, en un mot, qu'ils fussent toujours en état de travailler et jamais de sortir, hors les dimanches et les jours de chômage réglés par les statuts : « Et leur sont faites défenses d'eux assembler, monopoler, porter épées, dagues et autres bâtons offensibles ; de ne porter aussi manteaux, chapeaux et hauts-de-chausses, sinon ès jours de dimanche et autres fêtes, auxquels jours seulement leur est permis porter chapeaux, chausses et manteaux de drap gris ou blanc et non autre couleur, le tout sur peine de prison et de punition corporelle, confiscation desdits manteaux, chausses et chapeaux. »

Leur condition ne paraît pas avoir été très enviable autrefois. On a souvent réimprimé, dans la Bibliothèque bleue, un opuscule de huit pages qui remonte au commencement du XVIIIe siècle. Il est intitulé : *La misère des garçons boulangers de la ville et des faubourgs de Paris*, et un ouvrier y expose, en vers alexandrins, les inconvénients du métier ; le tableau est quelque peu poussé au noir.

> Campé dessus mon Four avec ma ratissoire,
> J'endure autant de mal que dans un Purgatoire...
> Un corps comme le mien qui n'est point fait de fer
> Est par trop délicat pour un si rude enfer.
> On n'a point fait pour nous l'ordre de la nature ;
> La nuit, temps de repos, est pour nous de torture...
> On commence chez nous dès le soir les journées,
> On pétrit dès le soir la pâte des fournées :
> Arrive qui voudra, faut, de nécessité,
> Passer toutes les nuits dans la captivité...

Entre tous les métiers j'ai bien choisi le pire,
Les autres compagnons n'ont souvent rien à faire
Qu'un ouvrage arrêté, limité d'ordinaire ;
N'ayant point d'autre mal quand on arrive au soir
Qu'à se bien divertir, goguenarder, s'asseoir.

Les ouvriers boulangers et cordonniers ont été exclus du
droit au compagnonnage, parce que, disent ceux des autres
corps d'état, ils ne savent pas se servir de l'équerre et du
compas. Ils ont formé leur association en 1817 ; le titre de
compagnon leur a été contesté, et par dérision on ne les désigne
que sous le nom de « soi-disant de la raclette ».

Cette exclusion a parfois donné lieu à des rixes sanglantes.
Au mois de mai 1845, les compagnons boulangers de la ville
de Nantes voulant célébrer leur fête patronale, résolurent de
se rendre à l'église le jour de la Saint-Honoré, revêtus pour la
première fois des insignes et des rubans du compagnonnage,
dont les autres compagnons avaient la prétention de leur interdire le port. Les compagnons des autres professions, à l'exception des cordonniers, résolurent de s'y opposer de vive force.
Ils écrivirent dans tout le département, et il leur vint de nombreux auxiliaires qui, pour se reconnaître, adoptèrent pour
signe de ralliement trois grosses épingles piquées d'une manière
apparente sur le revers gauche de l'habit. Le maire de la ville
avait jugé prudent de retirer momentanément aux boulangers
l'autorisation d'arborer leurs couleurs. Le jour de la solennité,
ils quittèrent paisiblement et dans le meilleur ordre le domicile
de leur mère. Des groupes nombreux, les attendaient près de là
dans la Haute Grande Rue, et lorsqu'ils y débouchèrent,
quelques murmures approbateurs de ce qu'ils ne portaient pas
de rubans, furent bientôt suivis des cris de : Ils ont des cannes !
Pas de cannes ! A bas les cannes ! Et comme dans le compagnonnage on a vite passé de la parole au geste, les boulangers voient

aussitôt une meute ardente fondre sur eux pour leur arracher leurs joncs. A cette brusque attaque, ils opposent une vive résistance; mais, accablés par le nombre, ils sont désarmés, dispersés et forcés de chercher un refuge dans les maisons voisines. La gendarmerie dut intervenir, et le maire défendit à tous les compagnons de paraître sur la voie publique avec des insignes quelconque.

Les dissidents du compagnonnage sont appelés les Rendurcis. A l'époque actuelle, les compagnons boulangers portent des anneaux auxquels est suspendue une raclette.

Voici comment, vers 1850, avait lieu l'enterrement d'un compagnon boulanger. Les hommes, dit Agricol Perdiguier, sont proprement vêtus, parés de rubans rouges, verts, blancs, de quelques insignes noirs, portent en main une haute canne, défilent deux à deux et forment une longue suite. Les pas battent en marchant, les cannes résonnent sur le pavé, les couleurs flottent au vent, tout est grave et silencieux. Ils entrent dans le cimetière, se dirigent vers une fosse fraîchement creusée. Arrivés là ils se forment en cercle. Le cercueil est déposé au centre. Deux compagnons s'en approchent, se mettent vis-à-vis l'un de l'autre, le pied gauche en avant, le droit en arrière; ils ne sont séparés que par le cadavre et le bois qui le renferme. Ils se regardent, se fixent avec des yeux mélancoliques. Ils ont chacun une grande canne, qu'ils tiennent de la main droite, près de la pomme, de la gauche, vers son milieu. Ils la penchent contre terre, puis il la relèvent lentement, lui font d'écrire une courbe, jusqu'à ce que son extrémité inférieure pointe vers le ciel. Ce mouvement est accompagné de cris plaintifs de la part des deux compagnons. Le mouvement des bras, des cannes et des cris recommence. Tout à coup chacun d'eux se frappe la poitrine de sa main gauche; ils se penchent à la fois l'un vers l'autre, forment au-dessus du cercueil une sorte d'arc, une espèce d'ogive et se parlent à l'oreille. Ils se redressent, recommencent leurs mouvements de bras, leurs cris et se parlent encore à l'oreille. Tout cela se répète et se répète encore. Ce dialogue incompréhensible dure assez longtemps. On descend le cercueil dans la fosse. Un compagnon se place à côté. On prend un grand drap noir à fleur de tête qui dérobe à tous les regards le vivant et le mort. A ce moment, il sort de la terre un profond gémissement. Aussitôt tous les compagnons qui s'en sont rapprochés répondent ensemble par un cri long et lugubre. Enfin les cris finissent, la terre tombe avec un bruit sourd sur le cercueil, la fosse est comblée, les compagnons se retirent.

Vesta, déesse des Boulangers.

A Rome, Vesta, en sa qualité de déesse du feu, était la patronne des boulangers; son image, que nous reproduisons d'après le *Magasin pittoresque*, la représente assise et ayant à côté d'elle une sorte d'autel entouré d'épis de blé, sur lequel a été déposé un pain rond ; à la fête des Vestalies, le 8 juin, qui était celle des boulangers, on promenait dans les rues des ânes couronnés de fleurs et portant des colliers de petits pains.

Les Romains avaient surnommé Jupiter Pistor, c'est-à-dire Boulanger, en mémoire de ce que lors de l'assaut du Capitole, il avait inspiré aux assiégés de jeter du pain dans le camp des Gaulois, pour leur faire croire que la place était bien approvisionnée.

La confrérie des boulangers de Paris eut d'abord pour patron saint Pierre aux Liens, que le livre des Métiers appelle saint Pierre *en goule Aoust*; cette fête avait peut-être été choisie parce qu'elle arrive le premier jour du mois où l'on fait la principale récolte des blés. Ils eurent encore une dévotion particulière et fort ancienne à saint Lazare, fondée sur le danger de devenir lépreux auquel les boulangers à cause du feu étaient plus exposés que les autres. Ils secoururent dans un temps de disette la maladrerie de saint Lazare et s'obligèrent à lui fournir pour chacune de leurs boutiques un petit pain, dit pain de fenêtre, par semaine. A cause de ce don les boulangers lépreux y étaient reçus quel que fût leur pays d'origine. Vers le commencement du XVII⁰ siècle, ce pain fut remplacé par une redevance en argent, qui fut d'abord un denier parisis, dit denier de saint Lazare, payé chaque semaine, puis par une somme annuelle, que chaque boulanger payait le jour de la Saint-Jean. Ils avaient une chapelle en l'église Saint-Lazare, où ils avaient fondé une messe basse tous les vendredis de l'année à perpétuité, et un service solennel le dernier dimanche du mois d'août, où tous les boulangers se trouvaient et rendaient le pain bénit.

Mais leur principal patron était et est encore saint Honoré, évêque d'Amiens au VII⁰ siècle, dont la fête est célébrée le 16 mai, et leur confrérie était depuis longtemps établie dans l'église Saint-Honoré, lorsqu'ils obtinrent de Charles VII des lettres de confirmation en 1439. C'est l'image de ce saint qui figure le plus souvent sur les méreaux ou les bannières; il est en costume d'évêque et tient à la main droite une pelle de four sur laquelle sont trois pains. La bannière des boulangers d'Arras était *d'azur à un saint Honoré mitré d'or, tenant à dextre une pelle d'argent chargée de trois pains de même et une crosse aussi d'or*. Elle fut adoptée par les boulangers de Paris dont l'ancienne bannière portait deux pelles en croix sur le pellon de chacune desquelles étaient trois pains ronds.

On voit, au Cabinet des estampes, plusieurs images de la confrérie de Saint-Honoré ; celle que nous reproduisons, un peu réduite, a été gravée aux frais de la corporation, en 1720.

Bannière des Boulangers d'Arras.　　Bannière ancienne des Boulangers de Paris.

En Belgique, les boulangers ont adopté pour patron saint Albert, évêque de Liège, vers 1192 ; il est représenté debout, en costume épiscopal, tenant, comme saint Honoré, une pelle à four et trois pains fixés dessus. Saint Albert, dit la légende, était un personnage de noble origine, qui pour mieux se livrer à l'oraison, s'était retiré sur une montagne, où il exerçait l'état de boulanger. Son âne portait à la ville, sans être guidé, les pains que le maître avait cuits, les vendant à prix fait et rapportant l'argent dans une bourse attachée à son col.

A Paris, les maîtres boulangers et les compagnons font leur fête à part. Voici comment, il y a une quinzaine d'années, était célébrée celle des maîtres. Le jour de la Saint-Honoré, la corporation se réunit à son siège social pour se rendre à l'église de la Trinité où doit être chantée une grand'messe. En tête

marchent quatre tambours précédant une musique; puis viennent les chefs de la corporation précédés d'une bannière;
derrière sont portées des brioches qui sont offertes en guise de
pain bénit. Les maîtres sont entourés de jeunes filles en blanc.
Derrière eux marchent les garçons boulangers en habit de fête,
ayant à la boutonnière le ruban vert brodé d'épis d'or, insigne
de la corporation.

En 1863, Vinçard décrivait ainsi la fête des compagnons :
Dès le matin de la fête, les compagnons et les aspirants se rendent chez la mère. Le cortège, musique en tête, part ensuite en
bon ordre; les compagnons parés de rubans et précédés d'un
énorme gâteau porté par quelques-uns d'entre eux, se rendent
à l'église Saint-Roch, où ils font célébrer une messe. Le service
fini, ils vont chez le restaurateur faire leur banquet auquel,
sauf la mère, aucun étranger ne peut assister. Après le repas,
ils donnent un bal, pour lequel de nombreuses invitations ont
été envoyées, et où se trouvent réunies différentes députations
des autres corps de métiers. Sur les billets d'invitation sont
représentés les outils professionnels : une paire de balances,
une étoile lumineuse placée au-dessus de deux mains entrelacées. Un tablier est au bas, avec des épis de blé, et des
feuilles de laurier. A chaque coin et au milieu du dessin sont
tracées des lettres symboliques se rapportant au compagnonnage. Le tout est surmonté d'une devise qui fut d'abord : *Honneur et gloire aux enfants de Maître Jacques*, et a été, depuis
1861, remplacée par celle-ci : *Respect au devoir; Honneur et
gloire au travail*. Le bal donné par les boulangers est surtout
remarquable par la tenue, la convenance et l'urbanité de ceux
qui y prennent part.

En 1890, les compagnons et aspirants boulangers du Devoir
du Tour de France, décorés aux couleurs nationales et musique en tête, partirent à deux heures de chez la mère pour se

rendre à l'Élysée Ménilmontant, où ils avaient organisé une fête, suivie d'un bal qui ne se termina que fort tard dans la nuit, au milieu des chants joyeux de la boulangère.

A Lille, au moment de la fête annuelle, les valets des corporations ou des sociétés offrent aux sociétaires des images

Image de saint Honoré, offerte à Lille par les valets de la corporation.

appelées blasons, où figurent généralement les saints sous le patronage desquels ces associations sont placées : celle des boulangers représente saint Honoré.

Les boulangers jouaient un rôle à part dans certaines fêtes publiques auxquelles ils assistaient en corps. Une estampe reproduite dans Lacroix, *Institutions et costumes au XVIIIe siècle*, représente les boulangers de Strasbourg qui, dans le défilé des corporations devant le roi Louis XV, le 9 octobre 1744, exécutent des jeux, des danses et des exercices avec épées ; l'un d'eux est monté sur une sorte de pavois formé par les épées.

A Béziers, lors de la fête de la Caritach, les boulangers, montés sur un des chariots des corps de métiers, jetaient de petits pains aux spectateurs qui tendaient leurs chapeaux.

Il est d'usage en certains pays que les boulangers fassent, au début de l'année, un cadeau à leurs pratiques. En Bourgogne, si le boulanger a apporté son offrande au client avant qu'on lui ait donné quelque autre chose, c'est un signe de chance pour la maison.

En France, tout au moins à notre époque, les enseignes des boulangeries n'ont guère d'emblèmes présentant quelque originalité : le plus commun est une gerbe de blé de petite dimension. Voici quelques sculptures avec des inscriptions pieuses relevées sur d'anciens moulins d'Edimbourg qui appartenaient aux boulangers de cette ville. Ils figuraient sur le programme de la fête de l'Association écossaise des maîtres boulangers d'Édimbourg (1894).

Les récits populaires que nous avons rapportés appartiennent

Tu mangeras ton pain
A la sueur de ton front.

Dieu bénisse les boulangers d'Édimbourg
qui ont fait bâtir cette maison.

Béni soit Dieu pour tous ses dons.

à un genre très à la mode au moyen âge, celui des exemples ou moralités : les boulangers cupides et les vieilles femmes avares y sont punis par des métamorphoses. Deux légendes siciliennes sur l'origine des taches de la lune se rattachent aussi à la boulangerie. Jadis la Lune était la fille d'un boulanger ; un jour qu'elle importunait sa mère, occupée à une fournée, pour avoir un gâteau, celle-ci impatientée, la frappa

de son écouvillon, c'est pour cela que la lune a la figure bar-
bouillée; suivant un autre récit, le coup fut frappé par la
mère un jour d'été que sa fille ne s'occupait que de sa toilette
au lieu de lui aider à nettoyer le four.

On raconte, en Haute-Bretagne, qu'un jour Lucifer vint sur
terre pour faire marché avec divers ouvriers; quand il arrive
chez le boulanger, celui-ci l'invite à entrer dans son four sous
prétexte de le visiter; dès qu'il y est, il asperge le four d'eau
bénite, et ne consent à laisser le diable s'en aller qu'après lui
avoir fait signer un écrit dans lequel il renonce à tout pouvoir
sur lui. Quand le boulanger meurt, il est repoussé par le portier
du Paradis; mais saint Yves, gardien du Purgatoire, l'y recueille
dans un coin en lui disant : « C'est singulier que vous n'ayez pas
trouvé de place en Paradis, ordinairement les fourniers n'ont
pas mauvaise réputation ».

Un conte des environs de Saint-Malo met en scène un matelot,
un perruquier et un boulanger, tous les trois amoureux d'une
fille que la mère veut marier à celui qui aura les mains les plus
blanches: comme le récit est fait par un marin, c'est le matelot
qui triomphe, parce que dans sa main goudronnée il a mis une
pièce d'argent, plus blanche que la poudre du perruquier et
que la pâte de la main du boulanger.

Dans les récits populaires assez nombreux, où il est parlé des
boulangers, ils n'y figurent en général que comme personnages
secondaires, ou bien leur rôle a si peu de lien avec la boulangerie que dans des variantes, souvent du même pays, ils sont
remplacés par des gens exerçant un métier différent.

L'aînée des « Sœurs jalouses de leur cadette » souhaite
d'avoir pour mari le boulanger du sultan, afin, dit le conte des
Mille et une nuits, de pouvoir manger à discrétion de ce pain
si délicat qu'on appelle le pain du sultan; la plus jeune des
« Trois filles du boulanger », héroïne du conte breton qui

appartient aussi au cycle des sœurs méchantes et jalouses,
souhaite de devenir la femme du roi, et elle l'épouse en effet.
En Portugal, le fils paresseux d'un boulanger réussit, à l'aide

La Belle Boulangère, gravure de Binet.

d'animaux auxquels il a rendu service, à devenir le gendre
du roi, mais ses aventures n'ont aucun rapport avec la
boulangerie.

La gravure ci-dessus de Binet, qui représente une boulan-

gère implorant le pardon de son mari qu'elle a trompé, est
placée au commencement d'une nouvelle de Restif de la Bretonne qui a pour titre : « La Belle boulangère ». A la fin de
l'historiette, Restif parle aussi d'autres aventures galantes de
boulangères, et il semble croire, comme la chanson, que « les
écus ne leur coûtent guère. »

Autrefois, les boulangères passaient d'ailleurs pour être
jolies et coquettes : une ronde de Ballard (1724) commence
ainsi :

> C'est la jeune boulangère
> Du bout du pont saint Miché ;
> Ell' s'en va en pèl'rinage :
> Son mari est trépassé.

Dans la suite elle rencontre un garçon pâtissier qui lui dit,
avec quelque vraisemblance, qu'elle revient du pèlerinage de
Cythère.

La ronde de « La Boulangère a des écus » sert de prétexte
à un jeu mimé et assez compliqué, dont les manuels de jeux
donnent la description.

La plupart des devinettes sur les boulangers sont à double
sens, elles rentrent un peu, avec moins de délicatesse de
forme, dans l'esprit du couplet :

> Je pétrirai, le jour venu,
>   Notre pâte légère,
> Et la nuit, au four assidu,
> J'enfournerai, ma chère.

Une chromolithographie distribuée en réclame par le magasin
de nouveautés *A la Ville de Lutèce* (1893), représentait un
petit boulanger qui enfournait un pain, avec cette inscription :
Qu'est-ce qui cuit plus qu'une brûlure ? Au verso se lisait
l'explication : C'est un boulanger.

PROVERBES

— Tant vaut le mitron, tant vaut la miche. (Haute-Bretagne.)

— Un bon boulanger ne laisse jamais sa pâte à moitié travaillée. (Perse.)

— Celui qui craint le feu ne se fait pas boulanger. (Allemand.)

— Lorsque le beurre vous pousse à la tête, il ne faut pas se faire boulanger. (Hollandais.)

— Mauvais boulanger qui a la tête beurrée. (Danois.)

— Il fait comme le boulanger qui fait entrer son pain dans le four, et n'y entre pas lui-même. (Hollandais.)

— Feves et forniers (forgerons et fourniers) boivent volentiers. XVe siècle.

Biada di mugnaio, vin di prete e pan di fornaio non fare a miccino.
Blé de meunier, vin de prêtre et pain de fournier ne font pas grand' chose. (Italie.)

— *Coscenza di fornai coscenza d'osti.*
Conscience de fournier, conscience d'hôte.

— Il vaut mieux aller au boulanger qu'au médecin.

— Où le brasseur entre, le boulanger n'entre pas. (Pays wallon.)

— Plaider avec le boulanger, c'est avoir faim, n'avoir point de pain. (XVIIe siècle.)

— *Take all and pay the baker.*
Prends tout et paie le boulanger. (Anglais.)

— C'est celui qui a oublié de payer sa taille qui traite le boulanger de voleur. (Proverbe wallon.)

SOURCES

Th. Wright, *Histoire de la caricature*, 122. — Leroux de Lincy, *Le Livre des proverbes français*. — *Ancien Théâtre Français*, II, 129; III, 15. — Monteil, *Histoire des Français*, II, 140. — Desmaze, *Curiosités des anciennes justices*, 511, 472, 509. — E. Boursin, *Dictionnaire de la Révolution*. — D' Coremans, *Traditions de la Belgique*, 294. — Grimm, *Teutonic Mythology*, II, 676, 729. — Legrand, *Contes grecs*, 263. — Dasent, *Popular tales from the Norse*, 213. — Swainson, *Folk-Lore of british birds*, 185. — Grohmann, *Aberglauben und Gebraeuche aus Boehmen*, 68. — De Lamare, *Traité de la police*, II, 710, 722, 734, 768. — Alphonse Martin, *Les anciennes Communautés d'arts et métiers du Havre*, 119. — Communications de M. Maulevault. — *Folk-Lore*. — Hazlitt, *British Proverbs*. — Reinsberg-Düringfeld, *Sprichwörter*. — *Magasin pittoresque*, 1857, 1866, 37; 1870, 133. — Communications de M. Macadam. — C.-G. Simon, *Étude sur le compagnonnage*, 62. 64. 145. — A. Perdiguier, *Mémoires d'un compagnon*, I, 229. — Du Breûl, *Le théâtre des antiquités de Paris*, 645. — F. de Vigne, *Corporations de métiers* (Gand), 76. — Vinçard, *Les Ouvriers de Paris*, 65. — *Revue des Traditions populaires*, IV, 75. — A. de Nore, *Coutumes, Mythes, etc.*, *de France*. 75. — Moiset, *Coutumes de l'Yonne*. — *Archivio per lo studio delle tradizioni popolari*, IV, 500. — Paul Sébillot, *Contes de la Haute-Bretagne*, I. 258. — Κρυπτάδια, II, 36. — Luzel, *Contes de la Basse-Bretagne*, III. 177. — Rolland, *Chansons populaires*, I. 122. — Rœbuck, *Persian Proverbs*. — Giusti, *Proverbi toscani*. — Baïf, *Mimes*, 120. — *Bulletins de la Société liégeoise de littérature wallonne*. IV. 593.

VIGNETTE DE JAUFFRET *Les Métiers* (1826).

PAUL SÉBILLOT

LÉGENDES ET CURIOSITÉS
DES MÉTIERS

LES PATISSIERS

La réclame qui, en parlant aux yeux, essaie de forcer les passants à regarder les étalages, est bien antérieure à notre époque. S'il suffisait à ceux qui, comme les boulangers et les bouchers, vendaient des aliments de première nécessité, d'indiquer la nature de leur commerce par un signe extérieur très simple et compris de tous, il n'en était pas de même des industriels qui s'adressaient pour ainsi dire au caprice. Les pâtissiers paraissent avoir été parmi ceux qui, les premiers, se sont ingéniés à attirer l'attention des clients et à leur inspirer le désir d'acheter des choses qui pouvaient passer pour des superfluités. A la fin du seizième siècle et au commencement du dix-septième, on les voit employer des procédés analogues à certains de ceux qui sont en usage de nos jours.

Vers 1567, leur enseigne était une lanterne qu'ils allumaient le soir pour éclairer leur boutique : elle était fermée, transparente, et ornée sur toute sa circonférence de figures grotesques et bizarres. C'était un des ornements que, dans l'origine, on avait employés sur la scène pour la représentation des Farces, Mystères et Sotties. On les en exclut par la suite, et je ne sais, dit Legrand d'Aussy, pourquoi les pâtissiers s'en emparèrent. A cause de ces personnages on les appela des lanternes vives; dans une de ses *Satires*, Regnier leur compare une vieille qui

> ...Sembloit, transparente, une lanterne vive
> Dont quelque paticier amuse les enfans,
> Où des oysons bridez, guenuches, elefans,
> Chiens, chats, lievres, renards et mainte estrange beste
> Courent l'une après l'autre...

Au commencement du règne de Louis XIV, les maîtres pâtissiers dressaient encore leurs chandelles derrière de longues pancartes faites d'un papier transparent, tout couvert de figures d'hommes et de bêtes grossièrement enluminées. La rue sombre s'éclairait de cette fantasmagorie, dont les ombres fantastiques s'agitaient et dansaient sur les blanches parois des maisons d'en face.

Cette mode disparut vers la fin du dix-septième siècle, et à l'époque de la Révolution la devanture du pâtissier était très simple. On passait vingt fois devant, dit Ant. Caillot, sans y faire nulle attention. Les boutiques de Lesage, rue de la Harpe, et celle du Puits-Certain ne se distinguaient pas beaucoup de celle d'une fruitière qui les avoisinait. Sous l'Empire, les pâtissiers soignèrent davantage la mise en scène, et peu à peu leur étalage devint à peu de chose près ce qu'il est aujourd'hui, montrant des friandises de toutes sortes, de formes et de couleurs variées, coquettement disposées. En même temps certains s'ingéniaient, par des procédés particuliers, à attirer la clientèle. C'est ainsi que lorsqu'on frappa les petites pièces de cinq francs en or, l'un d'eux se fit une sorte de célébrité en annonçant que, parmi ses pâtés, l'acheteur avait quelque chance de trouver une pièce d'or.

Du temps de Louis XIII l'intérieur des boutiques était aussi très orné, ainsi qu'on peut s'en convaincre en regardant la belle estampe d'Abraham Bosse, qui a été bien souvent reproduite. Certains pâtissiers semblent avoir été les précurseurs des restaurants à clientèle galante. Dans l'arrière-boutique de quelques-uns, et dans celle des rôtisseurs, était toujours, dit l'*Histoire des Hôtelleries*, quelque petit réduit bien sombre, tout disposé pour le mystère et le tête-à-tête, enfin un vrai cabinet particulier. Une petite porte donnant sur une ruelle étroite et peu éclairée conduisait à la mystérieuse chambrette. La femme novice en fait de débauche ne manquait point de passer par cette entrée discrète ; mais celle chez qui une vieille habitude avait fait taire tout scrupule et tout remords dédaignait la porte clandestine, et elle entrait bravement chez le pâtissier par la porte commune. De là vint le proverbe : *Elle a toute honte bue, elle a passé par devant l'huis du pâtissier*, qui désignait encore au commencement du siècle dernier une personne effrontée, et que l'on avait fini par appliquer aussi bien aux débauchés qu'aux femmes sans vergogne ; il a survécu aux causes qui lui avaient donné naissance, et il a même revêtu en Limousin une forme qui prouve qu'on n'en comprend plus l'origine :

A passat davans lou fourn del pastissier,
N'a pus ni crento ni dangier.

Il a passé devant le four du pâtissier, il n'a plus ni crainte ni vergogne.

Dans ce proverbe, dit encore l'*Histoire des Hôtelleries*, le pâtissier, complice des désordres, devait y prendre sa bonne part du blâme. Dieu sait de combien de tromperies, de combien de mauvais repas le peuple se vengeait par ce quolibet ! Les duperies des pâtissiers et des rôtisseurs étaient alors si

nombreuses, si flagrantes, si grossières, que la police d'alors,
qui n'avait pas ses cent yeux d'aujourd'hui, les avait pourtant toutes appréciées et condamnées dans ses ordonnances
détaillées. Défense était faite aux traiteurs et rôtisseurs
d'écrêter les vieux coqs et de les faire ainsi passer pour des
chapons; ordre leur était donné de couper les extrémités des
oreilles aux lapins clapiers, pour qu'on ne les confondît pas avec
les lapins de garenne, et de couper la gorge aux canards barboteux, afin qu'on les distinguât bien des canards sauvages. Ils
devaient aussi vendre toujours des lapins avec leurs têtes, « à
l'effet, dit l'ordonnance, d'empêcher qu'ils ne vendissent des
chats pour des lapins ». S'il arrivait que, malgré l'édit royal, un
rôtisseur donnât un chat pour un lapin, certaine sentence du
Parlement, confirmée par un arrêt de 1631, le condamnait en
guise d'amende honorable, à se rendre sur le bord de la Seine
en plein jour et en public, d'y jeter ces chats écorchés et décapités et de crier à haute voix, comme *meâ culpâ :* « Braves
gens, il n'a pas tenu à moi et à mes sauces perfides que les
matous que voici ne fussent pris pour de bons lapins. »

Cette prédilection pour les chats n'était pas spéciale aux
pâtissiers de Paris; l'auteur de l'*Art de voler*, le jésuite portugais Vieyra, prétend que ceux de son pays glissaient des
abatis de chat dans leurs pâtés. Les restaurateurs à bon
marché ont, à ce qu'on assure, conservé avec soin cette tradition des pâtissiers.

Au moyen âge le peuple les accusait de bien plus grands méfaits; un passage du roman picaresque *Don Pablo de Ségovie*,
fait clairement allusion à l'opinion très répandue en Espagne,
d'après laquelle ils se réservaient la meilleure partie des criminels privés de sépulture. A Paris, on avait démoli une maison
de la rue des Marmouzets, avec défense de la reconstruire,
parce que, dit le *Livre à la Mode*, le pâtissier qui l'occupait

LES PATISSIERS

Une Pâtisserie au XVII° siècle. (Musée Carnavalet.)

La femme a sonné, abaissé la lanterne, quoi que large : en soit moderne, il n'en est pas moins extrême.

« faisoit ses pastez de la chair des pendus qu'il alloit détacher
du gibet ». Il y avait une autre légende beaucoup plus tragique,
qui avait couru le moyen âge, qu'on avait localisée à Dijon,
et à Paris, dans cette même rue de la Cité. Voici comment la
raconte le bibliophile Jacob; il a quelque peu brodé sur le
texte du *Théâtre des Antiquités de Paris*, où le P. Dubreül la
rapporte, bien plus simplement en disant que c'était un bruit
qui a couru de temps immémorial en la cité de Paris. Mais
son récit résume en même temps plusieurs faits intéressant le
métier : A la fin du XIVᵉ siècle il y avait un barbier et un
pâtissier qui augmentait chaque jour sa clientèle et sa fortune,
se gardait de toute contravention aux ordonnances de la
police du Châtelet, tandis que les maîtres de son métier com-
mettaient « fautes, méprentures et déceptions, au préjudice
du peuple et de la chose publique, au moyen desquelles fautes
se peuvent encourir plusieurs inconvénients ès-corps humain ».
On ne lui reprochait pas d'avoir fait un seul pâté de « chairs
sursemées et puantes », ni de poisson corrompu, ni un seul
flanc de lait tourné et écrémé, une seule *rinsole* de porc ladre,
une seule tartelette de fromage moisi. Il n'exposait jamais de
pâtisserie rance ou réchauffée; il ne confiait pas sa marchandise à des gens de métiers honteux et déshonnêtes. Aussi esti-
mait-on singulièrement les pâtés qu'il préparait lui-même; car,
malgré la vogue de son commerce, il n'avait qu'un apprenti
pour manipuler la pâte, et cela sous prétexte de cacher les
procédés qu'il employait pour l'assaisonnement des viandes.
Cependant des bruits sinistres avaient plus d'une fois cir-
culé dans la rue des Marmouzets, et l'on parlait d'étrangers
massacrés la nuit. Un soir, des cris perçants sortirent du labo-
ratoire du barbier chez lequel on avait vu entrer un écolier
qui arrivait d'Allemagne. Cet écolier se traîna sur le sol, tout
sanglant, le cou mutilé de larges blessures. On l'entoura, on

l'interrogea avec horreur, il raconta comment le barbier l'avait attiré dans son ouvroir, en promettant de le raser gratis. En effet, il n'avait pas plutôt livré son menton à l'opérateur qu'il sentit le rasoir entamer sa peau; il cria, il se débattit, il détourna les coups de la lame tranchante, et parvint à saisir son ennemi à la gorge, à prendre l'offensive à son tour et à précipiter le barbier dans une trappe ouverte qui attendait une autre victime. On ne trouva plus le barbier, la trappe était refermée; mais quand on descendit dans une cave commune aux deux boutiques, on surprit le pâtissier occupé à dépecer le corps de son complice le barbier, qu'il n'avait pas reconnu en l'égorgeant; c'est ainsi qu'il composait ses pâtés, meilleurs que les autres, dit le père Dubreûl, d'autant que la chair de l'homme est plus délicate, à cause de la nourriture, que celle des autres animaux. En punition de ce crime, la maison fut démolie, et une pyramide expiatoire fut élevée à la place.

Ainsi qu'on l'a déjà vu, le métier des rôtisseurs et celui des pâtissiers se touchaient en plusieurs points. Autrefois, dit de Lamare, ceux-ci étaient également cabaretiers, rôtisseurs et cuisiniers, bien qu'il y eût à Paris une communauté de rôtisseurs aussi ancienne que celle des pâtissiers; mais il n'était permis à ceux de cette communauté que de faire rôtir seulement de la viande de boucherie et des oyes. C'est pour cela qu'ils furent nommés *oyers* et non *rôtisseurs*. Tout le gibier, toute la volaille et toute l'autre commune viande était préparée et vendue par des pâtissiers. Ces oyers, qui plus tard portèrent le nom de rôtisseurs et se confondirent par la suite avec les maîtres queues ou cuisiniers, étaient astreints à des règlements assez sévères : Il leur était défendu de rôtir de vieilles oies, de cuire des viandes malsaines, de faire réchauffer les plats de légumes ou potages portés en ville, de faire réchauffer deux fois la viande, de garder la viande plus de trois jours, le poisson plus de deux ; en cas de contravention, ils étaient condamnés à l'amende et leurs mets

Petis patez tous chaus

Crieur de petits pâtés, d'après Brébiette.

étaient brûlés publiquement devant leur porte. Le serment prêté par les pâtissiers et cuisiniers de Saint-Quentin, lors de leur réception, portait qu'ils s'engageaient à garder et ob-

le Blond grand avec Priuilege du Roy.

Ce Patissier est fin et d'une humeur plaisante
Pour escroquer l'argent de ce petit garçon ;
Mais luy de son costé scait de bonne façon
Engloutir les pastez que sa main luy presante.

Le Pâtissier, d'après Abraham Bosse.

server fidèlement les règles et ordonnances du métier, comme
à savoir que, en premier lieu, ils n'habilleraient aucune viande
pour entrer au corps humain que premier ne voulussent
manger eux-mêmes.

Malgré cela, ils avaient la réputation de ne pas servir loya-
lement leurs clients, et Tabourot rapporte qu'on leur prêtait,
ainsi que du reste à d'autres corps de métiers, une façon de
répondre équivoque qui, suivant la casuistique du temps, leur
évitait un mensonge :

> De ces Entends-trois les Rostisseurs de Paris en vsent aussi souvent en
> vendant leur viande : car quand elle est dure, ils demandent à l'acheteur :
> « Combien estes-vous pour manger ce que vous achetez ? » Si on leur respond :
> « Deux ou trois personnes ». « Croyez, disent-ils, que vous avez assez de
> viande et qu'il y aura bien à tirer si vous mangez tout... »

Cinquante ans plus tard, ils n'avaient guère meilleure
renommée, et Tabarin leur ordonnait ironiquement « de saler
la viande et de la mettre six fois au feu. »

A la fin du siècle dernier, la plupart des pâtissiers étaient
aussi rôtisseurs. « Poulardes, pigeons, on en trouve à toute
heure chez eux et qui sont tout chauds, disent les *Numéros parisiens* ; il est vrai qu'il y en a qui retournent à la broche ou au
four plus d'une fois. Le four des pâtissiers est toujours prêt à
recevoir le souper de ceux qui ne peuvent pas faire de cuisine
à la maison. Outre le prix qu'on leur donne pour cela, les
pâtissiers ont soin de dégraisser le gigot ; cependant il y a un
moyen sûr de les en empêcher : on n'a qu'à mettre de l'ail
dans le plat qu'on porte au four ; comme c'est un végétal qui
n'est pas de mode à Paris, les pâtissiers se gardent bien d'y
toucher. »

Mercier raconte que les gens de la suite de l'ambassadeur
turc, au temps de Louis XV, ne trouvèrent rien de plus
agréable à Paris que la rue de la Huchette, à raison des bou-

tiques des rôtisseurs et de la fumée qui s'en exhalait toute
l'année, sauf en carême. On disait alors que les Limousins y
venaient manger leur pain sec à l'odeur du rôt; il paraît toutefois que les maîtres des boutiques ne prétendaient pas leur
demander quelque chose pour cela, comme le « routisseur du
Chastelet », dont Rabelais a raconté l'amusante histoire et qui
voulait faire payer un faquin qui mangeait son pain à la fumée
de son rôt.

Les pâtissiers avaient soin de choisir pour servir leurs clients
des femmes jeunes et jolies. Restif de la Bretonne, qui a écrit
une nouvelle intitulée « la Belle Pâtissière », disait que cette
dénomination avait été donnée à Paris à tant de femmes de ce
genre de commerce, qu'il n'était embarrassé que du choix. La
beauté de Sophie, son héroïne, contribuait beaucoup plus que
les petits pâtés de son père à faire venir des pratiques. Le
bonhomme ne l'ignorait pas; aussi dès qu'il voyait arriver
quelqu'un d'un peu distingué par la mise, il appelait sa fille à
tue-tête et voulait que ce fût elle qui reçût l'argent. Aussi
était-on sûr de la voir quand on venait exprès. Cette tradition
s'est conservée : vers 1840, le *Musée pour rire* le constatait :
Un pâtissier qui n'aurait pas une jolie femme à mettre au
comptoir serait un homme fort imprévoyant. Deux beaux yeux
sont de toute nécessité pour attirer une foule de jeunes gens
qui, tout en se mourant d'amour, consomment effroyablement
de petits gâteaux. Une pâtissière très fraîche fait digérer beaucoup de petites tartes qui ne le sont guère (fraîches), et un
jeune homme occupé à lancer une œillade assassine ne peut
pas s'apercevoir que la confiture de sa tartelette a une barbe
qui semble avoir été taillée sur le modèle de celle d'un sapeur
de la garde nationale, sauf qu'elle n'est pas fausse.

Le personnel de toute boutique de pâtissier se composait

alors du chef de l'établissement, personnage ayant du ventre et un bonnet de coton : ce qui ne l'empêche pas d'avoir une jolie femme, et du garçon pâtissier lequel se distingue de son chef immédiat par sa coiffure, qui consiste en un béret de laine blanc.

Le petit pâtissier ou *patronet* est un personnage qui joue un rôle important dans la comédie contemporaine des rues ; on le trouve partout avec son petit béret de toile et son tablier blanc : les petites pièces comiques en font le spectateur obligé des accidents ou des manifestations.

La vocation d'un assez grand nombre de ces jeunes garçons a été motivée par l'espoir de manger des bonbons à discrétion. Monteil indique un moyen de leur faire passer cette envie, qui était en usage au XVIᵉ siècle et qui a dû être souvent employé : Perrot se jetait sur toutes les pâtisseries de la boutique. Le pâtissier lui laissa d'abord manger de la pâtisserie tant qu'il voulût, ensuite il lui en fit manger à tous les repas, ou du moins plus souvent qu'il n'eût voulu.

Dans l'ouest de la France, beaucoup de pâtissiers étaient originaires de la Suisse, et l'on disait aussi souvent : « Je vais chez le Suisse », que : « Je vais chez le pâtissier ».

Ce nom de pâtissier a été quelquefois pris en mauvaise part : appeler quelqu'un « sale pâtissier », c'était l'accuser de maladresse ou de quelque défaut. A Marseille, on disait d'un mauvais ouvrier : « *Es un pastissier* » ; cette épithète s'appliquait aussi à celui qui s'embrouillait au milieu d'un discours ou qui bredouillait.

Les pâtissiers ne se contentaient pas d'essayer d'attirer les clients à leur boutique ; ils envoyaient par les rues des garçons chargés de crier la marchandise. Dès le XVIᵉ siècle, le pâtissier ambulant est au premier rang des personnages populaires. Plu-

DES PATEZ, DES TALMOUSES TO.^{TES} CHAUDES

(Collection G. Hartmann.)

sieurs des quatrains des *Crys d'aucunes marchandises que l'on crye parmy Paris* (vers 1540), le mettent en scène avec ses congénères :

> Puis ung tas de frians museaulx
> Parmi Paris crier orrez,
> Le iour : « Pastez chaux! pastez chaulx! »
> Dont bien souvent nen mengerez.

> Et se crier vous entendez
> Parmy Paris trestous les cris,
> Crier orrez les eschauldez,
> Qui sont aux œufs et au beurre paitris.

> Assi on crie les tartelettes,
> A Paris, pour enfans gastez,
> Lesquelz sen vont en ses ruettes
> Pour les bouter dessoubz le nez.

L'édition des *Cris de Paris*, publiée à Troyes à la fin du XVII° siècle, donne plusieurs quatrains où figurent des cris de pâtissiers ambulants :

> *A ma Brioche, chalant,*
> *Quatre pains pour un tournois!*
> Je gagne peu de monnoye,
> Et si vai toujours parlant.

> Pour un tas de friands,
> Tous les matins je vais crians :
> *Eschaudez, gasteaux, pastez chauds!*

L'Hospital, lorsqu'il était chancelier, interdit la vente des petits pâtés qui se colportaient et criaient dans les rues. Le motif qu'il allègue dans son ordonnance est qu'un pareil commerce favorise d'un côté la gourmandise et de l'autre la paresse.

Il est probable que cette défense ne subsista pas long-temps. Dans ses *Tracas de Paris*, Colletet assigne à ces crieurs une bonne place parmi les gens importuns :

Le bruit que font les Paticiers,
J'entens ces petits officiers
Qui portent pastez à douzaine
Et qui vont criant à voix pleine :
Petits pastez chauds et bouillans !
Réveille bien des sommeillans.

La *Foire Saint-Germain*, comédie de Regnard (1695), fait dialoguer assez plaisamment Arlequin et un crieur de petits gâteaux :

LE CRIEUR. — Ratons tout chauds, tout fumants, tout sortant du four, à deux liards, à deux liards !

ARLEQUIN. — Hé l'homme aux ratons ! voyons ta marchandise.

LE CRIEUR. — Tenez, monsieur, les voilà, tout chauds.

ARLEQUIN. — Donnes-tu le treizième ?

LE CRIEUR. — Oui, monsieur.

ARLEQUIN. — Eh bien ! je le prends, demain, j'en acheterai une douzaine.

Au XVIII⁰ siècle, les pâtissiers ambulants parcouraient les rues, portant leur marchandise sur un éventaire et s'efforçaient d'attirer l'attention en criant : « Échaudés, gâteaux, petits choux chauds, tout chauds, tout chauds ! Petits pâtés bouillants ! » ou bien : « Gobets, craquelins, brides à veaux pour friands museaux, qui en veut ! »

Sous l'Empire, la belle Madeleine, marchande de gâteaux de Nanterre, occupa longtemps Paris. En 1811, Gouriet lui donnait place dans sa galerie des *Personnages célèbres dans les rues de Paris*. Toute sa personne, dit-il, est si remarquable, qu'elle-même, s'il arrive à quelqu'un de la regarder avec un peu d'attention, elle lui dit aussitôt : « Eh bien ! quoi ! c'est moi, c'est Madeleine. Allez, mon enfant, je suis connue dans tout Paris ». Elle a été représentée sur plusieurs théâtres: des poètes lui ont adressé des couplets, même des madrigaux; son portrait se voit à presque tous les cadres d'échantillons des peintres en miniatures. Tous les matins, on voit Madeleine passer en chantant et en criant ses gâteaux de

Nanterre sur un air dont on lui attribue la musique et les
paroles :

> C'est la belle Mad'leine (*bis*),
> Qui vend des gâteaux.
> Des gâteaux tout chauds,
> La bell' Mad'leine.
> Elle a des gâteaux *bis*),
> La bell' Mad'leine,
> Elle a des gâteaux,
> Qui sont tout chauds.

Elle a le teint fort brun, la bouche grande, les yeux saillants, le regard un peu égaré. Dès que sa chanson est finie,
elle pose son panier à terre et dit aux femmes : « Des gâteaux
tout chauds ! mesdames; mesdames, régalez-vous, c'est la joie
du peuple ».

Trente ans après, elle continuait à se montrer par les rues;
elle s'appelait toujours la *Belle Madeleine*, quoi qu'elle fût
devenue vieille et laide à faire peur. Elle vendait ses gâteaux
en chantant sur l'air *Grâce à la mode* :

> La bell' Mad'leine.
> Elle a des gâteaux *bis*,
> La bell' Mad'leine,
> Elle a des gâteaux.
> Qui sont tout chauds.

On voyait avant 1850 des marchands de gâteaux de Nanterre près des grilles des jardins publics, criant : « Voyez les
beaux gâteaux de Nanterre ». Pour les échaudés, on criait :
« Échaudés, ces beaux échaudés ! »

A la même époque, le marchand et la marchande de
gâteaux criaient : « Deux liards, deux liards, deux liards,
deux pour un sou ! » ou « Chaud, chaud, chaud et bon;
chaud ! Quèt ! pour un sou, quèt, quèt ! un liard la pièce et
quèt (quatre) pour un sou, quèt ! »

A voir, dit Kastner, la blanche vapeur qui enveloppait la boutique portative de pâtisserie que l'on venait de dresser,

A quelle sauce la voulez-vous? Caricature contre Louis-Philippe.

il ne semblait pas douteux que les gâteaux ne fussent tout chauds, tout bouillants; mais cette vapeur provenait simplement d'une fumigation continuelle entretenue sur la table à claire-voie au moyen de vapeur d'eau bouillante.

Les crieurs de pâtisserie ont à peu près disparu. Vers 1840, il y eut à Paris plusieurs petites boutiques qui eurent une vogue considérable et dont la comédie et la caricature s'emparèrent. Voici ce que dit Paul de Kock du plus célèbre d'entre eux :

« Un très modeste pâtissier vint s'établir sur le boulevard Saint-Denis ; sa très modeste boutique n'aurait pas pu contenir trois personnes, aussi n'entrait-on pas : on se tenait dehors, et quelquefois on faisait queue pour acheter de la galette, car c'est presque l'unique pâtisserie dont il faisait le débit, mais il en vendait depuis le matin jusqu'à minuit et quelquefois plus tard encore. Une galette n'avait pas le temps de paraître, et le pâtissier n'avait qu'à couper. Cric, crac, de tous côtés on tendait la main pour recevoir une part de deux sous ou d'un sou... et la galette qui venait d'être détaillée était remplacée aussitôt par une autre, car dès qu'il n'y en avait plus il y en avi encore et le pâtissier recommençait à couper. Il ne faisait pas autre chose depuis que sa boutique était ouverte jusqu'au moment où il la fermait, aussi lui avait-on donné le sobriquet de Coupe-Toujours. » Sa vogue fut remplacée et surpassée par celle de la galette du Gymnase, bien déchue aujourd'hui.

Les pâtissiers, qui avaient saint Michel pour patron, faisaient, le jour de la fête, chanter deux messes et célébrer un service solennel, puis ils retournaient à leur travail. Ils se plaignirent au prévôt en disant que les autres corps de métiers avaient le temps, le jour de leur fête, de décorer les « bastons » de leurs saints, tandis que eux ils ne le pouvaient pas. Cette réclamation fut écoutée, et à partir de 1485 il leur fut permis de chômer. Ils observaient une cérémonie bizarre, probablement ancienne : ils se rendaient en pompe à la chapelle de leur patron qui faisait partie de l'église Saint-Barthélemy. Les uns s'habillaient

en diables, les autres en anges, et au milieu d'eux on voyait
saint Michel agitant une grande balance, et traînant après lui
un démon enchaîné qui faisait cent niches aux passants et
frappait tous ceux qu'il pouvait attraper. Tous étaient à cheval,
accompagnés de tambours et suivis de prêtres qui portaient le
pain bénit. Une ordonnance de l'archevêque de Paris, du
10 octobre 1636, interdit cette procession, qui avait donné
lieu à quelques désordres.

En Champagne, les pâtissiers qui avaient leurs étaux à
Troyes, fournissaient au bourreau, chaque samedi de carême,
deux maillées d'échaudés.

La caricature a fait de nombreuses allusions à la pâtisserie
et surtout à l'un de ses produits, la brioche, dont le nom est,
comme on sait, synonyme de faute ou de bourde. Une gravure, vers 1830, représente Polignac en pâtissier à la porte
d'une boutique qui a pour enseigne : « A la renommée des
boulettes »; Traviès caricaturait Charles X avec cette inscription : « A la renommée des fameuses brioches, Charlot, premier pâtissier de la cour ». Quelques années plus tard (1833),
Louis-Philippe est à son tour déguisé en pâtissier fabricant
de brioches. En 1848, le *Journal pour rire* montrait une
députation de pâtissiers qui « vexés de voir tout le monde
faire des brioches, profitent de la liberté et de l'égalité, pour
demander le monopole des boulettes ».

La fabrication du pain d'épice peut passer pour une des
variétés de la pâtisserie. A Reims, les pains d'épiciers eurent
leur règlement le 2 août 1571. Les apprentis, pour parvenir à
la maîtrise, devaient faire un pain d'épice de six livres en
présence des maîtres-jurés. Lorsque Marie Leckzinska traversa
la Champagne pour épouser Louis XV, des notables allèrent
lui offrir douze coffrets d'osier contenant du pain d'épice de
douze à la livre et des croquants pliés.

Au XVIᵉ siècle, des marchands ambulants allaient l'offrir par les rues ; voici le quatrain qui leur est consacré dans les *Crys d'aucunes marchandises que l'on crye parmy Paris* :

> On crie. sans quelque obices.
> De cela ne faut point doubtez,
> Le pain qui est petry despices,
> Qui flumes fait hors bouter.

Sous Louis XIV ils criaient :

> *Pains d'espices pour le cœur !*
> Dans Senlis je vais le quérir.
> Qui d'avoir en aura désir,
> Je lui en donnerai de bon cœur.

Et au XVIIIᵉ siècle : « Voilà le bon pain d'épice de Reims ! »

Au milieu de ce siècle, le pain d'épice était colporté de compagnie avec le croquet dans une charrette au milieu de laquelle s'élevait une grosse brioche ou une appétissante galette surmontée de petits drapeaux tricolores. Le marchand débitait d'un ton sec et bref la phrase suivante : « Excellent pain d'épic', excellent crrrrroquet ! » ou faisait entendre un susurrement indescriptible : « A' s' l' moss ; l' moss à cinq ! » ce qui voulait dire à cinq sous le morceau. L'un d'eux, qui exerçait sa petite industrie à l'entrée des Champs-Élysées, vers 1840, avait joint à son commerce l'attrayante spécialité du sucre d'orge, et voici son boniment : « Ach'tez, messieurs, le restant de la vente ;

Voila le bon Pain d'Epices de Reims
Gravure de Poisson.

N. Guerard le Fils Fecit C.P.R.

Quand je bat le pavé, criant : « Oublie, oublie ! »
Je ne redoute point ny les chiens ny les lous,

Mais je crains seulement pour ce que je publie
Commençant à marcher l'heure propice aux filous.

tout est renouvelé! Un sou l'bâton à la fleur d'oranger, au citron ; un sou! Ils sont clairs comme de l'eau de roche, et gros comme des manches à balai ».

Actuellement, on ne crie plus les pains d'épice ; mais ils sont l'objet d'un commerce important, vers le mois d'avril. Dans la semaine de Pâques s'ouvre la foire aux pains d'épice, où l'on en vend de toutes formes ; il en est qui représentent des monuments, des bonshommes, des animaux ; parmi ceux-ci le plus en vogue est le cochon. Il est orné d'inscriptions facétieuses, ou porte des noms de baptêmes variés qui permettent d'offrir aux enfants et aux grandes personnes un petit cochon qui s'appelle comme eux. En revenant de la foire beaucoup de gens le portent suspendu par une ficelle à leur cou.

Les marchands d'oublies, disparus depuis plus de cert ans, se rattachaient, dit le bibliophile Jacob, aux pâtissiers, tout au moins dans la dernière période. Anciennement les oublayers, oblayeurs et oublieurs étaient des pâtissiers qui ne fabriquaient pas de pâtisseries grasses. Ce titre, qui survécut à leur première institution, dérivait des oblies ou hosties, *oblatæ*, qu'ils avaient seuls le droit de préparer pour la communion. C'était surtout aux jours des pardons, indulgences accordées par le Pape ou l'évêque, c'était aux pèlerinages de saints et aux processions du jubilé que les oublayers débitaient une prodigieuse quantité de pâtisseries au sucre et aux épices, enjolivées d'images et d'inscriptions pieuses, appelées gaufres à pardons. Ces jours-là ils établissaient leur fournaise à deux toises l'une de l'autre, autour des églises, et attiraient par leurs cris les fidèles alléchés de loin par l'odeur succulente de la pâte chaude, qui se mêlait à l'odeur de l'encens. Il fallait que les oublayers fussent hommes de bonne vie et renommée, sans avoir été repris de vilain blâme. Il leur était défendu d'employer aucune femme pour faire pain à célébrer en églises. Ils étaient tenus de se servir de bons et loyaux œufs ; ils avaient le privilège de travailler le dimanche.

Monteil fait ainsi parler un oublieur, qui décrit assez bien comment s'exerçait la profession au XIV° siècle : C'est dans le carnaval, au cœur de l'hiver, que nous gagnons quelque chose. Le couvre-feu a sonné ; il est sept heures du soir ; il gèle à pierre fendre. Voilà le bon moment pour remplir notre coffin d'oublies, le charger sur nos épaules et aller crier dans les rues : Oublies ! oublies ! Les enfants, les servantes nous appellent par les croisées ; nous montons ; souvent nous ignorons que nous entrons chez des Juifs, et nous sommes condamnés à l'amende. Quelquefois il se trouve d'enragés jeunes gens qui nous forcent à jouer avec nos dés argent contre argent ; on nous met encore à l'amende. Le jour, si nous amenons avec nous un de nos amis pour nous aider à porter notre marchandise, si nous étalons au marché à moins de deux toises d'un autre oublieur, à l'amende, à l'amende. On dit d'ailleurs et l'on croit assez communément qu'il suffit de savoir faire chauffer un moule en fer et d'y répandre de la pâte pour être maître oublieur ; ah ! comme on se trompe ! Écoutez le premier article de nos statuts : « Que nul ne puisse tenir ouvrouer ni estre ouvrier, s'il ne fait en ung jour au moins cinq cents grandes oublies, trois cents de supplications et deux cents d'entrées. » Tout cela revient à plus de mille oublies ; or, pour les faire en un jour, même en se levant de bonne heure, il faut être très exercé, très habile, très leste.

C'était surtout le soir, comme aujourd'hui le marchand de plaisir, que l'oublieur courait les rues et s'installait dans les tavernes. Quelquefois celui qui jouait avec lui avait la chance de gagner tout ce qu'il portait : alors le corbillon lui revenait de droit et, en signe de triomphe, il l'appendait à l'huis de la taverne. Au XVe siècle, Guillaume de la Villeneuve décrit ainsi le métier :

> Le soir orrez sans plus atendre
> A haute voix, sans delaier
> Diex, qui apele l'oubloier ?
> Quant en aucun leu a perdu.
> De crier n'est mie esperdu
> Près de l'uis crie où a esté,
> Aide Diex de maisté
> Com de male eure je sui nez
> Com par sui or mai assenez.

Ce personnage était assez populaire pour figurer dans les comédies allégoriques : Gringore introduit dans une de ses pièces, *La Farce du Bien mondain*, une femme nommée Vertu, qui entre en scène ayant un corbillon sur ses épaules et criant :

> Oublie ! oublie ! oublie !

POUVOIR TEMPOREL

> Desployez-nous ici contant,
> Les dez dessus le corbilon.

LA FEMME

> Sans nulle faulte, compaignon,
> Voulentiers je vous l'ouvriray.

Plus tard les oublieurs annonçaient qu'ils donnaient « deux gaufres pour un denier », et ils chantaient sur un ton lamentable des rimes équivoquées :

> C'est moi qui suis un oublieux,
> Portant oubli à ta saison !
> Pas ne dois être oublieux,
> Car j'en suis, c'est bien la raison.

Un autre de leurs cris était : « La joie ! la joie ! Voici les oublies ! »

Au XVIIe siècle, c'étaient les pâtissiers qui fournissaient aux oublieurs leur attirail et leur marchandise. Un passage de *l'Histoire comique de Francion* le constate et donne des détails curieux sur la façon dont le métier était exercé : « Je me sauvai dans la boutique d'un pâtissier que je trouvai ouverte.

Laitiere des environs de Paris.
dessiné & gravé par B. Picart en 1708. avec Privilege du Roy

Oublieur de la Ville de Paris.
dessiné par B. Picart en 1709. avec Priv. du Roy.

DIALOGUE ENTRE L'OUBLIEUR ET LA LAITIERE

l'Oublieur.

Il faut retourner a mon giste,
Qu'en dites-vous, la Belle, est il Soir ou matin :
Quand on gagne et qu'on boit du vin
Le temps est doux et passe viste.
C'est chose rare, ce me Semble,
Que de voir l'oublieur et la laitiere ensemble.

la Laitiere

Beau cajeoleur passés vôtre chemin

l'Oublieur

Escoutés mes Soupirs Laitiere de mon ame,
vos yeux font de mon cœur un foïer ardent de flâme.

la Laitiere

Le mien est chaut pour vous comme mon pot au laict

l'Oublieur

Eh ! vous me trouvés donc bien laid ?
Moy qui vous trouve si jolie :
Moy qui ferois pour vous folie,
Car je me marirois

la Laitiere

Ne vous gaussés vous pas !
Car on pourroit vous entendre en ce cas.

l'oublieur

Je vous ens de Vitry, quand j'auray fait un Somme
J'iray vous y trouver attendés moy Sous l'orme.

Craignant d'être reconnu par mes ennemis j'avois pris tout l'équipage d'un oublieux, et m'en allois criant par les rues : Où est-il? Je passai par devant une maison; l'on m'appela par la fenêtre et cinq ou six hommes sortant aussitôt à la rue, me contraignirent d'entrer pour jouer contre eux. Je

PATISSIERS.   4 leur gagnai à chacun le teston et, par courtoisie, je ne laissai pas de vider tout mon corbillon sur la table, encore que je ne leur dusse que six mains d'oublies ; mais ils me jurèrent qu'il falloit que je leur disse la chanson pour leur argent. »

Au moment où fut publié le *Dictionnaire de Trévoux* (1732), c'était le profit des garçons pâtissiers de crier le soir, en hiver, des oublies. Quand ils avaient vidé leur corbillon, on leur faisait aussi dire des chansons.

D'après Restif de la Bretonne, ils « vendaient des oublies en faisant jouer à une petite loterie, comme on en voit encore sur les quais. Mais on ne sait pas à qui ces gens-là pouvaient vendre durant la nuit. Nos pères, bonnes gens à tous égards, avaient pour eux une sorte de considération, parce qu'une allusion superstitieuse à leur nom d'oublieur leur faisait faire une fonction singulière, celle de troubler le repos des citoyens aux heures les plus silencieuses de la nuit, en criant d'une voix sépulcrale :

> Réveillez-vous, gens qui dormez !
> Priez Dieu pour les Trépassés !
> Oublies, oublies ! »

L'usage de faire monter le soir après souper les oublieux engendra des abus et occasionna maintes scènes scandaleuses. Plus d'une fois un voleur en quête d'aventures, à défaut de meilleure aubaine, dévalisait le pauvre oublieux. Quelquefois il tombait dans une orgie de jeunes débauchés qui le prenaient pour souffre-douleur, l'insultaient, le battaient et quelquefois le renvoyaient moulu et dépourvu de tout. L'un d'eux fut même assassiné par des libertins de qualité qui couraient les rues la nuit. Quelques-uns de ces petits marchands finirent par s'affilier à des bandes de malfaiteurs et prirent une part assez active à différents vols. Ils indiquaient les êtres des maisons et fournissaient à leurs associés le moyen de s'y introduire. D'après Legrand d'Aussy, quand Cartouche forma cette troupe d'assassins qui pendant un temps remplit Paris de meurtres, quelques-uns de ces scélérats s'étant déguisés en marchands d'oublies pour commettre plus facilement leurs crimes, la police défendit aux oublieux les courses nocturnes. Ce règlement en diminua beaucoup le nombre. Ceux d'entr'-eux qui continuèrent leur métier vendirent le jour, parcourant les quartiers et les promenades que fréquentait le peuple.

Lorsque les oublieurs disparurent, ils furent remplacés par des marchandes de plaisir qui se faisaient autrefois entendre de tous côtés dans les rues de Paris, et qui exerçaient leur industrie le jour et dans la soirée. En 1758, elles étaient assez populaires pour que, dans la *Matinée des boulevards*, l'une d'elles figurât parmi les marchands que Favart faisait défiler. Elle chantait ce couplet :

> V'là la p'tit' marchand' de plaisir,
> Qu'est-c' qui veut avoir du plaisir?
> Venez, garçons ; venez, fillettes,
> J'ai des croquets, j'ai des gimblettes,
>   Et des bonbons à choisir.
> V'là la p'tit' marchand' de plaisir,
>   Du plaisir, du plaisir.

Ces femmes étaient, par métier, forcées d'être aimables et de se laisser tout au moins courtiser ; c'est ce que répond l'une d'elles à son amoureux qui lui en fait des reproches :

> Dame, d'où vient qu'il est jaloux!
> Ce n'est pas ma faute, voyez-vous :
> Je suis marchande de Plaisir,
> Je dois contenter le désir
> Du monde et j'ons besoin d'pratique :
> Je ne vis que de ma boutique.
> Voyez voir, messieurs, si j'ons tort.
> Bachot a beau m'aimer bien fort,
> J'n'en pouvons faire davantage.

Dans la *Matinée des boulevards*, ce dialogue assez peu édifiant s'engage entre un « clincailler et sa fille » marchande d'oublies :

LE CLINCAILLER. — Écoute, écoute, Louison : as-tu déjà beaucoup vendu, mon enfant?

LA PETITE MARCHANDE. — Non, papa; mais voilà un louis qu'un monsieur m'a donné pour remettre tantôt un billet à une dame qu'il doit épouser, et qu'il m'a fait connaître.

LE CLINCAILLER. — Donne, c'est toujours quelque chose; les honnêtes gens se soutiennent comme ils peuvent. Mais auras-tu assez d'adresse pour t'acquitter de la commission ?

LA PETITE MARCHANDE. — Oh que oui, papa; ce n'est pas mon coup d'essai.

Ce nom de « plaisir » appliqué aux gaufres prêtait à des allusions et à des équivoques galantes. La chansonnette du *Marchand d'oublies* rentre dans cet ordre d'idées :

> Jouez à mon petit jeu,
> Mon aimable fille,
> Approchez-vous donc un peu
> Et tournez l'aiguille.
> Tourner depuis quelque temps
> Est chose commune,
> En tournant combien de gens
> Ont fait leur fortune.
>
> Jeunes amans qu'en secret
> L'Amour accompagne,
> Tirez avez votre objet,
> A tout coup l'on gagne.
> De mes avis faites cas,
>   Fillettes jolies,
> Et surtout n'oubliez pas
> Le Marchand d'oublies !

Les peintres et les dessinateurs y virent un motif à allégories et firent des compositions dans le genre de celle de la page 29. Il courut à la même époque une assez jolie chanson intitulée *l'Amour marchand de plaisirs*, dont voici quelques couplets :

L'Amour courait, cherchant pratique,
De plaisirs il était marchand.
Pour achalander sa boutique,
Il s'en allait partout, criant :
« Dans la saison d'aimer, de plaire ;
Régalez-vous, il faut jouir ;
Étrennez l'enfant de Cythère :
Mesdames, voilà le plaisir !
   Régalez-vous, mesdames,
      Voilà le plaisir !

L'Amour marchand de plaisirs, d'après le dessin de Perrenot.

Le temps s'envole, et sur sa trace
Fuient beauté, jeunesse et désirs ;
Comme un éclair le plaisir passe ;
Au passage il faut le saisir.
Fillettes, dont le cœur palpite,
Régalez-vous, pourquoi rougir ?
Au plaisir l'Amour vous invite,
Fillettes, voilà le plaisir !
   Régalez-vous, mesdames,
      Voilà le plaisir !

Mon adresse est chez le Mystère,
A l'enseigne du Rendez-vous ;
Venez, venez, j'ai votre affaire ;
J'ai du plaisir pour tous les goûts. »
Bientôt le plaisir fut si preste,

Tant de chalands vinrent s'offrir,
Qu'Amour criait : « Au reste, au reste! »
Hâtez-vous ou point de plaisir :
Régalez-vous, mesdames,
Voilà le plaisir !

Kastner trouvait que le cri : Voilà l'plaisir, mesdames! voilà l'plaisir! était une des plus jolies phrases mélodiques qu'il connût. Elle est, dit-il, gracieuse, expressive, élégante, bien déclamée et toujours d'un effet agréable, lors même quelle laisse quelque chose à désirer pour l'exécution. Ce sont les jeudis et les dimanches que la gentille et accorte marchande fait sa plus longue tournée. Le corps légèrement incliné d'un côté, par suite du poids de son grand panier qui pèse sur sa hanche du côté opposé, et tenant à la main un grand cornet de carton où sont empilées l'une dans l'autre les oublies roulées en volutes et portant sur le dos des figures, des devises, des emblèmes saints ou profanes, elle se rend dans les lieux où il y a foule et où elle ne pourrait crier longtemps sans importuner les promeneurs ou sans se fatiguer beaucoup elle-même; elle cesse de faire entendre sa voix et se sert, pour exciter l'attention des passants, d'un instrument de percussion analogue au *tarabat* des Israélites. Il est formé d'un morceau de bois carré muni en haut d'une sorte de poignée; il porte sur ses faces une pièce de fer également semblable à une poignée; celle-ci étant mobile exécute, lorsqu'on remue le morceau de bois, des mouvements de va-et-vient qui lui permettent de frapper le bois de côté et d'autre, et de produire par là une suite de coups assez forts pour être entendus à distance. Les marchandes de plaisir appellent parfois cet instrument le *dit-tout*, parce qu'il parle pour elles et leur épargne la peine de crier leur marchandise.

De nos jours les marchandes de plaisirs sont en général vieilles; on les entend crier : « Voilà l'plaisir, mesdames, voilà l'plaisir! » Autrefois les gamins ne manquaient pas de parodier la modulation qu'elles donnaient à leur cri en chantant :

> N'en mangez pas, mesdames, ça fait mourir!

A Marseille, les marchands d'oublies criaient : Marchands d'oublies! Oublies à la joie! et pendant les premières années de la restauration :

> Marchand d'oublies,
> Vive Louis,
> Oublies à la joie,
> Vive le roi!

A la fin du second Empire, la mère Plaisir était très connue sur le boulevard Saint-Michel; elle était grande et grosse, de bonne humeur, et elle modulait avec une voix bien timbrée son cri :

> Voilà l'plaisir, mesdames,
> Régalez-vous!

Elle avait sur la rive gauche une petite notoriété à laquelle elle n'était pas insensible; plusieurs chroniqueurs parlèrent d'elle, et son portrait fut gravé à l'eau-forte.

L'AIMABLE CAPORAL.

SOURCES

Legrand d'Aussy, *Vie privée des Français*, I, 77. 279. — Ant. Caillot.
Vie publique des Français, II. 212. — Lacroix, *Histoire des Hôtelleries*, II, 163,
275. — Tuet, *Matinées senonoises*. — Clément Simon, *Grammaire limousine*,
125. — P.-L. Jacob. *Curiosités de l'Histoire du vieux Paris*, 67, 77. — De
Lamare, *Traité de la police*, I, 332. — Monteil, *l'Industrie*, I, 131, 135. —
Ch. Desmaze. *Curiosités des justices*, 165. — Mercier, *Tableau de Paris*,
III. 37. — *Numéros parisiens*, 10, 11. — Restif de la Bretonne, *Contemporaines*. — *Physiologie du pâtissier* (Musée pour rire). — Régis de la Colombière, *Cris de Marseille*, 175. — Kastner, *Les voix de Paris*, 38, 86. — *Paris
ridicule et burlesque*, 300. 319, 321. — Paul de Kock, *la Grande ville*, 55.
— Vinçart. *Les Ouvriers de Paris*. 76. — V. Fournel. *les Spectacles populaires*. 8. — Assier, *Légendes et curiosités de la Champagne*, 183. — Restif
de la Bretonne, *Nuits de Paris*. XII. 442. — Gouriet, *Personnages célèbres
des rues de Paris*. II. 306.

Regalés vous, més Dames, vla l plaisir

Marchande de plaisir, d'après Poisson.

PAUL SÉBILLOT

LÉGENDES ET CURIOSITÉS

DES MÉTIERS

LES BOUCHERS

Au moyen âge presque tous ceux qui s'occupaient de l'alimentation étaient l'objet de dictons satiriques, d'anecdotes ou de contes injurieux, dont la tradition est loin d'être perdue, surtout en certaines provinces. Il semble toutefois que les bouchers en aient été moins atteints que les boulangers, les aubergistes et les meuniers, par exemple : l'épithète de voleur n'est pas sans cesse accolée à leur nom, et les légendes ne les rangent pas parmi les gens de métiers auxquels saint Pierre ferme obstinément les portes du Paradis.

En Bretagne même, et dans plusieurs des pays où la satire n'épargne guère que les laboureurs et les artisans qui se rattachent à la construction, ils ne sont que rarement en butte aux quolibets, et on ne manifeste pas de répulsion à leur égard.

Dans le Mentonnais, au contraire, leur métier est mal vu; anciennement, ils faisaient, dit-on, fonction de bourreau. On ne boit pas volontiers avec eux, et leurs enfants se marient moins facilement que les autres.

D'après Timbs, il n'y a pas très longtemps qu'en Angleterre le peuple croyait qu'ils étaient l'objet d'une exception législative d'un caractère méprisant. On lit, dit-il, dans un poème de Butler, qu'aucun boucher ne pouvait siéger parmi les jurés. Cette erreur n'est pas maintenant complètement éteinte. Le jurisconsulte Barrington, après avoir cité le texte d'une loi de Henri VIII, qui exemptait les chirurgiens du jury, pense que de cette exemption vient la fausse opinion d'après laquelle un chirurgien ou un boucher ne pouvaient, en raison de la barbarie de leur métier, être acceptés comme jurés. Spelman, un autre jurisconsulte, dit que dans la loi anglaise ceux qui tuent les bêtes ne doivent pas être les arbitres de la vie d'un homme. Pour qu'il ait avancé cette opinion, il faut qu'elle ait eu quelque fondement. Actuellement, l'exemption subsiste pour les médecins, chirurgiens et apothicaires, mais non pour les bouchers.

L'exercice de cette profession semble disposer ceux qui l'exercent à une sorte d'insensibilité, bien qu'il ne faille pas prendre à la lettre ce passage des *Industriels* (1840) : Sans cesse occupés à tuer, à déchirer des membres palpitants, les garçons d'échaudoir contractent l'habitude de verser le sang. Ils ne sont point cruels, car ils ne torturent pas sans nécessité et n'obéissent point à un instinct barbare ; mais nés près des abattoirs, endurcis à des scènes de carnage, ils exercent sans répugnance leur métier. Tuer un bœuf, le saigner, le souffler, sont pour eux des actions naturelles. Une longue pratique du meurtre produit en eux les mêmes effets qu'une férocité native, et les législateurs anciens l'avaient tellement compris, que le Code romain forçait quiconque embrassait la profession de boucher à la suivre héréditairement.

En 1860, le *Bulletin de la Société protectrice des animaux* s'occupa des pratiques de l'abattoir et constata que certains tueurs se plaisaient à torturer : La cruauté de quelques garçons bouchers, est telle qu'ils frappent encore la pauvre bête après l'avoir égorgée. L'un d'eux, à l'abattoir du Roule, non content d'avoir roué de coups le veau qui s'était échappé de ses mains, lui assénait sur le museau des coups de bâton et le piquait au nez avec son couteau, après lui avoir coupé la gorge, sans lui enlever la partie cervicale de la moelle que les gens du métier appellent l'amourette, dans le but avoué de le faire souffrir plus longtemps.

Pendant le moyen âge, les bouchers de Paris sont turbulents, et on les rencontre dans tous les mouvements populaires; ils y prennent une part prépondérante et se distinguent souvent par leurs excès; il est juste d'ajouter qu'à cette époque la royauté et les seigneurs ne leur donnaient guère le bon exemple. A la Révolution, ils n'avaient pas entièrement perdu le souvenir du rôle que leur corporation avait joué plusieurs siècles auparavant; en 1790, lors des travaux du Champ de Mars, auxquels plusieurs corps d'état prirent part en portant leurs bannières, celle des garçons bouchers était ornée d'un large couteau, avec cette inscription menaçante : Tremblez, aristocrates, voici les garçons bouchers !

Au XIII° siècle, le lexicographe Jean de Garlande accusait les bouchers, au lieu de bonne viande, de débiter les chairs d'animaux morts de maladie; et on lit dans les *Exempla* de Jacques de Vitry les deux contes moralisés qui suivent : Un jour qu'un client, pour mieux se faire venir d'un boucher qui vendait de la viande cuite, lui disait : Il y a sept ans que je n'ai acheté de viandes à d'autre qu'à vous. Le boucher répondit : Vous l'avez fait et vous vivez encore ! Un autre boucher de Saint-Jean-d'Acre, qui avait coutume de vendre aux pèlerins des viandes cuites avariées, ayant été pris par les Sarrasins, demanda à être conduit devant le Soudan, auquel il dit : Seigneur, je suis en votre pouvoir et vous pouvez me tuer ; mais sachez qu'en le faisant vous vous ferez grand tort. — En quoi ? demanda le Soudan. — Il n'y a pas d'année, répondit le boucher, où je ne tue plus de cent de vos ennemis les pèlerins en leur vendant de la vieille viande cuite et du poisson pourri. Le Soudan se mit à rire, et le laissa aller.

Au XVI° siècle, le prédicateur Maillard disait que les bouchers soufflaient la viande et mêlaient du suif de porc parmi l'autre.

L'exercice de la profession était soumis à un grand nombre de règlements, dont voici quelques-uns : Défense d'acheter des bestiaux hors des marchés ; d'acheter des porcs nourris chez les barbiers, parce que ceux-ci avaient pu donner aux porcs le sang qu'ils tiraient aux malades ; d'égorger des bestiaux nés depuis moins de quinze jours ; de vendre de la viande échauffée ; de garder la viande plus de deux jours en hiver et plus d'un jour et demi en été ; de vendre de la viande à la lueur de la lampe ou de la chandelle. Les règlements, très longs et très sévères, concernaient les animaux atteints de la lèpre ou du charbon.

On a beaucoup parlé, dans ces dernières années, de procès faits à des bouchers qui avaient vendu pour les soldats des viandes malsaines. Sous l'ancien régime, il y eut plusieurs condamnations pour des faits du même genre. En voici une que rapporte de Lamare, et qui est curieuse à plus d'un titre.

28 *mai* 1716. — Arrêt de la chambre de justice condamnant Antoine Dubout, greffier des chasses de Livry, ci-devant directeur des boucheries des armées, à faire amende honorable, nud en chemise, la corde au col, tenant dans ses mains une torche ardente du poids de deux livres, ayant écriteau devant et derrière, portant ces mots : « Directeur des boucheries qui a distribué des viandes ladres, et mortes naturel-

lement aux soldats » ; au-devant de la principale porte et
entrée de l'église de Paris, et la principale porte et entrée de
l'église du couvent des Grands-Augustins, et là, étant tête nue
et à genoux, dire et déclarer à haute et intelligible voix, que méchamment et comme mal avisé, il a distribué et fait distribuer des
viandes de bœuf ladres et mortes naturellement, qu'il s'est servi
de fausses romaines pour peser et faire peser lesdites viandes,

Boucher assommant un bœuf, d'après Jost Amman.

qu'il avait fait vendre à son profit des bœufs morts ou restés
malades en route, dont il a fait tenir compte au roi, qu'il a
pareillement fait tenir compte par le roi des bœufs et vaches
sur un bien plus grand poids que l'estimation qu'il en a fait
faire, et qu'il a commis d'autres méfaits mentionnés au procès,
dont il se repent, demande pardon à Dieu, au roi et à la justice. »

Au XIVe et au XVe siècle, nul ne pouvait être reçu maître
sans être fils de maître, à moins qu'il n'eût servi en qualité

d'apprenti pendant trois ans et « acheté, vendu ou débité chair ». Le chef-d'œuvre exigé consistait à habiller, c'est-à-dire à tuer, dépecer et parer la viande d'un bœuf, d'un mouton ou d'un veau. Par une ordonnance de Charles VI (1381), tout boucher qui se faisait recevoir maître était obligé de donner un aboivrement et un past : pour l'aboivrement, le maître nouveau devait au chef de sa communauté un cierge d'une livre et demie et un gâteau pétri aux œufs ; à la femme de celui-ci quatre pièces à prendre dans chaque plat ; au prévôt de Paris un setier de vin et quatre gâteaux de maille à maille ; au voyer de Paris, au prévôt de Fort-l'Évêque, etc., demi-setier de vin chacun et deux gâteaux de maille à maille. Pour le past, il devait au chef de la communauté un cierge d'une livre, une bougie roulée, deux pains, un demi-chapon et trente livres et demie de viande : à la femme du chef, douze pains, deux setiers de vin et quatre pièces à prendre dans chaque plat ; au prévôt, un setier de vin, quatre gâteaux, un chapon et soixante et une livres de viande tant en porc qu'en bœuf ; enfin au voyer de Paris, au prévôt du Fort-l'Évêque, au cellérier du Parlement, demi-chapon pour chacun, deux gâteaux et trente livres et demie, plus demi-quarteron, de bœuf et de porc. Les diverses personnes qui avaient droit à ces rétributions étaient obligées, quand elles les envoyaient prendre, de payer un ou deux deniers au ménétrier qui jouait des instruments dans la salle.

Le *Moyen de parvenir* donne le détail d'une sorte de cérémonial qui était en usage au XVIe siècle, et qui vraisemblablement tomba un peu plus tard en désuétude : Quand les bouchers font un examen à l'aspirant, ils le mènent en une haute chambre ; et, le tout fait, ils lui disent que, pour la sûreté des viandes, il faut savoir s'il est sain et entier et, pour cet effet, le font dépouiller et le visitent. Cela fait, ils lui disent qu'il se revête, ce qu'ayant fait et le voyant gai et ralu, ils lui disent :

« Or çà, mon ami, vous êtes passé maître boucher, vous avez habillé un veau, faites le serment. »

En Champagne, quand la réception était accomplie, le boucher devait prêter un serment, renouvelé chaque année le jour du Grand Jeudi, au corps de Notre-Seigneur Jésus-Christ, à l'Église et aux saints Évangiles, de ne pas enfreindre les règlements de sa corporation. Chaque récipiendaire donnait au maître boucher une paire de chausses et offrait en outre un banquet à ses confrères.

A Troyes, au XIVᵉ siècle, les maîtres bouchers pouvaient être forcés, quelques jours après leur réception, de mettre un chapeau de verdure et de traîner, attelés deux à deux, jusqu'à la léproserie, un chariot sur lequel était assis, au milieu de vingt-cinq porcs gras, l'aumônier en surplis portant la croix. Les trompettes sonnaient, les enfants et le petit peuple criaient : « Vilains ! serfs ! Bœufs trayants ! »

A Paris, les maîtres bouchers avaient constitué une sorte de tribunal, où ils siégeaient en tablier au milieu des moutons et des bœufs qu'on égorgeait.

Le maître des bouchers, désigné à vie par douze électeurs choisis parmi les maîtres bouchers, s'asseyait dans la grande salle de la halle sur une chaise de bois, et là, pour lui rendre hommage, on faisait brûler un grand cierge devant lui.

Il était interdit aux bouchers de vendre en carême et le vendredi ; ceux qui enfreignaient cette défense étaient condamnés à être fouettés par les rues. Comme les malades pouvaient avoir besoin de viande, on accordait le droit d'en vendre à quelques bouchers, moyennant une redevance. A Saint-Brieuc, ce droit fut adjugé, en 1791, à un boucher, moyennant 900 livres. En 1126, un boucher de Laon, qui avait vendu de la viande un vendredi, fut condamné par Barthélemy de Vire, évêque de la ville, à porter publiquement à la procession « une morue, ou un saumon s'il ne peut se procurer une morue. »

Des ordonnances multiples et très détaillées qui occupent nombre de pages dans le traité de de Lamare, avaient réglementé les tueries et les boucheries; mais on avait beau les renouveler, elles n'étaient guère observées. Plusieurs écrivains nous ont donné des descriptions de celles de Paris aux siècles derniers, qui ressemblent à celle qu'Ant. Caillot a tracée de leur état à la veille de la Révolution : Quel hideux aspect ne présentaient pas les étaux des bouchers; les passants n'y voyaient qu'avec horreur les traces d'un massacre sanglant, que des ruisseaux d'un sang noir qui coulait dans la rue, qu'un pavé toujours teint de ce sang, que des hommes dont les vêtements en étaient constamment souillés.

Sous l'Empire, la police essaya, avec succès, de rendre les boucheries un peu plus propres. Les boutiques étaient défendues à l'extérieur, par des barreaux de fer luisant, qui y laissaient pénétrer l'air la nuit comme le jour. Le sang ne souille plus, dit Caillot, les dalles qui en forment le pavé, et le marchand ne porte plus de traces sanglantes sur le linge qui lui sert de tablier. La bouchère, coiffée d'un bonnet de dentelle, n'est plus assise sur une chaise de bois devant un comptoir malpropre, mais dans un petit cabinet vitré, décoré d'une glace, dans lequel elle reçoit l'argent de ses pratiques.

Dans quelques villes de province se retrouvent des boucheries dont l'aspect rappelle celles du moyen âge : en 1886 la rue des Bouchers, à Limoges, était une sorte de ruelle étroite, humide et sombre, longue d'une centaine de mètres, bordée de maisons construites pour la plupart en bois et en torchis. Les boutiques étaient basses, étroites et peu profondes; la marchandise, au lieu d'être à l'intérieur, s'étalait à l'extérieur, les quartiers de chair suspendus à d'énormes crocs et les morceaux de viande jetés pêle-mêle, dans un désordre indescriptible et répugnant; le client n'entrait jamais dans la

Le Boucher

Pour faire un pot au feu achetez de mamande
Le bouillon en sera forbon et Savoureux
Car un morceau de bœuf de veau un bout saigneux
Contente le palais dur iture friande

se Vend à Paris Chez F. Guerard rue à vis la Fontaine S.t
Severin à L'image nostre Dame.

Avec priuil. du Roy

boutique et les transactions se faisaient à la porte, où bouchers et bouchères se tenaient.

Les boucheries de Troyes se composaient de quatre allées de charpente, et les courants d'air ménagés à l'intérieur empêchaient les mouches d'y pénétrer; lors de l'enquête faite à ce sujet par le lieutenant-général du baillage en 1759, ils attribuaient le privilège dont jouissait cette boucherie au bienheureux évêque Loup, dont ils montraient la statue placée depuis longtemps pour perpétuer le souvenir de son intercession; d'autres, à l'humidité du local.

Les boutiques des bouchers n'ont pas, en général, d'enseignes bien caractérisques, et il est assez rare d'en trouver dans le genre de celle qu'on voyait il y a trente ans à Saint-Haon-le-Châtel; elle représentait un animal indescriptible avec cette légende :

> On me dit vache et je suis bœuf;
> Pour qui me veut. je suis les deux.

Sur la façade on voit assez souvent une tête de bœuf, généralement dorée; aujourd'hui elle est assez petite; autrefois elle était de grande dimension, avec des cornes très longues.

Au moyen âge, les bouchers couronnaient de feuillage la viande des animaux fraîchement tués. Villon y fait allusion dans son *Petit Testament* :

> Item à Jehan Tronne, bouchier,
> Laisse le mouton franc et tendre
> Et un tachon pour esmoucher
> Le bœuf couronné qu'il veult vendre
> Ou la vache qu'on ne peult prendre.

Au commencement du second Empire cette décoration subsistait encore, seulement pour le jour de Pâques, qui ramenait l'usage de la viande alors interdite pendant le carême.

A Douai, d'après le règlement du 10 avril 1759, la nature des viandes exposées en vente par les bouchers était indiquée par des banderoles des couleurs ci-après : Bœuf, banderole

verte ; Taureau, banderole rouge ; Vache, banderole blanche ;
Brebis, banderole jaune ; Mouton, banderole bleue.

Les bouchers avaient remarqué que les viandes les plus
jaunes, les plus corrompues et les plus flétries, paraissaient très
blanches et très fraîches à la lumière ; aussi plusieurs avaient
l'artifice de tenir grand nombre de chandelles allumées dans
leurs étaux, même en plein jour ; une ordonnance de 1399 fixa
les heures pendant lesquelles ils pouvaient avoir des chandelles.

Avant la Révolution, les consommateurs achetaient « chair
sur taille », c'est-à-dire en marquant sur une taille, par des
crans ou des coches, la quantité de viande prise chaque fois,
comme cela se passe encore chez les boulangers.

Une sentence de 1668 défendait aux bouchers de descendre
de leurs étaux pour appeler et arrêter ceux qui désiraient
acheter de la viande.

De Lamare rapporte, d'après Lampride, une singulière
manière de vendre la viande, qui fut en usage à Rome pendant
une assez longue période. L'acheteur étant content de la qualité de la marchandise, fermait l'une de ses mains, le vendeur
en faisait autant de l'une des siennes ; et ensuite, ayant l'un et
l'autre le poing clos, chacun d'eux étendait subitement une
partie de ses doigts : si les doigts étendus et ouverts de l'un et
de l'autre formaient le nombre pair, c'étoit au vendeur à mettre
le prix à sa marchandise ; si, au contraire, ils amenaient le
nombre impair, l'acheteur avait le droit d'en donner tel prix
qu'il jugeait à propos.

Au XVII° siècle existait, chez certains bouchers de Londres,
la coutume de cracher sur la première pièce d'argent qu'ils
recevaient le matin.

Les personnes qui venaient acheter de la viande, et qui naturellement essayaient de l'avoir à meilleur marché que le prix
fait par le marchand, étaient de la part de celui-ci l'objet d'in-

vectives, qui motivèrent un arrêt du Parlement en 1540, et
une ordonnance de police en 1570 : Expresses inhibitions, dit
cette dernière, sont faites à tous Bouchers, Estalliers, Rotis-
seurs, Poissonniers, Harengers, Fruictiers et autres de cette
ville de Paris, de ne innover, mesfaire ne mesdire aux Damoi-
selle et Bourgeoises, femmes, filles et chambrières qui achepte-
ront ou vouldront achepter d'eux, de ne uzer contre lesdittes
Damoiselles, Bourgeoises et leurs servantes, d'aucunes parolles
de rizée et mocquerie et de recevoir doulcement les offres
qu'elles feront de leurs marchandises, sous peine de prison,
d'amende arbitraire et de punition corporelle.

Au XVIIᵉ siècle, les bouchers et les bouchères avaient adouci
leur langage, sans toutefois cesser de lancer quelques brocards
aux clients qui voulaient marchander. Voici une scène de boutique empruntée au *Bourgeois poli*, qui fut publié en 1631 :

LA BOURGEOISE. — Hé bien, mon amy, avez-vous là de bonne viande ?
Donnez-moi un bon quartier de mouton et une bonne pièce de bœuf, avec
une bonne poitrine de bœuf.

LE BOUCHER. — Oui dea, madame, nous en avons de bonne, d'aussi
bonne qu'il y ayt en la boucherie, sans despriser les autres. Approchez,
voyez ce que vous demandez. Voilà une bonne pièce de vache du derrière
bien espaisse. Cela vous duit-il ?

LA FEMME DU BOUCHER. — Madame, voilà un bon colet de mouton ; tenez,
voilà qui a deux doigts de gresse ; je vous promets que le mouton en couste
sept francz, et si encore on n'en sçauroit recouvrir, je serons contraintz de
fermer nos boutiques.

LA BOURGEOISE. — Combien voulez-vous vendre ces trois pièces-là ?

LE BOUCHER. — Madame, vous n'en sçauriez moins donner qu'un escu ;
voilà de belle et bonne viande.

LA BOURGEOISE. — Jesu, mon amy, vous mocquez-vous ? et vramment
prisez moin vos pièces.

LE BOUCHER. — Madame, je ne sommes pas à cette heure à les priser ; il
y a longtemps que je sçavons bien combien cela vaut. Ce n'est pas d'aujourd'hui que nous en vendons.

LA BOURGEOISE. — Tredame mon amy, je croy que vous vous mocquez
quant à moy, de faire cela un escu ; encore pour quarante sols je me
lairrois aller.

LA FEMME DU BOUCHER. — Ah! madame, il ne vous faut pas de si bonne viande; il faut que vous alliez querir de la cohue, on vous en donnera pour le prix de votre argent; je n'avons point de marchandise à ce prix-là, il vous faut de la vache et de la brebis.

LA BOURGEOISE. — Trodame, m'amie, vous êtes bien rude à pauvres gens! Je vous en offre raisonnablement ce que cela vaut. Vous me voudriez faire accroire, je pense, que la chair est bien chère.

LE BOUCHER. — Madame, la bonne est bien chère, voirement je vous assure que tout nous r'enchérit; la bonne marchandise est bien chère sur le pied. Mais, tenez, madame, regardez un peu la couleur de ce bœuf-là?

Quel mouton est cela? Cette poictrine de veau a t'elle du laict? Vous ne faictes que le marché d'un autre.

LA BOURGEOISE. — Tout ce que vous me dittes là et rien c'est tout un; je voy bien ce que je voy; je sçay bien ce que vaut la marchandise; je ne vous en donnerai pas un denier davantage.

LA FEMME DU BOUCHER. — Allés, allés, il vous faut de la vache. Allés à l'autre bout, on en y vend: vous trouverez de la marchandise pour le prix de voste argent. Il ne faudroit guière de tèls chalans pour nous faire fermer nostre estau.

Le dessin de Daumier (p. 13) a pour légende: « Eh ben! puisque vous voulez qu'les bouchers soient libres, pourquoi qu'vous voulez m'empêcher d'mettre qué z'os dans la balance?… J'vous trouve drôle, vous encore, la p'tite mère!… »

Les bouchers, habitués à manier de l'argent, vivent bien et dépensent beaucoup. Un proverbe provençal, qu'il ne faut pas sans doute généraliser, assure qu'ils ne meurent pas riches:

> — *Bouchié jouine à chivau,*
> *Viéi à l'espitau.*
> Boucher jeune à cheval — Vieux à l'hôpital. (Provence.)

Les bouchers ne sont pas seulement vendeurs, ils sont aussi acheteurs, et ils emploient dans le marchandage des ruses analogues à celles, plus connues, des maquignons. En arrivant dans un marché, dit La Bédollière, le boucher va de bestiaux en bestiaux, et les examine d'un air de dénigrement: « Tourne-toi donc, desséché; n'aie pas peur; ce n'est pas encore toi qui fourniras des lampions pour la fête de juillet; et combien veut-on te vendre? — L'avez-vous bien manié? s'écrie le marchand impatienté. — Parbleu! ne faut-il pas deux heures pour considérer ton efflanqué? — Tiens, aussi vrai que les bouchers sont tous des voleurs, il ne sortira pas du marché à moins de quinze louis. — Mais il n'a rien dans la carcasse, ton cerf-volant! il n'a pas de suif pour trois chandelles! Je t'en donne trente-deux pistoles, et pas davantage. » Lorsque la discussion

est terminée, et que le boucher a conclu le marché, il tire de
sa poche une paire de ciseaux et découpe sur le poil les lettres
initiales de son nom et de son prénom. S'il veut qu'on immole
immédiatement l'animal, il le marque de chasse, c'est-à-dire
d'une raie transversale sur les côtes. Un boucher ne dit jamais :
« J'ai acheté une vache », mais bien : « J'ai acheté une bête ».
Quand il a fait l'acquisition d'un taureau, il le désigne sous la
dénomination de pacha ou pair de France.

C'est probablement à cause de ces ruses qu'on donne en
Basse-Bretagne, au boucher, le surnom de *Mezo Kiger*, boucher ivre ou plutôt trompeur.

Les bouchers de Paris étaient très orgueilleux au moyen
âge. Dante, *Purgatoire*, ch. xx, prétend que Hugues Capet
était fils d'un boucher de Paris. Ce roi avait accordé de grands
privilèges à la corporation; c'est là probablement l'origine de
cette tradition, qui n'était pas éteinte au XV° siècle, et à laquelle
Villon fait allusion dans son *Grand Testament*.

> Se fusse des hoirs Hue Capel
> Qui fut extraict de Boucherie,
> On ne m'eust parmy ce drapel.
> Faict boire à cette escorcherie.

Les anciennes confréries des bouchers étaient presque partout fort importantes. Celle de Paris tenait ses réunions dans
l'église Saint-Pierre-aux-Bœufs. Dans plusieurs villes, des
droits et des privilèges particuliers étaient le partage des bouchers; à Venise, ils avaient celui d'élire le curé de l'église
Saint-Mathieu; à Fribourg, leurs droits étaient très divers;
l'auberge qu'ils possédaient avait, dès avant 1498, le bœuf
pour enseigne. La puissante corporation des bouchers d'Augsbourg tenait ses réunions dans une auberge située près de
l'abattoir de cette ville, et portait pour enseigne le Justau-
corps sanglant. Les bouchères de la même ville allaient se

reposer et déjeuner dans une maison voisine, à l'enseigne de l'École des Femmes.

Promenade du Bœuf gras, vitrail de Bar-sur-Seine, XVIe siècle.

La corporation des bouchers a souvent figuré dans les fêtes et les cérémonies publiques, et, d'après les anciens registres de la ville de Paris, elle a été admise aux entrées des princes et des légats, à la condition de supporter les frais d'habillement,

Promenade du Bœuf gras, figure accompagnant le placard de « l'ordre et la marche » (1816).
(Musée Carnavalet.)

de draperie et de tentures. Les bouchers reçurent même, sous forme de remontrance, l'ordre de « faire ébattement à l'entrée d'Anne de Bretagne ». Jusqu'à la Révolution, ils continuèrent à paraître aux entrées des rois, aux réjouissances pour les baptêmes des princes et princesses, etc. A la fête de la Fédération, les garçons bouchers se présentèrent seuls, car les maîtres ne pouvaient être sympathiques à un nouvel ordre social qui détruisait leurs privilèges.

Les bouchers, comme bien d'autres corporations, avaient soin d'orner la chapelle de leur patron; ceux de Champagne se distinguaient tout particulièrement. On voit dans la chapelle Saint-Joseph un vitrail donné par les maîtres bouchers de Bar-sur-Seine, en 1512. Au milieu, en haut, est peint saint Barthélemy, leur patron, tenant l'instrument de son supplice. Plus bas, est représentée la promenade du bœuf gras : deux bouchers en habit de fête conduisent l'animal, et traînent chacun le bout d'une écharpe passée à col; ils sont précédés de deux garçons, battant la caisse et jouant de la flûte, et suivis de plusieurs enfants qui se livrent à la joie. La maison d'un maître boucher, ou peut-être la boucherie publique de la ville, se voit dans le fond, ornée de deux têtes de bœuf et de guirlandes de verdure (p. 16).

La promenade d'un bœuf gras, pendant les jours qui précèdent le carême, n'a pris fin à Paris qu'à la chute du second empire; autrefois, elle avait lieu sur plusieurs points de l'ancienne France. Le seigneur de Palluau (Indre) avait le droit, au XVIII° siècle, de faire choisir un bœuf parmi ceux que les bouchers de la ville étaient tenus de tuer devant Carême prenant. Ce bœuf était appelé bœuf viellé. Au bourg de Saint-Sulpice-lez-Bourges, le « maître visiteur des chairs et poissons, après collection faite des voix et arbitres à ce appelés, déclaroit que tel bœuf estoit le plus gros et suffisant pour estre mené et violé, à la manière accoutumée, par les rues de la justice dudit bourg. » Cette élection rappelle celle qui était faite avant 1870, à Paris, par une commission composée de l'inspecteur général des halles et marchés, de quatre principaux inspecteurs, de deux facteurs et de deux bouchers. A Leugny, dans l'Yonne, il y a quelques années, un maquignon marchandait le bœuf gras ; un éleveur morvandeau le vendait. Les garçons bouchers qui le promenaient quêtaient de l'argent, du vin et du cidre. Le soir, il y avait un repas fait avec l'argent encaissé. On y buvait le vin recueilli dans une feuillette, qui accompagnait la promenade du bœuf.

Le bibliophile Jacob a parlé assez longuement des processions qui avaient lieu à Paris, et il a essayé d'en rechercher l'origine. N'est-il pas vraisemblable, dit-il, que les garçons bouchers célébraient la fête de leur confrérie, de même que les clercs de la basoche plantaient le mai à la porte du Palais de justice. En outre, les bouchers de Paris ayant eu jadis plusieurs querelles et procès avec les bouchers du Temple, il est fort naturel qu'ils aient témoigné leur reconnaissance, à l'occasion des privilèges que le roi leur accorda en dédommagement, par des réjouissances publiques, qui se sont perpétuées jusqu'à nous. Cette idée est d'autant plus admissible, que le bœuf gras partait de l'Apport-Paris, ancien emplacement des boucheries hors des murs de la ville, et qu'il était conduit en pompe chez les premiers magistrats du Parlement. En tout cas, il est certain que cette fête existe depuis des siècles. On nommait le bœuf gras bœuf villé, parce qu'il allait par la ville ; ou bœuf viellé, parce qu'il marchait au son des vielles ; ou bien bœuf violé, parce qu'il était accompagné de violes ou violons. Les enfants avaient inauguré un jeu de ce genre, qui consistait à couronner de fleurs un d'entre eux et à le conduire en chantant comme à un sacrifice ; ce jeu-là s'appelait bœuf sevré.

Les premières descriptions qui s'étendent sur les détails de cette cérémonie sont à peu près telles qu'on les ferait encore.

La procession de 1739 est la plus mémorable dont les historiens fassent mention : le bœuf partit de l'Apport-Paris, la veille du jeudi–gras, par extraordinaire ; il était couvert d'une housse de tapisserie et portait une aigrette de feuillage. Sur son dos on avait assis un enfant nu avec un ruban en écharpe ; et cet enfant, qui tenait dans une main un sceptre doré et dans l'autre une épée, était appelé le roi des bouchers. Jusqu'alors les bouchers n'avaient eu que des maîtres, et sans doute ils voulurent, cette fois, rivaliser avec les merciers, les ménétriers, les barbiers et les arbalétriers, qui avaient des rois. Ce bœuf gras avait pour escorte quinze garçons bouchers vêtus de rouge et de blanc, coiffés de turbans de deux couleurs : deux d'entre eux le menaient par les cornes, à la façon des sacrificateurs païens ; les violons, les fifres et les tambours précédaient ce cortège qui parcourut les quartiers de Paris pour se rendre aux maisons des prévôts, échevins, présidents et conseillers, à qui cet honneur appartenait. Le bœuf fut partout bienvenu, et l'on paya bien ses gardes du corps ; mais le premier président n'étant pas à son domicile, le bœuf gras fut amené dans la grande salle du Palais par l'escalier de la Sainte-Chapelle, et il eut l'avantage d'être présenté, en plein tribunal, au président en robe rouge qui l'accueillit très honnêtement.

La Révolution supprima le bœuf gras ; mais Napoléon rétablit, par ordonnance, le carnaval et le bœuf gras ; longtemps la police fit les frais de ces bacchanales des rues et des places ; le roi des bouchers s'était changé en Amour et avait quitté sceptre et épée pour un carquois et un flambeau.

Depuis cette rénovation jusqu'en 1871, le bœuf gras se promena à Paris, pendant les trois derniers jours du carnaval,

conduit par des garçons bouchers déguisés et entouré de sa
cour mythologique, sale et crottée, à cheval ou en voiture

et on allait le montrer aux souverains et aux autorités, comme le montre l'image satirique (p. 21) intitulée : « Rencontre de deux monarques gros, gras, etc. »

Plusieurs corporations honoraient un saint unique, reconnu par tous les gens de l'état ; les bouchers en avaient plusieurs ; en Belgique, ils avaient choisi saint Antoine, martyr des premiers temps du christianisme, qui avait exercé le métier de boucher à Rome, et afin de le distinguer des autres saints du même nom, ils avaient fait représenter à côté de lui un cochon ; ceux de Bruxelles fêtaient saint Barthélemy et faisaient dire, le 24 août, une messe en son honneur.

A Morlaix, les bouchers célébraient leur fête dans les premiers jours de l'Avent. Le bœuf gras faisait le tour de la ville escorté par tous les membres de la corporation, bras nus et la hache sur l'épaule. A chaque carrefour, on faisait le simulacre d'abattre l'animal, puis les bouchers faisaient la quête.

A Limoges, au milieu du quartier des bouchers, s'élevait une petite chapelle dédiée à saint Aurélien, patron de la corporation ; à la porte était placée une madone entourée de lanternes qu'on allumait dans les grandes occasions. Des statuettes semblables, mais plus petites, se voyaient au-dessus des portes des maisons et dans chaque chambre ; devant ces dernières brûlait jour et nuit une lumière.

Les bouchers étaient soumis à des redevances féodales, quelquefois d'un caractère original. Dans plusieurs chartes du XII⁰ siècle, les seigneurs exigeaient des bouchers domiciliés sur leurs terres « toutes langues des bœufs que ceux-ci tueront ». A Lamballe, le jeudi absolu, François Bouan, sieur de la Brousse, avait le droit de prendre et lever de chaque boucher ou personne vendant chair ou lard aux paroisses de Notre-Dame et de Saint-Martin « une joue de porc, bonne et compétente tranchée, deux doigts au-dessous de l'oreille ».

Les bouchers de Dol devaient fournir au sire de Combour une pelisse blanche en peau, assez grande pour entourer un fût de pipe, et dont les manches devaient être assez larges pour qu'un homme armé pût y passer facilement le bras. Jusque vers 1820, chacun des bouchers qui venaient vendre au marché de Penzance, dans la Cornouaille anglaise, payait, à la fête de Noël, au bailli de Coneston, un shilling ou devait lui donner un os à moelle.

Il est assez rarement parlé des bouchers dans les contes, si ce n'est dans ceux qui sont plaisants ; mais il court sur eux quelques anecdotes assez comiques : Un boucher de Lyon avait acheté, dit le *Roman bourgeois*, un office d'esleu ; le gouverneur de la ville s'estonnant comment il le pourroit exercer, veu qu'il ne sçavoit ni lire ni escrire, il luy répondit avec une ignorante fierté : « Hé vrayement, si je ne sçais escrire, je hocheray », voulant dire que comme il faisait des hoches sur une table pour marquer les livres de viande qu'il livrait à ses chalans, il en feroit autant sur le papier pour lui tenir lieu de signature.

On trouve dans les œuvres de Claude Mermet l'épigramme qui suit, intitulée : *D'un consul de village député pour aller chercher un bon prédicateur à Paris :*

> Un boucher, consul de village,
> Fut envoyé loin pour chercher
> Un prêcheur, docte personnage,
> Qui vint en Carême prêcher :
> On en fit de lui approcher
> Demi-douzaine en un couvent :
> Le plus gros fut pris du boucher
> Cuidant qu'il fût le plus savant.

Un avoué de Penzance avait un gros chien qui avait coutume de venir voler de la viande aux étaux. Un jour, un des bouchers vint trouver l'homme de loi, et lui dit : — Monsieur, puis-je demander une indemnité au maître d'un chien qui m'a

volé un gigot de mouton? — Certainement, mon brave homme.
— S'il vous plaît, monsieur, c'est votre chien, et le prix du
morceau est de 4^{sh}6 ». L'avoué le paya et le boucher s'en
allait triomphant, lorsque l'avoué le rappela : « Arrêtez un
moment, mon brave homme, le prix d'une consultation d'avocat
est de 6^{sh}8^d; payez-moi la différence. » Le boucher, bien
marri, dut s'exécuter.

Dans l'Ille-et-Vilaine, on raconte qu'un boucher, ayant
entendu dire dans son village que l'on a vu un certain taureau
qui a sur le front une seule corne, jure de le prendre. Il se met
à la recherche de l'animal avec deux haches et cent couteaux.
Enfin il trouve la bête qui, avec une complaisance parfaite,
lui offre sa tête. Le boucher use en vain tous ses instruments.
Alors le taureau donne à l'homme un coup de corne dans la
poitrine, l'étend raide mort, et retourne tranquillement dans
son pays, qu'on n'a pu encore découvrir.

Dans le fabliau du « Bouchier d'Abbeville », un boucher,
revenant de la foire, demande un gîte pour la nuit dans la
maison d'un prêtre; celui-ci ne veut pas le recevoir. Bientôt
le boucher revient et lui propose de payer son hospitalité
en lui donnant une des brebis grasses qu'il a achetées à la
foire; il lui offre même de la tuer pour le souper et de laisser
à son hôte toute la viande qui n'aura pas été mangée à leur
repas. Il est aussitôt accepté et ils font un excellent repas. Le
boucher promet à la gouvernante et à la servante du prêtre la
peau de la brebis, et il parvient à les tromper toutes les deux.
Quand il est parti, il s'élève une dispute entre le curé et les
deux femmes pour la possession de la peau, et l'on découvre
que le malicieux boucher avait volé cette brebis dans le troupeau même du prêtre.

« Ung jour advint que deux cordeliers, venans de Nyort, arrivèrent bien tard à Grif et logèrent en la maison d'un boucher.

Et, pour ce que entre leur chambre et celle de l'hoste n'y avoit que des ais bien mal joincts, leur print envie d'escouter ce que le mary disoit à sa femme estans dedans le lict ; et vindrent mectre leurs oreilles tout droict au chevet du lit du mary.

Boucher hollandais, gravure du XVII° siècle.

lequel ne se doubtant de ses hostes, parloit à sa femme privement de son mesnaige, en luy disant : « Mamye, il me faut demain lever matin pour aller veoir noz cordeliers, car il y en a ung bien gras, lequel il nous fault tuer ; nous le sallerons incontinent et en ferons bien nostre proffict ». Et combien qu'il entendoit de ses pourceaux, lesquelz il appeloit cordeliers, si

BOUCHERS.

est-ce que les deux pauvres frères, qui oyoient cette conjuration, se tin... ont tout asseurez que c'estoit pour eulx, et en
grande paour et craincte, attendoient l'aube du jour. Il y en
avoit ung d'eux fort gras et l'autre assez maigre. Le gras se
vouloit confesser à son compaignon, disant que ung boucher
ayant perdu l'amour et craincte de Dieu, ne feroit non plus
cas de l'assommer que ung bœuf ou autre beste. Et, veu qu'ilz
estoient enfermez en leur chambre de laquelle ilz ne povoient
sortir sans passer par celle de l'hoste, ils se debvoient tenir
bien seurs de leur mort, et recommander leurs ames à Dieu.
Mais le jeune, qui n'estoit pas si vaincu de paour que son
compaignon, luy dist que, puis que la porte leur estoit fermée,
falloit essayer à passer par la fenestre, et que aussy bien ilz ne
sçauroient avoir pis que la mort. A quoy le gras s'accorda. Le
jeune ouvrit la fenestre, et voyant qu'elle n'estoit trop haulte
de terre, saulta legierement en bas et s'enfuyst le plus tost et
le plus loing qu'il peut, sans attendre son compaignon, lequel
essaya le dangier. Mais la pesanteur le contraingnit de demeurer en bas: car au lieu de saulter, il tomba si lourdement
qu'il se blessa fort en une jambe. Et, quand il se veid abandonné de son compaignon, et qu'il ne le povoit suyvre,
regarda à l'entour de luy où il se pourroit cacher, et ne veit
rien que un tect à pourceaulx où il se traina le mieulx qu'il
peut. Et ouvrant la porte pour se cacher dedans, en eschappa
deux grands pourceaulx, en la place desquels se mist le
pauvre cordelier et ferma le petit huys sur luy, esperant, quand
il oiroit le bruict des gens passans qu'il appelleroit et troveroit
secours. Mais, si tost que le matin fut venu le boucher ap-
presta ses grands cousteaux et dist à sa femme qu'elle lui tínst
compaignie pour aller tuer son pourceau gras. Et quant il
arriva au tect, auquel le cordelier estoit caché, commence à
cryer bien hault, en ouvrant la petite porte : « Saillez dehors,

maistre cordelier, saillez dehors, car aujourdhuy j'auray de
vos boudins! » Le pauvre cordelier ne se pouvant soustenir
sur sa jambe, saillyt à quatre pieds, hors du tect, criant tant
qu'il povoit misericorde. Et si le pauvre frere eust grand paour,
le boucher et sa femme n'en eurent pas moins, car ilz pen-
soient que sainct François fust courroucé contre eulx de ce
qu'ilz nommaient une beste *cordelier*, et se meirent à genoulx
devant le pauvre frere, demandans pardon à sainct François,
en sorte que le cordelier cryoit d'un costé misericorde au
boucher, et le boucher, à luy, d'aultre, tant que les ungs et
les aultres furent ung quart d'heure sans se pouvoir asseurer.
A la fin le beau pere, cognoissant que le boucher ne luy voloit
point de mal, lui compta la cause pourquoy il s'estoit caché
en ce tect, dont la paour tourna incontinent en ris, sinon que le
cordelier, qui avoit mal en la jambe ne se pouvoit resjouyr. »

Ce récit, qui figure dans l'*Heptaméron* de la reine de
Navarre, a été raconté en Italie à Marc Monnier sous une forme
presque identique, à cette légère différence que les personnages qui écoutent sont deux prêtres, et qu'ils entendent le
boucher dire à sa femme qu'ils se lèvera de bon matin pour
tuer deux noirs. Marc Monnier le rapproche de la peur que
Paul-Louis Courier éprouva dans des circonstances analogues
chez un charbonnier de Calabre, où il se trouvait avec un
compagnon, en l'entendant dire qu'il « fallait les tuer tous les
deux ». Il s'agissait de chapons.

La complainte de saint Nicolas et des petits enfants, qui est
populaire sur plusieurs points de la France, parle d'un boucher qui, de même que le légendaire pâtissier de la rue des
Marmouzets, ne se contentait pas de tuer des animaux. Voici
la version que Gérard de Nerval recueillit dans le Valois :

Il était trois petits enfants
Qui s'en allaient glaner aux champs.

S'en vont au soir chez un boucher :
— Boucher, voudrais-tu nous loger?
— Entrez, entrez, petits enfants,
Il y a de la place assurément.

Ils n'étaient pas sitôt entrés,
Que le boucher les a tués,
Les a coupés en petits morceaux,
Mis au saloir comme pourceaux.

Saint Nicolas, au bout d'sept ans,
Saint Nicolas vint dans ce champ.
Il s'en alla chez le boucher :
— Boucher, voudrais-tu me loger?

— Entrez, entrez, saint Nicolas.
Il y a d'la place, il n'en manque pas ».
Il n'était pas sitôt entré
Qu'il a demandé à souper.

— Voulez-vous un morceau d'jambon?
— Je n'en veux pas, il n'est pas bon.
— Voulez-vous un morceau de veau?
— Je n'en veux pas, il n'est pas beau.

Du p'tit salé je veux avoir
Qu'il y a sept ans qu'est dans l'saloir. »
Quand le boucher entendit cela
Hors de sa porte il s'enfuya.

— Boucher, boucher, ne t'enfuis pas,
Repens-toi, Dieu te pardonnera. »
Saint Nicolas posa trois doigts
Et les p'tits se levèrent tous les trois.

Le premier dit : « J'ai bien dormi. »
Le second dit : « Et moi aussi. »
Et le troisième répondit :
« Je croyais être en paradis. »

DEVINETTES

Deux pieds assis sur trois pieds étaient occupés à regarder un pied, lorsque survinrent quatre pieds qui s'emparèrent d'un pied; sur ce, les deux pieds se levèrent, saisirent les trois pieds et les lancèrent à la tête

Setm cornu, che affamdate uccis
Stanner cajrm. scratar agnells

Francherai, perderai, empré, g croté
C'on rue delier et laisserai la pelle

Boucher italien, d'après Mitelli.

des quatre pieds qui s'enfuirent avec un pied. La réponse est : Un boucher
assis sur un escabeau à trois pieds, et auquel un chien vient de voler un
pied de mouton. Devinette anglaise (Dickens, *Les Temps difficiles*).

Qui sont ceux qui gagnent leur vie du sang épanché?
— Les chirurgiens et les bouchers.

PROVERBES

— C'est un boucher.

On appelait boucher un homme qui coupait mal les viandes, ou un barbier qui a la main lourde, qui rase rudement, qui coupe en rasant.

— C'est un rire de boucher, il ne passe pas le nœud de la gorge; c'est un rire qui n'est pas franc, parce que les bouchers, tenant leur couteau entre les dents, font une grimace qui ressemble à un rire, bien qu'ils n'aient pas envie de rire en effet.

— *The butcher look'd for his knife, when he had it in the mouth.* Le boucher cherche son couteau, alors qu'il l'a à la bouche (Anglais).

— *The butcher looked for the candle it was in his hat.* Le boucher cherchait sa chandelle et elle était sur son chapeau (Anglais).

— *Gwelloc'h eo beza Kiger eget beza leue.* Il vaut mieux être le boucher que le veau. (Breton.)

— Le bœuf une fois tombé, les bouchers viennent en foule. (Proverbe talmudique.)

— Il fait tous les matins le métier d'un boucher, car il habille un veau.

— Il sont comme les bouchers du Mans, ils se mettent sept sur une bête. (Normandie.)

— On dit d'un homme qui ne peut rien en une affaire ou en une assemblée, qu'il a du crédit comme un chien à la boucherie.

— Il est reçu comme un chien dans une boucherie. (Iles Feroé.)

— Avoir la conscience d'un chien de boucher. (Prov. allemand.)

— *A cani di vuccieria non mancanu ossa.* Au chien de boucherie ne manquent pas les os. (Prov. sicilien.)

On trouve, dès le moyen âge, une série de sujets dans lesquels le rôle de l'homme à l'égard des animaux est interverti, de manière que la victime commande à son tour à son persécuteur. Ce changement de position était appelé, dans le vieux français, le *Monde bestourné*; il forme, dit Wright, le sujet de vers assez anciens, et la peinture l'a exploité à une date reculée. L'imagerie populaire s'en est aussi emparée. Un des compartiments du *Monde à rebours*, estampe du XVII° siècle, représente un bœuf dépeçant un boucher (p. 31). Dans un livre populaire anglais, qui était déjà imprimé en 1790, on voit un bœuf qui tue un boucher.

*Quel objet plein d'horreur, un Bœuf tout en furie
Fait d'un homme écorché sanglante boucherie.*

SOURCES

Revue des Traditions populaires, VIII, 591 ; IX, 195, 217, 233. — Timbs, *Things generally not known*, I, 175. — La Bédollière, *Les Industriels*, 83, 85. — E. Rolland, *Faune populaire*. V, 67. — Jacques de Vitry, *Exempla*, 70 (éd. de Folk-Lore Society). — E. Monteil, *l'Industrie française*. I, 92, 243. — De Lamare, *Traité de la police*, III, 85, 86. — Legrand d'Aussy, *Vie privée des Français*, I. 307. — Assier, *Légendes de la Champagne*, 47, 48. — Vinçard, *Les Ouvriers de Paris*. 131. 157. — Desmaze, *Curiosités des anciennes justices*, 313. — Ant. Caillot, *Vie publique des Français*, II, 212, 218. — *Souvenirs à l'usage des habitants de Douai* (1822), 548. — *Autrefois* (1842), 150. — Blavignac, *Histoire des enseignes*, 143. — F. Arnaud, *Voyage pittoresque dans l'Aube*, 102. — Communication de M. Charles Fichot. — Laisnel de la Salle, *Légendes du Centre*. I, 30. — Moiset, *Croyances de l'Yonne*, 17. — Jacob, *Curiosités de l'histoire des Croyances populaires*, 135. — Reinsberg-Düringsfeld, *Traditions de la Belgique*, I, 155 ; II, 120. — Quernest, *Notices sur Lamballe*, 42. — *Folk-Lore Journal*, V, 110, 111. — Gérard de Nerval. *Les filles du feu*, 160. — Reinsberg-Düringsfeld. *Sprichwörter*. — Sauvó *Lavarou koz*. — Leroux, *Dictionnaire comique*. — Tuet, *Matinées senonoises*. — Wright, *Histoire de la Caricature*, 107.

Le boucher, d'après les *Arts et Métiers*.

PAUL SÉBILLOT

LÉGENDES ET CURIOSITÉS
DES MÉTIERS

LES FILEUSES

Naguère encore, pour exprimer l'ancienneté d'une chose ou son invraisemblance, on disait assez couramment qu'elle s'était passée à l'époque où les rois épousaient des bergères, ou

Du temps que la reine Berthe filait.

Ce dicton, qui a son parallèle en Italie, était vraisemblablement né d'une confusion qui s'était établie entre plusieurs personnages : la mère de Charlemagne, la reine qui, d'après une ancienne charte indiquée par le *Dictionnaire de Trévoux*, filait pour orner les églises, l'héroïne du roman de *Berthe aux grands pieds*, et une sorte de fée filandière, nommée Bertha en Italie, Berchta en Allemagne, et restée surtout populaire en ce dernier pays.

Il constatait que l'art de filer figurait autrefois au premier rang des attributions de la femme, quel que fût son rang.

Grosley, qui écrivit au siècle dernier une dissertation moitié plaisante, moitié sérieuse sur les Ecraignes, ou réunions de fileuses, leur avait trouvé dans l'antiquité des précédents illustres : La Nécessité filait, en compagnie des Parques, le fil des destinées humaines ; les nymphes se réunissaient chez la mère d'Aristée pour filer la laine verte de Milet. A Rome, le plus bel éloge que l'on pût faire d'une matrone des anciens temps, consistait à dire qu'elle était restée chez elle occupée à filer de la laine : les pronubæ portaient derrière la fiancée sa quenouille et son fuseau.

Chez les Gaulois on pratiquait, au moment du mariage, une cérémonie qui ressemblait beaucoup à celle encore en usage naguère dans quelques provinces : la nouvelle mariée était conduite dans un bois où se trouvait la statue de la déesse Nehellenia, on lui remettait une quenouille chargée de lin et elle la filait un instant ; peu de temps après la conversion des Francs au christianisme, à l'issue de la messe nuptiale, les parents de l'épousée prenaient une quenouille sur l'autel de la Vierge et la lui donnaient à filer. Dans quelques églises du Berry, la mariée filait une ou deux aiguillées avant de sortir ; dans le pays Chartrain, elle s'agenouillait sous le porche devant la statue de sainte Anne, faisait trois signes de croix, et, prenant la quenouille de la sainte, elle la mettait à son côté et filait quelques instants. Dans la Sologne et dans l'Orne, le bedeau présentait à la nouvelle mariée, le dimanche après la noce, une quenouille à laquelle elle attachait un ruban et une pièce de fil.

Dans le Lot-et-Garonne et dans le Tarn-et-Garonne, on portait en cérémonie la quenouille et le fuseau de la mariée à sa nouvelle demeure ; en Normandie ces ustensiles étaient mis sur le devant de la charrette qui transportait le trousseau ; dans le Jura, les femmes juchées sur les meubles placés sur le chariot filaient soit au fuseau, soit au rouet, quelquefois c'était le garçon franc qui filait. Dans les Landes, la quenouille était portée pendant toute la durée de la noce par une vieille femme qui, souvent se plaçait entre les deux époux ; en Savoie, la belle-mère en présentait une à sa bru lors de son arrivée à la maison, pour lui dire qu'elle serait la bien venue si elle se renfermait dans ses travaux d'intérieur.

Dans les Landes, la jeune fille qui n'a pas les objets nécessaires à son trousseau va faire une quête vers la fin de septembre, accompagnée d'une amie. Elles ont à la main une quenouille chargée de lin, et elles filent ou ont l'air de filer tout le long de la route. Arrivées devant la maison où elles vont quêter, la « quistante » s'arrête à la porte et file pendant que sa compagne entre demander un peu de lin pour le trousseau. Dans la Sologne, le premier jour des noces, après le repas, cinq paysannes faisaient la quête : la première tenait à la main une quenouille et un fuseau, et les présentait à chacun en chantant :

> L'épousée a bien quenouille et fuseau,
> Mais de chanvre, hélas ! pas un écheveau,
> Pourra-t-elle donc filer son trousseau ?

Le lendemain des noces a lieu, dans les Landes, une cérémonie burlesque : on fait mine de reconduire la « nobi » à ses parents, sous prétexte qu'elle est incapable de coudre, de filer, etc. Un donzelon prend une quenouille garnie d'étoupes et file une corde des plus grossières, un autre s'étudie à coudre le plus mal qu'il peut.

Lorsque l'on ouvrit les tombeaux de Saint-Denis, en 1793, Lenoir trouva dans le cercueil de Jeanne de Bourgogne, la première femme de Philippe de Valois, sa quenouille et son fuseau, et les mêmes objets dans celle de Jeanne de Bourbon, femme de Charles V. Une quenouille était sculptée sur la pierre tombale d'Alice, prieure d'un monastère du comté de Stirling

(Écosse). En Allemagne on suspendait un fuseau au-dessus de la tombe des dames de haut parage, comme le heaume et l'épée sur celle du chevalier et du noble; à Mayence, dans l'église de Saint-Jean, on voyait un fuseau d'argent sur le tombeau de la femme de Conrad, duc de Franconie. En 1540, on sculpta sur le monument funéraire de sir Pollard, l'image de ses onze fils tenant à la main une épée, et de ses filles, aussi au nombre de onze, qui chacune avaient un fuseau à la main.

Le moine qui a écrit la vie de sainte Bertha connaissait sans doute la légende de Bertha, la fileuse, et c'est peut-être son souvenir qui lui a fait placer dans la main de l'abbesse la quenouille qu'elle filait tout en surveillant la construction de son monastère; parfois elle s'en servait pour tracer le canal qui devait y conduire l'eau de la source qu'elle avait achetée; où elle avait touché le sol, l'eau suivait le tracé qu'elle avait indiqué.

Les contes constatent que les reines avaient en singulière estime l'art de filer: parfois une jeune fille, réputée habile fileuse, est emmenée à la cour et présentée à la reine, qui est la plus grande fileuse du royaume, et on lui fait entendre que si la reine la trouve aussi adroite qu'on le dit, il n'est pas impossible qu'elle la choisisse pour sa bru. Une estampe montre les religieuses de Port-Royal en conférence dans un bois et filant leur quenouille, tout en discutant les questions théologiques les plus ardues. Le graveur Bonnart, à la fin du XVII° siècle, représentait les Parques sous la figure de trois grandes dames du temps qui s'occupaient à filer et à dévider (p. 5). Au XVI° et au XVII° siècle, les peintres qui ont à personnifier les vierges sages leur mettent en main des quenouilles (p. 17).

Autrefois, parmi les présents que l'on faisait aux jeunes filles et aux mariées figurait en première ligne un de ces

Les Trois Parques

*aux deux jeunes d'accords pour conserver Telle souvent la vieille en vos jeunes
vos jours
craignez tout de l'année elle est inexorable Prent plaisir en troubler la douceur;
aparu chez l'allemand vue sauvage proche les mignons agreable*

mignons petits rouets que l'on voit dessinés sur les estampes,
et dont quelques-uns sont encore conservés dans les familles.
C'était même un don que l'on pouvait faire aux plus grandes

dames; Mme d'Aulnoy, dont les contes fournissent plus d'un détail intéressant sur les coutumes de son temps, cite parmi les présents que la princesse Printannière envoie aux fées qui lui avaient rendu service, plusieurs rouets d'Allemagne avec des quenouilles en bois de cèdre.

Dans beaucoup de pays, comme en Bretagne, les galants offraient à leurs amoureuses des quenouilles sur lesquelles ils avaient sculpté des emblèmes accompagnés de croix, de devises et du nom de la personne aimée; dans les Landes, le fiancé doit encore, obligatoirement, donner à sa future une quenouille. On peut voir au musée de Cluny des quenouilles du XVIe siècle en bois sculpté, couvertes de figures en ronde bosse, qui ont dû être offertes lors de mariages aristocratiques.

C'est dans le courant de ce siècle que s'est produite la décadence d'une occupation qui, pendant des milliers d'années, a été celle de toutes les femmes : avant 1830, en Bretagne, et vraisemblablement dans le reste de la France, les dames filaient encore le soir, comme au moyen âge, dans les châteaux et dans les villes, souvent en compagnie de leurs servantes. Maintenant elles ont délaissé le rouet, et les paysannes elles-mêmes ne filent plus guère que pendant les longues soirées d'hiver, ou lorsqu'elles gardent les troupeaux dans les champs.

Quant aux fileuses de profession, autrefois très nombreuses, surtout dans les pays où, comme en Flandre et en Bretagne, la fabrication de la toile était très active, l'introduction des machines les a presque fait disparaître, et le métier n'est plus guère exercé que par quelques vieilles femmes.

Il n'était guère, au reste, d'occupation plus mal rétribuée : pour gagner quelques sous, il fallait travailler pendant de longues heures et se livrer à un exercice fatigant.

Dans le Bocage normand, à la fin du siècle dernier, la

fileuse de laine qui pour faire tourner son quéret ou grand rouet, devait rester debout de l'aube au soir, avait six liards pour tout salaire, et la pitance. En Haute-Bretagne on disait qu'une bonne filandière faisait dix lieues par jour. Il est vrai que ces femmes avaient peu de besoins, et leur modeste gain suffisait à leur nourriture et à leur entretien. Dans l'Ouest, elles n'avaient pas mauvaise réputation, comme les fileuses du Dauphiné, qui passaient pour débauchées, et dont le nom était devenu synonyme de prostituée.

La coutume de se réunir en commun pour filer est certainement très ancienne : en hiver, le chauffage et l'éclairage étant à peu près les mêmes pour plusieurs personnes que pour une ou deux, il est naturel que des voisins aient eu l'idée de faire cette économie, et ce métier, qui occupait les doigts sans absorber la pensée, était assez peu bruyant pour permettre de causer ou de chanter.

L'intéressant petit livre des *Évangiles des Quenouilles*, l'un des documents les plus précieux que nous ayons sur les croyances de la classe moyenne au XV° siècle, montre « dame Ysangrine accompagnée de plusieurs de sa connoissance, qui toutes apportèrent leurs quenoilles, lin, fuiseaux, estandars, happles, et toutes agoubilles servans à leur art ». C'est une véritable veillée qui a servi de cadre à l'auteur pour noter les conversations qui s'y tenaient.

A la campagne les mêmes causes amenaient des réunions analogues; plusieurs écrivains ont pris soin de nous décrire la manière dont elles se tenaient dans l'ancienne France, et bien des faits qu'ils ont relevés pouvaient, naguère encore, s'appliquer aux veillées de paysannes.

Le *Roman de Jean d'Avesnes*, poème du XV° siècle, décrit une de ces veillées : « C'est là, dit l'analyse qu'en a faite Legrand d'Aussy, que les femmes et les filles viennent travailler; l'une carde, l'autre dévide; celle-ci file, celle-là peigne du lin, et pendant ce temps-là elles chantent ou parlent de leurs amours. Si quelque fillette en filant laisse tomber son fuseau, et qu'un garçon puisse le ramasser avant elle, il a le droit de l'embrasser. Le premier et le dernier jour de la semaine elles apportent du beurre, du fromage, de la farine et des œufs, elles font sur le feu des ratons, des tartes, gâteaux et autres friandises. Chacun mange, après quoi on danse au son de la cornemuse, puis on fait des contes, on joue à souffler au charbon ».

Au XVIe siècle, Tabourot nous a donné une description des fileries qui se faisaient dans les villes et les campagnes : « En tout le pays de Bourgongne, mesmes ès bonnes villes, à cause qu'elles sont peuplées de beaucoup de pauures vignerons, qui n'ont pas le moyen d'acheter du bois pour se deffendre de l'iniure de l'hyver, la nécessité, mère des arts, a appris cette inuention de faire en quelque ruë escartée un taudis ou bastiment composé de plusieurs perches fichées en terre en forme ronde, repliées par le dessus et à la sommité; en telle sorte qu'elles représentent la testière d'un chapeau, lequel aprés on recouure de force motes gazoa et fumier, si bien lié et meslé que l'eau ne le peut penetrer. En ce taudis entre deux perches du costé qu'il est le plus deffendu des vents, l'on laisse vne petite ouuerture de largeur d'un pied et hauteur de deux pour seruir d'entrée, et tout alentour des sieges composez du drap mesme pour y assoir plusieurs personnes. Là ordinairement les apres-souppees s'assemblent les plus belles filles de ces vignerons avec leurs quenouilles et autres ouvrages et y font la veillée iusques à la minuict. Dont elles retirent cette commodité, que tour à tour portans vne petite lampe pour s'esclairer et vne trape de feu pour eschauffer la place, elles espargnent beaucoup, et trauaillent autant de nuit que de iour pour ayder

à gaigner leur vie, et sont bien deffenduës du froid : car ceste
place estant ainsi composée, à la moindre assemblée que l'on y

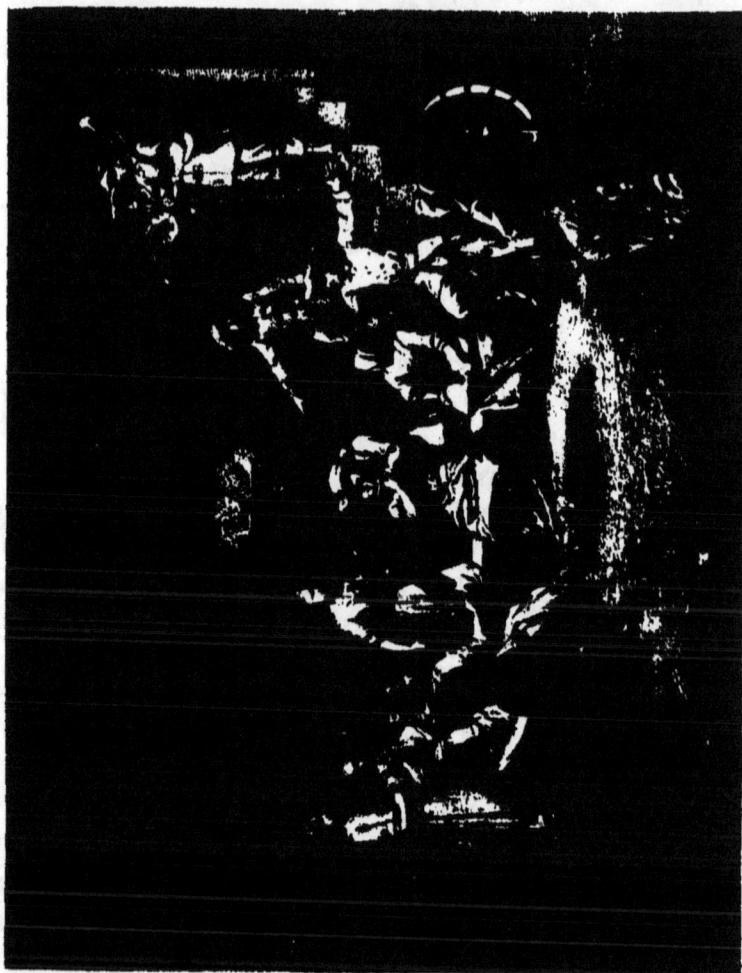

puisse faire, recevant l'air venant des personnes qui y sont
avec la chaleur de la trape, est incontinent eschaufée ; quelquefois, s'il fait beau temps, elles vont d'Escraigne à une autre

se visiter et là font des demandes les vnes aux autres. A telles assemblées de filles se trouue une infinité de ieunes varlots amoureux, que l'on appelle autrement des Voiieurs, qui y vont pour descouurir le secret de leurs pensées à leurs amoureuses. C'est chose certaine que quand l'Escraigne est pleine, l'on y dit vne infinité de bons mots, et contes gracieux. Celui qui auroit dit le meilleur conte avoit comme prix de prendre un baiser de celle qu'il aimeroit le mieux en la compagnie, et à celui qui en auroit dit le plus absurde et impertinent d'être baculé à coups de souliers à double gensiue. »

Quelques années plus tard, Noel du Fail traçait le tableau des veillées aux environs de Rennes : « Il se faisoit des fileries qui s'appeloient veillois, où se trouvoient de tous les environs plusieurs jeunes valets illec s'assemblans et jouans à une infinité de jeux que Panurge n'eut onc en ses tablettes. Les filles, d'autre part, leurs quenoilles sur la hanche filoient : les unes assises en un lieu plus eslevé, sur une huge ou met, à longues douettes, afin de faire plus gorgiasement piroueter leurs fuseaux, non sans estre espiez s'ils tomberoient, car en ce cas il y a confiscation rachetable d'un baiser et bien souvent il en tomboit de guet à pans et à propos déiiberé qui estoit une succession bientost recueillie par les amoureux qui d'un ris badin se faisoient fort requérir de les rendre. Les autres moins ambitieuses, estans en un coin près le feu regardoient par sur les espaules des autres et plus avancées, tirantes et mordantes leur fil, et peut estre bavantes dessus, pour n'estre que d'estouppes. Là se faisoient les marchez ; le fort portant le foible : mais bien peu parce que ceux qui vouloient tant peu fust, faire les doux yeux, desrober quelque baiser à la sourdine frapans sur l'espaule par derrière estoient conteroolez par un tas de vieilles ou par le maistre de la maison estant couché sur le

costé en son lit bien clos et terracé, et en telle veüe qu'on ne
luy peut rien cacher ».

L'estampe de Mariette, que nous reproduisons (p. 9), a été
gravée à la fin du XVIIe siècle, et elle montre assez bien comment les choses se passaient alors ; elle est intitulée : Décembre,
la veillée, et au-dessous on lit ces vers :

> Par vn sage temperament
> Tout à nos vœux devient possible,
> Et le travail le plus penible
> N'est bientôt qu'un amusement.

Voici comment, vers 1750, se tenaient, d'après Grosley,
les fileries en Champagne : « L'intérieur est garni de sièges de
mottes pour asseoir les assistantes. Au milieu pend une petite
lampe, dont la seule lueur éclaire tout l'édifice. Elle est fournie
successivement par toutes les personnes qui composent
l'Ecreigne. La villageoise qui est à tour a soin de se trouver
au rendez-vous la première pour y recevoir les autres. Chacune des survenantes, la quenouille au côté, le fuseau dans la
quenouille, les deux mains sur le couvet ou chaufferette, et
le tablier par-dessus les mains, entre avec précipitation et se
place sans cérémonie. Dès qu'elle est placée, le fuseau est tiré
de la quenouille, la filasse est humectée par un peu de salive,
les doigts agiles font tourner le fuseau, voilà l'ouvrage en
train. Mais tout cela ne se fait point en silence : la conversation s'anime et se soutient sans interruption jusqu'à l'heure où
l'on se sépare. On y disserte sur les différentes qualités ou
sur les propriétés de la filasse ; on y enseigne la manière de
filer gros ou de filer fin ; de temps en temps, en finissant une
fusée, on représente son ouvrage pour être applaudi ou cen-
suré ; on rapporte les aventures fraîchement arrivées. On parle
de l'apparition des esprits ; on raconte des histoires de sorciers ou de loups-garoux. Pour s'aiguiser l'esprit, on se pro-

pose certaines énigmes, vulgairement appelées *derignottes*; enfin on se fait mutuellement confidence de ses affaires et de ses amours et l'on chante des chansons. Des lois sévères défendent aux garçons d'entrer dans les Ecreignes, et aux filles de les y recevoir : ce qui n'empêche pas que les premiers ne s'y glissent et que ces dernières ne les y reçoivent avec grand plaisir ».

Les fileuses aimaient à chanter des chansons, à raconter des légendes et des contes. Lorsque Perrault publia ses *Histoires du temps passé*, il ne manqua pas de faire graver sur le frontispice une vieille fileuse, dont plusieurs personnes écoutaient le récit. Ces veillées ont été, en effet, le grand conservatoire de la littérature orale; le clergé, qui leur a fait en certains diocèses une guerre acharnée, prétendait que la morale n'y était pas toujours respectée; mais il exagérait sans doute, et la plupart du temps les galanteries, pour être un peu brutales, ne dépassaient pas la limite que permettent les mœurs champêtres, beaucoup plus gauloises que celles des villes.

Les jeunes gens qui s'y rendaient « bouchonnaient » un peu les filles, moins toutefois qu'à l'époque des foins et de la moisson, et ils se montraient souvent complaisants. Lorsque, dans les veillées aux environs de Rennes, le fil se cassait, s le garçon placé auprès de la fileuse ne se hâtait pas de le ramasser, celle-ci lui disait, pour l'avertir de son impolitesse :

> Vivent les garçons d'au loin.
> Ceux d'auprès ne valent rien.

En Poitou, à la veillée, quand le fuseau d'une jeune fille lui échappe des mains, un jeune homme tâche de le saisir et il dévide le fil à la hâte en disant : « Une, deux, trois, bige mé (embrasse-moi), tu l'auras, etc., et il continue jusqu'à ce que la fileuse se soit exécutée.

Jadis, en Écosse, aux soirées d'hiver, les jeunes femmes du

voisinage apportaient leur rouet sur leurs épaules, et il n'était
pas rare de voir quatre ou cinq rouets en activité, chaque
fileuse s'efforçant de finir la première sa tâche; un ou deux

Fileuse, gravure de Lagniet.

des plus jeunes membres de la famille s'occupaient à tordre
ou à dévider le fil. Pendant ce temps, les jeunes gens s'amusaient à des jeux d'adresse. Lorsque l'on avait fini, un souper
frugal était servi, et les jeunes gens accompagnaient les fileuses

jusque chez elles, leur portant leur rouet et leur murmurant des paroles d'amour.

Aux veillées des environs de Saint-Malo, on chante cette chanson, qui décrit les métamorphoses de la filasse :

> J'lai breillé avec ma breille.
>> Tout de rang, de rang,
>> Tout de rang dondaine,
> J'lai breillé avec ma breille.
>> Tout de rang, de rang,
>> Tout de rang dondon.
> J'lai pesélé o (avec) mon peselé.
> J'lai sanss'lé o mon selan,
> J'lai chargé sur ma quenouille.
> J'lai filé à mon fuseau.
> En le filant, le fil cassit,
> L'fil cassit, not' valet l'serrit,
> Alors, moi, j'le récompensis,
> J'lui fis des ch'mis' de toil' fine.

En Belgique, dans les écoles de fileuses on chantait, pour régler les mouvements du rouet, des *tellingen*, sortes de poésies populaires spéciales, chantées sur un air non rythmé.

Vers 1830, en Basse-Bretagne, on donnait un ruban à la personne la plus diligente, et la filerie de chanvre se terminait par des danses.

A Landeghem (Flandre), on avait établi, à un jour fixé, un concours et un prix donné à celle des fileuses qui avait les cuisses et le gras des jambes les plus échaudés ; car on supposait que celle qui a le plus filé de l'hiver devait avoir les jambes les plus brûlées, comme ayant été la plus sédentaire et s'étant servie, plus que toute autre, du réchaud que les paysannes emploient pour se tenir les pieds chauds.

Des êtres surnaturels, fées, lutins ou revenants, venaient la nuit prendre le fil ou travailler au rouet. On lit dans l'*Évangile des Quenouilles* : « Qui le samedy ne met sur le husple toutes les fusées de la septmaine, le lundi en trouve une mains, que les servans des faées prent le samedi nuit pour leur droit. » En Allemagne, si on n'avait pas soin d'enrouler la courroie du rouet, un petit lutin invisible le mettait en mouvement. En Écosse, au milieu de ce siècle, on enlevait le soir la corde du rouet pour empêcher les fairies d'y venir filer. Voici une ballade alsacienne, recueillie par Stœber, qui met en scène des fileuses qui rappellent les Parques :

Et lorsque a sonné minuit — pas une âme au village ne veille. — Alors trois spectres se glissent par la fenêtre — et s'asseyent aux trois rouets. — Ils filent, leurs bras s'agitent silencieusement — les fils bourdonnent rapidement sur les fuseaux. — Les rouets gémissent dans leur course désordonnée — et les trois spectres se lèvent. — Esprits de l'heure sombre de minuit — la chouette crie dans le cimetière. — Qu'adviendra-t-il de la fine toile ? — y aura-t-il encore trois chemises de fiancée ? (p. 16.)

Les fileuses avaient des superstitions de diverses sortes. En Écosse, elles craignaient l'influence du mauvais œil : Si un homme brun ou ayant les sourcils qui se rejoignaient entrait dans la maison pendant qu'on disposait le lin en forme de poupée, on ne se mettait pas à l'ouvrage avant d'avoir pris la précaution de passer le fuseau trois fois à travers le feu, c'est-à-dire d'avoir filé trois fois au-dessus du feu en s'en approchant aussi près qu'il était possible sans brûler le fil. En même temps, on récitait une formulette.

En Sicile, toute femme du peuple qui file voit avec plaisir le fil s'entortiller autour du fuseau; c'est le présage que son mari reviendra à la maison avec de l'argent.

Le couplet suivant de la *Chanson de la Fileuse*, par Bélanger, composée sur musique de Schubert, fait allusion à une croyance populaire :

Si mon fil soudain cassait
Sous mon doigt rebelle,
C'est que lui me trahirait
Près d'une plus belle.

L'*Évangile des Quenouilles* indique une pratique qui était
encore, au siècle dernier, usitée en Allemagne : « Fille, dit
l'*Évangile des Quenouilles*, qui veult savoir le nom de son
mari à venir doit tendre devant son huis le premier fil qu'elle
filera cellui jour, et de tout le premier homme qui illec passera

Les trois fileuses, d'après Klein (Strasbourg 1843).

savoir son nom. Sache pour certain que tel nom aura son
mari. »

Les sermonnaires se sont souvent élevés contre des pratiques païennes qui, peut-être, ne sont pas entièrement dis-
parues : Dans le Tyrol, jadis les femmes filaient à la fin de
décembre une quenouillée de chanvre et la jetaient au feu
pour se rendre favorable un esprit qu'on appelait la femme de
la forêt. Saint Éloi défendait aux fileuses d'invoquer Minerve
ou toute autre ancienne divinité; au moyen âge, certaines
filaient pendant la nuit du premier janvier, pour être assurées
de faire beaucoup de besogne dans l'année. Le curé Thiers
signalait la superstition de celles qui, pour filer beaucoup en

un jour, filaient le matin, avant que de prier Dieu et de se laver les mains, un filet sans mouiller, et le jetaient ensuite par-dessus les épaules.

Il y a des jours pendant lesquels il est interdit de filer : cette prohibition est parfois basée sur des croyances religieuses,

Les Vierges sages, d'après Brueghel le Vieux.

comme l'observation du repos dominical et de certaines fêtes; parfois il semble qu'elle a pour origine des croyances antérieures au christianisme. Des légendes rapportent que des femmes furent punies, comme cette femme de Kindstadt, en Franconie, qui avait coutume de filer le dimanche et qui forçait ses filles à en faire autant. Une fois, il leur sembla à toutes que du feu sortait de leurs quenouilles, mais elles n'en éprouvèrent aucun mal. Le dimanche suivant, le feu y fut réellement; mais elles l'éteignirent. La fileuse n'ayant tenu aucun compte de ces deux avertissements, il arriva, le troisième dimanche, que leur filasse enflammée mit le feu à toute la maison et brûla la maîtresse fileuse avec ses deux filles.

Pogge raconte qu'en Normandie, une jeune fille ayant filé pendant que les autres célébraient la fête d'un saint d'une paroisse qui n'était pas la sienne, et s'en étant moquée, quenouille et fuseau s'attachèrent à ses doigts et à ses mains, en lui faisant grand mal, et si fort, qu'on ne pouvait pas les en arracher; elle ne put s'en débarrasser qu'après avoir été conduite à l'autel du saint qu'elle avait offensé.

En Haute-Bretagne, quand on file le samedi après minuit, on entend des bruits étranges, tel que celui d'un autre fuseau dans la cheminée, et l'on n'a pas de chance toute la semaine. Au XV⁰ siècle, les bourgeoises de Paris avaient des préjugés analogues : « Plusieurs des escolieres, dit l'*Évangile des Quenouilles*, commençoient à desuider et haspler leurs fusées, car filer ne povoient pour l'onneur du samedy et de la Vierge Marie... qui laisse le samedy à parfiler le lin qui est en sa quelouigne, le fil qui en est filé le lundy ensuivant jamais bien ne fera, et si on en fait toile, jamais elle ne blanchira. » Naguère cette croyance existait encore en certaines parties de l'Allemagne.

En Basse-Bretagne, jadis, les femmes ne voulaient pas filer les jeudis et samedis, parce que cela faisait pleurer la sainte Vierge. En Suède, l'usage du fuseau était interdit le jeudi matin. En Allemagne, en Danemark, la personne qui a filé l'après-midi du samedi, du dimanche ou des autres jours fériés, ne demeure pas tranquille dans sa tombe; une femme, qui avait violé cette défense, revint après sa mort passer sa main en flammes par la fenêtre, en disant : « Voyez le sort qui m'est échu pour avoir filé le samedi et le dimanche dans l'après-midi. »

En Belgique et en Lithuanie, on dit que Carnaval ne veut pas voir le rouet; si les ménagères s'en servent à cette époque, leur récolte de lin ne réussira pas; en Haute-Bretagne, on ne pourra dégraisser le fil, ou les chats et les souris viendront le manger; en Basse-Bretagne, les femmes, de crainte du même inconvénient, n'aimaient pas autrefois à filer en carème.

Au XVII° siècle, le curé Thiers signalait la superstition, encore courante en Belgique, et qui a été constatée dès le moyen âge, de ne pas filer depuis le mercredi de la semaine sainte jusqu'au jour de Pâques, dans la crainte de filer des cordes pour lier Notre-Seigneur. En Suède, on ne file pas pendant la semaine de la Passion.

Dans la Montagne-Noire, c'est s'exposer à des malheurs que de filer du chanvre ou du coton pendant la semaine de Noël. Dans le nord de l'Écosse et en Danemark, rien ne doit tourner en rond de Noël au premier de l'an : les oies réussiraient mal ou la charrue se briserait. En Suisse, le vent emportera le toit de la maison où l'on aura filé la veille de Noël. En Belgique, il ne faut pas laisser apercevoir aux arbres un rouet pendant cette nuit, ils n'auraient pas de fruits l'année suivante.

En Écosse, sous aucun prétexte, le rouet ne peut être alors porté d'une maison dans une autre. Au pays d'Enhaut (Suisse romande), on répète encore aux fileuses qu'il faut que leur quenouille soit finie pour la veille de Noël, et qu'elles aient soin « de la réduire » derrière les cheminées, sinon la « Tsaôthe vidhe », vieille sorcière qui se promène les derniers jours de l'année sur un cheval aveugle, viendra, l'an qui suit, emmêler les étoupes d'une façon inextricable. Dans la première moitié de ce siècle, en maints villages dans les Alpes, on avait soin de cacher, la veille de Noël, toutes les quenouilles, par crainte des maléfices de ce mauvais génie.

La fileric est prohibée, en certaines parties de l'Écosse, entre

Noël et la Chandeleur. En Poitou, la messe de minuit ne doit
point surprendre les ménagères avant que leur poupion de
filasse ne soit entièrement en œuvre ; leurs compagnes en sali-
raient le restant ou y mettraient des choses difficiles à démêler.

Dans l'Yonne, les enfants de la femme qui file le jour de la
Saint-Paul, courent risque de devenir mal portants, et ses
poules d'avoir les pattes tordues. En Belgique on craint, en
ne chômant pas le jour de la Saint-Saturnin, que les bêtes
ovines n'aient le cou tors.

En Danemark, l'après-midi de la Saint-Martin est très
observée par les fileuses, qui racontent la légende de la reve-
nante à la main enflammée.

Le paysans bretons sont persuadés que la nuit qui précède
la Saint-André une fée très vieille descend par la cheminée
pour voir si, aux approches de minuit, la ménagère est encore
à travailler. Dans ce cas, la fée la gourmande en lui disant :
« Êtes-vous encore à filer, c'est demain la Saint-André. »

En Allemagne, Bertha apparaît sous la forme d'une femme
sauvage avec une longue chevelure, et salit la quenouille de
la fille qui, le dernier jour de l'an, n'a pas filé tout son lin.

En France et en Italie, il y avait autrefois des dictons qui
se rapportaient à un personnage identique à Berhta. Dans
l'Allemagne du Sud elle se montre, pendant les nuits des Rois,
sous la forme d'une femme aux cheveux hérissés, qui vient
examiner les fileuses ; on mange en son honneur du poisson et
du potage, et toutes les quenouilles doivent être entièrement
filées. Cette superstition était autrefois connue en Angleterre,
et l'on appelait Saint-Distaff Day : jour de Sainte-Quenouille ;
le lendemain du jour des Rois, si on rencontrait une jeune
fille filant, on brûlait son lin et sa filasse.

Dans l'Yonne, on croyait autrefois que pour que le fil filé
par une ménagère devînt blanc, il ne suffisait pas de l'exposer

LA BELLE FILEUSE

à la rosée pendant la Semaine sainte ; il fallait encore que, pendant ce temps, la fileuse éprouvât une grande émotion.

Aussi on se faisait un devoir de l'effrayer en jetant au milieu de la chambre où elle se trouvait un pot ou une écuelle qui, en se cassant, lui faisait peur.

En Allemagne, si une femme pendant les six semaines qui suivent son accouchement file de la laine, du lin ou du chanvre, son fils sera pendu quelque jour ; en Autriche, on donne la raison de cette défense : c'est parce que la Vierge l'observa après la naissance de Jésus.

En Sicile, une bonne ménagère dépose son fuseau ou sa quenouille sur une chaise ou en quelque autre endroit ; elle se garde bien de le mettre sur le lit ; elle serait en danger de se séparer de son mari.

D'après Pline, une loi rurale d'Italie défendait aux femmes de sortir avec leurs quenouilles ; c'était un mauvais présage de rencontrer une femme qui filait. Cette superstition traversa le moyen âge : « Quant un homme chevauce par le chemin, dit l'*Evangile des Quenouilles*, et il rencontre une femme filant, c'est très mauvais rencontre, et doit retourner et prendre son chemin par autre voye ». Naguère encore, la même croyance existait en Allemagne et le moyen de détourner le mauvais sort était le même.

A Valenciennes, les fileuses, au moment de leur fête, dressaient une sorte de trophée, composé de tous les instruments de leur travail, qu'elles enlaçaient de branches vertes, de fleurs et de devises. Le jour de la Saint-Véronique, les enfants de cette même ville faisaient des chapelets de fèves auxquels ils attachaient une épingle crochue, et, guettant les fileuses à leur passage, ils accrochaient ces chapelets à leurs vêtements, en criant : « Fèves ! fèves ! » et les poursuivaient en même temps de leurs railleries. Cet usage, créé par la méchanceté, avait pour objet de rappeler à ces pauvres ouvrières qu'elles n'ont d'autre festin à attendre que des fèves.

Jadis, on croyait que les fées venaient en aide aux filandières qui les imploraient ; en Haute-Bretagne, si on déposait à l'entrée d'une de leurs grottes du pain beurré et une poupée de lin, on la retrouvait le lendemain à la même place, très proprement filée. Dans les Landes, les hades ou fées transformaient en un instant en fil, le lin le plus fin qu'on déposait à l'entrée de leur caverne, ou au bord des fontaines qu'on leur assigne habituellement pour habitation. La même croyance existait en Écosse, et elle a été constatée lors d'un procès de sorcellerie dont Walter Scott a parlé assez longuement dans sa *Démonologie* : En 1649, quand on condamna à mort le major Weir et sa sœur, celle-ci entra dans quelques détails sur ses liaisons avec la reine des fées et parla de l'assistance qu'elle recevait de cette souveraine pour filer une quantité extraordinaire de laine. On montre encore à Edimbourg sa maison. Dans la jeunesse de Walter Scott bien hardi était l'enfant qui osait s'en approcher, au risque d'entendre le bruit magique à l'aide duquel la sœur de Weir s'était fait une si grande réputation comme fileuse.

Une jeune fille de la Suisse romande avait des parents qui exigeaient qu'elle filât tous les jours une quenouille entière tout en surveillant le bétail. Un jour une fée vint lui demander l'hospitalité dans son chalet, et ayant été bien reçue, elle venait tous les soirs prendre sa quenouille, la fixait à la corne d'une des vaches qui paissaient dans le pâturage, puis, assise sur le dos de la brave bête, elle se mettait à filer au clair de lune, au profit de sa protégée, et chaque matin elle lui remettait sa quenouille transformée en écheveaux de bel et bon fil.

De même que les dames du temps jadis, les fées étaient, suivant la tradition, des fileuses émérites. En Saintonge, elles sont appelés filandières, et l'on prétend qu'elles portent constamment une quenouille et un fuseau. Elles errent au clair de

la lune sous la forme de vieilles femmes qui filent, vêtues de
blanc, presque toujours trois par trois, comme les Parques.
C'est surtout près des mégalithes ou des anciens monuments
qu'elles se montrent aux hommes. En Berry, une blanche fée
portant une quenouille se promène pendant certaines nuits sur
le bord d'une antique mardelle appelée Trou à la fileuse. Près
de Langres, trois fées blondes et pâles, s'assemblaient près de
la Pierre-aux-Fées, et venaient y filer leur quenouille. Dans
les Ardennes, une fée fileuse s'asseyait au bord de la route et
filait en attendant les passants qu'elle poursuivait. A Villy, une
autre fée filait du soir au matin sans perdre une minute; on
entendait le bruit de son rouet, mais on ne la voyait qu'à l'aurore ou au crépuscule.

Il y avait aussi des fileuses nocturnes, spectres condamnés
en raison de certains méfaits à une pénitence posthume, et
dont la rencontre était redoutable. Dans le Bocage normand,
un champ était hanté par une vieille fileuse tournant son rouet
dont la bobine était brillante comme du feu d'enfer. A Saint-
Suliac, aux environs de Saint-Malo, une vieille filandière,
connue sous le nom de Jeanne Malobe, se montrait le soir,
travaillant toujours et marmottant des paroles inintelligibles;
on la voyait courir par les garennes en agitant sa quenouille
et en poursuivant les animaux fantastiques qui composent
la chasse sauvage. En Belgique, une femme apparaissait
sur un saule, dans l'attitude d'une fileuse devant son rouet.
La dernière châtelaine du château de Linchamps venait toutes
les nuits et s'asseyait sur l'angle d'une tourelle ruinée que l'on
appelait la Chaise de la fileuse. Vêtue de blanc, elle tournait
pendant de longues heures son rouet qui ne faisait pourtant
aucun bruit. Quand elle se levait, elle poussait du pied quelques pierres qui tombaient dans la Semoy; les mères disaient
souvent à leur enfant : « Prends garde à la fileuse, si tu

n'es pas sage, elle t'écrasera en te jetant une grosse pierre ».

Les fileuses ont dans les contes un rôle important, soit comme personnages principaux, soit à titre épisodique. On a recueilli un grand nombre de variantes de celui dans lequel les parents d'une jeune fille, d'ordinaire assez maladroite, la font passer pour une très habile fileuse : elle doit devenir reine ou

Fileuse, d'après Mérian (XVIIe siècle).

grande dame, ou bien épouser celui qu'elle aime, si elle peut dans un temps très court, filer une énorme quantité de lin. Au moment où elle se désole, ne sachant comment se tirer de cette épreuve, un être doué d'une puissance surnaturelle, fée, lutin, diable ou sorcière, se présente devant elle, et lui propose de se charger de la besogne moyennant certaines conditions : d'ordinaire, il s'agit de deviner le nom du personnage mystérieux, ou de retenir ce nom qui est habituellement assez baroque. Si elle y parvient, elle n'aura rien à lui donner, autrement elle ou son premier enfant lui appartiendra. Mlle Lhéritier, l'un des auteurs dont les contes figurent dans le *Cabinet des fées*, a arrangé d'une façon assez romanesque un récit d'origine populaire, dont voici le résumé : Un prince qui se promène dans la campagne voit une vieille femme qui adresse de vifs reproches à une jeune fille d'une beauté éblouissante ; elle avait à son côté une quenouille chargée de lin et tenait dans l'un des pans de sa robe des fleurs qu'elle venait de cueillir dans le jardin. La vieille les lui jeta à terre, et comme le prince lui demande la raison de cette violence, elle lui répond que c'est parce qu'elle fait toujours le contraire de ce qui lui est commandé. Je voudrais, dit-elle, qu'elle ne filât point, et elle file depuis le matin jusqu'au soir avec une diligence qui n'a point sa pareille. — Ah! vraiment, répond le prince, si vous haïssez les filles qui se plaisent à filer, vous n'avez qu'à donner la vôtre à la reine ma mère qui se divertit fort à cet amusement, et qui aime tant les fileuses, elle fera la fortune de votre fille. Rosanie va à la cour, et on la conduit dans un appartement où il y avait du lin de toutes les espèces. Mais elle croit qu'elle ne parviendra jamais à accomplir sa tâche, et elle va dans un bois où se trouvait un pavillon très élevé du haut duquel elle voulait se précipiter. Elle voit tout à coup paraître un grand homme fort bien vêtu, d'une physionomie assez sombre, qui lui demande le sujet de son chagrin. Il lui montre une baguette qui est douée d'une telle vertu qu'en touchant seulement toutes sortes de chanvre et de lin, elle en file par jour autant que l'on veut, et d'une finesse aussi grande qu'on peut le souhaiter. Il la lui prête pour trois mois, à la condition que lorsqu'il viendra la rechercher, elle lui dira, en la lui rendant : Tenez, Ricdin Ricdon, voilà votre baguette. Mais si elle ne peut retrouver son nom, il sera maître de sa destinée et pourra l'emmener partout où il lui plaira. Rosanie, grâce à son talisman, filait le plus beau fil du monde ; le prince était amoureux d'elle, mais elle ne pouvait, malgré tous ses efforts, se rappeler le nom du possesseur de la baguette enchantée. Heureusement le prince s'égare à la chasse et arrive près d'un vieux palais ruiné, où il voit plusieurs personnes d'une figure affreuse et d'un habillement bizarre. Au milieu d'eux était une espèce d'homme sec et basané qui avait le regard farouche et paraissait cependant dans une grande gaieté, car il faisait des sauts et des bonds avec une agilité inconcevable, et chantait d'une voix terrible :

> Si jeune et tendre femelle,
> Avait mis dans sa cervelle
> Que Riedin Riedon je m'appelle
> Point ne viendrait dans mes lacs.

Le prince retient ce couplet du démon, car c'en était un, et le répète à Rosanie, qui lorsque le diable arrive, lui dit : Tenez, Riedin Riedon, voici votre baguette.

Cette donnée se retrouve dans un assez grand nombre de contes : Dans un récit de Grimm, un meunier qui a une jolie fille prétend qu'elle peut filer de la paille et la convertir en fils d'or ; le roi l'emmène à son palais, elle est bien embarrassée, lorsque survient un nain qui lui propose d'accomplir sa besogne, à la condition que si elle ne peut deviner son nom, son premier-né lui appartiendra. Elle y consent et elle épouse le roi ; elle envoie quelqu'un à la recherche du nom baroque, et un jour, son messager voit près d'un feu un nain grotesque qui danse en chantant, et se réjouit de pouvoir emporter le lendemain le fils de la reine, parce que celle-ci ne pourra lui dire que son nom est Rumpelstiltzkin (p. 20).

Parfois des personnages ayant une partie de leur corps d'une dimension exagérée viennent en aide à la fileuse embarrassée ; en Haute-Bretagne, une fille ne voulait pas filer ; un jour que

sa mère était à la gronder, un monsieur qui passait par là lui
demanda pourquoi. — C'est, répondit-elle, parce qu'elle ne
cesse de filer. Le monsieur l'emmena dans un grand magasin
de lin, et lui dit qu'il l'épouserait si elle pouvait tout filer. Elle
restait à pleurer quand elle vit paraître une femme qui avait
une grande langue pendante sur les lèvres. — Qu'as-tu à te
désoler? demanda-t-elle. — J'ai tout ceci à filer et je ne sais
point. — Je vais tout te filer en beau fil, à la condition que tu
m'inviteras le jour de tes noces. La fille accepta; la bonne
femme disparut; mais le lin se filait à vue d'œil. Quand tout fut
filé, le marchand de lin arriva, et dit qu'il voulait se marier
avec cette bonne filandière. Voilà le jour des noces venu et
l'on se mit en route pour le bourg. Au milieu du chemin la
jeune fille se souvint de sa promesse, et elle se dit : Ah!
j'ai fait une grande *oubliance*. Il faut que je m'en retourne.
Elle alla appeler la bonne femme et lui demanda pardon de
l'avoir oubliée. — J'irai à tes noces, répondit-elle, mais ce soir
seulement. Au souper la bonne femme à la grande langue
arriva, et la mariée dit que c'était sa tante. — Ah! disait les
invités, la vilaine bonne femme, elle fait *donger* (répugnance).
A la fin du dîner, la bonne femme à la grande langue leur dit :
— Si je suis vilaine, c'est à force d'avoir filé. — Ah! s'écria
le marié, puisqu'il en est ainsi jamais ma femme ne filera.

En Écosse un riche gentleman avait une femme qui ne savait
pas filer, il partit en voyage après avoir dit à sa femme qu'il
espérait qu'elle apprendrait à filer et qu'elle lui présenterait à
son retour cent poignées faites par elle. Elle va, chagrine, se
promener, et s'assied sur une large pierre : elle entend une
douce musique qui semblait venir de dessous terre; elle soulève
la pierre, et voit une grotte où six petites dames vêtues de vert
filaient en chantant à un petit rouet; elles avaient toutes la
bouche de travers. Elles lui demandèrent pourquoi elle avait

tant de chagrin, elle leur raconta qu'elle ne savait pas filer du tout. Elle lui dirent de se consoler, de les inviter à dîner le jour où son mari viendrait. A la fin du repas, le mari leur demanda pourquoi elles avaient toutes la bouche de travers :

Le lutin Rumpelstiltzkin et la fille du meunier (gravure de H. J. Ford dans Lang, *The blue fairy book*).

— Oh ! répondit l'une d'elles, c'est parce que nous ne cessons de filer, filer, filer et de passer les fils dans notre bouche pour les mouiller. — Ah ! vraiment, s'écria le mari, jetez au feu tous les rouets de la maison ; je ne me soucie pas que ma femme abîme sa jolie figure en filant, filant, filant.

En Irlande, ce sont les pieds de la vieille fileuse qui, à force de presser la roue du rouet, sont devenus énormes.

La forme la plus complète de ce type se trouve dans le conte allemand des *Trois Fileuses*. Une jeune fille ne voulait pas filer ; un jour, sa mère perdit tellement patience qu'elle alla jusqu'à lui donner des coups et la fille se mit à pleurer tout haut. Justement la reine passait par là, elle demanda pourquoi elle frappait sa fille si rudement. La femme a honte de révéler la paresse de sa fille, et elle répond que celle-ci veut toujours filer et qu'elle est trop pauvre pour suffire à lui fournir du lin. La reine dit : « Rien ne me plaît plus que la quenouille, le bruit du rouet me charme : laissez votre fille venir dans mon palais, elle y filera tant qu'elle voudra ». La reine la conduit dans trois chambres, qui étaient remplies de lin depuis le haut jusqu'en bas, et elle lui dit que quand elle l'aura tout filé, elle lui fera épouser son fils aîné. Au bout de trois jours, la fille n'avait pas encore commencé ; elle était désolée, et elle se mit à la fenêtre ; elle vit venir trois femmes dont la première avait un grand pied plat, la seconde une lèvre inférieure si longue et si tombante qu'elle dépassait le menton, et la troisième un pouce large et aplati. « Si tu nous promets, lui dirent-elles, de nous inviter à ta noce, de nous nommer tes cousines sans rougir de nous, et de nous faire asseoir à ta table, nous allons te filer tout ton lin, et ce sera bientôt fini ». La jeune fille y consentit et les introduisit dans la première chambre, où elles se mirent à l'ouvrage. La première filait l'étoupe et faisait tourner le rouet, la seconde mouillait le fil, la troisième le tordait et l'appuyait sur la table avec son pouce, et, à chaque coup de pouce qu'elle donnait, il y avait par terre un écheveau du lin le plus fin. L'ouvrage fut bientôt terminé, et les trois femmes s'en allèrent en disant à la jeune fille : « N'oublie pas ta promesse, tu t'en trouveras bien ». Le jour du mariage fixé, la jeune fille demanda à son fiancé la permission d'inviter à la noce ses trois cousines. Celles-ci arrivèrent en équipage magnifique, et la

mariée leur dit : « Chères cousines, soyez les bienvenues ».
— « Oh! lui dit le prince, tu as là des parentes bien laides ».
Puis s'adressant à celle qui avait le pied plat, il lui dit : « D'où
vous vient ce large pied »? — « D'avoir fait tourner le rouet,
répondit-elle, d'avoir fait tourner le rouet ». A la seconde :
« D'où vous vient cette lèvre pendante »? — « D'avoir mouillé
le fil, d'avoir mouillé le fil ». Et à la troisième : « D'où vous
vient ce large pouce »? — « D'avoir tordu le fil, d'avoir tordu
le fil ». Le prince déclara que dorénavant sa jolie épousée ne
toucherait plus à un fil.

Dans une légende anglaise versifiée, une vieille femme qui
filait le soir au coin de sa cheminée s'ennuie d'être seule, et
désire une compagnie : il tombe deux grands pieds qui viennent se placer devant le foyer. Elle continue tout en filant à
désirer de la compagnie; il tombe successivement de petites
jambes, des genoux, des cuisses, un tronc, une tête, qui tour
à tour vont se chauffer au feu et finissent par former un corps
entier.

L'étrange visite, dessin de D. Batten, dans Jacobs, *English Fairy tales.*
(D. Nutt, éd.)

SOURCES

Laisnel de la Salle, *Croyances du Centre*, I, 108. — A. de Nore, *Coutumes des provinces de France*, 98, 134, 154, 237, 278, 337. — Constantin, *Mœurs et usages de la vallée de Thones*, 11. — *Société des Antiquaires* (1823), 360, VIII, 1re série, 283. — J. de Laporterie, *Mœurs de la Chalosse*, 6; *Une noce en Chalosse*, 38. — Timbs, *Things not generally known*, I, 4; II, 3. — Lecœur, *Esquisses du Bocage*, I, 56. — Legrand d'Aussy, *Vie privée des Français*, II, 371. — W. Gregor, *Folk-lore of Scotland*, 59. — E. Herpin, *La côte d'Emeraude*, 151. — *Galerie bretonne*, II, 61. — B. Souché, *Croyances du Poitou*, 28. — Communication de M. Alfred Harou. — Grimm, *Teutonic mythology* IV, 734, 993. — Stœber, *Sagenbuch*, 281. — *Revue des traditions populaires*, IX, 634. — Grimm, *Veillées allemandes*, I, 267, 375, 430. — Reinsberg-Düringsfeld, *Traditions de la Belgique*, I, 132. — Paul Sébillot, *Coutumes de la Haute-Bretagne*, 229. — Ceresole, *Légendes de la Suisse romande*, 85, 161, 333. — A. Harou, *Folk-Lore de Godarville*, 69. — Léo Desaivre, *Croyances*, etc., *du Poitou*, 7. — Moiset, *Croyances de l'Yonne*, 119, 122. — Habasque, *Notions historiques sur les Côtes-du-Nord*, II, 282. — G. Pitrè, *Usi e costumi*, IV, 469. — Paul Sébillot, *Traditions de la Haute-Bretagne*, I, 97. — De Métivier, *De l'Agriculture des Landes*, 442. — Brunet, *Contes du Bocage*, 119. — Mme de Cerny, *Saint-Suliac et ses légendes*, 38. — A. Meyrac, *Traditions des Ardennes*, 196. — E. Cosquin, *Contes de Lorraine*, I, 270. — A. Lang, *The blue fairy book*, 96. — Paul Sébillot, *Contribution à l'étude des contes*, 68. — Loys Brueyre, *Contes de la Grande-Bretagne*, 161, 245. — Grimm, *Contes choisis*, traduction Baudry, 128. — Jacobs, *English fairy tales*, 181.

La Truie qui file, ancienne enseigne de Rouen.

PAUL SÉBILLOT

LÉGENDES ET CURIOSITÉS

DES MÉTIERS

LES TISSERANDS

La plupart des surnoms que portent les tisserands font allusion à la posture de ces artisans, que leur métier oblige à être toujours assis; à Rennes, on les appelait autrefois « culs branoux » (malpropres), sobriquet qui rappelle celui de « culs gras », que portent encore les gens de Marey-sur-Tille (Côte-d'Or), village où l'on tissait des draps au siècle dernier; à Troyes, ce sont des « culs brassés » (secoués); en Haute-Bretagne, des « culs de chà »; le chà est une sorte de bouillie d'avoine qu'on met sur la traîne pour faire la toile. C'est l'emploi de cette substance qui a donné lieu à ce dicton ironique :

Sans le pot à colle
Le tessier serait noble.

Les tisserands de Rouen étaient surnommés « cacheux de navette » (chasseurs de navette).

Dans l'image populaire de saint Lundi, le tisserand est

TISSERANDS, GAZIÈRES, CORDIERS.　　　　1

appelé « Fil court ». Le terme argotique « batousier » fait allusion au battement du métier.

Les tisserands, autrefois, au lieu de mettre en œuvre des matières premières qui leur appartenaient, étaient souvent chargés de transformer en tissu de toile le fil qu'on leur apportait : comme le contrôle était difficile, on les accusait de ne pas tout employer, et de se réserver quelques écheveaux pour leur usage personnel. C'est pour cela que les dictons populaires les associaient aux métiers les plus mal famés au point de vue de la probité : — *Cènt mòounié, cènt teisséran et cènt tayur soun tré cènt voulur.* — Cent meuniers, cent tisserands et cent tailleurs sont trois cents voleurs, dit un proverbe de Vaucluse, qui a son parallèle en Béarn, en plusieurs provinces de France, et dans un grand nombre d'autres pays de l'Europe.

Le proverbe écossais qui suit a également de nombreuses variantes : — *Put a miller, a tailor and a wabster (weasel) in a pock, take out one and he will be a thief.* — Mettez un meunier, un tailleur et un tisserand dans un sac, tirez en un : ce sera sûrement un voleur (p. 5). Un autre dicton écossais assure que jamais le tisserand n'a été, depuis que le monde est monde, loyal dans son métier.

— *Ar guiader a laer neud*, le tisserand vole du fil, assure un proverbe breton ; à Saint-Brieuc, on dit :

— Tisserand voleur, garde la moitié de la toile.

En Écosse, on réédite à propos du tisserand la plaisanterie de l'habit du meunier, si connue en France :

— *As wight as a wabster doublet,*
That ilka day takes a thief by the neck.

Aussi hardi que le pourpoint d'un tisserand, — Qui tous les jours prend le cou d'un voleur.

La chanson gasconne des *Bruits des métiers* prétend que cet ouvrier est peu scrupuleux :

Quant lou tichanè ba teche,
Zigo zag, dab la naueto,
Dou bèt hiu, dou fin hiu,
Quauque goumichèt praquiu.

Quand le tisserand va tisser, — Zig zag avec la navette, — Du beau fil, du fin fil, — Quelque peloton par ici.

Lorsque, d'après la légende Ukrainienne, la Vierge descendit aux enfers, elle vit des hommes attachés aux poteaux avec les liens flamboyants; les diables leur déchiraient la bouche et y fourraient des pelotes, tandis que des fils sortaient de leurs yeux, et que leurs vêtements étaient en feu. Elle demanda à saint Michel : Quels péchés ont commis ces gens-là? Et saint Michel répondit : Ce sont les tisserands malfaiteurs; ils ont volé les toiles et la filature d'autrui; c'est pour cela qu'ils souffrent ainsi.

Si l'on ne dit pas des tisserands, comme des tailleurs, qu'il en faut sept pour faire un homme, on assure dans le Midi qu'ils ne sont qu'une moitié d'homme : *Un teisseran es un miech-om,* et l'on injurie un pleutre en lui disant : *Seis pas un om, seis un teisseran.* Ces deux dictons viennent sans doute de ce que le métier est parfois exercé par des boiteux. Un autre proverbe les associe aux chasseurs et aux pêcheurs, tous gens qui gagnent assez mal leur vie :

Sèt cassaire,
Sèt pescaire,
Sèt teisseran,
Soun vin-t-un pauvis artisan.

En Bourgogne, un dicton raille aussi leur pauvreté :

Taot cè grole de tisseran,
Dou le fin pu riche n'è ran.

Une chanson populaire flamande, dont voici la traduction, met en scène des tisserands qui ne roulent pas sur l'or :

Quatre petits tisserands s'en allèrent au marché. — Et le beurre coûtait si cher! — Ils n'avaient pas le sou en poche. — Et ils achetèrent une livre à quatre. — Schietspoele (navette), sjerrebekke, spoelza! — Djikke djakke, kerrokoltjes, klits klets.

Et quand ils eurent acheté ce petit beurre. — Ils n'avaient pas encore de plats. — Ils prièrent la petite femme de partager leur petit beurre.

— Je ferai cela volontiers. — Oui, comme une honnête femme. — Mais je sais bien ce que sont les petits tisserands. — Et les petits tisserands ne sont pas des seigneurs.

Comment les petits tisserands seraient-ils des seigneurs? — Ils n'ont ni terres ni maisons! — Et une souris s'introduit-elle dans leur garde-manger. — Elle y doit mourir de faim.

Et quand cette petite bête est morte alors — Où l'enterrent-ils? — Sous le métier des petits tisserands. — Et la petite tombe portera de petites roses.

Dans les *Derniers Bretons*, Souvestre a décrit, avec la pointe d'exagération romantique qui lui est habituelle, la vie misérable des ouvriers de la toile au moment où le machinisme leur fit concurrence : « Parmi tous les ouvriers de la Bretagne, il n'en est point dont les misères puissent être comparées à celles des tisserands. La fabrication de la toile a eu autrefois une grande importance dans notre province, qui en exportait pour plusieurs millions. La guerre, les fautes de l'administration et les traités de commerce ont ruiné à jamais cette industrie. Les fortunes considérables amassées par les anciens fabricants se sont dispersées, et aujourd'hui les tisserands sont descendus à un degré d'indigence dont les canuts de Lyon ne donnent qu'une faible idée. Cependant cette industrie s'est conservée dans les familles; une sorte de préjugé superstitieux défend de l'abandonner. Des communes entières, livrées exclusivement à la fabrication des toiles, languissent dans une pauvreté toujours croissante, sans vouloir y renoncer. Rien n'est changé depuis quatre siècles dans les habitudes du tisserand de l'Armorique. Assis devant le même métier, bizarrement sculpté, que lui ont légué ses ancêtres, il fait courir de la même manière, dans la trame, la navette grossière qu'il a taillée lui-

même avec son couteau, tandis que, près de lui, sa femme prépare le fil sur le vieux dévidoir vermoulu de la famille. C'est
avec ces moyens imparfaits, avec tous les désavantages de
l'isolement et de la misère, qu'il continue à lutter contre les

Les trois voleurs sortant du sac. *Illustres proverbes de Lagniet* (1657).

machines perfectionnées, la division de la main-d'œuvre et les
vastes capitaux des grandes fabriques. En vain le prix des
toiles s'abaisse de plus en plus depuis trente ans, il s'obstine
et reste immobile à sa place comme une statue vivante du
passé. On croirait qu'un charme fatal le lie indissolublement

à son métier, que le bruit monotone du dévidoir a pour lui un langage secret qui l'appelle et l'attire. Parlez-lui de quitter cette industrie à l'agonie, de cultiver le riche sol qu'il foule et qu'il laisse stérile, il secouera sa tête chevelue avec un triste sourire, et il vous répondra : « Dans notre famille, nous avons toujours été fabricants de toile. » Montrez-lui sa misère, ses enfants courant dans le village avec une simple chemise pour vêtement, il ajoutera, avec une indicible expression d'espérance : « Dans notre famille, nous avons été riches autrefois. » Cependant il ne vous a pas tout dit. Cet homme a une idée fixe qui le soutient. Il a fait un rêve dont il attend l'accomplissement, comme les Juifs attendent le Messie. La nuit, quand ses yeux se sont fermés, il parle à sa chimère, il l'écoute, il la voit. Il compte tout bas les pièces de toile qui lui sont commandées, le nombre de louis d'or qu'on lui donnera chez les négociants de Morlaix; il croit entendre vaguement le bruit des quatre métiers abandonnés qui obstruent sa maison. Il croit y voir, comme au temps de ses pères, quatre ouvriers travaillant sous ses ordres, pour les galiotes de Lisbonne et de Cadix. Alors épanoui d'une orgueilleuse joie, il pense à ce qu'il fera de ces profits. Il s'endort dans son enivrement et le lendemain, le froid et la faim le réveillent comme de coutume, au soleil naissant, et il reprend les travaux et les cruelles réalités de chaque jour. »

Le tisserand dont parle Souvestre était celui qui habitait le pays bretonnant ou sa lisière; c'était un petit patron ou un ouvrier qui travaillait pour des maîtres; c'était lui qui confectionnait les toiles de Bretagne, dont le commerce était si grand jadis. Cette industrie n'a pas résisté à la concurrence des machines, et elle est en train de disparaître. On ne voit plus guère, comme autrefois, arriver au printemps les pittoresques marchandes qui venaient de Quintin ou d'Uzel, deux par deux, et parcouraient la Haute-Bretagne, offrant dans les villages et dans les châteaux leur fine toile tissée au métier, qu'elles vendaient à l'aune.

Il est un autre tisserand qui a mieux résisté, parce qu'il n'est pas en concurrence avec les grandes fabriques, c'est celui qui travaille pour les paysans et met en œuvre le fil ou la laine filés par les ménagères. Le « tessier » existait autrefois dans presque tous les villages de la Haute-Bretagne, et on rencontre encore ses congénères un peu partout en pays bretonnant. Il tissait sur un rustique métier de bois les cotillons des femmes, les culottes des paysans et aussi leurs toiles grossières.

Aux environs de Condé, de Flers et de la Ferté-Macé, les fabricants de lingettes, basins et autres tissus, n'habitaient pas tous autrefois les bourgs ou la ville comme aujourd'hui : l'ouvrier avait sa chaumière et son courtil, et si modeste que fût sa demeure, il avait un foyer, de l'air et du soleil. Les travaux agricoles ne lui étaient pas d'ailleurs complètement étrangers, et, au temps de la récolte, il venait en aide à ses voisins. Souvent même les travaux industriels n'occupaient qu'une partie de la famille, et les femmes tissaient pendant que les hommes travaillaient au dehors. Dans d'autres ménages plus humbles, le travail du métier alternait entre le mari et la femme, tour à tour occupés à faire courir la navette ou à soigner la vache, à la garder le long des chemins herbus, à cultiver le jardinet ou bien encore à faire une journée chez quelque voisin.

On a recueilli dans l'est de la France et en Haute-Bretagne des chansons qui accusent les tisserands de ne commencer à travailler que le vendredi ; le refrain de la ronde des tisseurs, très populaire dans les Ardennes, est :

Roulons-ci, roulons-là, roulons la navette
Et le bon temps reviendra.

La chanson qui suit et dont l'air est assez joli, m'a été chantée aux environs de Loudéac :

Les tessiers sont pires que des évêques.   *bis*)
Car du lundi, ils en font une fête,
     Branlons la navette,
       O gai, lon la, etc.,
     Branlons la navette,
     Le beau temps reviendra.

Car du lundi, ils en font une fête   *bis*)
Et le mardi, ils vont voir les fillettes,

Et le mardi, ils vont voir les fillettes.   *bis*)
Le mercredi, ils graissent des galettes,

Le mercredi, ils graissent des galettes,   *bis*)
Le jehueudi (jeudi) iz ont mal à la tête,

Le jehueudi iz ont mal à la tête,   *bis*)
Le vendredi, ils branlent la navette,

Le vendredi, ils branlent la navette,   (*bis*)
Le samedi la toile o n'est point faite.

— Allés à Loudia (Loudéac), compagnon que vous êtes, (*bis*)
— Allez-y va vous qui êtes le maît'e.

En Ille-et-Vilaine, les filles de laboureurs ont de la répugnance à épouser des tisserands ; ce préjugé est moins répandu dans les Côtes-du-Nord. Un dicton russe semble indiquer qu'ils ne se marient pas facilement avec des personnes de métiers honorés : « Tu es tisserand, brouilleur de fil, et moi je suis fille de tonnelier, nous ne sommes pas égaux. »

En Flandre et en Hollande, les proverbes reflètent l'orgueil des anciens métiers de tisserands, si florissants jadis dans ces pays :

— *De wever en de winter konnen het niet verkerven.* — Le tisserand et l'hiver ne peuvent mal faire.

Autrefois le tisserand était un homme important qui inspirait une crainte respectueuse et qui, de même que l'hiver, pouvait avoir ses lubies. Tous deux tranchaient du maître, et on devait s'accommoder selon leurs caprices.

— *De wevers spannen de kroon.* — Les tisserands l'emportent sur les autres.

Een handwerk heeft een gouden bodem, zei de wever, en hij zat op een hekel. — Un métier a un fond d'or, dit le tisserand, et il était assis sur un séran.

— *Hij is goed voor wever, want hij houdt van dwarsdrijven.* — Il est bon pour le tisserand, car c'est un esprit chicaneur.

Le peuple a traduit à sa manière le bruit caractéristique du métier. En Haute-Bretagne, les gens s'amusent à le contrefaire en criant :

> Tric trac de olu,
> Tric trac de olu.

En Basse-Bretagne on dit :

> — *Ar guiader en he stern,*
> *E-giz ann diaoul en ifern,*
> *Oc'h ober tik-tak, tik-tak,*
> *Hag o tenna hag o lakat.*

Le tisserand à son métier, — Comme le diable en enfer se démène, — Avec son tic tac, tic tac, — Quand navette il tire et repousse.

TISSERANDS, GAZIÈRES, CORDIERS.   3

A Saint-Dié (Vosges), les métiers disent :

> Queterlic queterlac. queterlic, queterlac. etc.

Dans le Loiret, les mères, asseyant sur leurs genoux les tout petits enfants, et les retirant et les repoussant de leur sein comme un tisserand fait de sa navette, chantent :

> Saint Michel,
> Qui fait de la toile,
> Saint Nicolas,
> Qui fait des draps ;
> Au prix qu'il tire,
> Son fil déchire,
> Cric, crac.

A ce dernier mot, elles les font pencher en bas, comme pour les faire tomber, imitant ainsi la rupture du lien qui les tenait.

En Béarn, on dit aux petits enfants, en leur tirant les pieds :

> *Tynneròte hè bon drap*
> *Ouéy ourdit douma coupat,*
> *Tric-trac.*

Tisserand fait bon drap, — Aujourd'hui tissé, demain déchiré. — Trictrac.

De même que celui de beaucoup d'artisans sédentaires, l'atelier du tisserand était un lieu de réunion ; il était autrefois, dit Monteil, le rendez-vous de la jeunesse des deux sexes. Il est vraisemblable qu'il s'y racontait des légendes : en Berry, le tissier et le chanvreur étaient au premier rang de ceux qui avaient conservé les contes et les récits d'apparitions.

On disait jadis d'un bavard : la langue lui va comme la navette d'un tisserand.

Dans les villes, les métiers de tisserands étaient souvent placés dans les caves : c'était l'habitude, dès le XVI° siècle, dans les pays du Nord, et le graveur Jost Amman, qui avait soin de relever les détails caractéristiques des boutiques ou des ateliers, a placé son tisserand dans une sorte de sous-sol assez spacieux, éclairé par une espèce de soupirail (p. 13). Celui-ci était garni de vitres. Mais il n'en était pas toujours ainsi : à Troyes et ailleurs, les tisserands qui travaillaient dans les caves de leurs maisons, étaient éclairés par une fenêtre à la hauteur du trottoir; les carreaux, au lieu d'être de verre, étaient en papier huilé. Une facétie légendaire parmi les gamins consistait à passer la tête à travers les carreaux de papier et à demander l'heure au tisserand. Celui-ci, furieux, se hâtait de remonter pour courir après le délinquant, qui s'esquivait au plus vite. Cette mauvaise farce était vraisemblablement en usage dans toutes les villes où il y avait des tisserands; à Dinan, au commencement de ce siècle, les écoliers s'amusaient aussi à leur crier : Quelle heure est-il? ce qui leur était tout particulièrement désagréable.

En Picardie, les enfants se rendaient le soir, à pas de loup, près de la fenêtre, mouillaient le papier huilé avec de la salive, puis se sauvaient sans faire de bruit; l'un d'eux, armé d'un éclichoir, sorte de petite seringue en sureau, qu'il avait rempli d'un liquide plus ou moins propre, lançait le contenu sur la tête de l'homme occupé au métier ou lui éteignait sa lampe.

Dans la Flandre occidentale, quand le tissage d'une pièce de toile est fini, on la coupe en fil de pennes. Or, il est d'usage que les enfants de la maison tiennent une assiette sous le fil de pennes quand celui-ci est coupé, afin, comme on dit, de recueillir le sang de cette pièce de toile; le tisserand, pendant qu'il la coupe, laisse tomber de sa main quelques pièces de monnaie dans l'assiette et les enfants croient que cette monnaie sort de la toile elle-même et en forme le sang.

En Norvège, quand on ôte le tissu de dessus le métier, personne ne doit entrer dans la chambre ni en sortir, sous peine d'être exposé à une attaque d'apoplexie. La porte est alors fermée et gardée par quelqu'un. Celui qui coupe le tissu déjà prêt doit mettre sur les ciseaux des charbons ardents, sortir de la chambre et les éteindre dans la cour.

De même que plusieurs autres gens de métiers, les tisserands touchaient parfois à la médecine et à la sorcellerie. Dans le Perche et dans le Maine, ils se mêlaient du rhabillage des blessés. Amélie Bosquet raconte qu'un ouvrier tisserand, qui s'était rendu à Rouen pour y livrer son ouvrage, rencontra sur la route, à son retour, un de ses camarades qui lui demanda de venir l'aider à monter une chaîne qu'il se proposait de mettre ce jour-là sur le métier. L'homme lui refusa ce service, parce qu'il avait à faire le même travail pour son propre compte. « Eh bien! dit le camarade, nous n'en serons pas moins bons amis; entre à la maison pour te rafraîchir avec un verre de cidre. » Cette proposition fut acceptée, et quand le villageois reprit sa route, il se sentit tourmenté d'un malaise, qui dégénéra en maladie grave, que l'on attribua à un sort jeté. On fit venir le sorcier, qui montra au malade dans un miroir la figure de celui qui l'avait ensorcelé : c'était l'autre tisserand.

Au temps des corporations, le métier avait quelques usages particuliers. Si l'apprenti mourait pendant l'apprentissage, sa bière, comme celle d'un fils de maître, était illuminée de quatre beaux cierges. A Issoudun, nul ne pouvait être reçu maître dans la corporation s'il n'était de bonne vie, marié ou dans l'intention de se marier. Aux noces de chaque confrère, il devait être donné à chaque tisserand douze deniers; mais il était obligé à accompagner le nouveau marié l'espace d'une lieue. Le lendemain de la Fête-Dieu, il y avait un repas que devait payer celui qui y assistait, qu'il mangeât ou non. La première fois qu'un tisserand était convaincu de vol, il ne pouvait exercer d'un an le métier, et il le perdait à la seconde.

Les compagnons tisserands ne datent que de 1778 : un

menuisier, traître à sa société, leur vendit à cette époque le secret du Devoir.

A Bruges, les wollewevers ou tisserands en laine avaient autrefois coutume, le jour de la fête de leur patron saint Jacques, de dépenser dix schellings en donnant à manger aux pauvres.

On raconte dans le Limbourg hollandais la légende suivante.

Atelier de tisserand, d'après Jost Amman (XVI° siècle).

qui est plus à la louange des forgerons qu'à celle des tisserands : A Stevensweert et dans les environs, les forgerons et les maréchaux ferrants ne travaillent pas le Vendredi saint; voici l'origine de cet usage : Quand le Christ devait être crucifié, il ne se trouva dans tout Jérusalem aucun forgeron qui consentît à faire les clous nécessaires. Aujourd'hui encore, après tant de siècles, les forgerons, en chômant ce jour-là, veulent montrer qu'ils donnent leur approbation à ce refus. La tradition rapporte en outre que, les clous faisant défaut, un tisserand les retira de son métier, et avec ces clous obtus on crucifia le Christ. Plus tard le diable, croyant que l'action du tisserand lui donnait le droit de prendre son âme, voulut l'arracher de son métier pour le mener, tout vivant, aux enfers. Mais, comme le tisserand résista, il s'ensuivit une lutte très vive, pendant laquelle le diable s'embarrassa dans les fils du métier. Alors Satan reçut une raclée si formidable qu'aussitôt dégagé, il chercha son salut dans la fuite, hurlant de douleur. Aujourd'hui encore, quand un esprit des enfers voit un métier de tisserand, il prend de la poudre d'escampette. C'est aussi la raison pour laquelle un tisserand n'est jamais sujet aux tentations.

Les tisserands figurent dans un certain nombre de contes populaires; dans deux récits de pays très éloignés, ils sont les héros d'aventures qui, ailleurs, sont attribuées à des tailleurs ou à des cordonniers. Un petit tisserand du pays de Cachemire, un jour qu'il était à tisser, tue avec sa navette un moustique qui s'était posé sur sa main gauche. Émerveillé de son adresse, il déclare à ses voisins qu'il faut désormais qu'on le respecte, il bat sa femme qui le traite d'imbécile, et part en campagne avec sa navette et une grosse miche de pain. Il arrive dans une ville où il y a un éléphant terrible. Il dit au roi qu'il va combattre la bête; mais, dès qu'il voit l'éléphant, il s'enfuit, jetant sa miche de pain et sa navette. La femme du petit tisserand, pour se défaire de lui, avait empoisonné le pain et y avait aussi mêlé des aromates. L'éléphant l'avale, sans ralentir sa course, et, en faisant un circuit, le petit tisserand se trouve face à face avec l'éléphant : juste à ce moment le poison fait son effet et l'éléphant tombe raide mort. Chacun est émerveillé de la force du petit tisserand.

On retrouve une donnée analogue en Irlande : Un petit tisserand tue un jour d'un coup de poing cent mouches rassemblées sur sa soupe. Il se fait peindre un bouclier avec cette inscription : « Je suis celui qui en tue cent. » Le roi de Dublin le prend à son service pour débarrasser le pays d'un dragon ; à la vue du monstre, le petit tisserand grimpe sur un arbre, le dragon s'endort ; le tisserand, qui veut profiter de son sommeil pour s'enfuir, tombe à califourchon sur le dragon et le saisit par les oreilles ; le dragon furieux prend son vol et arrive à toute vitesse dans la cour du palais, où il se brise la tête contre un mur.

Le tisserand est l'un des personnages populaires des contes de l'Inde, et il y joue, comme dans celui dont nous avons donné ci-dessus le résumé, un rôle assez analogue à celui du cordonnier et du tailleur des récits européens : il est à la fois rusé et chanceux. Dans le *Pantchatantra*, un tisserand devint un jour amoureux d'une belle princesse ; le charron, son ami, lui construisit un oiseau-garuda, imité de celui de Vishnou. Grâce à lui, le tisserand s'éleva dans les airs et s'introduisit dans la chambre de la princesse, qui, le voyant revêtu des attributs du dieu, lui fit bon accueil, et chaque nuit il retournait auprès d'elle.

Le roi et la reine, en ayant été instruits, en furent d'abord indignés ; mais la princesse leur ayant dit qu'elle était courtisée par Vishnou lui-même, ils en furent remplis de joie. Alors le roi, se croyant protégé par son tout-puissant gendre, attaqua les rois des États voisins, mais il fut battu dans plusieurs rencontres et tout son pays, la capitale seule exceptée, tomba entre les mains de l'ennemi. A la prière de la reine, la princesse implora alors le secours de son amant. Celui-ci ordonna que les assiégés fissent une sortie le lendemain, et, pendant l'attaque, il devait se montrer dans les airs, sous la figure de Vishnou, monté sur son oiseau-garuda. — Sur ces entrefaites, le divin Vishnou, ne voulant pas que, par la

défaite du tisserand, on pût croire à sa propre défaite, entra
dans le corps du tisserand, et toute l'armée ennemie fut
anéantie.

Le faux Vishnou, descendu alors sur terre, fut reconnu
par le roi et ses ministres, et il raconta ses aventures. Il put
épouser la princesse, et on lui confia l'administration d'une
province du pays.

Le même recueil rapporte une aventure qui arriva à un
autre tisserand, mais qui eut pour lui des suites moins heu-
reuses. Tout le bois de son métier ayant été brisé par accident,
il sortit avec sa cognée pour aller abattre un arbre, et voyant
un large *sissou* au bord de la mer, il se mit en devoir de
l'abattre. Mais un génie qui y habitait s'écria : « Cet arbre
est ma demeure ; demande-moi toute autre chose que cet arbre
et ton souhait sera accompli ! » Le tisserand convint de retourner chez lui pour consulter sa femme et un ami, et de revenir
quand il aurait pris une détermination. Le tisserand de retour
au logis, y trouva son ami intime, le barbier du village, auquel
il demanda son avis. « Demande à être roi, je serai ton premier ministre et nous mènerons bonne et joyeuse vie. » Le
tisserand approuva le conseil du barbier, mais voulut, malgré
lui, aller consulter sa femme. Celle-ci lui dit que la royauté est
un fardeau pénible, et qu'elle lui conseille de se contenter de
sa position et de chercher seulement les moyens de gagner sa
vie plus facilement. « Demandez, dit-elle, une seconde paire de
bras et une autre tête : par ce moyen vous pourrez travailler
à deux métiers en même temps, et le profit que vous retirerez
de ce second métier sera très suffisant pour vous donner quelque importance dans votre classe, attendu que le premier suffisait à nos besoins. » Le mari retourna à l'arbre et demanda
au génie de lui donner une seconde paire de bras et une
autre tête. Ce vœu n'était pas plutôt formé qu'il fut exaucé

et notre homme retourna vers sa demeure. Mais il n'eût pas longtemps à se féliciter de l'accomplissement de son souhait,

Quinque sapientes per Fidem ecce Virgines
Sponsaque justa Lampades curant suas,
Martin de Vos.

Quæ vasa sunt virtutum ego inquam Lampad:s
Quibus usus esse proximo queunt suo.
Crisp:d vasse caelacer sup

Les Vierges sages, gravure de Crispin de Passe (XVIᵉ siècle).

car pendant qu'il traversait le village les gens du pays qui l'aperçurent se mirent tous à crier : « Au lutin ! » et tombant sur lui à coups de bâton, de massues et de pierres, ils le laissèrent mort sur la place.

TISSERANDS, GAZIÈRES, CORDIERS.

3

Dans un conte mongol, un pauvre tisserand de l'Inde se
présente devant le roi et lui demande sa fille en mariage. Le
roi, par plaisanterie, dit à la princesse de l'épouser. Celle-ci
déclare qu'elle ne se mariera qu'à un homme qui sache faire
des bottes avec de la soie. Des bottes du tisserand, à la surprise de tout le monde, on tire de la soie. Pour se débarrasser
de lui, on l'envoie contre un prince qui venait pour ravager
le royaume. Le tisserand est emporté par son cheval dans un
bois, s'accroche à un arbre qu'il déracine, et massacre les
ennemis. Après d'autres épreuves, il épouse la princesse.

Chez les musulmans de l'est de l'inde, un tisserand devient
par ruse le mari d'une princesse ; quelque temps après le
mariage, elle témoigne le désir de voir, du haut de son balcon,
jouer à un jeu qui consiste à simuler un échiquier, où les
pièces sont des hommes qui se déplacent suivant l'ordre qu'on
leur donne. Le tisserand, qui n'avait jamais vu ce jeu, s'écria :
« Sotte femme, au lieu de ce jeu, je préférerais tisser du
ruban. » La princesse, à partir de ce moment, refusa de voir
son mari, qui finit par retourner à son ancien métier.

Les contes parlent aussi d'êtres surnaturels qui viennent
tisser de la toile : en Haute-Bretagne, les Margot-la-Fée, qui
étaient aussi habiles en chaque métier que les meilleurs ouvriers, entrent chez un tisserand et s'amusent à achever une
pièce de toile, puis elles défont leur ouvrage, parce que la
fée, leur supérieure, y découvre un petit défaut. Elles viennent plusieurs nuits, et chaque fois la même chose arrive. Le
tisserand ayant terminé sa tâche, met une autre pièce sur le
métier, et lorsque la nuit suivante les Margot l'ont achevée et
qu'elles demandent si elle est bien, le tisserand dit oui, en con-
trefaisant la voix de la fée, et celles-ci la lui laissent achevée.

En Normandie, un diable ou lutin entreprend de faire la
toile d'une vieille femme, à la condition qu'elle lui dira son

nom. Un soir qu'elle ramassait des bûchettes dans le bois, elle entend comme le bruit d'un toilier qui faisait taquer son métier en criant :

Cllin, cllas, cllin, cllas !
La bonne femme qui est là-bas,
Si o savait que j'eusse nom Rindon,
O (Elle) n'serait pas si gênée.

Quand le lutin vient rapporter sa toile, elle lui dit son nom et elle peut la garder. En Haute-Bretagne, ce conte est aussi populaire, à la différence que le petit bonhomme s'appelle Grignon et qu'il tisse dans un trou de taupe.

En Picardie, c'est le diable lui-même, sous la forme d'un nain habillé de vert, qui vient au secours d'un tisserand embarrassé, et commande que sa toile soit achevée en un instant ; si, au bout de trois jours, il n'a pas su lui dire son nom, il viendra prendre son âme ; la marraine du tisserand, qui était fée, lui dit d'aller se cacher dans le bois et d'écouter. Il entend un grand diable qui se balance en disant :

Dick et Don,
C'est mon nom.

Dans un conte irlandais, une veuve avait fait accroire au fils du roi que sa fille filait trois livres de lin le premier jour, les tissait le second et le troisième en faisait des chemises ; le prince l'emmène chez lui, en disant que si elle est aussi habile qu'on le dit, il l'épousera : le premier jour, à l'aide d'une petite vieille aux pieds énormes, elle accomplit sa tâche ; quand il s'agit de tisser, elle ne sait que faire et se désole, quand paraît une petite vieille toute déhanchée qui lui promet de tisser pendant son sommeil les trois livres de lin, à la condition qu'elle sera invitée au mariage. Le jour des noces, la vieille Cronmanmor arrive et la reine lui demande pourquoi elle était ainsi déhanchée : « C'est, répondit la vieille, parce que je reste toujours assise à mon métier. » Le prince dit que, désormais sa femme n'y restera pas une seule heure.

Grimm a recueilli un récit dans lequel un fils de roi est parti pour chercher une femme qui serait à la fois la plus pauvre et la plus riche. Il vient à passer devant une chaumière où une fille filait : celle-ci, auquel le prince a plu, se rappelle un vieux refrain qu'elle avait entendu dire à sa vieille marraine :

> Cours, fuseau, et que rien ne t'arrète,
> Conduis ici mon bien-aimé.

Le fuseau s'élance et court à travers champs, laissant derrière lui un fil d'or ; il va jusqu'au prince, qui retourne sur ses pas. La jeune fille, n'ayant plus de fuseau, avait pris sa navette et travaillait en chantant :

> Cours après lui, ma chère navette,
> Ramène-moi mon fiancé.

La navette s'échappe de ses mains, et, à partir du seuil, se met à tisser un tapis, plus beau que tout ce qu'on avait jamais vu. L'aiguille de la jeune fille s'échappe également de ses doigts quand elle a chanté :

> Il va venir, chère aiguillette,
> Que tout ici soit préparé.

La table et les chaises se couvrent de tapis verts, les chaises s'habillent de velours et les murs d'une tenture de soie. Quand le prince arrive, il voit au milieu de cette belle chambre la jeune fille, toujours vêtue de ses pauvres habits, et il s'écrie : « Viens, tu es bien la plus pauvre et la plus riche ; viens, tu seras ma femme ! »

Il y avait en Gascogne un tisserand, fainéant comme un chien ; jamais on n'entendait le bruit de son métier ; pourtant il n'avait pas son pareil pour tisser et pour remettre, au jour

marqué, autant de fine et bonne toile qu'on lui en avait commandé. Sa femme elle-même ne savait comment cela pouvait
se faire, même au bout de sept ans de mariage. Un jour elle
le voit cacher quelque chose au pied d'un arbre; c'était une

Tisseuse, d'après Holbein, dans l'*Éloge de la folie*, d'Érasme. L'encadrement, plus moderne,
est fait à l'aide d'une gravure allemande du siècle dernier.

noix, grosse comme un œuf de dinde, d'où l'on entendait
crier : « Ouvre la noix ! où est l'ouvrage? » Il en sort treize
mouches; c'étaient elles qui faisaient la toile du tisserand.

Dans un conte ardennais, dont certaines parties rappellent
la *Belle et la Bête*, un marchand de toile, qui avait une fille, la
plus belle qu'on eût su voir, revenant chez lui après avoir

vendu sa provision de toile, s'égare la nuit dans une forêt, et finit par arriver dans un château où il voit une table bien servie, mais nulle âme vivante. Il mange, puis va se coucher dans un beau lit. Au milieu de la nuit, une voix l'appelle. C'est celle d'un chien d'or qui dormait sous le lit, et qui lui dit qu'il a juré que celui qui mangerait à sa table lui donnerait sa fille ou qu'il mourrait. De retour chez lui, il demande à sa fille si elle veut épouser le chien d'or. Mais elle s'y refuse, et propose à la fille d'un marchand de pelles à four d'aller à sa place; elle accepte, et est bien accueillie par le chien d'or, jusqu'au jour où, se promenant dans la forêt, elle s'écrie : — Oh! les beaux hêtres! si papa était là, qu'il serait content de les voir! — Pourquoi? demande le chien d'or. — Parce que papa est marchand de pelles à four. Le chien d'or la renvoie, et la fille persuade à une vachère de la remplacer. La substitution est aussi découverte par l'exclamation qu'elle pousse en voyant de belles vaches. La fille du marchand de toiles finit par se décider à se rendre au château. Le chien d'or la promène dans les chambres et, quand on arrive à l'une d'elles, qui était toute remplie de belles pièces de toile, elle s'écrie : — Si papa était là, qu'il serait aise de les voir! Le chien est alors certain que c'est bien la fille qu'il voulait qui est venue à son château. La métamorphose du chien cesse quand la jeune fille a consenti à l'épouser, et il redevient un jeune prince, beau comme le jour.

PAUL SÉBILLOT

LÉGENDES ET CURIOSITÉS
DES MÉTIERS

LES OUVRIÈRES EN GAZE

S'il en fallait croire Restif de la Bretonne, le seul auteur qui ait parlé de ces ouvrières au point de vue qui nous occupe, leurs façons formaient un contraste piquant avec la légèreté et la grâce de leur ouvrage : elles étaient grossières et aussi mal embouchées que des poissardes ; leur moralité ne valait pas mieux que leur langage. Il résulte, dit-il, du trop petit gain des gazières, qu'elles sont presque toutes libertines ou sur le point de l'être, lorsqu'il se présente un tentateur ; il ne reste matériellement sages parmi elles que les sujets d'une repoussante laideur.

Dans sa nouvelle, *La Jolie Gazière*, Restif lui-même raconte pourtant que toutes ces ouvrières n'étaient pas aussi corrompues qu'il le dit ; et la gravure de Binet, qui l'accompagne, les montre au contraire sous un jour favorable. La jolie gazière est représentée « travaillant à son métier », tandis que ses compagnes honnissent la corruptrice, qui avait voulu la

séduire, en disant : On ratisse, tisse, tisse, tisse. Toutes les
ouvrières s'avancèrent et se jetèrent sur Hélène ; l'une lui

Les ouvrières en gaze, gravure de Binet.

enleva son battant d'œil qu'elle mit en pièces ; l'autre lui
déchira son fichu. Celle-ci coupe le falbala de son jupon avec
les forces qui leur servent à découper. D'autres lui jetèrent au
visage de l'eau sale et la barbouillèrent de suie et de cendres. »

PAUL SÉBILLOT

LÉGENDES ET CURIOSITÉS

DES MÉTIERS

LES CORDIERS

Le mépris à l'égard des cordiers, si caractérisé en Bretagne, et qui maintenant encore n'a pas tout à fait disparu, ne paraît pas avoir existé ailleurs à un degré aussi considérable ; mais en beaucoup de pays, notamment en Flandre, les cordiers sont aussi méprisés.

Monteil, passant en revue les métiers au XVe siècle, dit que cette profession était surtout jalousée ; un courtier dit au maître cordier de la mairie : « Votre grand-père n'était pas pauvre, votre père était riche, vous êtes encore plus riche ; je veux changer de métier, faire le vôtre. Vous travaillez pour les hauts châteaux, où sont les puits les plus profonds, et l'on vous paie la corde deux sous la toise. — Oui, mais sachez qu'elles doivent être de bon chanvre qui n'ait été mouillé, resséché, ressuyé. — Vous gagnez beaucoup avec les .cultivateurs à faire les traits de charrue. — Pas tant, ils doivent avoir au moins douze fils... » Le débat s'étant prolongé, le

maître cordier impatienté, le termina en disant : « Nous autres
cordiers, quand nous filons une corde, nous ne savons si ce ne
sera pas celle d'un pendu ; cela ne nous donne guère envie
de prendre trop. Nous sommes les plus pauvres et les plus
honnêtes. »

En Bretagne, les cordiers et les écorcheurs de bêtes mortes,
étaient ce qu'on nommait autrefois les caqueux, cacous ou
caquins. Ils inspiraient un tel mépris, que le sixième des statuts publiés en 1436 par l'évêque de Tréguier, ordonna aux
caqueux de se placer au bas des églises lorsqu'ils iraient au
service divin. Le duc François II leur permit de faire le trafic
du fil et du chanvre aux lieux peu fréquentés et de prendre
des fermes à bail. Ils devaient toutefois porter une marque de
de drap rouge sur leur vêtement. On poussa la rigueur à leur
égard jusqu'à leur refuser la liberté de remplir leurs devoirs
de chrétiens, jusqu'à leur interdire la sépulture, et il fallut
que des arrêts du parlement les rétablissent dans le droit
commun.

En 1681, la justice dut intervenir pour faire réinhumer un
cordier que les habitants de Saint-Caradec avaient déterré.
Au mois d'avril 1700, un cordier ayant été enterré dans l'église
paroissiale de Maroué, près Lamballe, « les manants et habitants de ladite paroiesse s'advisèrent de detairer le cadavre
dudit feu Sevestre et l'ont ignominieusement exposé dans un
grand chemin ». Les juges de Lamballe ayant fait inhumer de
nouveau le cadavre, le 9 mai, les gens de Maroué le déterrèrent,
malgré le clergé, et l'exposèrent dans le grand chemin ; ce ne
fut en décembre seulement de la même année que le corps
du pauvre cordier fut, par autorité de justice, définitivement
enterré dans l'église. En 1716, à Planguenoual, la noblesse
du pays assista à l'enterrement d'un caqueux et le fit inhumer
dans l'église ; mais trois jours après il fut exhumé et porté au

cimetière des cordiers; il fallut une intervention de la justice pour que le cacous pût être de nouveau inhumé dans l'église. Vers 1815, on enterrait encore à part les cordiers de Maroué, dans un lieu appelé la Caquinerie.

Jadis ils vivaient à l'écart, dans des villages qu'ils étaient presque les seuls à habiter; il y en avait qui cumulaient le métier de cordier et celui d'équarrisseur; en ce cas, la carcasse d'une tête de cheval se dressait à l'une des extrémités de leur cabane, tandis qu'à l'autre pendait une touffe de chanvre.

La répulsion à l'égard des cordiers, sans être tout à fait éteinte, a bien diminué; pourtant, aux environs de Rennes, les paysans leur donnent, par dérision, le surnom de caquoux; leur rencontre le matin est regardée, dans le pays bretonnant, comme d'un fâcheux augure; dans les Côtes-du-Nord ils trouvent difficilement à épouser, même s'ils sont riches et beaux garçons, les jeunes filles de paysans de bonne famille. C'est ce que constate un proverbe très répandu en Haute-Bretagne :

> Les gars de la Madeleine
> Ne se marient point sans peine.

En Haute et en Basse-Bretagne la plupart des villages qui s'appellent la Madeleine ont été habités par des cordiers, et presque toujours il y avait là autrefois une léproserie.

On dit par raillerie que les cordiers gagnent leur vie à reculons; cette plaisanterie qui se trouve déjà au XVI⁶ siècle dans les *Adevineaux amoureux*, sous cette forme : « Quel homme esse qui gaigne sa vie en reculons! » figure aussi dans les devinettes allemandes; on la trouve dans l'énigme suivante :

> Image naïve du temps,
> Que rien n'arrête et ne devance,
> Bien différent des courtisans,
> C'est en reculant que j'avance.

Et Charles Poncy en a fait le refrain de sa chanson du cordier :

> Dans le métier que je professe,
> On n'avance qu'en reculant.

En Flandre, *Achteruit gaan gelijk de zeeldraaiers*, marcher à reculons comme les cordiers, c'est faire de mauvaises affaires. On dit aussi ironiquement : *Hij gaat vooruit gelijk de zeeldraaiers*, il va en avant comme les cordiers, de quelqu'un qui fait tout le contraire.

Les cordiers avaient saint Paul pour leur patron, on ne sait pas au juste pourquoi : le marquis de Paulmy prétendait que ce saint, étant parti pour aller combattre les chrétiens, fut contraint de retourner sur ses pas, et que les cordiers, obligés de travailler à reculons, l'avaient choisi pour ce motif. D'après A. Perdiguier, les cordiers faisaient partie, dès 1407, du Compagnonnage du Devoir. Malgré cette antiquité, ils ne paraissent pas y avoir joué un rôle particulier.

On a fait, à propos des cordiers, l'assemblage de mots suivants, qui est une sorte de casse-tête de prononciation :

> Quand un cordier cordant
> Veut recorder sa corde.
> Pour sa corde à corder
> Trois cordons il accorde ;
> Mais si l'un des cordons
> De la corde décorde.
> Le cordon décordant
> Fait décorder la corde.

Un pauvre cordier est le héros d'un conte très long des *Mille et une Nuits*, dont voici le résumé : Le calife Haroun-al-Raschid ayant remarqué dans une des promenades qu'il faisait, déguisé en marchand étranger, un bel hôtel tout neuf, interroge un voisin qui lui dit que cette maison appartient à Cogia Hassan, surnommé Alhabbal, à cause de la profession de cordier qu'il lui avait vu lui-même exercer dans une grande pauvreté, et que, sans savoir par quel endroit la fortune l'avait favorisé, il avait acquis de grands biens. Le calife fait venir Cogia Hassan à la cour, et lui demande son histoire. Cogia raconte qu'autrefois il travaillait à son métier de cordier, qu'il avait appris de son père, qui l'avait appris lui-même de son aïeul, et ce dernier de ses ancêtres.

Le . Cordier .

Puisque . en . ce . beau . travail, Je . ne . manque . de . rien .
à . bien . passer . le . temps . le . bonheur . me . convie .
Je . suis . riche . en . faisant . tout . au . rebours . de . bien .
et . C'est . a . reculons . que . Je . gaigne . ma . Vie .

Dans une autre épreuve, cette image de Lagniet est plus compréhensible, grâce à deux inscriptions intercalées dans la gravure; au-dessus du cavalier est écrit : « Il file sa corde »; sous son pied gauche : « Les grands s'accordent »; près de celui qui tourne la roue : « Les petits prennent la corde ».

Un jour il vit venir deux citoyens riches, très amis l'un de l'autre, qui n'eurent pas de peine à juger de sa pauvreté en voyant son équipage et son habillement. L'un d'eux lui

demanda si, en lui faisant présent d'une bourse de deux
mille pièces d'or, il ne deviendrait pas par le bon emploi qu'il
en ferait aussi riche que les principaux de sa profession. Cogia
lui répond que cette somme lui permettrait d'étendre sa fabrication et de devenir très riche. Quand, sur cette assurance,
Saadi, l'un des deux amis, lui a remis la bourse, il achète du
chanvre et de la viande, et met le reste de la somme dans
son turban ; mais celui-ci lui est enlevé par un milan qui disparaît dans les airs. Six mois après, les deux amis le retrouvent, pauvre comme devant ; il leur raconte l'aventure du
milan, et Saadi lui remet encore deux cents pièces d'or, en lui
recommandant de les mettre en lieu sûr. Cogia prend encore
dix pièces d'or et cache le reste dans un linge qu'il place au
fond d'un grand vase de terre plein de son. Pendant qu'il est
parti pour acheter du chanvre, sa femme, qui ne savait rien
de tout cela, échange le vase de son contre de la terre à dé-
crasser que vendait un marchand ambulant. Quand les deux
amis reviennent, et qu'il leur a raconté sa mésaventure, Saadi
lui donne un morceau de plomb qu'il avait ramassé à terre,
Cogia le prend et rentre chez lui ; le soir un pêcheur des
environs, auquel il manquait du plomb pour accommoder ses
filets, lui emprunte ce plomb en lui promettant comme récompense tout le poisson qu'il amènera du premier jet de ses
filets. Le pêcheur à ce coup ne prend qu'un poisson, mais il
était très gros. La femme, en l'accommodant, trouve dans ses
entrailles un gros diamant, mais, ne sachant ce que c'était, elle
le donne à son petit garçon qui s'en amuse avec ses sœurs, et
le soir ses enfants, s'apercevant qu'il rend de la lumière quand
la clarté de la lampe est cachée, se disputent à qui l'aura.
Cogia leur demande le sujet de leur dispute et ayant éteint la
lampe, il s'aperçoit que ce qu'il croyait être un morceau de
verre faisait une lumière si grande qu'ils pouvaient se passer

de la lampe. Une juive, femme d'un joaillier dont la maison était voisine, vint le matin savoir la cause du bruit qu'elle avait entendu. La femme du cordier lui montre le morceau de verre. La juive lui dit que ce n'est en effet que du verre, et lui propose de l'acheter, parce qu'elle en a un à peu près semblable. Mais les enfants se récrient, et la juive part. Le joaillier, sur la description qui lui est faite, dit à sa femme d'acheter le diamant à tout prix. Elle en propose vingt pièces d'or, puis cinquante, puis cent; Cogia Hassan déclare qu'il veut cent mille pièces, que le juif finit par lui donner.

Cogia Hassan va voir une bonne partie des gens de son métier, qui n'étaient pas plus à l'aise qu'il ne l'avait été; il les engage à travailler pour lui, en leur donnant de l'argent d'avance, et en leur promettant de leur payer leur travail à mesure qu'ils l'apporteraient. Il loue des magasins, établit des commis, et finit par faire bâtir le bel hôtel qui avait attiré l'attention du calife.

Cordiers à l'ouvrage, d'après Jost Amman (XVIe siècle).

SOURCES

Les Tisserands. — H. Coulabin, *Dictionnaire des locutions populaires de Rennes*. — Clément-Janin, *Sobriquets de la Côte-d'Or : Dijon*, 62; *Châtillon*, 8. — *Revue des traditions populaires*, IV, 527; V, 279; X, 29, 31, 99. — Paul Sébillot, *Coutumes de la Haute-Bretagne*, 73. — *Les Français peints par eux-mêmes*, II, 174. — Barjavel, *Sobriquets du Vaucluse*. — Reinsberg-Düringsfeld, *Sprichwörter*. — L.-F. Sauvé, *Lavarou Koz*. — J.-F. Bladé, *Poésies populaires de la Gascogne*, II, 267. — Mistral, *Tresor dou Felibrige*. — *Volkskunde*, II. 70; VIII, 36. — E. Souvestre, *Derniers Bretons*, II, 137. — E. Herpin, *La Côte d'émeraude*, 127, 138. — Lecœur, *Esquisses du Bocage normand*, I, 45. — Communication de M. T. Volkov (Russie). — Communication de M. A. de Cock (Flandre). — Paul Sébillot, *Traditions de la Haute-Bretagne*, I, 130; II, 179. — E. Rolland, *Rimes de l'Enfance*, 41. — Laisnel de la Salle, *Croyances du Centre*, I, 161. — A. Ledieu, *Traditions de Demuin*, 33. — Lecocq, *Empiriques beaucerons*, 46. — A. Bosquet, *La Normandie romanesque*, 286. — F. Liebrecht, *Zur Volkskunde*, 315. — Monteil, l'*Industrie française*, I, 53, 257, 264. — A. Perdiguier, *Le Livre du compagnonnage*, I, 44. — Reinsberg-Düringsfeld, *Traditions de la Belgique*, II, 53. — E. Cosquin, *Contes de Lorraine*, I, 98, 100. — Paul Sébillot, *Les Margot la-Fée*, 18. — Fleury, *Littérature orale de la Normandie*, 190. — H. Carnoy, *Littérature orale de la Picardie*, 229. — Loys Brueyre, *Contes de la Grande-Bretagne*, 161. — Grimm, *Contes choisis*, trad. Baudry, 196. — J.-F. Bladé, *Contes de la Gascogne*, II, 354. — A. Meyrac, *Traditions des Ardennes*, 471.

Les Cordiers. — Monteil, l'*Industrie française*, I, 277. — E. Souvestre, *Derniers Bretons*, 217. — A. Corre et Paul Aubry, *Documents de criminologie rétrospective*, 111. — Habasque, *Notions historiques sur les Côtes-du-Nord*, I, 85. — B. Jollivet, les *Côtes-du-Nord*, I, 65, 157, 317. — *Revue des traditions populaires*, VIII, 302; X, 160. — Communication de M. A. de Cock. — Tuet, *Matinées senonoises*, 510. — A. Perdiguier, *Le Livre du compagnonnage*, II, 195.

Ange rallumant la lampe de sainte Gudule que le diable avait éteinte.
(Crédence de stalle de l'abbaye de Saint-Loup, à Troyes.)

PAUL SÉBILLOT

LÉGENDES ET CURIOSITÉS
DES MÉTIERS

LES TAILLEURS

Au lieu d'être, comme à présent, chargés de la fourniture de l'étoffe et de la confection entière du vêtement, les tailleurs d'autrefois se bornaient, le plus souvent, à tailler et à coudre des draps qui leur étaient remis après avoir été achetés en dehors de chez eux : c'est encore ainsi que procèdent les « couturiers » de campagne. Les rognures appartenaient à la personne qui avait commandé l'habillement; mais il y avait nécessairement du déchet, et il était difficile de savoir si tout lui était rendu intégralement ou si le tailleur n'avait pas mis de côté, pour son usage personnel, des morceaux qui pouvaient servir. Il y avait de fréquentes contestations, où les clients reprochaient aux tailleurs de ne leur remettre qu'une faible partie des retailles. Ceux-ci se défendaient de leur mieux : au XVII⁰ siècle, ils assuraient qu'il « ne leur étoit pas resté d'une étoffe non plus qu'il n'en tiendroit dans leur œil », et l'on avait appelé plaisamment « l'œil des tailleurs » un coffre supposé dans lequel ils mettaient les morceaux. On donnait aussi le nom de « rue » au coin de la boutique où s'accumulaient les rognures diverses. « Les cousturiers, dit Tabourot, ont une armoire, qu'ils appellent la Ruë, où ils jettent toutes les bannières : puis quand on s'en pl aint, ils se baillent à cent mille pannerées de diables qu'ils n'ont rien dérobé, et n'y a resté, sinon je ne sçay quels bouts, qu'ils ont ietté dans la ruë. » On donnait encore le nom « d'enfer », de « liette » ou de « houle » au coffre aux rognures.

Aux siècles derniers, on trouve dans les contes et dans les comédies de fréquentes allusions à ces détournements de drap, et c'était une sorte de lieu commun qui semblait inséparable des plaisanteries faites sur les tailleurs. *Le Grand Parangon des Nouvelles nouvelles* met en scène un avocat, un sergent, un tailleur et un meunier qui avaient été en pèlerinage à Saint-Jacques-de-Compostelle, et voulaient faire bâtir une chapelle pour la rémission de leurs péchés. Ils se les confessent l'un à l'autre, et quand vient le tour du tailleur, il dit : « J'ay beaucop de drap corbiné, car quand on me bailloit cinq aulnes de drap à mettre en une robbe, je n'en y mettois point plus de quatre ; car quelque habillement que jamais je fisse, il m'en demeuroit toujours quelque lopin ; et je vous promets ma foy que j'en ay desrobé en mon temps pour plus de mille escus. »

Lorsque l'on disait que les tailleurs marchent les premiers à la procession, tout le monde comprenait à demi-mot, et si par hasard quelqu'un s'était avisé de demander pourquoi ils avaient ce privilège, on lui aurait aussitôt répliqué : « C'est parce qu'ils portent la bannière. » Et si l'explication n'avait pas été suffisante, on n'aurait pas manqué d'ajouter qu'on appelait ainsi la pièce d'étoffe qu'on les accusait de dérober quand ils coupaient un habit, parce qu'il y a dans cette pièce de quoi faire une banderole.

Dès le moyen âge elle figure dans les contes, et lorsque dans une de ses *Facéties*, le florentin Arlotto explique à son voisin le tailleur ce que signifiait une bannière qu'il avait vue en rêve, il s'est inspiré sans doute d'un récit qui courait parmi le peuple. De nos jours Charles Deulin a écrit le *Drapeau des tailleurs*, qu'il a localisé en Flandre, où peut-être il l'avait entendu raconter. Voici le résumé de son conte qui, avec une allure plus vive, est très voisin du récit d'Arlotto :

Au temps jadis, il y avait un petit tailleur du nom de Warlemaque, qui était curieux comme une femme. Il était d'ailleurs fort adroit de ses dix doigts et, de plus, aussi voleur qu'un tailleur peut être. Rarement Warlemaque avait coupé un habit ou une culotte sans jeter dans le coffre qu'on appelle l'houle, autrement dit l'enfer, un bon morceau de drap pour s'en faire un gilet... Une nuit, il eut un singulier rêve. Il rêva qu'il était devant le tribunal de Dieu. Soudain il entendit qu'on l'appelait; il s'avança tout tremblant. Un ange fit quelques pas au milieu de l'enceinte, et, sans dire un mot, il déploya un grand drapeau de mille couleurs. Warlemaque reconnut tous les morceaux de drap qu'il avait dérobés, et fut pris d'une telle peur qu'il se réveilla en sursaut. Le lendemain, il conta son rêve à ses deux apprentis, et leur dit : Chaque fois que vous me verrez jeter en coupant quelque chose dans l'houle, ne manquez pas de crier : « Maître, rappelez-vous le drapeau! » Pendant quelque temps, il se garde de rien prendre ; mais un jour qu'on lui apporte une belle étoffe d'or, il ne peut s'empêcher d'en dérober un peu, en disant qu'il manquait justement au drapeau un morceau de drap d'or. A partir de ce moment, il reprend ses mauvaises habitudes, et quand, après sa mort, il se présente à la porte du Paradis, saint Pierre la lui refuse : toutefois il finit par se laisser fléchir et permet à Warlemaque de rester dans un coin.

Dans la *Farce du Cousturier*, un gentilhomme qui veut fair.
faire un costume à sa chambrière, lui dit :

> Des habitz le drap porterons,
> Et devant nous tailler ferons ;
> Car cousturiers et cousturières
> Ont tousjours à faire bannières,
> Comme j'ay ouy autresfoys
> Racompter.

Cette habitude semblait si étroitement liée au métier, qu'il
paraissait impossible qu'un tailleur ne la pratiquât pas.

La Nouvelle XLVIII⁰ de Des Périers a pour titre : *Du tailleur*
qui se déroboit soi-même et du drap qu'il rendit à son compère
le chaussetier : Un tailleur de la ville de Poitiers étoit bon
ouvrier de son métier et accoutroit fort proprement un homme
et une femme et tout ; excepté que quelquefois il tailloit trois
quartiers de derrière en lieu de deux ou trois manches en un
manteau, mais il n'en cousoit que deux ; car aussi bien les
hommes n'ont que deux bras. Et avoit si bien accoutumé à faire
la bannière, qu'il ne se pouvoit garder d'en faire de toutes
sortes de drap et de toutes couleurs. Voire même quand il
falloit un habillement pour soi, il lui étoit avis que son drap
n'eût pas été bien employé s'il n'en eût échantillonné quelque
lopin et caché en la liette ou au coffre des bannières.

En Angleterre, on connaît le « Chou du tailleur » et l'on dit
en proverbe : *Tailors like cabbage*, les tailleurs aiment le chou.
Lorsqu'autrefois ils travaillaient chez les clients, on les accusait
de rouler le chou, c'est-à-dire de faire un paquet de morceaux de vêtements au lieu de se contenter de la lisière et des
retailles qui leur étaient dues.

On comprend que, en raison de ces habitudes vraies ou supposées, les conteurs aient mis les tailleurs au nombre des gens

que l'on ne voit pas en Paradis. La Mésangère écrivait en 1821 : C'est un dicton courant dans quelques-uns de nos départements, notamment dans celui de l'Aveyron, que saint Pierre n'a jamais voulu ouvrir la porte du Paradis aux tailleurs.

La réputation de dérober des pièces est constatée dans un proverbe de l'Armagnac, et implicitement dans un grand

Boutique de tailleur hollandais, d'après une estampe du XVII° siècle.

nombre de dictons qui associent les tailleurs aux meuniers, aux tisserands, etc., tous gens que la malice populaire représente comme peu respectueux du bien d'autrui :

> *Taillur,*
> *Boulur,*
> *Pano pedassis,*
> *Quant a héit la bèsto*
> *Tourno pas lou rèsto.*

Tailleur, — Voleur, — Vole des pièces, — Quand il fait la veste — Ne rend pas le reste.

La chanson gasconne des *Bruits de métiers* formule la même accusation :

> *Quand lou taillur hè uo raubo,*
> *Rigo rago, sur la taulo,*
> *Dou bèt drap, dou fin drap,*
> *Quauque retail de coustat.*

Quand le tailleur fait une robe, — Rigue rague, sur la table, — Du beau drap, du fin drap, — Quelque coupon de côté.

En Haute-Bretagne, on dit aux enfants des tailleurs :

> Fils du tailleur,
> Tu as bien du bonheur,
> Le dimanche après vêpres,
> Tu vas te promener
> Le chapeau sur l'oreille
> Et l'aiguille au côté.
> Tout le monde se demande :
> — Quel est donc ce petit effaré?
> — C'est le fils au larron couturier!
> Oh! que les couturiers sont braves! (bien habillés).
> Mais ce n'est pas de leur argent,
> C'est des retailles des braves gens.

Voici un autre dicton de Gascogne :

> *Sept sartès,*
> *Sept tchicanès*
> *E sept mouliès,*
> *Boutats lous en un salié,*
> *Leuatz un palancoun*
> *Beyratz vint e un layroun.*

Sept tailleurs, — Sept tisserands — Et sept meuniers, — Mettez-les en un saloir, — Levez une planchette — Et vous verrez vingt et un larrons.

On lit dans le *Moyen de parvenir*, cette demande facétieuse :

— S'il y avoit en un sac un sergent, un meunier et un couturier, qui sortiroit le premier? — Voire, voire, ce serait un larron.

Un proverbe analogue, probablement ancien, existe aussi
en Angleterre :

*Put a miller a tailor and a weaver in a bag and shake them, the first that
cometh out will be a thief.* Mettez un meunier, un tailleur et un tisserand
dans un sac, et secouez-le, le premier qui sortira sera un voleur.

Il existe de nombreuses variantes en Béarn, en Provence, et
dans la plupart des recueils européens, du dicton limousin qui
suit :

*Sept tailleurs, sept teyssiers, sept mouleniers, coumptas bien, qu'aco faict
vingt à un troumpeurs.*

La maladresse de certains tailleurs est blasonnée dans quelques dictons qui font allusion à des anecdotes. Les deux premiers
sont danois, le troisième anglais :

— Cela s'élargira avec le temps, disait un tailleur qui avait mis les
manches à l'endroit des poches.

— Comment monsieur trouve-t-il les crochets? disait le tailleur qui ne
savait pas faire les boutonnières.

— *Like the tailor who sewed for nothing and found thread beside.*
Comme le tailleur qui ne cousait rien, et trouva le fil à côté.

— *Long steek (stick) and pull hard.*
Pique longtemps et pousse fort.

Cela se dit en Écosse lorsque quelqu'un coud négligemment
pour avoir fini plus vite.

— *Thats been sewed wi' a het needle and a burnin thread.*
Cela a été cousu avec une aiguille rougie et un fil brûlant.

Dit-on lorsqu'il se produit un trou après que l'on a cousu, ou
lorsqu'un bouton se découd peu de temps après avoir été cousu.

— *The mair hast, the less speed,*
As the tailor said with lang thread.
Le plus fort se hâte, le moindre se dépêche, comme dit le tailleur en
tirant son aiguille.

— *A fop (dandy) is the tailor's best friend and is own foe.*

Un élégant est le meilleur ami du tailleur et son plus grand ennemi à lui-même.

— Ce serait merveille que l'auteur fît quelque chose de bon ; il ne ferait que brocher et bousiller comme un tailleur à la veille de Pâques. (Dicton espagnol.)

— *Soutars and tailors works by the hour.* (Écosse.)

Les cordonniers et les tailleurs travaillent à l'heure.

Allusion au temps qu'ils mettent à leur ouvrage.

— *A tailor's shreds are worth the cutting.*

Les morceaux du tailleur sont égaux à ce qu'il coupe, parce qu'ils sont larges. (Écosse.)

— Tailleur debout et forgeron assis ne valent pas grand'chose. (Danois.)

La gravure de la page suivante tirée du recueil de J. Cats (1655), qui représente des tailleurs à l'ouvrage, sert d'illustration à un proverbe italien en rapport avec le métier :

— *Il serro chi no fa nodo, perde il punto.*

Celui qui ne fait pas un nœud à son aiguille perd son point.

Une légende du Morbihan raconte que lorsque le diable entra en apprentissage chez un tailleur, celui-ci ne lui montra pas qu'il fallait faire un nœud au bout du fil : c'est pourquoi le diable ne put jamais apprendre à coudre.

— *Its muckle gars tailors laugh but soutars grin aye.*

Il faut beaucoup de choses pour faire rire les tailleurs, mais les cordonniers grimacent toujours.

Usité en Écosse, ce proverbe semble s'appliquer à la contenance sérieuse que les tailleurs ont souvent lorsqu'ils sont à l'ouvrage, et à la grimace que fait le cordonnier quand il tire fort sur son ligneul.

Des dictons constatent la sobriété ou l'avarice des tailleurs :

Deux œufs durs, souper de tailleur,

dit-on en Gascogne ; c'est, en effet, le souper habituel que les paysans donnent aux couturiers. Avant 1848, on disait cou-

ramment qu'il y avait au Louvre un tableau représentant trois tailleurs attablés devant un œuf à la coque. Ce dire populaire, qui exprime la pauvreté notoire de la corporation, peut être rapproché de l'*Explication de la Misère des garçons tailleurs*, qui tend à prouver que les tailleurs sont les seuls ouvriers buvant de l'eau, tandis que les autres se réconfortent avec des

TAILLEURS.

2

liquides plus généreux. Ce livret populaire donne aussi ce dicton : Quinze tailleurs pour un sac de son.

Starveling, ou l'Affamé, est le nom d'un tailleur qui joue la comédie avec d'autres artisans dans *Le Songe d'une nuit d'été.* Dans la Belgique wallonne, *Fer 'n pormináde* (promenade) *di tailleur,* c'est ne rien dépenser pour ses menus plaisirs ; aux environs de Metz, on dit de celui qui s'amuse à faire des ricochets dans l'eau, qu'il fait une ribote de tailleur ; les ouvriers tailleurs étant très pauvres ne pouvaient comme les autres aller s'amuser au cabaret ; et, dans toute la France, se quitter comme des tailleurs, c'est se séparer sans boire ensemble.

Le proverbe qui assure que les cordonniers sont les plus mal chaussés a, tout au moins à l'étranger, des parallèles qui s'appliquent aux tailleurs. En Italie, on dit :

— *I sartori hanno sempre gli abiti scuciti, e i calzolari le scarpe rotte.*

Les tailleurs ont toujours des habits décousus, et les cordonniers des souliers déchirés.

— *Who goeth more tattered than the tailor's child?*

Qui est plus déguenillé que le fils du tailleur?

demande un vieux proverbe anglais.

L'argot et les expressions provinciales désignent les tailleurs par des sobriquets ou par des expressions figurées, presque toujours d'un caractère railleur.

Ils les nomment des frusquineux (de frusques), des pique-prunes, des gobe-prunes à Genève ; des pique-poux à Paris ; en Basse-Bretagne, *brocher laou,* embrocheurs de poux ; en Écosse, où l'on prétend qu'ils sont infestés par la vermine, *pick the loose,* pique-poux. Dans les Vosges, on explique par une histoire plaisante le sobriquet de Pique-prune : « Trois tailleurs, gens peu habitués à la fatigue, comme chacun le sait, conçurent un jour le projet ambitieux de rouler une prune sur un toit. — Nous n'y arriverons pas sans levier, dit le premier. — Ces outils-là sont trop lourds pour nos bras, répondit le second. — Nous en fabriquerons avec des queues de cerises, fit le troisième. L'avis sembla bon et fut adopté. Quand le premier levier fut terminé, le plus hardi de la bande s'en empara et dit à ses camarades : — Sans me flatter, je me crois de taille à faire la besogne tout seul ; écartez-vous un peu, je vous prie, de crainte d'accident. Les deux compagnons s'éloignent et le brave se met résolument à l'œuvre. Vains efforts ! il va, vient, vire, dévire, sue, ahanne, sans arriver à changer la prune de place. — Je l'ai pourtant piquée, piquée, se disait-il, comment se fait-il qu'elle ne bouge ? Tout à coup l'haleine lui manque et il va avouer son impuissance, quand, malheur ! la prune se mettant à rouler toute seule dégringole, l'entraîne dans sa chute et l'écrase. »

Dans la comédie de Shakspeare, *La Méchante mise à la raison*, Petrucchio gronde ainsi un garçon tailleur : « Tu mens, bout de fil, dé à coudre, aune, trois quarts, demi-aune ! Je me laisserais braver chez moi par un écheveau de fil ! Va-t'en, guenille, rognure, atome, ou je vais te mesurer avec ta demi-aune pour te faire souvenir toute ta vie d'avoir parlé ! »

En Portugal on prétend que beaucoup de gens de métier poussent un cri particulier ; celui des tailleurs est *E' impossivel*, c'est impossible. Dans les Vosges, on leur applique le sobriquet de *Permettez*, parce que, dit-on, ils abusent de ce mot, qui est pour eux la plus haute expression de la politesse française.

En Portugal, on donne aux tailleurs le nom d'*aranhas*, araignées, et quand on veut les faire agacer, on leur parle d'araignées, en faisant allusion à un conte populaire : « Plusieurs tailleurs se réunirent, leurs ciseaux ouverts, pour attaquer une araignée qu'ils avaient rencontrée. De là est venu le dicton :

« C'est sept tailleurs pour tuer une araignée! » dont on se sert lorsque quelqu'un est embarrassé pour une affaire de peu d'importance. Il circule en plusieurs provinces du Portugal des chansons satiriques sur le même sujet.

La gravure ci-dessous qui montre l'intérieur d'un atelier de tailleur au XVII' siècle, est extraite du livre de Franqueville : *Miroir de l'Art et de la Nature*, 1690 ; la légende qui l'accompagne explique les différentes opérations du métier.

Le tailleur 1 coupe le drap 2 avec ses ciseaux 3, et le coud avec l'aiguille et du fils retors 4. Ensuite il rabat les coutures avec le carreau 5, et il fait ainsi des jupes 6, cotillons plissés 7, au bas desquels il y a un bord (ourlet 9) avec des franges ou dentelles 8. Il fait des manteaux 10 avec des collets 11, des brandebourgs, ou casaques avec des manches 12, pourpoints 13 avec les boutons 14, et manches 15, haut-de-chausses 16, et quelquefois garnis de rubans 17, des bas 18 et des gants 19.

En Écosse, où l'on accuse les tailleurs d'être plus vains que les autres hommes, d'aimer les vêtements fins et d'avoir un

caractère léger, on ne les regarde pas non plus comme courageux :

> *A tinkler ne'er was a town taker ;*
> *A tailor was ne'er a hardy man.*
> *Nor yet a wabster (weaver) leal in his trade*
> *Nor ever since the warld began.*

> Depuis que le monde est monde,
> Le chaudronnier n'a jamais été un preneur de villes,

Atelier de tailleur allemand au XVIII° siècle, d'après Chodowiecki.

> Le tailleur n'a jamais été un homme hardi,
> Ni le tisserand loyal dans son métier.

> *There were four an twenty tailors*
> *Riding on a snail,*
> *Said the hinmost to the foremost.*
> *— We' ell a fa' ower the tail.*
> *The snail shot oot her horns*
> *Like ony hummil coo*
> *Said the foremost to the hinmost,*
> *— We' ell a be stickit noo.*

> Il y avait vingt-quatre tailleurs
> A cheval sur un escargot.
> Celui de derrière dit au premier :
> — Nous allons tomber sur la queue.
> L'escargot attire ses cornes,
> Comme une vache écornée,
>   Celui de devant dit :
> — Nous allons tous être transpercés.

Les tailleurs ne paraissent pas avoir beaucoup de superstitions en rapport avec leur métier : en tout cas on en a recueilli peu. A Lesbos, si un tailleur prête ses ciseaux ou son savon à un autre, il se garde bien de les lui donner de la main à la main, dans la crainte de se brouiller avec lui. Quand on coud à la main un habit, et que le fil fait des nœuds, c'est que la personne à qui l'habit appartient est jalouse.

En France, les tailleurs d'habits usent assez fréquemment du tatouage. Les emblèmes qu'ils ont gravés sur la peau, sont : un dé et des ciseaux, — un tailleur assis et cousant, — des ciseaux et un fer à repasser.

Au temps des corporations, il y avait un cérémonial usité pour la réception des ouvriers remplissant les conditions nécessaires pour franchir le grade d'ouvrier à compagnon. Voici, d'après le P. Lebrun, celui qui était usité vers 1655 : Les compagnons tailleurs choisissaient un logis dans lequel se trouvaient deux chambres l'une contre l'autre ; en l'une des deux, ils préparaient une table, une nappe à l'envers, une salière, un pain, une tasse à trois pieds à demi pleine, trois grands blancs de Roi et trois aiguilles. Tout étant ainsi préparé, celui qui devait passer compagnon jurait sur le Livre des Évangiles qui était ouvert sur la table, qu'il ne révèlerait pas même en confession, ce qu'il ferait ou verrait faire. Après ce serment, il prenait un parrain ; ensuite on lui apprenait l'histoire des trois premiers compagnons, qui est pleine d'impuretés, et à laquelle se rapporte la signification de ce qui est en cette chambre sur la table.

A Paris, sainte Anne est la patronne des tailleurs; en Belgique, c'est saint Maur, saint Boniface ou sainte Catherine; ailleurs, comme en Bretagne, leur fête est à la Trinité.

Les maîtres tailleurs de Morlaix célébraient leur fête à Notre-Dame du Mur, où il y avait une messe chantée, à la suite de laquelle ils présentaient un mouton blanc que le père abbé, escorté de toute la communauté, conduisait à l'hospice.

A Avignon, la confrairie des tailleurs, qui avait son siège à la Métropole, avait une image de corporation qui représentait saint Georges à cheval, terrassant le dragon. En haut, un ange tenait la couronne, et elle portait un écusson avec des ciseaux.

En province, les tailleurs avaient naguère encore comme enseigne, l'image pieuse de saint Martin qui partage son manteau avec un pauvre, ou celle des Ciseaux volants.

Cette gravure, qui représente un tailleur vers le commencement de ce siècle, fait partie du *Jeu universel de l'Industrie*, qui a de l'analogie avec le Jeu d'oie renouvelé des Grecs (Musée Carnavalet).

Tailleur.

* *

La plus grande partie de ce qui précède se rapporte surtout

aux tailleurs des villes ; leurs humbles confrères des campagnes
en diffèrent tellement, qu'il m'a paru naturel de séparer ces
deux branches de même profession.

En certaines provinces, et principalement dans celles où l'industrie est peu développée, et où l'état par excellence est celui
de laboureur, les tailleurs ou couturiers, car ce nom ancien est
le plus employé, occupent une place à part, et ils sont regardés
comme des êtres inférieurs. Leur métier est peu payé, et ceux
qui l'exercent sont presque toujours des gens que la faiblesse
de leur constitution ou une infirmité plus ou moins apparente
rendent impropres au labeur des champs. On s'explique aisément que, dans un milieu où la beauté du corps et la force
physiques sont considérés comme les premiers des dons, ceux
qui en sont dépourvus soient l'objet d'un dédain que vient
encore augmenter la nature sédentaire de leurs travaux, qui
ressemblent plutôt à ceux des femmes qu'à l'ouvrage actif et
dur des hommes.

C'est en Basse-Bretagne que la démarcation entre les couturiers et les gens des autres professions est la plus marquée ;
les cordiers seuls qui semblent appartenir à une race maudite
et descendent, assure-t-on, des lépreux, sont aussi méprisés ;
peut-être autrefois les tailleurs se sont-ils recrutés parmi les
descendants de ces malheureux.

Dans le premier tiers de ce siècle, Souvestre a tracé un
portrait du tailleur breton, qui semble un peu chargé, et dont
il conviendrait, à l'heure actuelle, d'adoucir quelques traits :
Le tailleur est, en général, contrefait, cet état n'étant guère
adopté que par les gens qu'une complexion débile ou défectueuse empêche de se livrer aux travaux de la terre, boiteux
parfois, plus souvent bossu. Un tailleur qui a une bosse, les
yeux louches et les cheveux rouges, peut être considéré comme
le type de son espèce. Il se marie rarement, mais il est

Habit de Tailleur

Cette gravure du XVIIe siècle fait partie d'une collection qui se trouve au Musée Carnavalet ; un assez grand nombre de personnages y sont représentés habillés, comme le tailleur, avec les attributs du métier, les outils dont ils se servent pour travailler et les diverses pièces qu'ils sont chargés de confectionner.

TAILLEURS.

3

fringant près des jeunes filles, vantard et peureux. S'il a un,
domicile fixe, il ne s'y trouve guère qu'au plus fort de l'été ; le
reste du temps son existence nomade s'écoule dans les fermes
qu'il parcourt et où il trouve à employer ses ciseaux. Les
hommes le méprisent à cause de ces occupations casanières, et
ne parlent de lui qu'en ajoutant, « sauf votre respect », comme
lorsqu'il s'agit des animaux immondes ; il ne prend pas même
son repas à la même table que les autres, il mange après, avec
les femmes, dont il est le favori. C'est là qu'il faut le voir,
ricaneur, taquin, gourmand, toujours prêt à seconder une mystification contre un jeune homme ou un tour à jouer au mari.
Menteur complaisant, il sait à l'occasion porter sur le mémoire
du maître quelque beau justin qu'il aura piqué en secret pour
la femme ou pour la *pennerès* (fille à marier). Il connaît toutes
les chansons nouvelles, il en fait souvent lui-même, et nul ne
raconte mieux les vieilles histoires. A lui appartiennent de droit
les chroniques scandaleuses du canton : il les dramatise, les
arrange et les colporte ensuite de foyer en foyer.

En Forez les tailleurs jouent souvent le même rôle qu'en
Basse-Bretagne ; ce sont des chroniqueurs et porte-gazettes,
entremetteurs de mariages et mauvais plaisants, et on ne leur
épargne pas à eux-mêmes la raillerie.

Au siècle dernier, d'après Monteil, le tailleur allait dans
toutes les maisons, il parlait à tout le monde ; c'était le plus
souvent par lui qu'étaient faites et reçues les propositions de
mariage.

En Basse-Bretagne, certains tailleurs portent le sobriquet de
Iann-troad-scarbet, Jean au pied de travers, parce qu'en général ils sont boiteux et infirmes. En Forez, pour les mêmes
raisons, on leur donne le surnom de *Maître Gigue à banc*,
jambe à banc.

Une légende du pays d'Avessac, vers la limite du Morbihan

et de la Loire-Inférieure, explique pourquoi la plupart des tailleurs sont aujourd'hui boiteux : Un jour saint Yves revenant de Paris en Basse-Bretagne, se perdit vers le soir sur les grandes landes de Malnoël ; il était fort ennuyé, car les chemins étaient défoncés et son cheval avait perdu un fer. Mais, ayant entendu chanter, il reprit bon espoir et aperçut bientôt un tailleur qui revenait de sa journée. Le saint l'aborda aussitôt et le pria de le remettre dans son chemin en lui indiquant le bourg le plus voisin, pour qu'il pût faire referrer sa monture. Au lieu d'obliger saint Yves, le tailleur se mit à le railler et lui dit que puisque les moines allaient déchaux, sa bête pouvait bien faire de même : car il était juste que le valet manquât de souliers du moment que le maître n'en portait point. Saint Yves, pour punir ce gouailleur, lui dit qu'à l'avenir lui et ses confrères qui n'auraient pas plus de religion que lui, auraient, comme son cheval, une jambe défectueuse.

Plus charitables toutefois que les gens du Midi, les habitants de cette même contrée d'Avessac ne disent pas que jamais couturier n'est entré au Paradis, mais ils prétendent qu'étant de leur nature indignes d'y arriver immédiatement, ils sont toujours condamnés à passer quelque temps dans les limbes, d'où le « Grand Maistre d'Ahaut » les tire chaque année par fournées. Et l'on ne manque pas de dire, chaque fois qu'on voit dans le ciel des étoiles filantes : « Allons, v'là le Bon Dieu qui a ouvert sa grande porte ; v'là encore des couturiers qui s'en vont dans le ciel ! »

Naguère en Basse-Bretagne quand on parlait d'un tailleur, on ne manquait pas d'ajouter, « en vous respectant », comme lorsqu'on nommait un animal non noble ; si quelqu'un rencontrait un couturier sans le connaître et l'interrogeait sur son genre de profession, il répondait ordinairement : « Je suis tailleur, sauf votre respect ». Un passage de *Don Quichotte* constate que jadis,

en Espagne, une formule analogue était employée : « Je suis,
sous votre respect et celui de la compagnie, tailleur juré », dit
un personnage de Cervantes en se présentant, et un autre passage de *Don Quichotte* parle de la mauvaise opinion que l'on a
du tailleur.

Il est naturel que ce soit en Bretagne que les proverbes dé-
peignent le tailleur sous des traits satiriques ; mais ils constatent sa mauvaise langue, ses autres défauts et le mépris dont
il est l'objet, plutôt que les vols qu'on lui reproche ailleurs,
ainsi que nous l'avons déjà vu.

> — *Eur c'hemener n'e ket den*
> *'Met eur c'hemener ned-eo ken.*
>
> Un tailleur n'est point un homme :
> Ce n'est qu'un tailleur en somme.
>
> — *Nao c'hemener evid ober eun den.*
>
> Neuf tailleurs pour faire un homme.

Ce dicton est aussi usité en Écosse ; l'on y ajoute parfois une
variante : Il faut neuf tailleurs et un chien pour faire un homme.
Et l'on dit, à ce propos, que jadis neuf tailleurs et un chien
tombèrent sur un homme qui leur avait déplu. On y prétend
encore qu'un tailleur est la neuvième partie d'un homme, ou
que vingt-quatre tailleurs ne peuvent faire un homme ; c'est
jeu de mot sur le mot faire.

En Haute-Bretagne, les tailleurs et les couturiers ont leur
fête à la Trinité, d'où ce dicton :

> Trinité en trois personnes,
> Trois tailleurs pour faire un homme.
>
> — *Neb a lavar eur c'hemener*
> *A lavar ive eur gaouier.*
>
> Qui dit tailleur
> Dit aussi menteur.

— *Kemener brein,*
'Nn diaoul war he gein.

Tailleur pourri,
Le diable sur son dos.

— *Ar c'hemener diwar he dorchenn*
Pa gouez, a gouez en ifern.

Le tailleur sur son coussinet,
S'il tombe, en enfer va couler.

— *Ar miliner a laer bleud,*
Ar guiader a laer neud,
Ar fournerienn a laer toaz,
Ar c'hemenerienn krampoez kraz.

Le meunier vole de la farine,
Le tisserand vole du fil,
Les fourniers volent de la pâte
Et les tailleurs des crêpes rôties.

— *Da chouel ar Chandelour,*
Deiz da bep micherour,
     Nemet d'ar c'hemener
     Ha d'al luguder.

A la Chandeleur,
Jour pour tout travailleur,
     Hormis le tailleur
     Et le flâneur.

En Basse-Bretagne, il arrive assez fréquemment que les enfants poursuivent les tailleurs en leur récitant des formulettes injurieuses, dans le genre de la suivante dont les versions sont nombreuses.

Kemenerien, potret ar vas,
Deut daved-omp 'benn warc'hoas :
Me 'm beuz tri gi ha tri gaz,
Hag ho c'houec'h 'man e noaz ;
Me raï d'eho bep a vragou
Hag ive chupennou.

Tailleurs, gars au bâton,
Venez chez nous demain :
J'ai trois chiens et trois chats,

> Et tous les six sont nus ;
> Je leur donnerai à chacun des culottes,
> Et des pourpoints aussi.

En Béarn, on les poursuit aussi avec des quolibets, qui ne sont pas très faciles à comprendre, mais qui ont le privilège de leur être désagréables.

En Écosse, on adresse aux tailleurs ce blason, dont il existe plusieurs variantes :

> *Tailor, tailor, tartan,*
> *Geed up the lum fartin,*
> *Nine needles in his arse*
> *An a' is timles rattling.*

Tailleur, tailleur, tartan (avec un habit de diverses couleurs, terme de mépris),
> Monta sur la cheminée,
> Neuf aiguilles dans son derrière
> Et tous ses dés qui faisaient du bruit.

L'usage du bâton long et uni est, en Basse-Bretagne, exclusivement réservé aux vieillards, aux infirmes et aux tailleurs. Ces derniers, qui auraient été montrés au doigt s'ils avaient osé prendre un pennbaz ou bâton à gros bout, garnissaient le leur d'une fourchette en fer pour se garantir des chiens quand ils vont en journée ; ils savaient que les paysans ne se hâtent jamais de les rappeler quand il s'agit d'en préserver un huissier, un gendarme ou un tailleur.

C'est sans doute cette circonstance qui a inspiré le refrain d'un sonn satyrique de la Cornouaille, qui imite l'aboiement des chiens. Voici la traduction du dernier couplet :

> Le tailleur, quand il sera enterré,
> Ne sera pas mis en terre bénite ;
> Mais il sera mis au bout de la maison,
> Pour que les chiens aillent pisser sur lui.

Je ne sais si, comme les cacous ou cordiers, les tailleurs ont eu en Bretagne, avant la Révolution, une sépulture spéciale ; il est certain que pendant leur vie ils étaient souvent traités comme de véritables parias.

Dans les réunions joyeuses, dans les fêtes rustiques où la gaîté rapproche les conditions, et où l'on fait asseoir le pauvre à côté du riche, le tailleur seul n'était pas admis sur un pied d'égalité ; exilé à quelques pas de la foule, il mangeait et buvait à part. Lorsqu'il allait en journée, les hommes ne lui auraient pas permis de prendre place autour du bassin commun dans lequel chacun puisait avec une cuiller de bois la bouillie d'avoine ou de froment. Il est juste de dire que les femmes, toujours plus bienveillantes que les hommes, s'arrangeaient de façon à faire les tailleurs en manger les premiers ; au goûter de trois heures elles leur donnaient les crêpes les plus chaudes et les mieux beurrées. Elles en étaient récompensées par des récits, des chansons et aussi par des broderies que les tailleurs exécutaient pour elles en cachette de leurs maris.

Il est pourtant probable qu'elles n'auraient pas admis les tailleurs à se poser en prétendants à la main de leurs filles. Cambry constatait, au commencement de ce siècle, que jamais dans le Finistère un paysan riche et de bonne famille n'aurait consenti à marier sa fille à un tailleur.

Une chanson de la Basse-Bretagne raconte qu'un tailleur, qui avait dissimulé sa profession, épouse la fille d'un sénéchal. Quand elle se présente à l'église dans le pays de son mari, et qu'elle veut prendre une chaise dans un endroit honorable, une dame lui dit : « Je ne pensais pas que la femme d'un tailleur passerait devant moi dans ma chaise. — Seigneur Dieu ! dit la femme, je ne savais pas que c'était un tailleur que j'avais eu, avant de faire son lit et j'y trouvai son dé et son aiguille..... Est-ce que je ne trouverai pas une barque quelconque qui m'envoie chez nous, dans la maison de mon père. »

Un conte allemand de Bechstein a un épisode qui présente une certaine analogie avec le gwerz breton; mais le tailleur, grâce à sa présence d'esprit, sort à son avantage de l'aventure : La fille d'un roi avait épousé, ignorant sa première profession, un tailleur tueur de monstres; elle l'entend dire en rêvant : « Valet, fais-moi mon habit; fais des reprises à mes culottes, vite, dépêche-toi, ou je te baillerai de l'aune à travers les oreilles. » Elle soupçonna son mari de n'être qu'un tailleur et supplia son père de la débarrasser de cet indigne époux. Le roi lui recommanda de laisser ouverte la porte de sa chambre à coucher et aposta des hommes avec l'ordre de tuer son gendre s'ils entendaient de nouveau de pareilles paroles. Le tailleur, averti par un écuyer du roi, feignit de dormir et se mit à parler tout haut, comme en rêve : « Valet, fais mon habit, fais les reprises de mes culottes, vite, ou tu goûteras de l'aune ! Jadis j'en ai tué sept d'un coup, j'ai tué deux géants, j'ai pris la licorne, j'ai pris le sanglier sauvage et j'aurais peur des gens qui sont là, devant la porte de ma chambre ! » Les gens apostés s'enfuirent comme s'ils avaient eu mille diables à leurs trousses.

On va parfois jusqu'à attribuer aux tailleurs une influence néfaste. En Haute-Bretagne et dans le Morbihan, bien des gens croient qu'ils auront de la malechance toute la journée si la première rencontre qu'ils font est celle d'un couturier.

En Écosse, lorsqu'une femme qui a eu un enfant et va se faire remettre, rencontre un tailleur à sa première sortie, c'est un mauvais présage : son enfant sera innocent.

Dans le sud du Finistère le tailleur figure au nombre des personnes qui peuvent jeter le « Drouk-Awis » ou mauvais œil. Cette crainte, jointe au mépris de la profession, les exposait à des avanies au milieu de ce siècle : quand de jeunes paysans en rencontraient un et qu'il n'était pas prompt à faire place, ils le

saisissaient et le poussaient rudement dans le fossé, sans s'inquiéter de ce qui pourrait arriver.

Si à l'heure actuelle, la répugnance des filles de fermiers
pour les tailleurs est diminuée, sans être tout à fait détruite, il
en reste encore d'assez nombreuses traces dans les chansons

Tailleurs bretons cousant, d'après la gravure de Perrin. *Breiz-Izel*.

et dans les contes, qui montrent la difficulté qu'ils éprouvent à
trouver une femme dans le monde des laboureurs.

Un petit conte, tout à l'avantage du laboureur, met en relief
la différence qui, dans l'opinion des campagnards, existe entre
les deux catégories de métier : Une fille avait deux galants, un
tailleur qui venait lui faire la cour, toujours bien habillé et dispos, tandis qu'un laboureur arrivait en habits de travail et fatigué d'avoir tenu toute la journée la queue de la charrue. Sur
le conseil de sa mère, la fille se déguise en pauvresse et va
successivement chez chacun de ses galants : la maison du tail-

TAILLEURS.   4

leur était pauvre et il la met à la porte ; chez le laboureur, on
l'accueille bien, on lui donne à manger et elle couche dans un
bon lit, aussi c'est lui qu'elle épouse.

Les tailleurs figurent souvent comme personnages principaux
dans un assez grand nombre de contes ; nous en avons déjà
rapporté quelques-uns qui reflètent les idées que le peuple pro-
fessait à leur égard. Sauf dans la série comique ou satirique,
ils jouent dans les récits populaires un rôle qui, presque toujours, semble en contradiction avec le mépris dont ils sont
l'objet en certains pays, et aussi avec la réputation de pol-
tronnerie qu'ils ont, même en Allemagne, où leur métier est
pourtant loin d'être méprisé.

Les conteurs les représentent souvent comme des personnages courageux, exempts des craintes qui terrorisent le vulgaire, bravant les puissances surnaturelles, allant coudre partout, même chez le diable, qu'ils trouvent presque toujours
moyen de duper. Grâce à leur ruse et à leur souplesse, parfois
aussi par leur habileté à mentir, ils mènent à bien des entreprises difficiles, dans lesquelles ont échoué ceux qui les ont
tentés par la seule force brutale ; c'est au reste la constatation
assez exacte, soit dit en passant, de l'intelligence que demande
leur métier, et des moyens auxquels ils sont forcés de recourir
pour se défendre contre ceux qui veulent s'amuser à leurs
dépens.

M. Walter Gregor m'envoie la légende suivante qu'il a
recueillie dans le comté d'Aberdeen (Écosse) : Au temps jadis
un tailleur qui aimait à boire et à se vanter, était attablé avec
quelques bons compagnons dans une taverne peu éloignée du
prieuré de Bauly ; ils étaient tous un peu excités par la boisson,
et le tailleur se mit à se vanter comme à l'ordinaire. Il assura,
entre autres choses, qu'avant minuit il aurait été coudre une

paire de culottes sur l'escalier de la maison du chapitre du
prieuré. Ses compagnons acceptèrent le défi. Le tailleur se rendit à l'endroit désigné, s'y assit et éclairé par une chandelle, se
mit à l'ouvrage et fit aller légèrement ses doigts. Minuit appro-
chait, quand une grande main de squelette apparut près de sa
tête, et lui cria par trois fois : « Vois cette grande main sans
chair ni sang qui s'élève à côté de toi, tailleur ! — Je la vois,
répondit celui-ci, mais il faut que je termine mon ouvrage, et
que j'emploie toute cette nuit mon fil et mon aiguille. » Le premier coup de minuit sonna au moment où le tailleur finissait
son dernier point ; il prit sa chandelle, descendit l'escalier,
passa à travers la maison du chapitre, et arriva à la porte au
moment où sonnait le dernier coup, et la grande main du
squelette était derrière lui ; comme il atteignait la porte, la
main voulut lui donner un soufflet, mais elle le manqua ; le
coup était envoyé avec une telle force que l'empreinte des
doigts du fantôme fut gravée sur le montant en pierre de la
porte ; on les y voit encore maintenant, un peu effacés, mais
reconnaissables. »

En Alsace, un compagnon tailleur qui n'avait pas de bas,
passant un soir d'hiver près d'une potence, vit un pendu qui en
avait une belle paire ; il lui coupa les jambes avec ses grands
ciseaux et les mit dans un mouchoir. A l'auberge, il les plaça
sur le poêle pour les faire dégeler ; puis, après avoir pouillé les
bas, il introduisit les jambes du pendu dans le poêle et sauta
par la fenêtre. Le chat se mit à ronger les jambes et la servante
crut qu'il avait mangé le tailleur. Quelques jours après, un
voyageur vint demander à loger à l'auberge. « — Quel est
votre métier? demande l'aubergiste. — Je suis compagnon
tailleur. — Dieu me garde d'un tailleur ! s'écria l'aubergiste.
Le chat vient justement, il y a quelques jours de m'en manger
un. »

Dans plusieurs récits populaires, le tailleur est si fin qu'il attrape le diable lui-même ; il va coudre chez lui, et trouve moyen
de se retirer sain et sauf de ses griffes ; ou bien, comme dans
un conte de la Haute-Bretagne, de se faire donner des ouvriers
qui n'avaient qu'à regarder l'ouvrage pour qu'il fût achevé.
Un tailleur du Morbihan avait même fait un pacte avec le diable
pour s'épargner la peine de coudre : il avait dans une petite
boîte des nains pas plus gros que le pouce et coiffés d'un bonnet
rouge qui, lorsqu'il avait taillé, cousaient les pièces dans la
perfection. Dans d'autres récits, le diable essaie en vain d'apprendre le métier de tailleur, et il est chassé honteusement par
son patron.

Ils étaient certes moins accessibles à la crainte que les
paysans, les couturiers de la Haute-Bretagne qui, voyant des
poulains-lutins, montent sur leur dos et leur ordonnent de
les conduire tout droit chez eux, faisant du bruit avec leurs
ciseaux, menaçant de leur couper les oreilles s'ils ne marchent
pas convenablement. Un petit tailleur bossu de la Cornouaille,
entendant les petits nains appelés les Danseurs de nuit, qui dansaient en chantant : « Lundi, mardi et mercredi », se cache
pour les regarder. Quand il est découvert, il entre dans la
danse et ajoute à leur refrain : « Et jeudi et puis vendredi ».
En récompense, les nains lui ôtent sa bosse, qu'ils remettent, quelques jours après, à un autre tailleur, également
bossu, qui ne peut terminer comme il faut leur chanson.
Un couturier de Basse-Bretagne ose aller pénétrer dans la
grotte des nains pour prendre leurs trésors ; un autre ne craint
pas d'aller trouver l'Ouragan, et de lui réclamer le lin qu'il lui
a enlevé en soufflant trop fort. La *Nouvelle fabrique des plus
excellents traits de vérité* met en relief le courage avisé d'un
couturier : un soldat ayant tiré son épée pour l'en percer, l'ouvrier, sans se laisser émouvoir, coupe avec ses ciseaux, d'abord

le bout de l'épée, puis successivement toute la lame, si bien que la poignée seule reste au brutal soldat.

Dans les contes proprement dits, où intervient l'élément merveilleux, il n'est pas rare de rencontrer des tailleurs : là aussi ils se montrent un peu vantards, plus rusés que réellement braves, mais d'un esprit souple et inventif, qui leur permet

Tailleur breton enseignant le catéchisme, d'après la gravure de Perrin.

de mener à bien des aventures périlleuses. Le plus populaire de ces récits, qu'on retrouve en nombre de pays, est celui du tailleur qui ayant tué plusieurs mouches d'un seul coup, constate cet exploit par une inscription, en ayant soin de ne pas désigner l'espèce d'ennemis qu'il a massacrés, et se met à courir le monde. Grâce à son astuce, il vient à bout de géants redoutables, défait les armées ennemies, s'empare d'animaux ter-

ribles ou fantastiques, et finit, en récompense de ses services,
par devenir riche et puissant ou par épouser la fille du roi.

C'est en Allemagne, le pays classique des tailleurs, qu'on en
rencontre naturellement les plus nombreuses variantes. C'est
également dans le même pays que l'on a recueilli le conte qui
suit : Une princesse avait promis d'épouser celui qui pourrait
résoudre une devinette : trois tailleurs se présentent, et l'un
d'eux la devine. La princesse qui ne se soucie pas de l'avoir
pour mari, lui impose de passer la nuit dans la cage d'un ours
très méchant. Le petit tailleur y va et quand l'ours veut s'élancer
sur lui, il lui parle et le fait reculer. Il tire alors de sa poche
des noix et se met à les casser avec les dents ; il prend fantaisie
à l'ours d'en manger, et il en demande quelques-unes au tailleur ; celui-ci lui donne des cailloux ronds, que l'ours essaie en
vain de briser, et il prie le tailleur de les lui casser ; celui-ci les
brise et lui remet d'autres cailloux. L'ours essaie de nouveau,
et quand il est fatigué, son compagnon se met à jouer du violon,
si bien que l'ours danse malgré lui. Il demande au tailleur de
lui donner des leçons. — Volontiers, répond celui-ci, mais laissez-
moi couper vos griffes qui sont trop longues. Il y avait, par
hasard, dans un coin, un étau, dans lequel l'ours met sa patte, et
le tailleur se hâte de le serrer. — Attends maintenant, dit-il, que
j'aille chercher mes ciseaux. Et, laissant l'ours pris, il s'endort
dans un coin. La princesse fut bien surprise et bien chagrine
de voir le tailleur vivant, mais elle avait donné sa parole et le roi
fit avancer un carrosse pour conduire les fiancés à l'église. Les
deux autres tailleurs, jaloux de leur camarade, avaient lâché
l'ours qui se mit à courir après le carrosse. Alors, le tailleur sort
les jambes par la portière et crie à l'ours : Vois-tu cet étau ?
si tu ne t'en vas pas, tu vas encore en tâter ! L'ours s'arrêta un
instant et se mit à fuir à toutes jambes, de sorte que le tailleur
épousa la princesse.

Le mépris pour le tailleur rustique, si caractérisé en Basse-Bretagne et que constatent les dictons écossais, n'est point universel. C'est ainsi qu'une légende anglaise raconte que lorsque le roi Alfred invita les Sept métiers à apporter un spécimen de leur savoir-faire, ce fut le tailleur qui fut proclamé roi des métiers. Au siècle dernier, dit Monteil, partout où le tailleur allait travailler, il faisait à son occasion changer le pain, le vin et le reste de l'ordinaire.

Dans certaines parties de l'Écosse, le tailleur qui va tailler et coudre à la maison les étoffes tissées par un tisserand du voisinage est accueilli avec des égards tout particuliers.

Si le tailleur éprouvait de la difficulté à trouver une femme pour lui, on lui confie volontiers, ainsi que nous l'avons vu, la mission de faire des démarches matrimoniales pour les autres.

Ce n'était pas la seule fonction dont il était chargé, et qui paraissait en désaccord avec le peu de considération que l'on avait pour lui. Jadis, lorsque l'instruction était peu répandue, le tailleur, qui souvent savait lire, enseignait le catéchisme aux enfants dans les villages.

Une formulette du nord de la France, rapportée par Charles Deulin, est tout à l'avantage des tailleurs :

> Alleluia pour les tailleurs!
> Les cordonniers sont des voleurs.
> Un jour viendra
> Qu'on les pendra.
> Alleluia!

SOURCES

Timbs, *Things generally not known*, I, 144. — Leroux, *Dictionnaire comique*. — La Mésangère. *Dictionnaire des proverbes français*. — Bladé, *Proverbes de l'Armagnac; Poésies populaires de la Gascogne*, II, 266. — *Folk-Lore Record*, III, 76. — Champeval, *Proverbes limousins*. — Pitrè, *Proverbi siciliani*. — Reinsberg-Düringsfeld, *Sprichwörter*. — Dejardin, *Dictionnaire des spots wallons*. — De Colleville, *Proverbes danois*. — *Revue des traditions populaires*, V, 169. 350; VI, 167, 734; IX, 571. — Proverbes écossais communiqués par M. W. Gregor. — Larchey, *Dictionnaire d'argot*. — Blavignac, *l'Empro genevois*. — L.-F. Sauvé, *Folk-Lore des Hautes-Vosges*, 76. — Leite de Vasconcellos, *Tradiçoes de Portugal*, 133, 251. — Georgiakis et Léon Pineau, *le Folk-Lore de Lesbos*, 352. — G. S. Simon. *Étude sur le compagnonnage*, 80. — Ogée, *Dictionnaire de Bretagne*. — Cerquand, *l'Imagerie dans le Comtat*. — *Les Français peints par eux-mêmes*, II, 330. — Noëlas, *Légendes foréziennes*, 283. — Régis de l'Estourbeillon, *Légendes d'Avessac.*— Perrin. *Breiz-Izel*, I, 100, 112. — L.-F. Sauvé, *Lavarou-Koz; Revue celtique*, V, 186. — Frank, *Contes allemands du temps passé*, 264. — Quellien, *Chants et danses des Bretons*. — W. Gregor, *Folk-Lore of Scotland*, 57. — Grimm, *Veillées allemandes*, I, 298. — *Folk-Lore Journal*, II, 322; — Paul Sébillot. *Contes des provinces de France*, 293; *Contes de la Haute-Bretagne*, II, 255, 286. — Fouquet, *Légendes du Morbihan*. 163. — Luzel, *Légendes chrétiennes de la Basse-Bretagne*, II, 254; *Contes de Basse-Bretagne*, III, 63. — E. Cosquin, *Contes de Lorraine*, II, 95. — Grimm, *Märchen*, n° 114. — Monteil, *Histoire des Français*, V, 78.

UN TAILLEUR, VIGNETTE DE JAUFFRET. (*Les Métiers.*)

PAUL SÉBILLOT

LÉGENDES ET CURIOSITÉS
DES MÉTIERS

LES COUTURIÈRES

Pendant le moyen âge, et jusqu'à une époque assez moderne, les couturières étaient en réalité des couseuses ou des lingères. L'existence, en tant que corporation, de femmes ayant le droit de tailler les vêtements ou de les coudre, ne remonte qu'à l'année 1675. Auparavant, les tailleurs possédaient seuls le privilège d'habiller les hommes et les femmes, et en 1660 leurs statuts mentionnaient encore expressément ce monopole. Ce n'était que par exception que les filles des maîtres tailleurs pouvaient, avant d'être mariées, habiller les petits enfants jusqu'à l'âge de huit ans. Quelques femmes entreprirent de faire des vêtements pour les dames; elles réussirent peu à peu à se créer une petite clientèle, et, d'après Franklin, vers le milieu du XVII° siècle, elles étaient officiellement qualifiées de couturières. Mais avant de pouvoir exercer paisiblement un métier qui paraissait devoir appartenir à leur sexe, elles eurent à supporter de la part des tailleurs une guerre à outrance ; ils les écrasaient d'amendes, faisaient saisir chez elles étoffes et costumes, et portaient plaintes sur plaintes au lieutenant général de la police.

Malgré tout, elles continuaient leur métier, parce que « l'usage s'étoit introduit parmi les femmes et filles de toutes sortes de conditions de se servir des couturières pour faire leurs jupes, robes de chambre, corps de jupes, et autres habits de commodité », et lorsqu'elles adressèrent au roi une requête tendant à faire ériger leur métier en corporation régulièrement autorisée, il y avait longtemps que dans la pratique elles étaient employées par les dames de préférence aux tailleurs. L'édit ne fit que donner une consécration légale à un état de choses qui était entré peu à peu dans les habitudes.

La *Coquette*, comédie de Regnard, représentée en 1691, est l'une des premières où les couturières figurent au théâtre ; en voici quelques passages :

LE LAQUAIS. — Mademoiselle, voici votre couturière.

COLOMBINE. — Eh bien! Margot, m'apportez-vous mon manteau?

MARGOT. — Oui, mademoiselle; j'espère qu'il vous habillera parfaitement bien : depuis que je travaille, je n'ai jamais vu d'habit si bien taillé.

ARLEQUIN. — Ni moi de fille si ragoûtante. Voilà, mordi, une petite créature bien émerillonnée... M'amie, me voudrais-tu tailler une chemise et quelques caleçons?

MARGOT. — Je suis votre servante, monsieur; on ne travaille point en homme au logis.

COLOMBINE. — Mais il me semble, Margot, que ce manteau-là monte bien haut : on ne voit point ma gorge.

MARGOT. — Ce n'est peut-être pas la faute du manteau, mademoiselle.

COLOMBINE. — Taisez-vous, Margot, vous êtes une sotte : remportez votre manteau; j'y suis faite comme une je ne sais quoi.

ARLEQUIN. — Plus je vois cette enfant-là, plus elle me plaît... un petit mot : j'ai besoin d'une fille de chambre; je crois que tu serais assez mon fait; sais-tu raser?

MARGOT. — Moi, raser? je vois bien que vous êtes un gausseur; je mourrais de peur si je touchais seulement un homme du bout du doigt. Adieu, mademoiselle; dans un quart d'heure je vous rapporterai votre manteau avec de la gorge.

Il est vraisemblable que les couturières de campagne purent exercer leur modeste métier sans rencontrer d'opposition de la part des hommes. Je n'en ai pas trouvé trace dans les documents, assez peu nombreux, où il est question d'elles.

En Haute-Bretagne elles sont, de même que les tailleurs, employées la plupart du temps à la journée, et comme eux elles vont travailler de maison en maison. Elles taillent et cousent les habits d'homme aussi bien que ceux des femmes et des enfants; c'est pour cela qu'elles sont appelées indifféremment couturières ou tailleuses. Presque toutes savent raccommoder le linge ou le repasser; c'est à cette dernière occupation qu'elles emploient souvent le samedi dans les maisons où elles sont à journées.

Les paysans, si prodigues de dictons satiriques et d'appellations injurieuses à l'égard des tailleurs, les adressent rarement aux couturières. Si en Haute-Bretagne on les appelle *couturettes*, avec une petite nuance de dédain, je n'y ai trouvé aucune formulette, aucun dire moqueur; les deux seuls que j'aie relevés proviennent : le premier du Limousin, le second du pays de Liège :

> *La Toupina-Freja,*
> *Ia quinze ans que cous,*
> *Ne sap couzer un gounelou.*

La Marmite-Froide, depuis quinze ans qu'elle coud, ne sait pas coudre un jupon.

> *Esse comme le costreù d' Leuze,*
> *Qu'aime mia darmeù qu' dè keûse.*

Être comme la couturière de Leuze, qui aime mieux dormir que de coudre.

Les couturières de campagne sont en général bien vues, et

il n'est pas rare qu'elles fassent des mariages avantageux. Beaucoup sont jolies, ou tout au moins gracieuses, et elles prennent soin de leur toilette, qu'elles savent presque toujours rendre séante à leur personne. Rarement on leur attribue une influence funeste : dans quelques parties du Morbihan, on croit pourtant que le charretier qui en rencontre une le matin, au sortir de la maison, est exposé à quelque malheur.

En quelques provinces, le rôle de la couturière dans les cérémonies du mariage est important, presque rituel. Dans le Bocage normand, lorsque, deux ou trois jours avant la noce, on va porter le lit, l'armoire et le trousseau de la future, c'est elle qui préside au voyage, assise sur l'armoire : elle doit avoir eu soin de faire placer sur la charrette une quenouille enrubannée et un gros balai de bruyère, le manche en bas ; quelquefois elle est munie d'un paquet d'épingles qu'elle distribue aux jeunes filles, pour leur faire trouver un mari dans un bref délai. Le jour de la noce, elle remplit les fonctions de maître des cérémonies, et elle a à la ceinture de gros ciseaux luisants suspendus par un cordon de laine orné d'un gros cœur en acier. Par la distribution des livrées, elle marque les invités, leur assigne la place qu'ils doivent occuper dans le cortège et au repas, et le rôle que chacun remplira selon son rang, son degré de parenté ou d'intimité avec les futurs. L'honneur de faire la toilette de la mariée est aussi une de ses attributions en Normandie. En Haute-Bretagne et dans le Forez, ses fonctions sont à peu près les mêmes que dans le Bocage ; dans les environs de Rennes, elle enlève le soir les épingles de la couronne de la mariée, à l'exception d'une seule que le mari doit ôter ; dans le Bocage, elle la déchausse. C'est elle aussi qui se charge de répondre, le dimanche après la noce, aux paroles de bienvenue que les garçons du pays adressent à l'épousée quand elle n'est pas de la paroisse.

Les couturières ont un certain nombre de superstitions ou
de croyances singulières en rapport avec leur métier; il semble

Les Couturières, gravure de Binet.

La jolie couturière, revenant de sa chambre avec ses deux compagnes après
avoir été rebutée par une prétendue bienfaitrice, raconte son malheur.
Une vieille fille couturière, laide et jalouse, lui répond : « Dame, on
n'est pas toujours heureuse! » (Restif de la Bretonne, *Les Contemporaines*, III, 164.)

toutefois qu'elles n'y attachent pas une bien grande importance, et c'est en souriant qu'elles en parlent.

En Haute-Bretagne, si une couturière casse son fil en cousant, son amant l'abandonnera; dans le Mentonnais, c'est un présage de malheur. A Saint-Brieuc, si le fil se noue souvent, la personne à qui la robe est destinée est jalouse; quand, la robe étant défaufilée, un fil blanc y a été laissé par mégarde, l'ouvrière est exposée à n'être pas payée de son ouvrage. Lorsque, en se rendant le matin à son travail, une tailleuse perd ses ciseaux, on dit en Haute-Bretagne que le garçon qui les trouve se mariera avec elle. A Paris et à Saint-Brieuc, les ciseaux qui tombent annoncent la visite d'un étranger; dans la Gironde et à Anvers, si leur pointe s'enfonce dans le plancher, l'ouvrage ne manquera pas. En Haute-Bretagne, si l'on se passe les ciseaux de la main à la main, on s'expose à avoir dispute. Des épingles qu'on renverse n'annoncent rien de bon : dans la Gironde, c'est l'indice d'une querelle qui éclatera prochainement entre les ouvrières.

Dans le Mentonnais et en Haute-Bretagne, quand une apprentie se pique le doigt, on lui dit que c'est bon signe, que c'est le métier qui entre; en Franche-Comté, pour savoir l'état, il faut s'être piquée sept fois à la même place; à Saint-Brieuc, on assure aux apprenties qu'elles ne seront bonnes ouvrières qu'après s'être piquées sept fois au nez. A Menton, s'il sort du sang de la piqûre, la couturière sera embrassée dans la journée. En Haute-Bretagne, le travail qui tombe par terre réussira; si on recommence un vêtement deux fois, il est probable qu'on devra le refaire une troisième fois.

Dans les ateliers parisiens, les couturières qui cousent des robes de mariées ont l'habitude de placer dans l'ourlet un de leurs cheveux. Elles croient que cela leur portera bonheur et qu'elles ne tarderont pas à trouver un mari; plus le cheveu est long, plus il est efficace. Cette coutume existe aussi à Saint-Brieuc et à Troyes, et vraisemblablement ailleurs. A Paris, les ouvrières ont soin de mettre dans le faux ourlet des robes de noce plus de faufilures qu'il n'est nécessaire ; cette action donne, paraît-il, de la chance à la future.

En Haute-Bretagne, les couturières n'aiment pas à commencer un ouvrage le vendredi. En Basse-Bretagne, on disait autrefois que les femmes, en cousant le jeudi ou le samedi, faisaient pleurer la sainte Vierge. En pays français, le dimanche est le seul jour où l'on ne couse pas.

Je ne sais si, comme en Belgique, la couturière qui enfreint le repos dominical doit souffrir avant de mourir jusqu'à ce que toutes les coutures faites en temps prohibé soient décousues.

Au moyen âge, il y avait des personnes qui, pour avoir de la chance pendant la nouvelle année, cousaient quelque chose pendant la nuit du premier janvier.

On a de tout temps attribué aux ouvrières des villes la réputation d'être de mœurs faciles ; à ce point de vue, les couturières et les lingères tenaient, s'il en fallait croire les écrivains, le premier rang, après toutefois les modistes. Aux siècles derniers, on généralisait volontiers et l'on donnait à des corps d'état, pris en bloc, les qualités et les défauts qui n'appartenaient qu'à une partie. Sans doute toutes les couturières n'auraient pu prétendre au prix de vertu, et l'isolement et la misère en faisaient succomber plusieurs. Toutes n'auraient pas résisté aux séductions, comme la petite tailleuse bretonne que, d'après une ancienne chanson, le seigneur de Kercabin fit sauter en l'air, en allumant un baril de poudre sous le pavillon où elle travaillait ordinairement. Il y en avait toutefois qui auraient répondu à un amoureux entreprenant, comme celle de la farce du « Rémouleur d'amour ».

FANCHETTE, couturière.

Gagne-petit.
Je n'écoute point la fleurette,
Gagne-petit.

PIERROT, gagne-petit.

Mais pour quelque garçon gentil
Peut-être êtes-vous plus doucette?

FANCHETTE

Non, tout homme est près de Fanchette
Gagne-petit.

Une chanson, connue en beaucoup de pays de France, raconte la ruse dont se servit une couturière pour repousser un galant trop pressant; en voici le début. Les couplets qui suivent étant un peu lestes, je ne puis que les résumer :

Dedans Paris y a
Un' jolie couturière,
De chaqu' point qu'elle faisait.
Son cher amant la regardait.

Elle commet l'imprudence de le suivre au bois, où son honneur est en danger; alors elle lui promet « trois chevaux que le roi n'en a pas de plus beaux. » C'étaient des chevaux en peinture, et elle le congédie en se moquant de lui.

Les autres chansons populaires, où il est parlé des couturières, appartiennent au genre gracieux et galant; quelques-unes sont à double sens. Elles sont en général le développement du couplet de celle-ci, qui est très connue en Haute-Bretagne :

Petite couturière.
Viens travailler chez moi,
Tu n'auras rien à faire,
Tu seras bien chez moi.

En Haute-Bretagne, les tailleuses ont leur fête à la Trinité.

Ce jour-là elles mettent à leur porte un bouquet; parfois ce sont les jeunes gens qui sont venus le leur offrir.

En Belgique, elles fêtent le jour de Saint-Anne, qui est aussi la patronne des dentellières et des lingères. Dès la veille on pare les écoles et les ouvroirs de fleurs et de guirlandes. Le matin, de bonne heure, les jeunes filles viennent souhaiter la

Femme cousant, d'après Chodowiecki.

fête à leur maîtresse et lui offrir un grand bouquet de fleurs. Puis elles y reviennent après la messe, où le déjeuner aux gâteaux est servi. Après le repas, on fait une promenade en chariot ou en voiture vers une ville ou un village des environs. Le chariot est couvert et orné de fleurs, et l'on emporte des paniers pleins de provisions. Les élèves ou les ouvrières qui veulent être de la partie doivent, pendant toute l'année, remplir leur tâche; celles qui ne l'ont pas faite restent à la maison. Pour payer les frais de cette excursion, on verse

chaque semaine une légère cotisation, à laquelle on joint
les petites amendes qu'inflige le règlement de chaque atelier
contre les actes d'oubli, d'indiscrétion ou de négligence.
Quand le temps n'est pas favorable, on passe la journée à
l'école ou à l'ouvroir, au milieu des danses et des chants, et il
y a toute une série de chansons populaires qui sont exclusivement en usage chez les couturières ou les dentellières lors de
la célébration de la fête.

Les couturières figurent dans plusieurs récits populaires :
une légende nivernaise prétend que c'est la chèvre qui leur a
appris à couper les chemises. Un jour que l'une d'elles avait
taillé sans succès plusieurs aunes de toile, la chèvre, qui la
regardait, se mit à crier : « De biais! de biais! » En suivant
cette indication, la couturière réussit enfin sa coupe. D'après
une variante, c'est la corneille qui lui cria : « De bia! de
bia! »

Dans un conte irlandais, une jeune fille qui ne savait pas
coudre, devait épouser un prince si elle parvenait à faire des
chemises. Elle se désole, lorsque survient une vieille dont
le nez est grand et rouge, qui lui offre de faire sa besogne,
si elle promet de l'inviter à ses noces. Lorsqu'elle arrive avec
les autres conviés, on lui demande pourquoi elle a un nez si
extraordinaire : « C'est, répond-elle, parce que j'ai toujours
la tête penchée en cousant, et que tout le sang de mon corps
coule dans mon nez. » Le prince défend à sa jolie fiancée de
jamais toucher à une aiguille.

Les couturières, habituées à se rendre à leur ouvrage
avant le lever du soleil et à en revenir à la nuit close,
ne sont point en général peureuses. On raconte, en Haute-
Bretagne, que l'une d'elles ose, pour abréger sa route, passer
la nuit par un cimetière; elle voit un suaire sur une tombe et
l'emporte chez elle. A minuit, une voix lui crie : « Rends-moi

mon suaire! » Sur le conseil du curé, elle retourne la nuit au cimetière, où elle doit coudre dans le suaire ce qui se présentera à elle. Elle voit une tête de mort, et tout va bien jusqu'à la dernière aiguillée. Elle pique alors la tête, qui s'écrie : « Vous m'avez fait mal! » et la couturière meurt de peur. La même donnée se retrouve dans une des *Légendes chrétiennes* de Luzel, avec cette différence que le linceul est celui de la propre mère de la jeune fille.

Une couturière des environs de Penmarc'h fut plus heureuse : un soir qu'elle revenait de son travail, elle entendit des plaintes qui semblaient sortir d'un buisson au bord de la route. Elle demanda : « Qui est là? » Et, ne recevant pas de réponse, elle en conclut qu'il y avait là une âme en peine qui avait besoin de prières. Elle lui fit dire une messe, et quand elle sortit de l'église, elle vit dans le cimetière un jeune homme vêtu de blanc, qui lui donna trente sous, à la condition d'aller chez une dame à Audierne. Elle reconnut sur la broche de celle-ci le jeune homme qui l'avait envoyée et lui raconta ce qu'il lui avait dit. Elle resta avec la dame qui, en mourant, lui légua tout son bien.

A Saint-Malo, les petites fées de la Hoguette dansaient sur la dune, en chantant la chanson des jours de la semaine, qu'elles ne pouvaient parvenir à compléter; une petite couturière bossue, qui allait reporter son ouvrage, se trouva au milieu d'elles et acheva leur chanson; en récompense, elles lui ôtèrent sa bosse.

PROVERBES

Cousturere fade
Loungue punterade (Béarn).

> *La courdurièro fado*
> *Fai loungo lignado* (Languedoc).

Mauvaise couturière, — longue aiguillée.

— Longue aiguillée, aiguillée de fainéante (Haute-Bretagne).

> *Cousturere maridade*
> *Agulhe espuntude* (Béarn).

Couturière mariée
Aiguille échassée (Haute-Bretagne).

Ces deux proverbes signifient qu'une fois mariée, il y a de grandes chances pour que la couturière n'exerce plus son métier.

Fileuses et Couturières, estampe hollandaise.

PAUL SÉBILLOT

LÉGENDES ET CURIOSITÉS
DES MÉTIERS

LES DENTELLIÈRES

Dans plusieurs des pays où la fabrication de la dentelle constitue une branche d'industrie importante, on entoure son invention de circonstances légendaires. En Belgique une pauvre femme de pêcheur, en attendant son mari, se mit à passer machinalement des fils entre les mailles de son filet : l'attente fut longue, le pêcheur ne revint pas, et sa femme, devenue folle, continua à former de naïfs dessins qui donnèrent l'idée du lacis, puis des fils tirés et des points coupés. Dans les îles de la lagune de Venise on raconte encore qu'un jeune marin avait offert à sa fiancée une branche de ce joli corail des mers du Sud qu'on appelle Mermaid's lace, dentelle des fées ; la jeune fille, charmée de la gracieuseté de la plante marine, de ses petits nœuds blancs réguliers, l'imita avec son aiguille et, après plusieurs essais, réussit à produire cette dentelle qui a été si à la mode dans toute l'Europe. Suivant une autre version, une jolie fille des îles de la lagune avait fait

pour son amant un filet; la première fois qu'il s'en servit, il
ramena du fond de la mer une superbe algue pétrifiée qu'il
offrit à sa maîtresse. Peu après il dut partir pour la guerre;
sa fiancée, en regardant les belles nervures, les fils si déliés de
la plante, tressa les fils terminés par un petit plomb qui pendaient de son filet; peu à peu elle finit par reproduire exactement le modèle qu'elle avait sous les yeux. La dentelle *a piom-
bini* était inventée.

Dans les Flandres, où la dentelle était une industrie prati-
quée naguère par un tiers de la population féminine, c'est la
sainte Vierge qui l'a révélée à une jeune fille de Bruges; celle-
ci avait fait vœu de renoncer à son amoureux si la mère de
Dieu lui donnait le moyen de secourir sa famille. Un dimanche
qu'elle se promenait avec lui, le ciel sembla s'obscurcir et une
quantité innombrable de fils de la Vierge vinrent tomber sur
son tablier noir. Elle remarqua que de leur enchevêtrement
naissaient de gracieuses figures. Elle déposa son tablier sur un
léger châssis formé de branchages, et, avec l'aide de son
amant, elle le rapporta au logis avec toutes les précautions
nécessaires. Elle y songea toute la nuit, et se persuada qu'un
miracle s'était opéré en sa faveur. Elle tâtonna, fit, défit, tra-
vailla tant et si bien que le dimanche suivant elle plaçait sur
la couronne de la Vierge un tissu dont le dessin ressemblait
à celui qu'elle avait imité. L'aisance ne tarda pas à rentrer
dans la maison, parce qu'on demandait à la jeune fille des
dentelles. Mais quand son amoureux voulut l'épouser, elle le
refusa à cause du vœu qu'elle avait fait. Le jour anniversaire
du miracle, elle alla prier la Vierge : pendant qu'elle était age-
nouillée, le ciel se couvrit de fils de la Vierge ; qui tombant sur
sa robe noire, y tracèrent une couronne de mariée entremêlée
de roses et de fleurs d'oranger, et une main invisible écrivit
au milieu : « Je te relève de ton vœu. »

Bien que l'art de la dentelle ne paraisse pas avoir été connu avant la fin du XV° siècle, on dit en Suède que sainte Brigitte l'y avait introduit après un séjour en Italie. En Auvergne, saint François Régis, touché des misères des pauvres femmes de la campagne, leur apprit la manière de faire de la dentelle. C'est pour cela que le saint est le patron des « dentelleuses » de ce pays. La vérité est qu'il y avait des dentellières bien avant la prédication du père Jésuite, mais celui-ci s'entremit pour faire rapporter une ordonnance du parlement de Toulouse (1639) qui avait presque ruiné cette industrie, et il s'occupa de lui trouver de nouveaux débouchés au Mexique et au Pérou. Au XVI° siècle Barbara Etterlin, femme de Christophe Huttmann, grand propriétaire de mines en Saxe, ayant vu les femmes faire des filets pour protéger la tête des mineurs, eut l'idée de les occuper à faire de la dentelle comme celle de Flandre; une vieille femme lui avait prédit, avant son mariage, qu'elle aurait autant d'enfants que la première pièce de dentelle qu'elle avait faite comptait de petits bâtons; quand elle mourut, en 1575, soixante-cinq enfants et petits-enfants étaient autour d'elle.

En 1804, M. Dieudonné, préfet du Nord, disait dans la statistique de ce département que le beau travail de la dentelle de Valenciennes était tellement inhérent à ce lieu, que si une pièce était commencée en ville et finie hors des murs, cette dernière serait visiblement moins belle et moins parfaite que l'autre, quoique continuée par la même dentellière avec le même fil, sur le même carreau.

On assure en Flandre que la couleur jaune des dentelles de Malines et de Bruxelles est due à l'haleine des ouvrières.

Autrefois, à Bruxelles, on voyait les dentellières assises devant leur porte, travaillant, jacassant et gourmandant les enfants qui prenaient leurs ébats au milieu de la rue. Vers 1843,

en Belgique, leur travail était assez rémunérateur pour
suffire aux besoins du ménage, et il n'était pas rare de voir
dans les campagnes le paysan flamand, fumant nonchalam-
ment sa pipe entre deux pots de bière pendant que sa femme
travaillait. Il n'en est plus de même aujourd'hui. L'ouvrière
dentellière belge est honnête, bonne et serviable; son travail
paisible la laisse calme et peu disposée, dit Mme Daimeries,

Dentellières, d'après l'*Encyclopédie*.

aux plaisirs bruyants et aux extravagances des ouvrières de
fabrique.

Les divertissements des dentellières ont en effet un caractère
très gracieux et patriarcal, soit qu'elles prennent part, avec les
lingères et les couturières, aux fêtes de la Sainte-Anne, soit
qu'elles célèbrent leur fête à part. A Ypres, au moment de la
Fête-Dieu, elles s'accordent quatre ou cinq jours de vacances
et se plaisent à orner les écoles où l'on enseigne l'art de la
dentelle de guirlandes, de festons et de banderolles portant
des inscriptions et des adages. Elles vont faire aux environs

L'OUVRIÈRE EN DENTELLE

des excursions auxquelles ne sont admises que des personnes de
leur sexe. Pour cela elles se réunissent au nombre de trente
ou quarante, et le trajet s'effectue sur des chariots à quatre
roues artistement décorés de guirlandes de fleurs, de rubans
et d'étoffes de diverses couleurs. Elles se rangent sur les bancs
où elles sont assises souvent de la façon la plus gracieuse. Au
premier rang est placée la reine ; c'est celle qui a su gagner
le plus de prix aux jeux de boule commencés aux premiers
jours de la fête. Quelques-unes sont travesties en bergères,
en jardinières, en paysannes, la plupart sont couronnées de
fleurs et chantent en s'accompagnant du tambourin. Chaque
année une ou deux chansons ont la vogue à ces joyeusetés ;
c'est un chansonnier ambulant qui, quelques semaines avant
la Fête-Dieu, importe ces chansons et en vend alors une grande
quantité. Lors de leur fête les dentellières de la Flandre française chantaient la chanson flamande dont nous traduisons les
premiers couplets ; elle n'a d'autre mérite que celui de donner
quelques détails sur la façon dont la fête se passait :

« C'est aujourd'hui le jour de Sainte-Anne ; nous guettons tous le
moment du plein jour et nous nous habillons à la hâte pour aller à l'église.
Lorsque la messe est dite nous sommes tous bien aises de sortir. Joseph est
venu par ici avec son chariot et son bastier. Nous emportons des provisions : gâteaux et paniers. Ceux qui veulent nous accompagner doivent
avoir fait jour gras toute l'année, et ceux qui ne l'ont pas fait doivent rester
au logis et ne point venir.

« Le jour de Sainte-Anne est passé et je suis débarrassée de mon
argent ; maintenant assise ici en proie à la tristesse, je n'ai plus que peu
d'appétit et nulle envie de travailler, le travail me fait peine. Je voudrais
que les jours entiers pussent être jours de Sainte-Anne. »

Le chansonnier lillois Desrousseaux a composé la « canson
dormoire » du *P'tit Quinquin*, dont la popularité est attestée
par des images, des faïences et qui, par son accent naïf et
populaire, méritait bien cet honneur.

Dors, min p'tit quinquin,
Min p'tit pouchin,
Min gros rojin,
Tu m'f'ras du chagrin
Si te n'dors point qu'à d'main.

Ainsi l'aut' jour eun' pauv' dintellière
In amiclotant sin p'tit garchon,
Qui d'puis tros quarts d'heure n'faijot qu'braire
Tâchot d'l'indormir par eun' canchon.

Ell' li dijot : Min Narcisse.
D'main t'aras du pain n'épice,
Du chuc à gogo
Si t'es sache et qu'te fais dodo.

Et si te m'laich' faire eun' bonn' semaine
J'irai dégager tin biau sarrau,
Tin patalon d'drap, tin giliet d'laine...
Comme un p'tit milord, te s'ras farau !

J't'acat'rai, l'jour de l'ducasse,
Un porichinell' cocasse,
Un turlututu
Pour juer l'air du *Capiau pointu.*

Le premier dimanche de septembre, les dentellières de la rue Schaerbeek, à Bruxelles, se réunissent pour offrir un manteau à Notre-Dame de Hal. Un corps de musique accompagne la procession jusqu'à l'estaminet, et donne une aubade à chaque église devant laquelle passe le cortège. Les ouvriers sont souvent déguisés, les dentellières sont en habits de fêtes. A Hal on trouve un repas servi dans une grange, on y passe la nuit et l'on rentre à Bruxelles dans le même ordre.

Il y avait à Bruxelles une chapelle dite de Notre-Dame-aux-Neiges. Le 4 août les ouvrières en dentelles y allaient prier pour que leur ouvrage pût, par la protection de la Vierge, conserver sa blancheur. Sous la domination des Français la chapelle fut démolie, mais il fallut un détachement de troupes

pour protéger les ouvriers contre la populace qui vint les
assaillir.

Voici une fable espagnole de Thomas de Yriarte qui est en
relation avec ce métier. Près d'une dentellière vivait un fabricant de galons. — Voisine, lui dit-il un jour, qui croirait que
trois aunes de ta dentelle valussent plus de doublons que dix
aunes de galon d'or à deux carats ? — Tu ne dois pas t'étonner,
dit la dentellière, que la valeur de ma marchandise soit si fort
au-dessus de la tienne, quoique tu travailles l'or et moi le fil ;
cela tient à ce que l'art vaut plus que la matière. »

Dentellière hollandaise, gravure d'après Miéris Seguin (*La Dentelle*).
(Rothschild, éd.)

PAUL SÉBILLOT

LÉGENDES ET CURIOSITÉS
DES MÉTIERS

LES MODISTES

Au milieu du siècle dernier, les « modistes » étaient les personnes, sans distinction de sexe, qui s'attachaient à suivre les modes. C'est le seul sens donné par le *Dictionnaire de Trévoux*. A la Révolution les faiseuses et les marchandes de modes formaient une corporation, dans les attributions de laquelle rentraient, non seulement les coiffures des dames, mais une grande partie de la toilette féminine. Les ouvrières étaient des « filles de modes », Restif de la Bretonne les a aussi appelées « modeuses ».

« Rien n'égale, dit Mercier, la gravité d'une marchande de modes combinant des poufs et donnant à des gazes et des fleurs une valeur centuple. Toutes les semaines vous voyez naître une forme nouvelle dans l'édifice des bonnets. L'invention en cette partie fait à son auteur un nom célèbre. Les femmes ont un respect profond et senti pour les génies heureux qui varient les avantages de leur beauté et de leur figure.

C'est de Paris que les profondes inventions en ce genre donnent des lois à l'univers. La fameuse poupée, le mannequin précieux, affublé de modes nouvelles, enfin le *prototype inspirateur* passe de Paris à Londres tous les mois et va de là répandre ses grâces dans toute l'Europe. Il va au Nord et au Midi ; il pénètre à Constantinople et à Pétersbourg, et le pli qu'a donné une main française, se répète chez toutes les nations, humbles observatrices du goût de la rue Saint-Honoré. J'ai connu un étranger qui ne voulait pas croire à *la poupée de la rue Saint-Honoré*, que l'on envoie régulièrement dans le Nord y porter la coiffure nouvelle, tandis que le second tome de cette même poupée va au fond de l'Italie et de là se fait jour jusque dans l'intérieur du sérail. Je l'ai conduit, cet incrédule, dans la fameuse boutique et il a vu de ses propres yeux et il a touché. »

Avant la Révolution, les grandes boutiques de modistes étaient rares, dit Ant. Caillot. Ces artistes et agents du luxe n'avaient point encore imaginé d'exposer aux yeux des passants les chefs-d'œuvre commandés de leur industrie ; seulement quelques boutiques des galeries de bois du Palais-Royal, pour attirer les regards des promeneurs, étalaient quelques bonnets et chapeaux à la mode, avec les minois à prétention de cinq ou six grisettes, qui travaillaient avec de fréquentes distractions. Ce sont là les ouvrières que Mercier a dépeintes dans un passage du *Tableau de Paris*. « Assises dans un comptoir à la file l'une de l'autre, vous les voyez à travers les vitres. Elles arrangent ces pompons, ces colifichets, ces galants trophées que la mode enfante et varie. Vous les regardez librement et elles vous regardent de même. Ces filles enchaînées au comptoir, l'aiguille à la main, jettent incessamment l'œil dans la rue. Aucun passant ne leur échappe. La place du comptoir, voisine de la rue, est toujours recherchée comme la plus favorable, parce que les brigades d'hommes qui passent offrent toujours le coup d'œil d'un hommage. La fille se réjouit de tous les regards qu'on lui lance et s'imagine voir autant d'amants. La multitude des passants varie et augmente son plaisir et sa curiosité. Ainsi ce métier sédentaire devient supportable, quand il s'y joint l'agrément de voir et d'être vue ; mais la plus jolie du comptoir devrait occuper constamment la place favorable.

« Plusieurs vont le matin aux toilettes avec des pompons dans leurs corbeilles. Il faut parer le front des belles, leurs rivales. Quelquefois le minois est si joli, que le front altier de la riche dame en est effacé. Le courtisan de la grande dame devient tout à coup infidèle ; il ne lorgne plus dans le coin du miroir que la bouche fraîche et les joues vermeilles de la petite qui n'a ni suisse ni aïeux. Plus d'une aussi ne fait qu'un saut du magasin au fond d'une berline anglaise. Elle était fille de boutique ; elle revient un mois après y faire ses emplettes, la tête haute, l'air triomphant et le tout pour faire sécher d'envie son ancienne maîtresse et ses chères compagnes...

« En passant devant ces boutiques, un abbé, un militaire, un jeune sénateur y entrent pour considérer les belles. Les emplettes ne sont qu'un prétexte ; on regarde la vendeuse et non la marchandise. Un jeune sénateur achète une bouffante ; un abbé sémillant demande de la blonde ; il tient l'aune à l'apprentie qui mesure : on lui sourit, et la curiosité rend le passant de tout état acheteur de chiffons. »

Les marchandes de modes avaient des enseignes qui appartenaient au genre gracieux. L'une d'elles avait fait peindre sur la sienne un abbé choisissant des bonnets et courtisant les filles de la boutique ; on lisait sur cette enseigne : *A l'abbé Coquet.* Hérault, lieutenant de police en 1725, homme dévot et assez borné, vit cette peinture, la trouva indécente, et, de retour chez lui, ordonna à un exempt d'aller enlever l'abbé Coquet et de le mener chez lui. L'exempt accoutumé à ces sortes de commissions, alla chez un abbé de ce nom, le força à se lever et le conduisit à l'hôtel du lieutenant général de la police : « Monseigneur, lui dit-il, l'abbé Coquet est ici. — Eh bien, répondit le magistrat, qu'on le mette au grenier. » On obéit. L'abbé Coquet, tourmenté par la faim, faisait de grands

Boutique de modiste en province, dessin de Crafty, *Souffrances du professeur Deltheil* (édition Rothschild).

cris. Le lendemain : « Monseigneur, lui dirent les exempts, nous ne savons que faire de cet abbé Coquet que vous nous avez fait mettre au grenier; il nous embarrasse extrêmement. — Eh! brûlez-le et laissez-moi tranquille! » Une explication devenant nécessaire, la méprise cessa, et l'abbé se contenta d'une invitation à dîner et de quelques excuses.

La marchande de Mme du Barry avait pour enseigne : « Aux traits galants ! » C'est peut-être elle que représentait une estampe où l'on voyait des Amours ou des Génies femelles coiffés de bonnets et de chapeaux et armés d'arcs et de flèches qu'ils lançaient à droite et à gauche.

L'annonce suivante, que l'on trouve dans le *Journal de Paris* de 1785, montre qu'à cette époque les marchandes exposaient des modèles, dont quelques-unes appartenaient à la mode extravagante d'alors : « On verra chez Mlle Fredin, modiste, à l'*Écharpe d'or*, rue de la Ferronnerie, un chapeau

Les filles de modes dans leur boutique, gravure de Binet (1782).

Lambertino et ses compagnes, placées dans la boutique, un jour de fête, pour se conter leurs histoires les unes aux autres. (Restif de la Bretonne, *Contemporaines*, XIX, 64.)

sur lequel est représenté un vaisseau avec tous ses agrès ayant ses canons en batterie. »

Sous la Restauration, une marchande mit au-dessus de la porte de sa boutique une enseigne avec ces mots : *A la*

Galanterie. Les demoiselles du magasin ne s'accommodèrent pas de cette inscription, qui semblait faite pour leur donner un renom suspect; elles se révoltèrent contre la marchande de modes et de galanterie. Il y eut même bataille de femmes et l'enseigne disparut.

Les modistes sont de toutes les ouvrières celles qui ont été le plus en butte aux médisances de la plume et du crayon : un pamphlet en vers assez médiocres, intitulé *Brevet d'apprentissage d'une fille de modes à Amathonte*, paru en 1769, est peut-être le premier écrit où l'on fasse allusion à leur réputation de galanterie. Fournier, qui a réédité dans ses *Variétés historiques et littéraires* cette petite pièce où l'on trouve des renseignements assez curieux sur la manière dont les ouvrières étaient traitées, ajoute en note que les filles de modes et les lingères étaient depuis longtemps nombreuses dans le quartier avoisinant le Grand-Hurleur; leur industrie y servait de couvert à un autre métier qui donna lieu à la « Requête présentée à M. Sylvain Bailly, maire de Paris, par Florentine de Launay contre les marchandes de modes, couturières et lingères et autres grisettes commerçantes sur le pavé de Paris », où elles sont accusées de faire une concurrence déloyale aux Cythères patentées.

Dans un passage des *Contemporaines*, Restif de la Bretonne dit fort justement qu'il ne fallait pas généraliser, et parmi les raisons qui avaient fait attaquer la moralité des modistes plutôt que celle des autres ouvrières, il place au premier rang la jalousie. « La classe des filles de modes est, dit-il, très nombreuse, et elles ont en général une mauvaise réputation. Mais elle est injuste à l'égard des véritables marchandes de modes, qui ne souffrent pas plus de libertines chez elles que les autres maîtresses des professions exercées par les femmes. J'en connais beaucoup de véritablement exemplaires et dont la maison est un modèle pour l'ordre, la décence et le travail. Les raisons pour lesquelles la voix de l'aveugle populace a calomnié celles qui exercent cette profession ne sont pas en petit nombre ; d'abord les femmes du commun, telles que les poissardes, les fruitières, les ont regardées de mauvais œil, par cette espèce de jalousie qu'a toujours le pauvre en voyant la femme des riches. En second lieu, les filles de modes, en raison de leur plus grande élégance, ont été plus recherchées par les corrupteurs pour être entretenues et ont plus souvent donné le scandale du passage d'un état laborieux à un état déshonorant. En troisième lieu, certaines corruptrices de profession, pour donner un ragoût plus piquant aux libertins blasés, lèvent quelquefois une boutique de modes et y tiennent des filles publiques. Mais ces malheureuses ne sont pas de vraies marchandes ; leurs tiroirs sont vides, elles ne travaillent pas. »

Les jeunes gens du milieu de ce siècle avaient continué à l'égard des modistes les galanteries des chevaliers et des abbés de l'ancien régime. Il semblait même qu'ils étaient plus importuns ; car au lieu de laisser les vitres nues, on avait dû les garnir de rideaux. Les galants avaient imaginé plusieurs moyens de rendre cette précaution inutile. Une des lithographies de la série des Modistes, de H. Emy (1840) représente une devanture devant laquelle un jeune homme est accroupi pour essayer de voir les ouvrières par dessous les rideaux ; un autre a mis son chapeau au bout d'une canne et l'agite par dessus pour attirer l'attention des jeunes filles. Celles-ci semblaient d'ailleurs se prêter à ces agaceries : elles faisaient aux rideaux « des mèches » qui les écartaient un peu et leur permettaient de voir et d'être vues.

C'était alors un axiome à peu près établi que les modistes n'étaient point cruelles : aussi la première ouvrière qui allait essayer un chapeau ou le trottin qui portait la commande dans son carton, avaient de grandes chances pour être suivies.

Les estampes de la Restauration où figurent les modistes sont nombreuses : « Monsieur, je ne donne rendez-vous à personne », dit une ouvrière à un élégant qui l'a accostée ; mais une seconde gravure, qui a pour légende « A demain soir », montre que la résistance n'a pas été de longue durée. Une

Les singeries humaines (1825) : Madame et sa modiste.

autre lithographie, qui porte la date de 1826, est intitulée : « Est-il gentil, il me paiera mon terme. » Ici, le séducteur est un homme d'un âge mûr. Gavarni n'a pas oublié les modistes dans ses élégants croquis ; l'un d'eux de la série de la « Boîte aux lettres » représente deux modistes, l'une occupée à lire une lettre d'amour, l'autre à en cacheter une, écrite avec une orthographe fantaisiste.

Du cidre avec les marrons,
V'là l' champagn' des modillons.

dit en élevant son verre un jeune homme assis à côté de

deux ouvrières, près d'un carton à chapeau qui sert de table.
(*Journal pour rire*, 1849.)

On sait que les couturières jalousent les modistes et prétendent qu'elles cousent avec des épingles. C'est peut-être

Boutique de modiste de « La Boîte aux lettres » (Gavarni).

l'une d'elles ou une lingère qui avait fourni le sujet d'une
caricature de la série des Grisettes, publiée par H. Vernier
dans le *Charivari* : un étudiant se promène dans le bois avec
une jeune fille, au fond on voit un autre couple qui danse, la
femme a mis sur sa tête un chapeau d'homme et le garçon a

le chapeau de sa compagne. La première dit : « Est-il Dieu possible de danser la polka comme ça au milieu de la forêt de Saint-Germain... Pour sûr, c'est une modiste; ce n'est pas une lingère qui oublierait ainsi toutes les convenances sociales. »

H. de Hem, dans *Grisettes et Cocottes*, représente une modiste arrangeant un bonnet sur une poupée, avec légende « N'a pas le cœur à l'ouvrage » ou s'arrêtant devant un magasin qui a pour enseigne « la Tentation ».

En l'an 1895, les galanteries dont les modistes sont l'objet forment encore une sorte de lieu commun de la chanson et de la caricature, ainsi qu'il est facile de s'en convaincre en parcourant les publications illustrées.

Telle est la puissance des clichés, que l'on a pu lire dans une revue destinée aux familles, cette double définition de la modiste, en regard l'une de l'autre, de façon à ce que la vraie paraisse être la seconde qui, en faisant la part de l'exagération, est à coup sûr moins juste que la première :

La modiste est une abeille vigilante qui travaille toute une semaine avec une activité sans égale, qui ne se retourne jamais quand elle sort, et qui n'a pas de *connaissance*.	La modiste est un papillon qui voltige huit mois de l'année, qu'un monsieur vient chercher le soir à la sortie du magasin, qui monte à cheval au Petit-Madrid, et qui connaît les salons de la Maison dorée.

On dit dans les ateliers que l'on peut juger de la capacité d'une couturière par le surfilage, de celle d'une modiste par le bon arrangement de la coiffe d'un chapeau.

Voici les trois seules superstitions de modistes, assez curieuses d'ailleurs, qui soient venues à ma connaissance : A Paris, lorsque le chapeau est terminé et qu'on va l'empaqueter pour le livrer à la clientèle, les ouvrières ne manquent pas de cracher dans le fond, en disant : « Pour qu'il plaise. » Le voilà protégé et l'on peut être sûr qu'il sera accepté;

si par malheur le contraire arrive, on rejette la faute sur la trop petite quantité de salive; car, plus on a craché, plus l'on est certain que le chapeau ne reviendra pas, de sorte que souvent on le fait circuler autour du travail (atelier) et chaque demoiselle à son tour, soulevant délicatement la coiffe, accomplit le même sacrifice. Mais il faut bien se garder de laisser des épingles dans les nœuds ou les dentelles d'un chapeau qu'on va envoyer; une seule épingle oubliée lui porte malchance et le fait refuser.

A Troyes, on recommande aux jeunes ouvrières de ne pas laisser tomber les épingles servant à fixer les rubans des chapeaux pour l'essayage, parce que « l'ouvrage serait mal fait ».

La Modiste, d'après Bouchot.

SOURCES

COUTURIÈRES. — A. Franklin, *Les Magasins de nouveautés*, 259. — Roux, *Grammaire limousine*, 141. — Dejardin, *Dictionnaire des spots wallons*, I, 206. — Paul Sébillot, *Les Travaux publics*, 41. — Lecœur, *Esquisses du Bocage normand*, II, 299, 301, 318, 321. — A. de Nore, *Légendes, etc., des provinces de France*, 237. — *Revue des traditions populaires*, VIII, 176; IX, 219. — C. de Mensignac, *Sup. de la Gironde*, 133. — Communication de M. A. Harou. — *Revue des traditions populaires*, VIII, 176, 239. — Léon Pineau, *Folk-Lore du Poitou*, 287. — Reinsberg-Düringsfeld, *Traditions de la Belgique*, II, 57. — Loys Brueyre, *Contes de la Grande-Bretagne*, 161. — Paul Sébillot, *Contes de la Haute-Bretagne*, I, 303. — F.-M. Luzel, *Légendes chrétiennes*, II, 115. — A. Le Braz, *Légende de la mort*, 173.

DENTELLIÈRES. — Mᵐᵉ Daimeries, *La Dentelle en Belgique*, Bruxelles (1895), 1, 13. — Mᵐᵉ Barry-Palliser, *History of Lace*, 46, 238. — Lefebure, *Broderies et dentelles*, 255. — A. Harou, *Mélanges de traditionnisme en Belgique*, 112. — Grivel, *Chroniques du Livradois*, 360. — Seguin, *La Dentelle*, 75, 159. — *Revue des traditions populaires*, IV, 368. — Reinsberg-Düringsfeld, *Traditions de la Belgique*, I, 395; II, 137. — Communication de M. Quarré-Reybourbon. — Schayes, *Usages, croyances des Belges*, 209.

MODISTES. — Mercier, *Tableau de Paris*, II, 126. — Ant. Caillot, *Vie publique des Français*, II, 213, 216. — Fournier, *Histoire des enseignes*, 249. — Fournier, *Variétés historiques et littéraires*, VIII, 223. — Restif de la Bretonne, *Les jolies femmes du commun*, III, 63. — *Revue des traditions populaires*, V, 51; IX, 684; X, 96. — *Annuaire des traditions populaires*, 1887, 80.

La Modiste, image tirée des *Fleurs professionnelles* (vers 1840).

PAUL SÉBILLOT

LÉGENDES ET CURIOSITÉS

DES MÉTIERS

LAVANDIÈRES ET BLANCHISSEUSES

Le lavoir, qu'il soit en plein air, sur un bateau ou dans un de ces grands établissements qu'on voit à Paris, a toujours passé pour être l'un des endroits où les femmes donnent le plus volontiers carrière à la démangeaison de parler qu'on leur attribue ; c'est là et au four qu'elles exercent principalement leur langue aux dépens du prochain.

L'auteur d'une petite pièce de 1613, le *Bruit qui court de l'Espousée*, ne trouve rien de mieux pour caractériser un cancan que de dire :

> C'est l'entretien des lavandières
> Et de celles qui vont au four
> Qu'une dame depuis naguères
> S'est fait damoiselle en un jour.

Dans le Bocage normand on raconte que des lavandières furent punies de leur médisance : « Un jour des femmes occupées à laver à un douet, voyant venir de loin sur son petit cheval un vieux médecin qui passait pour sorcier, se mirent à gloser à l'envi sur son compte, et les quolibets pleuvaient sur lui aussi drus que coups de battoir sur le linge. Les commères ne pensaient pas être entendues du vieux sorcier; mais son oreille était, malgré la distance, tout près de leurs lèvres, et il n'avait pas perdu un mot de leur édifiante conversation. « Bonjour, braves femmes, leur dit-il en passant, vous faites de bonne besogne, courage! » A peine s'était-il éloigné que saisies d'une fu ur subite, elles se mirent à s'injurier réciproquement, puis, des paroles passant aux actes, elles se prirent aux coiffes et s'aspergèrent à l'aide de leurs battoirs et de leurs tors de linge. Ce furent ensuite de folles gambades au beau milieu du douet dont l'eau, soulevée par leur sarabande et leurs battoirs, les inondait comme un véritable déluge; elles auraient bien voulu s'arrêter, mais leurs pieds trépignaient malgré elles, leurs mains puisaient dans l'eau et se la lançaient au visage. Heûreusement pour elles, le médecin sorcier revint. « Assez travaillé, allez vous reposer, maintenant, vous l'avez bien mérité », leur dit-il, avec un sourire goguenard. Ruisselantes et toutes grelottantes de froid, elles purent alors regagner leur logis.

En Haute-Bretagne, pour désigner un commérage, on dit qu'il a été entendu au « doué ». Un proverbe bas-breton le constate aussi :

> *Er fourniou-red, er milinou,*
> *E vez klevet ar c'heloiou;*
> *Er poullou hag er sanaillou*
> *E vez klevet ar marvaillou.*

Au four banal, au moulin, — On entend les nouvelles; — Au lavoir et dans les greniers, — On entend les commérages.

Autrefois les gamins, en beaucoup de pays, se mettaient à regarder les laveuses et à les désigner avec le doigt, comme pour les compter; ce geste avait le don de les rendre furieuses et d'attirer à son auteur une bordée d'injures. Semblable sort était réservé à celui qui leur adressait la question à double sens : « Lavez-vous blanc? » C'était vraisemblablement en pareille occurrence que celles de Rennes se comportaient, comme l'indique un passage de Noël du Fail : « Quand les lavandières de la Porte-Blanche sont *a quia* et au bout du rollet de leurs injures actives et passives, elles n'ont autre recours de garentie qu'à se monstrer et trousser leur derriere à partie adverse ». *Le Voyage de Paris à Saint-Cloud par mer* (1748) constate que celles des environs de Paris n'avaient pas laissé tomber cette tradition en désuétude : A Chaillot, les femmes qui étaient sur la grève à essanger leur linge, battre et laver leur lessive, nous dirent en passant mille sottises que la pudeur ne me permet point de répéter. Les passagers ont répondu par des répliques si corsées, que la plus vieille de ces mégères, enragée de se voir démontée, a troussé sa cotte mouillée et nous a fait voir le plus épouvantable postérieur qu'on puisse jamais voir.

La *Légende de Maistre Pierre Faifeu* raconte comment ce coquin émérite fit taire les lavandières de buée à Blois, un jour qui descendait en bateau la rivière de Loire :

> ...Ung grant bruyt ont ouy,
> Dont de prinsault nul ne fut resjouy,
> Car il sembloit que fussent dix banieres
> De gens de guerre, et s'estoient buandières
> Qui là estoient pour leur buée laver,
> Dont tout soubdain chascun se va lever,
> Les regardant se reputent infames
> Avoir peur ouyr le bruyt des femmes.
> Tout ce cas fait, ainsi comme j'entens,
> Faifeu leur dist pour faire passer temps,
> Que dix escus contre eulx tout va mettre,
> Qu'il fera bien tout leur caquet remettre,
> Et que soubdain bien taire il les fera

Sans les toucher et ne leur meffera.
Incontinent entre eulx fut fait la mise ;
Alors Faifeu s'est mis tout en chemise,
Et d'un habit de diable il s'est vestu ;
Car à Paris il s'estoit esbatu
A l'achepter. pour maint passe-temps faire.
Lui accoustré en ce point ne diffère.
Bien tost monter tout au hault de la hune.
Cryant, hurlant ; incontinent pas une
Femme qui fust n'a sonné un seul mot.
Mais tués se sont, n'attendant que la mort.
Car pour certain de grant peur admirable.
Toutes cuydoient que ce fust le grant Diable.

Tabourot, dans ses *Équivoques françois*, rapporte une plaisanterie qui est encore usitée : « Les lavandières ont un proverbe ordinaire, Si vous l'auez ne me le prestez pas, et si vous
ne l'auez pas, prestez-le moi. Qui s'entend d'une palette ou
battoir, propre à laver les draps ».

Au XVI° siècle, les laveuses avaient, au point de vue des
mœurs, une réputation équivoque :

Je m'en rapporte à ces maris
Qui ont espronvé, bien souvent,
Quelle marchandise elle vent.
Et en tant qu'elle est lavandière
Elle blanchit la pièce entière ;
Puis vrayment, qui. en ung besoing,
La trouveroit en quelque coing.
Encore feroit-il conscience
De ne la prendre en patience
Tout au lu moins pour l'espronver.

Voilà, voilà ma lavandière
Qui merque, ainsi comme fourrière,
Les logis d'un nouvel amour.

Un peu plus tard, l'*Almanach prophétique* de Tabarin les
associe aux « filles de chambre, coureuses de rempart et
autres canailles ».

LA BLANCHISSEUSE

Quitte là ton linge Catin,	En vain au Naufrage à bord,
Ne Savonne pas d'avantage,	Et paroît être en assurance,
Ce Battelar étend sa main,	Il est perdu s'il entre au port,
Pour que ta bonté le soulage,	Dont les yeux donnent l'espérance.

En quelques pays, leur rencontre est quelquefois redoutée :
Chez les Tchouvaches, une femme qui se rend à la rivière avec
du linge sale est d'un mauvais présage pour le voyageur au

moment où il se met en route, tandis qu'il tire bon augure de la rencontre d'une femme qui revient du lavoir avec du linge propre.

Il y a un certain nombre de jours dans l'année pendant lesquels la lessive passe pour être dangeureuse, soit pour celles qui la font, soit plus généralement pour la personne dont on lave le linge. Au XVII⁰ siècle, le curé Thiers signalait, parmi les superstitions courantes, celles de ne pas faire la lessive ni durant les Quatre-Temps, ni durant les Rogations, ni pendant les jours où l'on chante Ténèbres, ni depuis Noël jusqu'aux Rois, ni pendant l'octave de la Fête-Dieu, ni les vendredis, de crainte qu'il n'arrive quelque malheur. Une partie de ces croyances sont encore vivantes : Dans les Vosges faire la lessive pendant les Rogations, c'est mettre le maître à la porte de la maison ; dans l'Yonne, le linge ne blanchit pas ; en Franche-Comté :

> Celui qui fait la bue aux Rogations
> Sera au lit pour les moissons.

En Saintonge, les maîtresses de maison ne devaient pas songer à faire la *bugée*, parce que le linge blanchi alors causait plus tard des échauboulures qui tournaient généralement à la gale.

Dans la Charente, qui fait la buée pendant la semaine sainte court risque de mourir dans l'année. En Normandie, en Haute-Bretagne et en Poitou, le danger de mort est pour une des personnes de la maison ou pour une des lavandières ; dans les environs de Brive, les hommes de la maison sont exposés à mourir ; dans le pays de Gex, c'est le chef de la famille. Le Vendredi saint est encore plus funeste que les autres jours de cette semaine ; en Haute-Bretagne on lave son suaire ; à Valenciennes Dieu maudit les personnes qui lavent.

La prohibition dont cette date est l'objet est expliquée par des légendes : On raconte dans le nord de l'Angleterre que, lorsque Jésus se rendait au calvaire, il passa devant une laveuse qui lui jeta à la figure son linge mouillé. Jésus dit : « Maudit soit celui qui désormais lavera ce jour-là », et l'on assurait jadis que le linge avait des taches de sang si on le mettait alors à sécher. Des récits analogues sont populaires dans la Belgique wallonne : Jésus ayant soif, passa près d'une femme qui faisait la lessive et lui demanda à boire. Elle lui donna une tasse d'eau de lessive; il la but sans rien dire. Plus loin, il passa près d'une maison où l'on cuisait du pain et demanda de quoi manger. La femme lui donna un petit pain. Jésus s'en alla en disant :

> Maudite soit la femme qui bue,
> Et bénie soit la femme qui cuit.

La Vierge se promenant, un jour de Vendredi saint, aux environs de Namur, demanda un verre d'eau à des lavandières qui, au lieu de se montrer charitables, l'aspergèrent d'eau sale, de sorte que sa robe en fut tout humide; elle entra dans un four où d'autres femmes la firent se chauffer et se sécher. C'est pourquoi elle bénit les femmes qui cuisaient et maudit celles qui lavaient.

Dans la Suisse romande, il ne faut pas faire la lessive sous le signe de la Vierge, parce que le linge se couvrirait de poux sur la corde. En Poitou, Notre-Dame de Mars est la fête la plus observée : le linge lavé ce jour-là retournerait en paille, et la personne qui a lavé devrait, après sa mort, revenir au lavoir jusqu'à ce qu'on lui ait fait dire un certain nombre de messes.

La lessive est interdite, entre Noël et le jour de l'an, en Belgique et dans l'Yonne; dans les Vosges, aux lessiveuses et lavandières qui enfreignent la défense, la méchante fée Herqueuche applique de maîtres coups de battoir sur le dos et sur les reins.

En Haute-Bretagne, dans le Bocage normand, dans l'Yonne, la semaine d'avant Noël et celle qui précède le carnaval, sont au nombre des périodes funestes. Un dicton provençal assure que les lavandières qui font la buée en carnaval meurent dans l'année :

Qu fai bugado entre Caremo et Carementrant
Li bugadiero moron dins l'an.

En Basse-Normandie on fait rarement la lessive pendant les vingtaines (dix derniers jours d'avril et dix premiers jours de mai), à cause de l'inclémence prévue du temps. Les femmes de Lesbos craindraient que le linge ne s'use trop vite si elles lavaient pendant les Drummata, du 26 juillet au 5 août.

A Marseille, pendant l'octave des Morts, les particuliers ne doivent point laver, parce que cela rappelle trop le lavage du linge qui a servi à celui que l'on a perdu. En Franche-Comté, la personne qui lessive pendant cette semaine « bue » son suaire. Dans les Vosges, il y aura bientôt un cercueil dans la maison si l'on enfreint cette prohibition. Dans les Hautes-Vosges, cela porte malheur au maître : la femme qui coule alors la lessive tourmenterait les âmes du purgatoire; elle s'exposerait en outre à la vengeance de la fée Herqueuche, qui échaude les lessiveuses. Si, ce qui arrive rarement, elle monte sur le cuveau, l'une des personnes dont le linge y a été jeté mourra avant la fin de l'an.

Le vendredi est aussi un mauvais jour; on dit en Basse-Bretagne :

Neb a vero lichou dar gwener
Birvi a ra goad hor Salver.

Qui bout la lessive le vendredi fait cuire le sang de notre Sauveur.

LAVANDIÈRES ET BLANCHISSEUSES

Laveuses au bord de la Seine, d'après un dessin colorié de Henry Monnier. (Coll. G. Hartmann)

LAVANDIÈRES, BLANCHISSEUSES.

Dans l'Yonne, on dit en commun proverbe :

> Qui coule la lessive le vendredi
> Veut la mort de son mari.

Il y a, par contre, des temps très favorables : Dans le pays de Liége, la grande lessive doit se faire entre les deux Notre-Dame, Assomption, 15 août, 8 septembre, Nativité, si l'on veut que le linge ne jaunisse pas.

Au XVII siècle, le curé Thiers signalait la superstition de ceux qui serraient les cendres en certains jours de la semaine, afin que la lessive en fût meilleure.

L'*Évangile des Quenouilles* indique plusieurs pratiques que les femmes du XV siècle employaient : « Se voulez, dit l'une, avoir belle lessive et que vos linceux soient beaux et blancs, la première fois que vous getterez la lessive dessus la jarle, certainement vous devez dire en la gestant : Dieu y ait part et monseigneur sainct Cler. » Ce saint était alors invoqué par les personnes qui avaient à faire la lessive, sans doute à cause de son nom ; il en était alors de même de sainte Claire. « Je fis, dit une autre ménagère, une requeste à madame saincte Clère que s'il lui plaisoit qu'il feist beau temps, je luy donneroye une chandelle, et ainsy il fist beau temps. »

En Lithuanie, les hommes de la maison devaient être de bonne humeur pendant tout le temps de la lessive, ou bien il pleuvait. En Haute-Bretagne, si l'on veut avoir une buée sans pluie, il ne faut point semer la cendre sur les foyers. Dans le Bocage normand, si l'on arrose son courtil un jour de lessive, on provoque la pluie pour le jour où elle sera mise à sécher. En Allemagne, lorsque des filles ou des femmes lavent des sacs, il ne tardera pas à pleuvoir. En Dauphiné, on dit communément au mari de la femme qui a beau temps pour sa lessive : Votre femme ne vous a pas fait infidélité.

Dans les Vosges, il est dangereux de faire la lessive dans

une maison habitée par une femme enceinte, à moins qu'on ne prenne la précaution de rouler dehors le cuvier dès qu'on a retiré le linge. La délivrance serait retardée d'un temps égal à celui où le cuvier vide serait resté à la maison. Dans l'Yonne, on a aussi soin de mettre en pareil cas le cuvier à l'envers.

En Haute-Bretagne, les malades d'une maison où on fait la lessive sont exposés à mourir.

Il était certains mots qu'on ne devait pas prononcer. D'après l'*Évangile des Quenouilles* : « Touteffois et quantes que faictes vostre lessive, et que le chauldron est sur le feu plain de lessive, et que le feu est dessoubz et que par la force du feu la lessive bouille, vous ne devez pas dire : Ha, commère, la lessive boult, mais vous devez dire qu'elle rit; autrement tous les draps s'en iroient en fumée. » Au XVII° siècle, d'après Thiers, il fallait dire : « La lessive joue. » En Poitou, les femmes qui vont voir une lessive que l'on coule ne doivent pas dire : La lessive bout-elle? car elle echauderait, mais : La lessive fait-elle? En Allemagne, au siècle dernier, pour que le fil devînt blanc, il fallait que les femmes qui assistaient à l'opération disent des mensonges.

On tirait des présages de certains faits qui se produisaient pendant les lessives. En Poitou, si le savon d'une laveuse tombe à sa gauche, elle ira aux noces sous peu; celle qui chante au lavoir aura un homme fou. Dans le nord de l'Écosse, lorsque le savon ne s'élève pas sur les linges, c'est qu'il y a dans le cuvier le linge d'une personne destinée à mourir bientôt. Dans la Montagne-Noire, si des oiseaux passent au-dessus d'une femme qui lave les langes de son enfant, il sera prochainement atteint de quelque maladie.

Dans les Vosges et en Belgique, la lavandière qui mouille son tablier plus que de raison, épousera un ivrogne. Aux environs de Menton, les femmes qui ne se mouillent pas en lavant sont des sorcières.

En Basse-Normandie, l'on se garde bien de mettre les chemises sens dessus dessous quand on est en train d'asseoir la lessive dans la cuve, de peur d'attirer la mort sur quelqu'un de la maison. En Normandie, quand la crasse du linge de corps est difficile à détacher, la personne à laquelle il appartient a un mauvais cœur.

La lessive peut être ensorcelée : Dans la Bresse, deux bohémiennes, auxquelles une fermière occupée à faire sa lessive n'avait pas fait l'aumône, touchèrent du doigt son cuvier, et depuis elle ne put jamais y faire blanchir son linge.

Les lavandières du Mentonnais, de peur que l'eau n'ait été l'objet de maléfices, jettent des épingles en croix dans le lavoir avant de se mettre à l'ouvrage.

A la campagne, il y a dans la belle saison des lessives de nuit, qui sont une occasion de s'amuser, de chanter des chansons, de dire des contes ou des devinettes. En Haute-Bretagne on choisit, autant que possible, une nuit où il fait clair de lune, car la lessive a lieu en plein air. Les jeunes gens y viennent de loin, surtout quand il y a de jolies filles aux environs, et ils les font danser, pendant que les bonnes femmes s'occupent du cuvier et de la poêle où bout le linge; les garçons leur aident toutefois à la lever pour montrer leur force et leur adresse. En Écosse, lors des grandes lessives qui avaient lieu au printemps, de jeunes garçons restaient la nuit à garder le linge qui n'était pas sec; ils passaient leur temps à chanter, à dire des histoires de revenants ou des contes de fées; ou bien à écouter la jolie musique des fées lorsqu'ils se trouvaient près d'une de leurs grottes.

On retrouve en un assez grand nombre de pays la croyance

à des lavandières surnaturelles, fées, sorcières ou damnées, qui viennent laver leur linge : Dans la Marche, un amas de rochers porte le nom de Château-des-Fées; au pied est un marais; lorsqu'on aperçoit au-dessus de la cime des arbres les

Le Maçon et la Blanchisseuse (d'après Saint-Aubin?).

vapeurs de ce marais, on dit : *Las falas fasan la bugade* : les fées font la lessive.

En Haute-Bretagne, elles affectionnaient certains endroits; elles venaient y laver leur linge et elles l'étendaient sur les gazons; il était si blanc, qu'on dit encore en parlant du beau linge : C'est comme le linge des fées. Celui qui aurait pu aller sans remuer les paupières jusqu'au lieu où elles le séchaient, avait la permission de l'emporter ; dès qu'on avait battu de la paupière, il disparaissait. En Normandie, les fées mettaient leur lessive à sécher sur les pierres druidiques. Dans la Suisse romande, elles venaient étendre leurs draps le long des rochers qui dominent le lac d'Ormont, et ils brillaient au loin avec une blancheur incomparable.

D'autres fées lavaient la nuit pour rendre service aux hommes. En Haute-Bretagne, lorsqu'on portait le soir près des doués le linge qu'on désirait qui fût blanchi, les fées venaient à minuit et faisaient la besogne des lavandières qui, le matin, trouvaient le linge très bien nettoyé. Celles du Trou-aux-Fées, dans le Hainaut, rendaient parfaitement blancs les draps que les habitants avaient déposés la veille à l'entrée de leur grotte, en ayant soin d'y joindre quelques aliments.

Autrefois, à Corvay, dans les Ardennes, lorsque les laveuses n'étaient que trois ou quatre à laver au ruisseau, situé au fond d'un bois, elles entendaient des cris étranges, et parmi eux ceux-ci : O Couzietti ! qui se rapprochaient peu à peu ; les arbres tremblaient, et elles apercevaient de tout petits mains, nus, grimaçants, qui s'approchaient par bandes du ruisseau. Elles s'enfuyaient au village, abandonnant le linge ; lorsqu'elles revenaient en nombre, les nains et le linge avaient disparu.

La croyance aux lavandières de nuit est très répandue en France ; souvent elles accomplissent une pénitence pour expier un crime commis pendant leur vie. En Berry, ce sont les mères dénaturées qui ont tué leur enfant et sont après leur mort condamnées à laver jusqu'au jugement dernier le cadavre de leur victime. En Ille-et-Vilaine, ce sont aussi des infanticides, ou bien des femmes qui ont lavé le dimanche. Celles-ci viennent, la plupart du temps invisibles, au doué, à l'heure même, du jour ou de la nuit, où elles ont violé le repos domi-

nical. En Basse-Bretagne, les lavandières de nuit sont celles
qui, de leur vivant, ont trop économisé le savon. Dans quelques parties de la Haute-Bretagne, la femme à laquelle on n'a
pas mis un suaire propre, revient le laver toutes les nuits. En
Berry, ce que lavent ces maudites, ce ne sont pas, comme
ailleurs, des linceuls : c'est une espèce de vapeur d'une couleur
livide, d'une transparence terne qui rappelle celle de l'opale.
Cela semble prendre quelque apparence de forme humaine et
l'on jurerait que cela pleure. On pense que ce sont des âmes
d'enfants trépassés sans baptème ou d'adultes morts avant
d'avoir reçu le sacrement de confirmation ; elles s'acquittent de
leur besogne avec une sorte d'acharnement, presque toujours
en silence ; quelquefois, mais assez rarement, elles font entendre
un chant sourd et monotone, triste comme un *De Profundis*
(p. 17).

Dans l'Yonne, on entendait aussi le bruit des battoirs des
lavandières de nuit. D'après la légende que Souvestre a rapportée dans le *Foyer breton*, en frappant les draps mortuaires,
elles chantent :

> Si chrétien ne vient nous sauver
> Jusqu'au jugement faut laver.
> Au clair de la lune, au bruit du vent,
> Sous la neige le linceul blanc.

Paul Féval, dans les *Dernières Fées*, met dans leur bouche
ce couplet :

> Tords la guenille,
> Tords,
> Le suaire des épouses des morts.

Si on a le courage de faire le signe de la croix, elles s'éva-
nouissent. Souvent elles demandent qu'on leur aide à tordre
leur linge. Lorsqu'on a eu l'imprudence de répondre à leur
invitation, il faut avoir soin de tordre du même côté qu'elles,
sinon on est brisé.

Il y a certains lavoirs qui sont surtout hantés; je n'ai pas besoin de dire qu'ils sont dans des endroits isolés et où le paysage prête au fantastique: une lavandière de Dinan, passant auprès d'un doué, souleva le paquet d'une laveuse, et s'aperçut qu'elle avait une tête de mort; au même doué, un homme fut frappé au visage avec le linge qu'il avait aidé à tordre à une lavandière-fantôme; quelquefois ces laveuses disaient aux passants : Suivez votre route, je fais ce qui m'est ordonné!

Il y a aussi des lavandières de nuit, d'un caractère très nettement malfaisant, qui pénètrent dans les maisons. Une femme de Plougastel-Daoulas était allée à la nuit close, un samedi, laver son linge et celui de son mari; elle vit arriver une grande femme mince portant sur la tête un énorme paquet de draps, qui, après lui avoir reproché d'avoir pris sa place, lui dit de retourner à la maison et qu'elle ne tarderait pas à lui rapporter son linge tout lavé. Elle raconte son aventure à son mari, qui lui dit qu'elle a rencontré une *Maouès noz* ou femme de nuit; par son conseil, elle suspend le trépied à sa place, balaie la maison, met le balai la tête en bas dans un coin, se lave les pieds, en jette l'eau sur le seuil de la porte et se couche. Le fantôme ne tarde pas à arriver et à demander l'entrée de la maison: comme on ne lui répond pas, elle ordonne au trépied de lui ouvrir. — Je ne puis, répond le trépied, je suis suspendu à mon clou. — Viens alors, toi, balai. — Je ne puis, on m'a mis la tête en bas. — Viens alors, toi, eau des pieds. — Regarde-moi, je ne suis plus que quelques éclaboussures sur le seuil de la porte. » La femme de nuit s'éloigne alors en grondant.

Un autre récit breton parle d'une lavandière de nuit qui entre dans une ferme, où la femme s'était attardée à filer; elle file de son côté avec une rapidité merveilleuse, puis elle lui aide à laver son fil au doué et à le mettre bouillir. Le mari s'éveille, et, voyant les yeux de l'inconnue briller comme des charbons ardents, il profite du moment où elle est allée chercher de l'eau

Lavandières de nuit en Berry, d'après Maurice Sand (*Illustration*, 1852).

à la fontaine pour changer de place ou renverser tout ce qu'elle a touché. Il ferme la porte, et quand la lavandière de nuit revient, elle demande en vain à la femme, puis aux divers objets auxquels elle a touché, de lui ouvrir. Elle s'enfuit en disant à la fermière que si elle n'avait pas trouvé quelque personne sage pour la conseiller, on l'aurait trouvée au point du jour cuite avec son fil.

On a essayé d'expliquer, par des raisons d'un ordre naturel, l'origine de cette superstition, l'une de celles qui terrifient le plus le paysan : ce bruit de battoir serait produit par le cri d'une sorte de grenouille ou d'un petit crapaud. Le prétendu revenant n'est autre parfois qu'une femme très vivante qui va laver la nuit, parce qu'elle n'a pas eu le temps de le faire pendant le jour, ou qu'elle ne veut pas être vue s'occupant d'une besogne au-dessous de sa condition.

Cette croyance a été, comme beaucoup d'autres, exploitée par des malfaiteurs. Dans un village du Vaucluse, on racontait qu'on voyait à un certain endroit des lavandières de nuit : le garde champêtre voulut aller les voir. Il aperçut deux formes blanches sous un saule, qui tordaient du linge. Il leur intima l'ordre de cesser leur besogne ; mais les deux laveuses se mirent à ricaner, et l'une d'elles lui cria de venir leur aider, tandis que l'autre le saisissait au collet en lui disant ce seul mot : Tords! Il tordit toute la nuit, et il s'aperçut que le linge des lavandières était magnifique. A l'aurore, les lavandières s'en allèrent, et dans la journée on apprit qu'un vol de linge considérable avait été commis dans un château voisin. Le linge étant sale, les voleurs avaient eu l'audace de passer la nuit à le laver à la rivière voisine, après s'être affublés de deux peignoirs blancs, comptant sur la superstition du pays pour n'être pas dérangés.

Les contes populaires parlent d'autres lavandières : Quelques-unes qui vivent dans le pays indéterminé de la féerie sont condamnées, comme les laveuses nocturnes, à frotter du linge jusqu'à ce que vienne la seule personne qui puisse lui rendre sa blancheur primitive. Dans un récit gascon, la reine qui a épousé le roi des Corbeaux gravit une montagne et voit un lavoir au bord duquel travaillait une lavandière ridée comme un vieux cuir ; elle chantait en tordant un linge noir comme de la suie :

> Fée, fée,
> Ta lessive
> N'est pas encore achevée,
> La Vierge mariée
> N'est pas encore arrivée,
> Fée, fée.

La reine dit à la lavandière qu'elle va lui aider à laver son linge noir comme la suie ; elle ne l'eut pas plutôt plongé dans l'eau qu'il devint blanc comme lait. Alors la lavandière se mit à chanter :

> Fée, fée,
> Ta lessive
> Est achevée.
> La Vierge mariée
> Est arrivée.
> Fée, fée.

Et elle dit à la reine : « Pauvrette, il y a bien longtemps que je t'attendais ; mes épreuves sont finies et c'est toi qui en es cause ».

L'homme-poulain, héros d'un étrange récit breton, frappe sa femme d'un coup de poing en pleine figure, le sang jaillit sur sa chemise et y fait trois taches. Elle s'écrie : « Puissent ces taches ne pouvoir jamais être effacées jusqu'à ce que j'arrive pour les enlever moi-même ». Son mari part en disant qu'elle ne le reverra qu'après avoir usé trois chaussures de fer à le chercher. Elle se met à sa recherche et, après avoir marché dix ans, elle se trouve près d'un château où des servantes étaient à laver du linge dans un étang. L'une des lavandières disait : « La voilà donc encore, la chemise ensorcelée ! Elle se présente à toutes les buées, et j'ai beau la frotter avec du savon, je ne puis enlever les trois taches de sang qui s'y trouvent » ; la jeune femme s'approcha de la lavandière et lui dit : « Confiez-moi un peu cette chemise, je pense que je réussirai à faire disparaître ces taches ». On lui donna la chemise ; elle cracha sur les taches, la trempa dans l'eau, la frotta et les taches disparurent.

Dans plusieurs contes, le héros promet d'épouser la personne qui pourra enlever la tache. Mais en vain les lavandières de profession, les jeunes filles s'évertuent à cette besogne, en vain elles appellent à leur aide les esprits, celle-là seul peut réussir à laquelle les puissances supérieures ont accordé ce don. Le chevalier du *Taureau noir de Norvège*, conte recueilli en Écosse, a donné à blanchir des chemises ensanglantées, en déclarant qu'il épouserait celle qui parviendrait à enlever ces taches. Une vieille avait lavé jusqu'à ce qu'elle fût lasse ; puis elle avait appelé sa fille et toutes deux lavaient, lavaient soutenues par l'espoir d'obtenir le jeune chevalier. Mais elles n'étaient pas parvenues à faire disparaître une seule tache, quand l'héroïne qui a gravi la montagne de verre arrive au lavoir : dès qu'elle a touché le linge, les taches disparaissent. Un prince qui figure dans le récit norvégien : *A l'Est du soleil et à l'Ouest de la lune*, ne doit prendre pour femme que celle qui pourra enlever trois taches qui se trouvent sur sa chemise ; beaucoup entreprennent cette besogne, et s'y font aider par des trolls, mais ces génies ne réussissent pas ; plus ils lavent, plus le linge devient noir et sale ; mais il reprend sa blancheur primitive dès que la jeune fille prédestinée l'a trempé dans l'eau.

Dans l'*Assommoir*, Zola donne cette formulette, qui paraît d'origine populaire :

> Pan pan, Margot au lavoir
> Pan pan, à coups de battoir,
> Va laver ton cœur
> Tout noir de douleur.

Peut-être faisait-elle partie d'une chanson de lavandière. En Gascogne, les femmes qui lavent accompagnent la chanson qui suit du bruit des battoirs frappant en cadence; à chaque couplet on diminue de un le nombre des lavandières :

Nau que lauon la bugado
Nau.

Le bavardage au lavoir, fragment du *Caquet des femmes* (XVIIe siècle).

Nau que la lauon,
Nau que la freton
Bèro Marioun, a l'oumbro,
Bèro Marioun,
Anen a la hount
Hoèit que lauon la bugado,
Hoèit, etc.

Neuf lavent la lessive, — Neuf, — Neuf la lavent, — Neuf la frottent, — Belle Marion, allons à la fontaine. — Huit lavent la lessive, — Huit, etc.

Dans les pays où les lavandières sont à journées, on prétend qu'elles sont difficiles à servir, et qu'il faut toujours qu'il y ait quelqu'un occupé à leur porter le linge, à leur donner de la soupe ou du café. La lavandière figure, au reste, parmi les personnages qui aiment à s'humecter le gosier; l'estampe de Saint-Lundi montre la mère Bonbec, lessiveuse, qui débite ce petit couplet :

> Pour te fêter, sainte bouteille,
> Je vendrais jusqu'à mon honneur,
> Mais je suis si laide et si vieille
> Qu'à mon seul aspect l'acquéreur
> Soudain s'enfuit comme un voleur.

*
* *

Il y a des lavandières qui ne font que laver; à la campagne c'est ce qui arrive le plus habituellement. A Paris, beaucoup vont au lavoir et repassent ensuite le linge à la maison. On leur donne plusieurs surnoms : celui de « poules d'eau » vient de ce que, comme cet oiseau, elles se tiennent sur le bord de l'eau; comme elles ont le verbe haut, on les appelle « baquets insolents », par allusion au baquet professionnel. Les repasseuses sont des « grilleuses de blanc », et on les accuse d'employer parfois des fers trop chauds. Dans le peuple, on qualifie de « blanchisseuse de tuyaux de pipes » la femme qui n'a pas de métier avouable.

Le nom de Margot a été souvent donné aux blanchisseuses; on voit figurer dans une petite pièce de 1774, sur l'arrivée de la Dauphine à Paris, « Margot du batoir », blanchisseuse au Gros-Caillou.

Le blanchisseur est appelé « papillon »; comme cet insecte, il arrive de la campagne, et ses ailes blanches sont représentées par les paquets de linge qu'il porte sur son épaule.

Guillot, dans le *Dit des Rues de Paris*, qui remonte au

XIII⁰ siècle, parle de la rue des Lavandières, « où il y a maintes lavendières », et il nous fait entendre que ces filles ne se bornaient pas à rincer du linge à la rivière. De tout temps les blanchisseuses ont eu la même réputation, et leur reine, qu'elles élisaient chaque année, avait des pouvoirs analogues à ceux du roi des ribauds, mais seulement dans ses États et sur ses sujettes.

Hamilton, au XVII⁰ siècle, fait allusion à leurs promenades à la fête de Saint-Germain-en-Laye :

> Blanchisseuses et soubrettes,
> Du dimanche dans leurs habits,
> Avec les laquais leurs amis
> (Car blanchisseuses sont coquettes)
> Venoient de voir à juste prix
> La troupe des marionnettes.

Au siècle dernier, Vadé mettait en scène des blanchisseuses qui ne se laissaient courtiser que pour le bon motif. L'une d'elles dit à sa fille : « Une blanchisseuse n'est pas une grosse dame ; y a blanchisseuses et blanchisseuses, toi t'es blanchisseuse en menu ; et quand même tu ne blanchirais que du gros, dès qu'on a de l'inducation, fille de paille vaut garçon d'or. »

Dans la série des *Grisettes*, Vernier a dessiné un intérieur où sont deux blanchisseuses : l'une d'elle menace de son fer chaud un pompier trop entreprenant et lui dit : « Pompier ! pompier ! si vous ne finissez pas, vous allez être brûlé. » Une lithographie d'Hippolyte Bellangé montre aussi un pompier assis sur une chaise en équilibre et un pied sur le poêle, dans une attitude affaissée indiquant qu'il a trop fêté la bouteille que l'on voit à ses pieds ; tout en repassant une camisole, la blanchisseuse dit : « C'est bien aimable un pompier, mais ça a des moments bien désagréables ».

Plusieurs caricatures sont basées sur les galanteries dont les

blanchisseuses sont l'objet; elles sont cependant bien moins.
nombreuses que celles qui ont trait aux ouvrières de l'aiguille.
Une planche de la Restauration représente un jeune homme

Petite blanchisseuse, d'après une lithographie de Gavarni.

qui enlace une blanchisseuse, dont il a renversé le fourneau
avec le pied; au-dessous est l'inscription : « Vous repasserez
demain. » Une autre lithographie coloriée est intitulée « le
Jour de la Blanchisseuse »; pendant que celle-ci, au minois

éveillé, dépose son panier, un célibataire pousse le verrou
de son appartement. Dans la série assez égrillarde de Lin-
der (1855), une blanchisseuse a dispute avec un client;
dans la planche suivante, elle se rajuste devant une glace,

La vieille blanchisseuse : « Si tu gueules comme ça, tu n'iras pas voir le bœuf gras. »

ce qui prouve que la discussion n'a pas été de longue durée.

M. Coffignon, dans son livre les *Coulisses de la Mode*, fait en
ces termes l'éloge de la blanchisseuse : De toutes les ouvrières,
c'est celle qui nous a paru aimer le mieux son métier, et
cependant l'ouvrage est rude et la profession pénible à exercer.
Les laveuses semblent être les proches parentes des dames de

la Halle. On leur retrouve les mêmes défauts et les mêmes qualités, le verbe haut et le parler franc ; mais aussi le cœur pitoyable et la main toujours généreusement tendue.

En Haute-Bretagne, les « dersouères » ou repasseuses font assez souvent de bons mariages ; c'est un des métiers féminins les plus estimés.

D'après les *Industriels*, en 1842, il y avait à Paris trois classes de mœurs assez différentes. « La repasseuse affectait à l'égard de ses autres compagnes une sorte de supériorité aristocratique. Elle voulait être mignonne, élégante, comme il faut. Avant d'entrer dans un bal public, sous la protection d'un clerc de notaire ou d'un commis-marchand, elle s'informe si la réunion est bien composée, si l'on n'y danse pas trop indécemment. Elle porte un chapeau de même que la modiste, et se drape artistement dans un châle. La savonneuse a les goûts plus grossiers, l'allure plus vulgaire, les mœurs plus cyniques ; elle travaille avec assiduité pendant toute la semaine, surtout le jeudi, jour de savonnage général ; mais, le dimanche, elle se rattrape : les guinguettes des barrières des Martyrs et de Rochechouart regorgent alors de blanchisseuses, qui s'y présentent fièrement, donnant le bras, les unes à des sapeurs-pompiers, les autres à des gardes municipaux, d'autres à des ouvriers bijoutiers, ciseleurs, horlogers, tailleurs. Au Carnaval, morte saison du blanchissage, elle profite de ce qu'elle est moins occupée pour ne pas s'occuper du tout, et embellir de sa présence les bals publics. Les blanchisseuses au bateau sont les employées des blanchisseries en gros de l'intérieur de Paris. Si l'on en croit les blanchisseuses de fin, les blanchisseuses au bateau sont le rebut du genre humain. Pendant que le froid et l'humidité gercent leurs mains et leur visage, leur moralité est gravement altérée par de fréquentes relations avec les mariniers, les bûcheurs et les débardeurs. »

A Gand, les repasseuses qui célèbrent le jour du Saint-Sacrement, chôment la veille de cette fête, vulgairement appelée « Strykerkens avond » veille des repasseuses. A Liège, les blanchisseuses et les repasseuses honoraient autrefois la fête de sainte Claire, leur patronne.

En Haute-Bretagne, les blanchisseuses des villes ont leur fête à l'Ascension : les ouvrières vont porter des bouquets aux patronnes et à leurs pratiques, qui leur donnent un pourboire qu'elles vont dépenser dans les auberges.

On sait qu'à Paris, la principale fête des blanchisseuses est à la Mi-Carême ; et cet usage est assez ancien. L'image de la fin du siècle dernier que nous reproduisons, p. 13, est accompagnée de cette légende : « Les blanchisseuses sont à peu près les seules artisanes qui se réunissent et forment à Paris une espèce de communauté ; elles célèbrent avec éclat, entre elles, à la Mi-Carême, une fête ; elles s'élisent, ce jour-là, une reine et lui donnent un écuyer ; le maître des cérémonies est ordinairement un porteur d'eau. Le jour de la fête arrivé, la reine, soutenue par son écuyer, se rend dans le batteau où des ménétriers l'attendent ; on y danse et c'est elle qui ouvre le bal ; la danse dure jusqu'à cinq heures du soir, les cavaliers font pour lors venir un carrosse de louage, la reine y monte avec son écuyer, et toute la bande gaye suit à pied, elle va, avec elle, dans une guinguette pour s'y réjouir pendant toute la nuit. »

Vers 1840, voici, d'après les *Industriels*, comment la fête se passait : « Le jour de la Mi-Carême, les bateaux se métamorphosent en salles de bal ; un cyprès orné de rubans est hissé sur le toit du flottant édifice : c'est la fête des blanchisseuses. Chaque bateau élit une reine qui, payant en espèces l'honneur qu'on lui fait, met en réquisition rôtisseurs et ménétriers. A cette époque les blanchisseuses de la banlieue célébraient aussi la Mi-Carême. »

On sait que depuis quelques années la Mi-Carême est l'occasion de fêtes brillantes, à l'éclat desquelles collaborent les étudiants et les blanchisseuses. La reine des reines, élue par l'assemblée des lavoirs, exerce pendant un jour une véritable royauté, entourée d'une cour nombreuse aux costumes bariolés, et se promène, comme une souveraine en visite, sur un char qui est loin de ressembler au modeste « carosse de louage » du siècle dernier. C'est un véritable événement parisien, et la vraie fête du Carême. Les journaux illustrés publient le portrait de la reine des reines, les reporters vont l'interviewer, et on vend par les rues un journal orné de gravures, fait tout exprès pour la circonstance.

Le bal des blanchisseuses était, il y a une trentaine d'années, un thème à caricatures, accompagnées de légendes dans le goût de ces deux-ci, qu'on lit au-dessous de dessins de Cham : « Vous ne pouvez pas me donner mon linge la semaine prochaine, dit un client à sa blanchisseuse. — Impossible, répond-elle, il faut que j'étudie le pas des lanciers, c'est jeudi prochain not' bal. » Une grosse femme en train de laver dans un baquet disait à son ouvrière : « Tu vas aller tout de suite chercher le linge de la comtesse, que je me dépêche de le laver. Je n'ai pas de chemise brodée à mettre pour le bal des blanchisseuses, jeudi prochain. »

Un passage des *Nuits de Paris* prouve que ce n'est pas d'hier que les blanchisseuses se servent, pour leur usage personnel, du linge de leurs pratiques. « Je me rendis chez moi, sans aucune autre rencontre que celle de deux filles chargées de linge qui allaient au bateau avant le jour. L'une de ces filles disait à l'autre : — Comme tu te quarrais donc, dimanche, avec ton déshabiller blanc garni ! Mais c'est que ça t'allait. — Je le crais ben. C'est d'une belle dame, et ça est fait de la bonne main, par ma'm'selle Raguidon, de la rue Guillaume,

La Repasseuse, d'après Lanté.

qui travaille... Je serais ben bête d'acheter des hardes! J'ai du blanc tous les dimanches et toujours du nouveau! Ces femmes-là ne salissent pas; moi, j'achève et je brille. Bas, chemises, jupons, rien n'est à moi... Et toi, la Catau? — Et moi... Mais... n'en dis mot, ou je te vendrais comme tu m'a- rais vendue... C'est tout d'même... Et je prête des mouchoirs, des chemises, des cols, des bas au grenadier Latèreur. — Et moi au Guet à pied Lamerluche. — Des casaquins à la petite Manon. — Des chemises à la Javote. — Et puis j'en loue. — Et moi de même. »

Dans une planche des *Petits mystères de Paris*, une blan- chisseuse dit à sa connaissance : « J'savais que t'avais pas d'pantalon, j'tai donné un coup d'savon au blanc de l'avoué, qui te va si bien. Fifine va lui dire qu'elle l'a oublié. »

Dans les *Cancans*, petite pièce du théâtre des Ombres chi- noises (1820), le dialogue suivant s'engage entre une blan- chisseuse et son apprentie :

MARGUERITE. — Oh! la la, les épaules, que je suis échignée d'avoir porté ce linge!

MANON. — Et en as-tu beaucoup rapporté?

MARGUERITE. — Mais pas mal, je l'ai posé là-bas sur l'hangar. Tu ne sais pas? Madame Chifflart, elle s'est encore plainte que son linge n'était pas assez blanc : elle n'est jamais contente; faudrait encore tout lui faire pour rien.

MANON. — Sois tranquille, une autre fois je brosserai un peu plus fort, et surtout je n'oublierai pas l'eau de javelle. Ah çà! la petite Criquet, on ne la voit plus depuis quéqu' temps.

MARGUERITE. — Pardi, ça blanchit son linge soi seul, c'est si ladre : elle ne voulait jamais payer les jupons qu'un sou, aussi je ne lui repassais jamais les cordes.

MANON. — Et je dis que tu faisais bien.

Les blanchisseuses ne paraissent pas avoir, comme les lavan- dières de la campagne, des superstitions nombreuses et variées. Voici les seules qui soient venues à ma connaissance : Dans la Gironde, les lisseuses prétendent que quand les fers placés sur le fourneau remuent, c'est un présage d'ouvrage prochain.

Dans ce même pays et dans les Charentes, pour connaître si le
fer à lisser est chaud à point elles crachent dessus; si la salive
est immédiatement absorbée, c'est signe qu'il est en état de
servir. Le rôle des blanchisseuses, dans les récits populaires,
est assez restreint. J'ai entendu maintes fois conter, en plusieurs
pays de la Haute-Bretagne, très éloignés les uns des autres,
l'histoire suivante, qui semble un écho lointain de la « Barbe-
Bleue » : Trois jeunes personnes blanchissaient le linge d'un
monsieur, et elles remarquaient que les torchons et les ser-
viettes étaient tachés de sang. Elles allaient à tour de rôle
porter le linge. Un jour l'une d'elles, en arrivant au bas de
l'escalier, entendit des cris et sentit quelque chose de chaud
qui lui dégouttait sur la main. C'était du sang, et presque
aussitôt une main tomba sur la sienne; elle la ramassa et se
sauva sans avoir été vue. Peu après, le monsieur invita les
jeunes filles à dîner; elles acceptèrent, mais à la condition que
d'abord le monsieur et ses amis viendraient manger chez elles.
Elles prévinrent la justice, et à la fin du repas, celle qui avait
ramassé la main conta ce qu'elle avait vu, en disant que c'était
un rêve; à la fin la justice arriva et emmena les trois assassins.

La blanchisseuse, d'après les *Arts et Métiers*.

SOURCES

E. Fournier, *Variétés historiques et littéraires*, I, 311. — Sauvé, *Lavarou Koz.* — Lecœur, *Esquisses du Bocage normand*, II, 757. — Noël du Fail, *Œuvres* (édition Assézat), II, 253. — *Ancien Théâtre français*, IV, 257, 265. — Paul Sébillot, *Les Travaux publics et les Mines*, 40 ; *Coutumes de la Haute-Bretagne*, 235, 287. — Noguès, *Mœurs d'autrefois en Saintonge*, 200. — Henderson, *Folk-Lore of Northern Counties*, 80. — E. Monseur, *Le Folk-Lore wallon*, 126, 131. — Reinsberg-Düringsfeld, *Traditions de la Belgique*, I, 235, 392 ; II. 93. — Ceresole, *Légendes de la Suisse romande*, 89, 323. — Mistral, *Trésor*. — Régis de la Colombière, *Cris de Marseille*, 259. — Sauvé, *Le Folk-Lore des Vosges*, 220, 308, 381. — Moiset, *Usages de l'Yonne*, 123. — *Revue des traditions populaires*, II, 524 ; VI, 758 ; IX, 217. — Grimm, *Teutonic mythology*, IV, 1777. — Gregor, *Folk-Lore of Scotland*, 177. — A. de Nore, *Coutumes, etc., des provinces de France*, 100. — L. du Bois, *Esquisses de la Normandie*, 344. — P. Renard, *Superstitions bressannes*, 15. — Duval, *Esquisses marchoises*, 20. — Paul Sébillot, *Traditions de la Haute-Bretagne*, I, 192, 124 ; 229, 250. — Amélie Bosquet, *La Normandie romanesque*, 179. — A. Meyrac, *Traditions des Ardennes*, 199. — Laisnel de la Salle, *Légendes du Centre*, II, 99, 123. — A. Le Braz, *Légende de la mort en Basse-Bretagne*, 378. — *Société archéologique du Finistère*, XXI, 461. — A. Vaschalde, *Superstitions du Vivarais*, 14. — J.-F. Bladé, *Contes de la Gascogne*, I, 22. — F.-M. Luzel, *Contes de Basse-Bretagne*, I, 303. — L. Brueyre, *Contes de la Grande-Bretagne*, 68. — Dasent, *Popular tales from the Norse*, 34. — J.-F. Bladé, *Poésies populaires de la Gascogne*, II, 220. — L. Larchey, *Dictionnaire d'argot*. — Jacob, *Curiosités de l'histoire de Paris*, 125. — Vadé, *Lettres de la Grenouillère*. — A. Coffignon, *Coulisses de la Mode*, 113, 119. — La Bédollière, *Les Industriels*, 107. — Restif de la Bretonne, *Les Nuits de Paris*, 182. — C. de Mensignac, *Superstitions de la Gironde*, 114 ; *La Salive et le Crachat*, 112.

Vieille blanchisseuse, d'après Daumier.

PAUL SÉBILLOT

LÉGENDES ET CURIOSITÉS

DES MÉTIERS

LES CORDONNIERS

Le blason populaire des cordonniers et des savetiers est d'une richesse exceptionnelle ; il n'est probablement aucun corps d'état qui ait été désigné par autant de surnoms plaisants ou de périphrases comiques.

Beaucoup sont des allusions ironiques à des professions plus relevées : en argot le maître cordonnier est appelé « pontife » à cause de la forme de son tablier, qui lui avait valu aussi le sobriquet de « porte-aumusse » ; au siècle dernier le surnom de « porte-aumuche » désignait une certaine catégorie de savetiers. Le simple cordonnier a été qualifié d' « ambassadeur ».

La comparaison de l'alène avec une arme de guerre avait fait imaginer un surnom que l'on lit sur l'estampe de la p. 29 « chevalier de la courte lance, le pied à l'estrier, la lance en arrest » et dans une petite pièce de 1649 :

> Chevalier de la courte lance
> Ou savetier, par révérence.

CORDONNIERS, CHAPELIERS.

Le trait de politesse facétieuse du dernier vers était encore usité au XVIII° siècle ; d'après les *Causes amusantes*, on avait alors coutume de ne nommer les savetiers qu'en disant, sauf votre respect, et en ôtant le chapeau. On trouve en Russie un parallèle satirique assez voisin ; lorsque quelqu'un prend un air d'importance on lui dit : « Ne faites pas attention, bonnes gens ; je suis un cordonnier, parlez-moi comme à votre égal ».

On avait surnommé, au siècle dernier, les cordonniers « lapidaires en cuir » à cause des petites pointes appelées diamants dont on garnit la semelle des souliers ; actuellement on les nomme encore « bijoutiers sur cuir » ou « bijoutiers sur le genou » « bijoutiè sus lou geinoui » (Provence), expression qui viendrait du caillou rond ou diamant sur lequel ils battent leur cuir. Dans le même ordre d'idées on peut citer : « graveur sur cuir », *tisseran* (Provence), « tisserand sur cuir » et « tireur de rivets. »

Dans le langage argotique l'ouvrier est appelé *gniaf*, le premier ouvrier *goret*, terme déjà usité au XVII° siècle ; le second ouvrier *bœuf*, parce qu'il a les plus grosses charges ; l'apprenti *pignouf*, nom qui, en dehors de la corporation, est devenu injurieux.

Le patron d'une maison de chaussures du dernier ordre est un *beurloquin ;* un *beurlot* est un petit maître cordonnier. Le bottier traite le cordonnier pour dames de « chiffonnier ». La boutique de bottier est appelée *breloque de boueux*. Le baquet de cordonnier, où trempent le cuir et la poix, est dit : « baquet de science. »

Le navet est une « olive de savetier », l'oie une « alouette de savetier », le réséda ou le basilic un « oranger de savetier ».

S'il en faut croire Pétrus Borel, vers 1840, il courait dans la corporation des étymologies fantaisistes sur l'origine du mot « cordonnier », qui a fini par devenir le terme général

pour désigner les artisans de la chaussure : s'ils s'appellent
« Cordonniers », c'est parce qu'ils donnent des cors. Le gniaf
avait une autre explication, aussi bonne que la première, mais
dont, paraît-il, il était très persuadé : Le roi étant allé un jour
prendre mesure de souliers chez son fournisseur, il y oublia
son cordon : à son retour au palais le roi s'en aperçut et envoya
aussitôt un de ses pages le réclamer. Le cordon fut nié, c'est-à-
dire que l'artisan nia l'avoir trouvé. Ce fut, en un mot, un
cordon nié. Le roi s'emporta, et, dans sa trop juste colère,
ordonna, à dessein d'imprimer un sceau de honte indélébile
et éternel sur le front de cet homme coupable, faisant payer
à tous la faute d'un seul, qu'à l'avenir les confectionneurs de
chaussures s'appelleraient cordon-niers.

Une autre légende, populaire autrefois chez les ouvriers,
racontait que l'unique haut-de-chausses de Charles le Chauve
réclamant une prompte réparation, des savetiers furent appelés
et le recousirent; en récompense de ce service le roi accorda
à la corporation troyenne la faveur de célébrer la fête de son
patron dans l'église de l'abbaye royale de Saint-Loup; les
savetiers prétendaient même avoir l'original de cette permission dans le coffre de leur communauté, et ils le conservaient
comme un de leurs plus beaux titres.

Un sobriquet très usité est celui de tire-ligneul, en Provence,
tiro-lignou, auquel fait allusion un couplet d'une petite chanson
de danse, populaire en Haute-Bretagne :

> Mon grand-père était cordonnier,
> Tire la lignette (*bis*),
> Mon grand-père était cordonnier,
> Tire la lignette des deux côtés.

Le ligneul et la poix fournissent des allusions fréquentes :
dans les estampes du siècle dernier, M. et Mme la Poix sont
les noms courants du savetier et de son « épouse »; en Pro-

vence, les savetiers et les cordonniers sont appelés *Pegots*, *la Pegot*, la poix, *Det de Pego*, doigt de poix, *li chivaliè de la Pego*. On dit proverbialement en Gascogne :

> *Sense la pego e lou lignó,*
> *Courdounié noble dinqu'au cot.*

Sans la poix et le ligneul, cordonnier noble jusqu'au cou.

> *Courdouniès pudentz*
> *Tiron lou lignol dab las dentz.*

Cordonniers puants, tirent le ligneul avec les dents.

Cette accusation de sentir mauvais est ancienne ; dans la *Farce nouvelle très bonne et très joyeuse*, qui date du XVIe siècle, le chauderonnier dit à un crieur de souliers, vieux houseaulx :

> Qu'esse qu'il te fault,
> Très fort savetier punais?

Lorsque dans l'ancien compagnonnage un ouvrier rencontrait un compagnon cordonnier, il lui disait : « Passe au large, sale puant ». Dans le Loiret, les enfants poursuivent les savetiers de cette formulette : « Savetier punais, mal fait, contrefait, rhabille ma botte, gnaf. » A Marseille, ils font entendre devant eux le sifflement du Kniaff, en l'accompagnant du geste que les ouvriers en cuir font en cousant leur ouvrage. En Portugal, on crie :

> *Sapateiro remendão*
> *Bota-me aqui um tacão.*

Savetier ravaudeur, jette-moi un talon.

L'attitude du cordonnier, qui travaille toujours assis, avait inspiré des sobriquets dans le genre de « cu cousu », ou « cu collé », qui est populaire en Haute-Bretagne.

L'accusation de faire de mauvaise besogne ou de manquer de scrupules, commune à tant de métiers, est aussi adressée aux cordonniers. En Haute-Bretagne, les vieilles gens prétendent qu'ils font exprès de donner un coup de tranchet à certain endroit du cuir, pour que les souliers ne durent pas trop, et dans le Loiret on leur adresse ce quolibet :

Cordonnier filou
Qui met la pièce au long du trou.

Boutique de cordonnier au XVIe siècle, d'après Jost Amman.

Il y a des dictons qui sont plus injurieux.

— *Ges de plus mau caussa que lou sabatié tiro-lignou.* — Il n'y a rien de plus mauvais que le savetier tire-ligneul. (Provence.)

— *Is e'n griasaiche math an duine 's briagaich' air thalamh.* — Le bon cordonnier est le plus grand des voleurs. (Écosse.)

— Qui trompera le plus vite, si ce n'est le cordonnier?

Ce proverbe petit-russien peut être rapproché de deux proverbes russes qu'il faut prendre dans le sens ironique :

— Les cordonniers, ce sont des saints (au moins ils se disent l'être).

— On dit qu'il n'y a pas de métier plus honnête que celui de cordonnier.

Lorsque, d'après la légende ukraïnienne, la sainte Vierge

descendit en Enfer, elle vit des hommes et des femmes tourmentés sans pitié sur le feu ; les diables leur fourraient dans la bouche de la laine et du cuir flamboyant, versaient dans leurs yeux le goudron bouillant, déchiraient leurs corps avec des ongles de fer brûlant, etc. « Qui sont ces gens? demanda la sainte Vierge. — Ce sont les pelletiers, les corroyeurs et les cordonniers malfaiteurs, répondit saint Michel.

On sait que les cordonniers ont une dévotion particulière et fort ancienne pour saint Crépin et saint Crépinien ; on assure toutefois qu'ils vénèrent au moins autant saint Lundi.

Dans un des *Noels au patois de Besançon*, qui date de 1707, un savetier, venu avec d'autres ouvriers pour rendre hommage au petit Jésus, dit que pour lui faire honneur il fêtera désormais le lundi :

> *I seu lou grand réparateu*
> *De lai chaussure humaine,*
> *Y venet voë nouëte Sauveu :*
> *Encoûot qu'y seu pouëre, y seu sieu*
> *Que mai race ot ancienne,*
> *Y fera fête ai son hoûneu*
> *Las Lundis das semaines.*

Dans la Flandre occidentale, on dit qu'ils ne savent pas au juste quel jour tombe la fête de saint Crépin, mais qu'ils savent seulement que c'est un lundi ; c'est pour cela qu'ils le fêtent tous les lundis de l'année ; en Angleterre ce jour est parfois appelé *Saint Monday*, Saint Lundi, ou *Cobbler's Monday*, le lundi des cordonniers, nom aussi usité en France. Mais s'il en faut croire les chansons et les dictons, un seul jour de culte ne leur suffit pas :

> Les cordonniers sont pir's qu'les évêques (*bis*) :
> Tous les lundis ils font une fête.
> Lon la,
> Battons la semelle, le beau temps viendra.

Tous les lundis ils font une fête (*bis*),
Et l'mardi ils ont mal à la tête.

L'mercredi ils vont voir Cath'rinette,

L'jeudi ils aiguisent leurs alènes,

L'vendredi ils sont sur la sellette,

L'samedi petite est la recette.

Cette chanson, qui a été recueillie aux environs de Saint-Brieuc, a une variante en Belgique wallonne :

Les cordonniers sont pires que des évêques :
Tous les lundis, ils en font une fête.
Tirez fort, piquez fin !
Coucher tard et lever matin.
Et le mardi, ils vont boire la chopinette.
Le mercredi ils ont mal à la tête.
Et le jeudi, ils vont voir leurs fillettes,
Le vendredi ils commencent la semaine,
Et le samedi les bottes ne sont pas faites,
Le dimanche ils vont trouver leur maître.
Leur faut l'argent, les bottes ne sont pas faites.
« Tu n'en auras pas, si les bottes ne sont pas faites.
— Si je n'en ai pas je veux changer de maître. »

En Espagne, il y a aussi un dicton sur la semaine des cordonniers :

Lunes y Martes de chispa,
Miercoles la estan durmiendo,
Juéves y Viérnes mala gana
Y el Sábado entra el estruendo.

Lundi et mardi jour de vin, le mercredi ils sont à dormir; jeudi et vendredi mauvaise santé, et le samedi recommence le bruit.

L'imagerie populaire a souvent représenté saint Lundi : en général un savetier entouré de gens de divers états est juché sur un tonneau; ses souliers sont éculés et déchirés, il brandit un broc, ses bras sont nus et portent un tatouage : deux bottes et un homme qui courtise une femme (p. 9).

Le placard de Saint-Lundi, publié à Épinal vers 1835, met ces vers dans la bouche du savetier :

> Vous qui commencez la semaine
> Au troisième jour seulement,
> De Pompe à Mort, dit Longue-Haleine,
> Gai savetier, buveur ardent,
> Et de plus votre président,
> Écoutez tous un avis sage
> Que ma prudence va dicter :
> Abandonnez votre ménage
> Et venez tous rire et chanter.

Un des principaux personnages du Guignol lyonnais est Gnaffron « savetier, regrolleur, médecin de la chaussure humaine » et par-dessus tout « vénérable soifard ».

Cette réputation n'est pas particulière aux cordonniers de France :

— *Cobbler's law ; he that take money must be the drink.* — La règle du savetier : celui qui reçoit l'argent doit être celui qui le boit. (Angleterre.)

— Ivre comme cordonnier. (Prov. russe.)

> *Coblers and tinkers*
> *Are the best ale drinkers.*

Savetiers et cordonniers sont les plus grands buveurs de bière. (Angleterre.)

— Tailleur voleur, cordonnier noceur et forgeron ivrogne. (Russe.)

— Jouer comme un savetier. (Liège.)

Une anecdote rapportée par Mercier est en relation avec la renommée d'intempérance hebdomadaire attribuée au corps : un savetier voyant un jeudi, au coin d'une borne, un sergent ivre qu'on tâchait de relever et qui retombait lourdement sur la pierre, quitta son tire-pied, se posta devant l'homme chancelant, et, après l'avoir contemplé, dit en soupirant : « Voilà cependant l'état où je serai dimanche. »

Courdeniers, courtz de dinès, cordonniers à court de deniers, est un dicton béarnais fondé sur un jeu de mots, qui signifie peut-être qu'ils dissipent vite ce qu'ils ont gagné; on disait déjà au XVI° siècle :

Saint Landi, image populaire publiée chez Dembour, à Metz, vers 1830.

Gain du cordouanier
Entre par l'huys et ist (sort) par le fumier.

Dans la tradition sicilienne, le savetier est le type de l'ou-

vrier pauvre par excellence, et les récits populaires le représentent comme se donnant beaucoup de mal sans parvenir à
gagner leur vie. Un conte anglais prétend que si la corporation n'est pas riche, c'est qu'elle a encouru autrefois la malédiction divine. Un jour qu'une dame du Devonshire reprochait
à un pauvre cordonnier son indolence et son manque d'esprit,
elle fut bien étonnée de l'entendre dire : « Ne vous inquiétez
pas de nous ; nous autres cordonniers, nous sommes une
pauvre et misérable race et il en a toujours été ainsi depuis
la malédiction que Jésus-Christ a formulée contre nous. Quand
on le conduisait au Calvaire, il vint à passer devant une
échoppe de cordonnier ; celui-ci le regarda de travers et lui
cracha au visage. Notre-Seigneur se retourna et dit : Tu seras
toujours un pauvre et tous les cordonniers après toi, pour ce
que tu viens de me faire. »

D'après la légende, le Juif-Errant était en effet cordonnier,
et l'imagerie populaire l'a plusieurs fois représenté avec les
attributs de ce corps d'état ; dans une planche normande que
décrit Champfleury, il est sorti de sa boutique pour voir passer
le Christ, et il l'insulte ; une ancienne image parisienne le
montre dans sa boutique et criant : *Avance et marche donc*,
comme le bois du musée de Quimper, que nous reproduisons.
Un proverbe de la Belgique wallonne : « Il est comme le savetier qui court », assimile le Juif-Errant à un cordonnier.

Les proverbes qui suivent font allusion à la démangeaison
de parler des cordonniers, qui les porte à altérer la vérité.

    — *N'am faighteadh ciad sagart gun 'bhi sanntach.*
    Ciad tàillear gun 'bhi sunntach ;
    Ciad griasaich' gun 'bhi briagach ;
    Ciad figheadair gun 'bhi bradach ;
    Ciad gobha gun 'bhi pàiteach ;
    'Us ciad cailleach nach robhr iamh air chéilidh.
    Chuireadh iad an crùn air an righ gun aon bhuille.

S'il y avait cent prêtres qui ne seraient pas gourmands; cent tailleurs qui ne seraient pas gais; cent cordonniers pas menteurs; cent tisserands pas voleurs; cent forgerons pas altérés; cent vieilles femmes pas bavardes, on pourrait couronner le roi sans crainte.

— Le cordonnier ne fait pas un pas sans mentir.

— La politique des cordonniers.

— La grammaire honnête des cordonniers. (Proverbes russes.)

On a souvent donné aux cordonniers, non sans quelque intention malicieuse, l'épithète de « brave »; dans le corps, on lui attribue une origine illustre et tout à l'honneur du métier. Le gniaf rapporte avec orgueil qu'un jour Henri le Grand examinant une liste de criminels, demanda qui ils étaient. Il y avait des maçons, des charrons, des couvreurs, des tailleurs, mais de cordonniers, point! ce que voyant, le roi s'écria : Les cordonniers sont des braves! Le mot se répandit et l'épithète de brave est restée depuis lors aux cordonniers.

* *

Les maîtres cordonniers eurent d'assez bonne heure des enseignes sur lesquelles étaient peints les emblèmes de la profession. Au-dessus des boutiques était souvent suspendu un tableau de bois, sur l'un des côtés duquel on voyait une superbe botte d'or sur un fond noir; sur l'autre étaient trois alènes d'argent sur fond rouge; dans les armoiries des cordonniers, dont les auteurs de l'*Histoire des Cordonniers* (1852) ont reproduit la riche collection, la botte est fréquemment représentée, moins pourtant que le soulier, soit seule, soit accompagnée de l'alène, et actuellement il n'est pas rare de voir des bottes rouges à revers noirs servant d'enseigne à des boutiques de savetiers; quelquefois des fleurs, généralement des pensées, agrémentent la botte.

Certains cordonniers essayaient de se signaler par quelque

trait visant à l'originalité. A Bordeaux, au milieu du XVII° siècle, l'enseigne du *Loup botté* était celle d'un artisan qui eut son heure de célébrité comme poète et comme inventeur. En 1677, on imprima un livre qu'il avait composé sous ce titre : *Poésies nouvelles sur le sujet des bottes sans coutures présentées au roy par Nicolas Lestage, maître cordonnier de Sa Majesté.*

Les cordonniers firent, au reste, plusieurs emprunts au règne animal et aux contes, et l'on peut encore voir à Paris

Le Juif-Errant, bois du musée de Quimper.

des enseignes du *Loup gris*, du *Renard botté*, du *Lion qui déchire la botte* ; le *Chat botté* n'a pas été oublié, non plus que le *Petit Poucet*, les bottes de l'ogre et la pantoufle de *Cendrillon*. Le succès de la comédie de Sedaine, le *Diable à quatre*, où figuraient comme personnages un cordonnier et sa femme, donna naissance à plusieurs enseignes ; l'une d'elles existait encore en 1825 et a été reproduite dans le *Jeu de Paris en miniature* (p. 20).

De leur côté, les savetiers ornaient leurs échoppes d'emblèmes de métier et d'inscriptions : *Lapoix, maître savetier suivant la cour* ; *Maître Jacques, savetier en neuf*, qui remontent au siècle dernier. De nos jours, on a pu lire sur les devantures : *Au soulier minion ; A la botte fleurie, Courtin confectionne en vieux et en neuf ; Lacombe et son épouse est cordonnier*, etc. Après 1830, on voit des enseignes à double sens qui touchent à la politique : *Au Tirant moderne, Au Tirant couronné, Au nouveau Tirant*.

Les boutiques de cordonniers que la belle estampe d'Abraham Bosse, souvent reproduite, représente comme assez luxueuses au XVIIe siècle, étaient, comme la plupart de celles

Boutique de cordonnier, d'après l'*Encyclopédie*.

des autres artisans, très simples à l'époque qui précéda la Révolution. Les cordonniers en réputation, dit Ant. Caillot, n'étaient pas moins modestes, quant aux ornements extérieurs de leurs boutiques, que la plupart des savetiers de notre temps. Nulle décoration, nulle peinture, nul étalage que celui des souliers auxquels ils travaillaient pour leurs pratiques. Le même auteur constatait, en 1825, qu'un changement notable, qui remontait à l'Empire, s'était opéré : Voyez la propreté et la recherche qui y règnent. Rien n'y manque : glaces, chaises à lyre, comptoir d'acajou, tablettes façon du même bois, tapis de pied, vitrages au travers desquels sont rangés, dans le plus bel ordre, des milliers de paires de souliers de toutes les mesures, de toutes les modes, de toutes les couleurs. A ces ornements il faut ajouter cinq ou six jeunes bordeuses, proprement vêtues, qui travaillent sous l'inspection de la maîtresse, dont le costume rivalise avec celui des femmes d'une profession plus élevée.

L'estampe de la page 25 représente un cordonnier de la fin du XVIIe siècle, qui prend mesure à une dame; vers 1780, le cordonnier à la mode portait un habit noir, une perruque bien poudrée, sa veste était de soie : il avait l'air d'un greffier. Quand une cliente distinguée se présentait, il venait lui-même prendre mesure. Il entre, dit Mercier, il se met aux genoux de la femme charmante : « Vous avez un pied fondant, madame la marquise; mais où donc avez-vous été chaussée? Vous avez dans le pied une grâce particulière. Je suis glorieux d'habiller votre pied. J'en ai pris le dessin. J'en confierai l'expédition à mon premier clerc; jamais son talent ne s'est prêté à la déformation. »

Les échoppes des savetiers ont toujours été pittoresques : aussi les peintres hollandais et flamands les ont souvent représentées, et les auteurs des gravures sur les artisans aux derniers siècles se sont plu à les dessiner. De nos jours, à Paris même, il en est encore dont l'aspect est tout aussi amusant. Vers 1840, sur la surface intime de la porte se trouvait d'ordinaire le Juif-Errant et sa romance, d'où venait, dit-on, la phrase proverbiale des vieilles gouvernantes : Il est sage comme une image collée à la porte d'un savetier. Maintenant on y voit des portraits de personnages à la mode, des gravures empruntées aux journaux illustrés, parfois des affiches coloriées ou des chromolithographies.

Les carreleurs, qui tirent leur nom de la pose des carreaux à la semelle des souliers, ne viennent pour la plupart exercer leur profession que pendant l'hiver, et aux premiers jours de soleil ils s'en retournent en Lorraine s'adonner aux travaux des champs.

Une chanson de Charles Vincent décrit assez bien la vie de ce pauvre savetier qui, un bâton à la main, s'en va jetant son cri de Carr'leur soulier :

> Ainsi le savetier traverse
> Grand'ville, village et hameau ;
> Pour braver le froid et l'averse,
> Sa hotte lui sert de manteau.
> Au printemps, dans les nuits superbes,
> Prenant le ciel pour hôtelier,
> Il s'étend dans les hautes herbes,
> Sa hotte lui sert d'oreiller.
>   Carr'leur soulier !
>
> Près d'une borne de l'église,
> Tous les jours, au soleil levant,
> Il déballe sa marchandise
> Et vient s'établir en plein vent.
> Sa hotte lui sert de banquette.
> Il chante en son vaste atelier,
> Et ses chants que l'écho répète
> Vont éveiller tout le quartier.
>   Carr'leur soulier !
>
> Et pendant qu'il bat ses semelles,
> Chacun chez lui entre en passant
> Pour lui demander des nouvelles,
> Car il est le journal vivant.
> Il sait plus d'un petit mystère,
> Et dit, sans se faire prier,
> Pourquoi tous les soirs le notaire...
> Pourquoi la femme de l'huissier...
>   Carr'leur soulier !

Autrefois, des savetiers ambulants parcouraient les rues, en criant, pour avertir les clients qui avaient des chaussures à réparer ou à vendre ; voici leur cri au XVII siècle :

> Housse aux vieux souliers vieux !
> Il est temps que je pense à boire.

(Devant que plus avant je voise)
De bon vin, fût fort ou vieux.

Qui a des vieux souliers
A vendre en bloc ou en tâche !

Un savetier, d'après une eau.-forte de Van Ostade.

Au siècle dernier, ils s'annonçaient comme « réparateurs de la chaussure humaine ». Vers 1810, ils psalmodiaient sur un air nasillard, que Gouriet a noté :

Carr'leu d'souliers !
Avez-vous des souliers à raccommoder?

Si vos souliers sont déchirés,
Voilà l'ouvrier
Qui vous demande à travailler.

Dans le Nord, on donnait le surnom de *quoie* à ceux qui parcouraient les rues chaque lundi pour crier les vieux souliers. Cet usage a cessé à la Révolution ; c'est peut-être lui, dit

De millions d'enseignes un peu de patience
mes chers Concitoyens, une Nation ne se r'avance
pas comme un Escarpin, laisser faire nos Députés
je jurerois moi sur mon Alaine et mon Tire-
pied, que nous aurons une bonne remontre en
attendant je me pré'occupe de mon art au lieu
de courir et d'jaser, s'qui n'avance pas d'une?
Semelle.

Un savetier, image révolutionnaire. (Musée Carnavalet.)

Hécart, qui a donné naissance à l'expression lundi des savetiers, parce qu'ils allaient le soir boire au cabaret le produit de la journée. Aujourd'hui, tout au moins à Paris, ce métier a disparu, de même que celui de revendeur de souliers ambulant ; une estampe de Mitelli nous montre un de ceux-ci, auquel manque précisément une jambe (p. 41).

Ces industriels étaient, comme beaucoup d'autres, en butte aux quolibets des gens de la rue. En Sicile, quand le savetier se promène en criant : *Scarparu!* les gamins s'empressent de lui répondre à la face : *Ogni puntunn ni fazzu un paru!* Chaque point ne fait pas une paire.

C'est parce que les cordonniers, et surtout les savetiers, étaient populaires entre tous les artisans par leur esprit gai et caustique, qu'ils tiennent une si grande place dans l'imagerie révolutionnaire. Au début, ils sont optimistes, comme celui de l'estampe de 1789, dont le succès est attesté par des variantes, et qui est intitulée : Le bon temps reviendra. Patience, Margot, dit le savetier à sa femme, j'aurons bientôt 3 fois 8. L'explication est sur un placard déposé sur la table : « Espérance pour 1794 (?) Pain à 8 sous, — vin à 8 sous, — viande à 8 sous. » Celui de l'image reproduite, p. 17, fait également des réflexions très sensées.

Mais cette sagesse ne dura guère, tout au moins chez quelques-uns, et on les voit se mêler plus que de raison à la politique active; un peu plus tard, une autre image montre un savetier, président d'un comité révolutionnaire, s'occupant de son art en attendant la levée des scellées (*sic*).

Dès l'antiquité, on a attribué aux cordonniers une certaine dose de philosophie, qui leur faisait exercer gaiement un métier qui habituellement ne chômait pas et qui nourrissait son homme, lui laissant l'esprit libre pendant son travail. Ce n'est pas au hasard que Lucien a mis en scène, dans la *Traversée*, le savetier Micyle, joyeux et philosophe, et qu'il a choisi comme héros de sa fantaisie du *Songe* le même Micyle, auquel son coq démontre qu'il est le plus heureux citoyen d'Athènes. Dès cette époque, les savetiers chantaient comme aujourd'hui, et si Micyle n'a pas de linotte, du moins il a un coq. *Le Savetier* de La Fontaine

> Chantait du matin jusqu'au soir,
> C'était merveille de le voir,

Merveille de l'ouïr : il faisait des passages,
Plus content qu'aucun des sept sages.

D'après Sensfelder, à notre époque, les bonnes traditions de gaieté ne sont pas perdues : Le cordonnier et le savetier sont gais, égrillards parfois, ayant toujours un refrain à la bouche ; fatigués de chanter, ils causent avec la pie ou font siffler leur merle, oiseaux traditionnels qui, de temps immémorial, sont les hôtes aimés de la boutique ou de l'échoppe. Les fleurs sont aussi une de leurs passions dominantes, et il est rare de ne pas voir la margelle de leur fenêtre émaillée d'un pot de basilic ou de girofée.

Dans les farces, dit l'*Histoire des cordonniers*, les savetiers paraissent au premier rang ; leur rôle c'est d'être plaisants, et si quelque niais est victime d'un bon tour, soyez sûr que c'est un savetier qui le lui a joué. De là, cette vieille expression proverbiale : *Tour de savetier*, pour qualifier un bon tour joyeux et plaisant, ce qu'on a depuis appelé une mystification. Les savetiers représentaient, pour ainsi dire, par leurs libres propos, l'indépendance des opinions ; la franchise du peuple respirait dans leurs allures, et leur humeur originale et moqueuse conservait à forte dose le sel caustique de l'ancien esprit gaulois. Leur échoppe était le rendez-vous des plus vaillants compères du voisinage ; c'est là que s'apprenaient les nouvelles, que se propageaient les médisances, que se fabriquaient les lazzis et les mots piquants, que s'échangeaient les cancans du quartier, que se discutaient sans arrière-pensée les actes de la cour et les affaires de la ville. C'était l'école des révélations indiscrètes, des aventures galantes, des innocentes méchancetés.

On voit, à Carnavalet, une copie d'un tableau du XVIIᵉ siècle que M. Bonnardot possédait dans sa collection ; il représente des scènes du Mardi-Gras à l'endroit le plus large de la rue Saint-Antoine. Parmi elles figurent des « attrapes », dont la

plus plaisante est celle dont nous empruntons la description et
la gravure au *Magasin pittoresque :*

Près d'une échoppe, dans le renfoncement de la rue, un
apprenti savetier a étendu sur le pavé un beau morceau
de cuir, après lequel est attachée une ficelle dont un bout ne
quitte point sa main. Une grosse paysanne avise ce cuir et se
félicite de la trouvaille. Elle calcule déjà qu'elle y trouvera au
moins une paire de semelles pour elle et une pour son mari.

Jeu de Paris en miniature (1823).

Elle dépose son panier, se baisse, avance les deux mains : mais
la ficelle fait son devoir et la bonne femme n'attrape rien que
les pantalonnades d'un scapin planté là pour lui remontrer à
point nommé que ces choses-là ne se trouvent point sous le pas
d'un masque.

On s'est égayé aux dépens des artistes de la chaussure en
se servant des mots à double sens que renferme le vocabulaire professionnel; la plus curieuse, peut-être, de ces charges,
est celle qu'on lit au bas de l'image intitulée : « Le Galant
Savetier » ou la *Déclaration dans les formes.* (Paris, Noël,
rue Saint-Jacques, décembre 1816.)

M. L'EMPEIGNE. — Mademoiselle, l'Amour qui me *talonne* et me traite en
vrai *tiran* ne [me donnant point de *quartier*, me réduit à vous faire ma

déclaration dans les *formes*. Malgré sa violence, j'ai jusqu'ici enfoncé mon amour entre *cuir* et *chair*; mais enfin, il faut que je *tire pied* ou aile à ce maudit aveugle qui me fait sentir ses *pointes* cruelles. Décidez du sort du

Le Cordonnier et la Servante, d'après le *Magasin pittoresque*

malheureux l'Empeigne, car ses *mesures* sont prises si vous lui faites essuyer un *revers*.

Mlle CRÉPIN. — Reprenez *haleine*, M. l'Empeigne, si votre amour n'est pas à propos de *bottes*, voyez M. Crépin, *tige* de mon honorable famille, et qu'il vous accorde ma main, j'y ajouterai mon cœur.

M. L'EMPEIGNE. — Ah! mademoiselle, *ça va*!...

Une gravure coloriée, de la même date, montre un savetier qui s'apprête à corriger sa femme : « Ah! tu ne veux pas te taire! eh bien! je vais t'enfoncer dans les *formes*! » Elle faisait allusion, de même que bien d'autres, à la réputation qu'avaient les savetiers de se servir volontiers de leur tire-pied pour corriger « leur épouse ». C'est sur cette donnée qu'est fondé en partie l'opéra-comique de Sedaine, le *Diable à quatre*.

Parfois les femmes se regimbent, comme dans une estampe de ma collection (vers 1840), où une femme poursuit à coups de balai son mari qui l'a frappée de son tire-pied.

Les parodies du langage professionnel étaient en somme assez innocentes, et il est probable que ceux dont on faisait ainsi la caricature les trouvaient plaisantes et étaient les premiers à en rire. Ils devaient moins goûter les mauvaises charges qui, d'après les *Français peints par eux-mêmes*, étaient en usage vers 1840 : « Le savetier a-t-il des vitres en papier, le polisson passera la tête à travers pour demander l'heure; il tournera doucement la clef laissée à la serrure et ira la planter un peu plus loin; puis il reviendra, et cognant au châssis, il en préviendra gracieusement le père l'Empeigne; ou bien il lui demandera poliment de vouloir bien lui donner la monnaie de six liards en pièces de deux sous. Il n'était pas rare autrefois de trouver une échoppe bâtie sur quatre roulettes. Mais ce genre de construction a été peu à peu abandonné : il prêtait trop à l'espièglerie. Soit donné, par exemple, que le père Courtin eût son échoppe dans la rue Basse; à la faveur des ombres de la nuit, des farceurs s'y attelaient et la traînaient jusque rue des Singes ou de l'Homme-Armé. Et le lendemain, quand le père Courtin revenait à sa place accoutumée, pas plus d'établissement que sur ma main. »

Les conteurs du XVI° siècle et du XVII° rapportent plusieurs récits dans lesquels les cordonniers sont dupés, en dépit de la finesse qu'on leur attribue. Celui qui suit est tiré des *Sérées* de Guillaume Bouchet : la *Légende de maître Pierre Faifeu*, qui est un peu plus ancienne, attribuait à ce fripon émérite un vol à peu près semblable. « Un suppot de la matte (matois) ayant affaire d'une paire de bottes, et estant en une hostellerie, s'advisa d'envoyer quérir un cordonnier, pour en avoir une paire, sans argent. Les ayant essayées, le mattois va dire au cordonnier que la botte du pied gauche le blessoit un peu et le prie de la mettre deux ou trois heures en la forme. Le cordonnier le laissant botté d'une botte, emporte l'autre ; mais le mattois, se faisant desbotter, envoie soudain quérir un autre cordonnier auquel il dit, après avoir essayé ses bottes, que la botte du pied droit luy sembloit un peu plus estroite que l'autre ; parquoy le marché fait, se fait desbotter afin qu'il mist cette botte en la forme jusques à ce qu'il eust disné. Que voulez-vous ? sinon qu'ayant deux bottes de deux cordonniers, l'une du pied gauche, l'autre du pied droit, baillant ses vieilles bottes au garçon d'estable, il paye son hoste, monte à cheval et s'en va. Tantost après voicy arriver les maistres cordonniers ayant chacun une botte à la main et se doutant qu'ils estoient gourez, se prinrent à rire et firent mettre à leurs maistre-jurez de l'année, dans les statuts de la confrérie, que défenses estoient faites aux maistres de l'estat que cy après ils n'eussent à laisser une botte à un estranger et emporter l'autre, soit pour l'habiller ou la mettre en forme, avant qu'estre payez, sur peine de perdre une des bottes, et l'autre, qui demeure entre leurs mains, être confisquée et l'argent mis et appliqué à la botte du mestier. »

Une farce faite aux saveticrs de Paris faillit tourner au tragique et amener une émeute. M⁰ Mangienne, avocat des charbonniers, en fit un récit plaisant dans son mémoire, l'un des plus curieux des *Causes amusantes et peu connues* : « Le 31 juillet 1751, veille de la fête de Saint-Pierre-ès-Liens, que les maîtres savetiers ont choisi pour leur patron, plusieurs. charbonniers du port Saint-Paul et autres ports, résolurent de se divertir de quelques-uns de leurs confrères mariés avec de vieilles veuves ; et à cet effet d'aller, avec des instruments, leur présenter des bouquets, prétendant que la fête devait leur être commune avec les savetiers qui ne travaillent qu'en vieux cuir. Cette espèce de ressemblance qu'ils avoient cru voir entre leurs amis et ces derniers, leur fournit l'idée d'une marche risible et propre à laisser entrevoir à ceux qui en étoient le sujet le prétendu rapport que l'on mettoit entre leur état et celui de la savaterie. Ils prirent pour cet effet deux ânes, qu'ils ornèrent de tous les outils de la profession. Ils les couvrirent d'un caparaçon fort sale ; aux extrémités qui en pendoient étoient attachés des pieds de bœuf en forme de glands ; il y en avoit de même en guise de pistolets, et sur le caparaçon on avoit cousu de toutes les espèces de plus vieilles savates. Deux d'entre eux devoient monter ces ânes avec des habits de carac- tère et de goût ; l'un acheta à la friperie une vieille robe, avec veste et culotte noire, toutes en lambeaux ; il s'en affuble et met par-dessus, en forme de cordes, de gauche à droite, un morceau de vieille toile sur lequel étoient cousus artistement des savates et tous les outils de ce brillant métier, avec une cocarde au chapeau et deux alènes en sautoir. Un autre prit un vieil habit d'Arlequin, parsemé des mêmes instruments et de vieilles savates de tout âge et de tout sexe. Chacun de ces ânes devoit être conduit par deux hommes habillés grotesquement et du même goût, avec une pique à la main où, au lieu de fer, il y aurait un pied de bœuf ; tous ceux qui devoient composer le cortège devoient avoir des cocardes et des marques caracté- ristiques de la savaterie. Tous les Garçons-Plumets des offi- ciers charbonniers commencèrent la marche deux à deux ; ils avoient à leur tête des tambours et des fifres ; dans le milieu étoient les deux héros sur leurs ânes; ils tenoient d'une main

Le Cordonnier

Pour estre bien chaussée il faut estre en posture | *Et apres que jour a y mamé vôtre ba·*
Vous pancher en arrier· et vous mettre un peu bas | *Vous aurex un Soulier fait comme une peinture*
A Paris chez le Pere au bout de la rue de Lauarerie chez un peruquier | *Avec priuil· du R. .*

un pied de bœuf et de l'autre un gros bouquet de fleurs rangées. Ils partirent en bon ordre dans le dessein de n'aller que

CORDONNIERS, CHAPELIERS.   4

chez ceux de leurs amis dans le cas d'être réputés savetiers.
Monteton, qui avoit donné l'idée de cette mascarade, avoit été
savetier avant que d'être charbonnier : c'était lui qui montoit
un des deux ânes et qui, sachant bien tourner un compliment
dans le goût et à la portée de l'esprit des savetiers, se chargea
de faire les harangues. Ce cortège fut bien reçu par un savetier
de la rue Saint-Paul, auquel on offrit un bouquet, et qui fit boire
au cortège plusieurs bouteilles de bière ; mais un autre savetier
de la même rue, au lieu de bien prendre la plaisanterie, se fâcha,
jeta à la tête des gens un baquet d'eau puante, et dit qu'il
était petit-juré dans le corps des savetiers, qui se trouvoit
insulté en sa personne. Il fit prévenir le syndic de la communauté, les deux hommes montés sur des ânes furent mis en
prison, et les savetiers poursuivirent les charbonniers ; et lorsqu'on voulut les apaiser, ils déclarèrent qu'ils étaient dix-huit
cents à Paris, et qu'ils se priveroient plutôt tous d'aller aux
guinguettes pendant un mois pour employer l'argent qu'ils y
dépenseroient à pousser le procès que d'en avoir le démenti. »
La Cour les renvoya dos à dos, dépens compensés.

On n'a pas, que je sache, de document authentique décri-
vant les cérémonies qui avaient lieu lors de la réception d'un
maître cordonnier ou savetier ; il est permis de penser que
quelques-uns des détails conservés dans une pièce imprimée à
Troyes, en 1731, *Le Récit véritable et authentique de l'honnête
réception d'un maître savetier*, ne sont que le grossissement
caricatural de ce qui se passait réellement. Le dialogue suivant
s'engage entre l'aspirant et l'ancien :

L'Aspirant. — Messieurs, messeigneurs, pardonnez à mon ambition...
Je vous supplie instamment de m'incorporer.

L'Ancien. — Mon grand amy, nous louons votre zèle ; mais combien
avez-vous fait d'années d'apprentissage? Il faut absolument en avoir fait
sept ou bien épouser une fille de maître.

L'Aspirant. — Messieurs, messeigneurs, il n'y a pas justement sept années que je m'instruis ; mais pendant plus de six ans qu'il y a que je travaille, j'y ay esté enseigné par un des plus habiles hommes de toute l'Europe.

L'Ancien. — La loi sur le chapitre du corps est précise et inviolable. Cependant si vous faisiez un chef-d'œuvre...

L'Aspirant. — J'aime mieux qu'il m'en coûte quelque argent.

L'Ancien. — Hé ! combien avez-vous à mettre au coffre du métier ?

L'Aspirant. — Messieurs, messeigneurs, je n'ay que cinquante écus.

L'Ancien. — Il faut deux cents livres.

L'Aspirant. — Messieurs, messeigneurs, contentez-vous à cela.

L'Ancien. — Il faut autant, mon grand amy.

On finit par admettre l'aspirant, parce qu'il a été « laquais de l'Arsenac, celuy qui est un des plus grands de la France. » C'est alors que commence réellement la parodie de la cérémonie de réception.

L'Ancien. — Levez la main. Ne jurez-vous pas d'observer les règlements de l'état ?

L'Aspirant. — Je le jure.

L'Ancien. — De ne vous rencontrer jamais en repas, sans vous enyvrer jusqu'à dégobiler partout, et sans emporter à votre maison quelque morceau de viande dans votre poche ?

L'Aspirant. — Je le jure.

L'Ancien. — De faire parler de vous dans la ville, à l'exemple de vos confrères, au moins trois fois dans votre vie ?

L'Aspirant. — Je le jure.

L'Ancien. — Et quand vous trouverez quelque maistre qui commencera quelque faute, de lui répliquer qu'il ne sera jamais qu'un maçon, ce mestier estant au-dessous de votre devoir pendant votre vie ?

L'Aspirant. — Je le jure.

L'Ancien. — De ne travailler jamais le lundi ?

L'Aspirant. — Je le jure et le jure.

L'Ancien. — D'avoir trois linottes et un geay à siffler, et leur enseigner fidèlement ?

L'Aspirant. — Je le jure.

L'Ancien. — De vous informer curieusement de tout ce qui se passe chez vos voisines ?

L'Aspirant. — Je le jure.

L'Ancien. — De sçavoir la généalogie de toutes les familles ?

L'Aspirant. — Je le jure.

L'Ancien. — De vous introduire tant dans les paroisses, communautez et autres lieux, pour avoir titre d'office

L'ASPIRANT. — Je le jure.

L'ANCIEN. — Moi ancien du métier, toujours vénérable Savetier carleur, réparateur de la chaussure humaine en cette ville de Rouen, de l'avis et consentement des gardes y assemblés, je vous reçois. admets et établis et fais maistre Savetier, carleur, réparateur de la chaussure humaine en cette ville de Rouen, car tel est mon bon plaisir, aux fins de jouir des droits, dignitez, privilèges et prééminences y attribués.

Quand le nouveau maître a présenté ses remerciements, le dialogue continue :

L'ANCIEN. — Mon grand amy, il ne reste plus qu'à sçavoir de quelle branche vous voulez estre. car remarquez que nous en avons de trois sortes : 1° les *Vielus*, 2° les *Brelandiers*. 3° les *Porte-Aumuches*. Les Vielus ont à leur devanture une virole en cuivre en forme de jetton; les Brelandiers ont une pirouette; les Porte-Aumuches ont un petit morceau de cuir. Les Vielus ont une boutique à leur maison; les Brelandiers ont un estal ou un brelan au coin d'une rue; les Porte-Aumuches vont par les rues crier : *A ces vieux souliers !*

L'ASPIRANT. — Je désire être Porte-Aumuche.

L'ANCIEN. — Prenez votre ton.

L'ASPIRANT. — *A ces vieux souliers !*

L'ANCIEN. — Tout beau; vous contrefaites la voix de maître Gaspard. Modérez votre ton.

L'ASPIRANT. — *A ces vieux souliers !*

L'ANCIEN. — Holà! vous n'y êtes pas encore. Vous prenez le ton comme maître Albert. Un peu plus haut.

L'ASPIRANT. — *A ces vieux souliers !*

L'ANCIEN. — Bon ! justement vous y voilà. Gardez-vous bien d'oublier ce ton. C'est de tout temps immémorial que nos prédécesseurs ont sagement ordonné que l'on réglât la voix de chaque maître, pour éviter à la confusion et aux surprises qui pourroient arriver. L'on vous dégraderoit si vous changiez seulement un iota. Allez faire trois tours par la ville et donnez des bouquets aux maitresses. Quand vous passerez devant la boutique des maitres Vielus, ou les rencontrant, quel salut ferez-vous?

L'ASPIRANT. — Je dirai : « Bonjour, maître ».

L'ANCIEN. — Et aux maîtres Brelandiers?

L'ASPIRANT. — Bonjour, donc.

L'ANCIEN. — Et à un Porte-Aumuche?

L'ASPIRANT. — Bonjour !

Quand l'aspirant a été passé maître, il demande :

— Où irons-nous faire la feste de notre réception ?

L'Ancien. — Il n'est que d'aller en plein cabaret. Allons au Grand
Gaillard Bois.

Une autre pièce, imprimée aussi à Troyes, et qui porte
l'approbation de Grosley, avocat, le facétieux auteur des

Cette estampe du XVIIe siècle a été inspirée par le chapitre XLIII du livre
populaire des *Aventures de Til Ulespiègle*, intitulé : « Comment Ulespiègle
se fait cordonnier et demande à son maître quels souliers il doit tailler ».
Le maître lui répond : « Grands et petits, comme les bêtes que le berger
mène aux champs ». Alors il taille des bœufs, des vaches, des veaux,
des boucs, etc., et gâte le cuir.

Mémoires de l'Académie de Troyes, contient une description

du *Magnifique et superlicoquentieux Festin fait à Messieurs,*
Messeigneurs les Vénérables Savetiers, Careleurs et Réparateurs
de la chaussure humaine, par le sieur Maximilien Belle-Alesne,
nouveau reçu et agrégé au corps de l'état, en reconnaissance
des grandes obligations qu'il a d'avoir été reçu dans l'illustre
corps, sans même avoir fait de chef-d'œuvre. Les quatorze
pages qui suivent décrivent un repas pantagruélique, accompagné de facéties du métier.

Une note écrite par un inconnu au dos du cahier contenant
le texte manuscrit du règlement de 1442, aux archives muni-
cipales de Troyes, montre combien ces artisans étaient jaloux
de leurs privilèges. « On a oublié, dans les statuts des savetiers,
cet article intéressant : Et si notre bon Roy que Dieu gard vouloit
faire recevoir monsieur son fils maître dudit métier, point ne
pourroit, à moins qu'il ne luy fît faire trois ans d'apprentissage
ou épouser une fille de maître. »

Au moyen âge, et dans la période qui le suivit, les ouvriers
cordonniers étaient sous la dépendance absolue des patrons.
Leur situation a été bien décrite par les auteurs de l'*Histoire
des cordonniers,* auxquels j'emprunte, en l'abrégeant, ce qui
est relatif à l'ancien compagnonnage. Ils ne pouvaient, sous
aucun prétexte, quitter le maître qui les avait loués, avant
l'expiration de leur engagement, à peine de lui payer une
indemnité et de devoir à la confrérie une demi-livre de cire.
S'ils restaient trois jours consécutifs sans être placés, ils
étaient, par ordonnance de la police, appréhendés au corps et
conduits aux prisons du Châtelet comme vagabonds. Pourtant
ils ne pouvaient, sans engager fatalement leur avenir, accepter
l'ouvrage d'où qu'il vînt : ceux qui, sortant de chez un maître,
allaient travailler chez un chamberlan, devaient renoncer à la
maîtrise, à moins qu'ils ne prissent pour femme une fille ou
une veuve de maître. Les maîtres cordonniers, avant de mettre

un compagnon en besogne, étaient tenus de prendre des informations auprès de son dernier maître et de s'enquérir de ses mœurs, de son aptitude et des causes qui lui avaient fait abandonner son service. Fatigués de ses servitudes, ils s'assemblaient quelquefois pour tâcher de s'en affranchir ; souvent ils concertaient de dangereuses coalitions. Une sentence du Châtelet de Paris leur défendit de se réunir entre eux et de former aucune cabale. Plus tard, on incarcéra ceux qui se débauchaient les uns les autres, s'attroupaient en quelque lieu que ce fût, ou même s'attablaient dans un cabaret, au delà du nombre de trois.

Ces sévérités excessives ne servirent qu'à faire organiser le compagnonnage, à lui donner une raison d'être, à en étendre les ramifications : empêchés de s'assembler aux yeux de tous, les ouvriers cordonniers se réunirent secrètement et créèrent une vaste association dont eux seuls connaissaient les règlements et qui les liaient les uns aux autres, de quelque pays qu'ils fussent. Ils célébraient des cérémonies mystérieuses, se soumettaient à des épreuves bizarres pour parvenir à l'initiation, avaient des modes particuliers de réception, des symboles qui leur étaient propres. Mais nul parmi les profanes ne soupçonnait rien de ce qui se passait dans ces conciliabules. Ils juraient sur leur part de paradis, sur le saint chrême, de ne rien révéler. Une pièce annexée au règlement des cordonniers et des savetiers de Reims, et datant du XVIIᵉ siècle, donne de ce compagnonnage une idée peu avantageuse. « Ce prétendu devoir de compagnon consiste en trois paroles : *Honneur à Dieu, Conserver le bien des Maistres, Maintenir les Compagnons.* Mais, tout au contraire, ces compagnons déshonorent grandement Dieu, profanant tous les mystères de notre religion, ruinant les maistres, vuidant leurs boutiques de serviteurs quand quelqu'un de leur cabale se plaint d'avoir reçu bravade, et se ruinent eux-mesmes par les défauts au devoir qu'ils font payer les uns aux autres pour être employez à boire. Ils ont entre eux une juridiction ; eslisent des officiers, un prévost, un lieutenant, un greffier et un sergent, ont des correspondances par les villes et un mot du guet, par lequel ils se reconnoissent et qu'ils tiennent secret, et font partout

Le Savetier, d'après Bouchardon, collection G. Hartmann.

une ligue offensive contre les apprentis de leur métier qui ne sont pas de leur cabale, les battent et maltraitent et les sollicitent d'entrer en leur compagnie. Les impiétés et sacrilèges qu'ils commettent en les passant maistres sont : 1° de faire jurer celui qui doit être reçu sur les saints Évangiles qu'il ne révèlera à père ny à mère, à femme ny enfant, prestre ny clerc, pas mesme en confession, ce qu'il va faire et voir faire, et pour ce choisissent un cabaret qu'ils appellent *la Mère*, parce que c'est là qu'ils s'assemblent d'ordinaire, comme chez leur mère commune, dans laquelle ils choisissent deux chambres commodes pour aller de l'une dans l'autre, dont

Le Nouvelliste.

l'une sert pour leurs abominations et l'autre pour le festin ; ils ferment exactement les portes et les fenestres pour n'estre veux ni surpris en aucune façon ; 2° ils luy font eslire un parrain et une marraine ; luy donnent un nouveau nom, tel qu'ils s'avisent, le baptisent par dérision et font les autres maudites cérémonies de réception selon leurs traditions diaboliques. » Ces pratiques, en usage parmi les ouvriers en chaussures, étaient à cette époque communes à plusieurs autres métiers ; la même pièce fournit des détails, du rite exclusivement propre aux cordonniers. « Les compagnons cordonniers prennent du pain, du vin, du sel et de l'eau, qu'ils appellent *les quatre alimens*, les mettent sur une table, et ayant mis devant icelle celui qu'ils veulent recevoir comme compagnon, le font jurer sur ces quatre choses par sa foy, sa part de paradis, son Dieu, son chresme et son baptesme ; ensuite luy disent qu'il prenne un nouveau nom et qu'il soit baptisé ; et luy ayant fait déclarer quel nom il veut prendre, un des compagnons, qui se tient derrière, luy verse sur la teste une versée d'eau en luy disant : Je te baptise au nom du Père et du Fils et du Saint-Esprit. Le parain et le soubs-parain s'obligent aussi tost à luy enseigner les choses apartenantes audit devoir ». Le même document formule d'autres accusations encore plus graves : « Ils s'entretiennent en plusieurs débauches, impuretez, ivrogneries, et se ruinent eux, leurs femmes et leurs enfants, par ces dépenses excessives qu'ils font en ce compagnonnage en diverses rencontres, parce qu'ils aiment mieux dépenser le peu qu'ils ont avec leurs compagnons que dans leur famille. Ils profanent les jours consacrés au Seigneur. Les serments abominables, les superstitions impies et les profanations sacrilèges qui s'y font de nos mystères sont horribles. Ils représentent de ce chef la Passion de Jésus-Christ au milieu des pots et des pintes. »

Ces abus se maintinrent longtemps sans que personne osât y porter la main ; il répugnait d'attaquer une association qui se couvrait du manteau de la religion, et dont les pratiques revê-

taient les apparences les plus pieuses. Les juges ecclésiastiques
reculaient devant le scandale, les juges laïques ignoraient le
fond des choses ou feignaient de l'ignorer pour ne point entre-
prendre une tâche qui demandait des forces supérieures. Le
compagnonnage se développait de plus en plus. Le cordonnier
Henry Buch, qui devait plus tard fonder l'ordre semi-religieux
des Frères Cordonniers, entreprit de réformer ces abus, et se
mit à prêcher les compagnons, qui se moquèrent de lui. En
1645, il dénonça les cordonniers et les tailleurs à l'Officialité
de Paris, qui en 1646 condamna ces pratiques. Il entama
ensuite des poursuites contre les compagnons de Toulouse, et
confia le soin de les diriger à quelques-uns de ses disciples ; ils
furent assez habiles pour décider quelques maîtres cordonniers,
qui avaient été dans leur jeunesse initiés au compagnonnage, à
leur délivrer une attestation écrite dans laquelle ils en faisaient
connaître les cérémonies les plus secrètes. Elle débutait ainsi :
« Nous, bailles de la confrairie de la Conception de Notre-
Dame, Saint-Crépin et Saint-Crépinien, des maîtres cordonniers
de la présente ville de Thoulouse en l'église des Grands-
Carmes, déclarons que la forme d'iceluy est telle qu'il s'ensuit.
Les compagnons s'assemblent en quelque chambre retirée
d'un cabaret ; estant là, ils font eslire à celuy qu'ils veulent
passer compagnon un parrain et un sous-parrain. Après cela,
ils font plusieurs choses contenues dans l'attestation touchant
la forme de recevoir les compagnons ; mais il vaut mieux, dit
le Père Lebrun, les passer sous silence, pour les mesmes
raisons qu'ont les juges de brusler les procès des magiciens
afin d'épargner les oreilles des personnes simples et de ne pas
donner aux méchants de nouvelles idées de crimes et de sacrilège. » Il est vraisemblable que cet écrit renfermait, avec plus
de détails, une description analogue à celle de Reims dont nous
avons parlé ci-dessus. L'archevêque de Toulouse, qui eut con-

naissance de la pièce entière défendit ces réceptions sous
peine d'excommunication. D'autres évêques s'unirent à lui et il
y eut une solennelle abjuration du corps entier des compagnons cordonniers, lesquels s'engagèrent « à n'user jamais à
l'avenir de cérémonies semblables, comme étant impies, pleines
de sacrilèges, injurieuses à Dieu, contraires aux bonnes mœurs,
scandaleuses à la religion et contre la justice». C.-G. Simon,
dans son *Étude sur le Compagnonnage*, se demande si cette

Arrivée d'un compagnon chez un maître, bois de la Bibliothèque bleue, collection L. Morin.

abjuration ne serait pas la véritable cause de la haine traditionnelle des autres corps d'état contre les cordonniers.

La Faculté de théologie défendit, par sentence du 30 mai 1648,
les « assemblées pernicieuses » des compagnons, sous peine
d'excommunication majeure. Il semble toutefois que si le compagnonnage proprement dit, avec les rites et les initiations
d'autrefois, cessa d'exister à cette époque, il ne disparut pas
complètement et se continua à l'aide de diverses transforma-
tions. A Troyes, en 1720, une requête des maîtres cordonniers
dénonce leurs compagnons comme ayant fondé une confrérie
en l'église Saint-Frobert. « Quatre maîtres, dit-elle, ont été élus
pour la diriger, elle possède des registres où sont inscrits les
noms des compagnons, qui s'attroupent pour demander des
augmentations de salaires. » Il paraît qu'avec ce salaire, ils ne

travaillaient que trois jours par semaine et passaient le reste

LE SAVETIER

Puis que j'ay beu demy Septier   *Et faire vor qu'un Savetier*
Il me faut reprendre ma note.   *Siffle assez bien une Linotte .*

Estampe de Ciarte (XVIIᵉ siècle).

en débauches. « Ils ont, dit le document, été attroupez dans les
boutiques de tous les maîtres pour faire perquisition chez eux

et voir s'il n'y avoit point de compagnons qui n'étant point de leur caballe, travaillassent pour les faire quitter l'ouvrage et maltraiter, voulant les mettre de leur party. Ils ont plus fait, car ils ont menacé les maîtres de les faire tous périr s'ils ne leur donnent pas le prix qu'ils leur demandoient. »

C'est seulement au commencement de ce siècle que les cordonniers purent rentrer effectivement dans le compagnonnage ; ils avaient perdu toutes les notions lorsque, en 1808, un dimanche de janvier, un jeune compagnon tanneur, d'autres disent corroyeur, d'Angoulême, retenu à boire avec trois ouvriers cordonniers trahit, en leur faveur, le secret de son devoir et les fit compagnons, leur révélant les secrets de l'initiation des tanneurs et tous les signes de reconnaissance. Les ouvriers cordonniers, doutant de la véracité de leur initiateur, deux le gardèrent à vue, pendant qu'un troisième allait à l'assemblée mensuelle des tanneurs qui se tenait ce jour-là. Ils purent se convaincre qu'il ne les avait pas trompés, et ils s'empressèrent de donner l'initiation à leurs camarades d'atelier, et comme il y a partout des cordonniers en assez grand nombre, ils ne tardèrent pas à former un groupe considérable. Mais ils ne jouirent pas paisiblement de leur compagnonnage, et ils eurent à soutenir pendant huit jours une bataille affreuse contre les corroyeurs. Il y eut des blessés et des morts. A la suite de cette affaire, Mouton Cœur de Lion, cordonnier des plus courageux, fut mis aux galères de Rochefort, où il mourut. Les cordonniers vénèrent la mémoire de ce compagnon, et dans un de leurs couplets on trouve les vers suivants :

> Provençal l'Invincible,
> Bordelais l'Intrépide,
> Mouton Cœur de Lion
> Nous ont faits compagnons.

Le Devoir fut porté d'Angoulême à Nantes et de là se

répandit dans d'autres villes. Pendant quarante ans les cordonniers furent en butte aux sarcasmes, aux violences et aux
avanies des autres corps de métiers qui ne voulaient pas leur
pardonner, bien qu'ils l'eussent déjà pardonné à d'autres,
leur intrusion dans le corps du compagnonnage. Ce ne fut
qu'en 1845 qu'ils purent obtenir une sorte de traité de paix
des autres corps d'état. Mais ils manquaient de *pères*, et à
défaut des tanneurs qui ne voulurent jamais les reconnaître
pour leurs enfants, les compagnons tondeurs de drap voulurent bien, en 1850, se déclarer les pères des cordonniers.

C.-G. Simon, qui nous a fourni une partie des détails de la
résurrection du compagnonnage des cordonniers, nous donne
des indications sur leurs coutumes vers 1850. En partant pour
le tour de France les cordonniers portent d'abord deux seuls
rubans, un rouge et un bleu, puis, dans chaque ville de leur
devoir qu'ils traversent ils reçoivent une couleur nouvelle, si
bien qu'à la fin de leur voyage on peut dire sans jeu de mots
qu'ils sont couverts de *faveurs*, c'est le nom qu'ils donnent à
ces rubans secondaires.

Il se produisit des schismes dans ce compagnonnage : les
« margajas » cordonniers étaient ennemis des compagnons.
Vers 1840, la Société des Cordonniers indépendants, après
s'être formée sous l'invocation de Guillaume Tell, avait fini
par adopter des cannes et des couleurs et par se rapprocher
du compagnonnage. Les cordonniers étaient, avec les boulangers, au nombre des métiers auxquels le compagnonnage
interdisait de porter le compas ; parfois tous les compagnons
du Devoir des autres états tombaient sur eux.

*
* *

On sait que saint Crépin est le patron des cordonniers ; son
nom est d'un usage fréquent dans le langage du métier ;

on appelle saint-crépin tous les outils d'un cordonnier et au
figuré tout le bien d'un pauvre homme ; au XVIIe siècle, ce
terme désignait même un patrimoine quelconque ; d'après la
Mésangère, cette comparaison est tirée de la coutume des
garçons cordonniers qui, en allant de ville en ville, portent
dans un sac ce qu'ils appellent leur saint-crépin. Le tire-pied
est « l'étole de saint Crépin » et au commencement du
XVIIe siècle, on nommait « lance de saint Crépin » l'alène du
cordonnier. On dit familièrement d'une personne chaussée
trop étroitement qu'elle « est dans la prison de saint Crépin. »

Saint Crépin et saint Crépinien, d'après une pierre gravée de la chapelle des maîtres cordonniers
en l'église des R. R. P. P. Augustins de Châlons (XVe siècle).

Les actes de saint Crépin et de son compagnon saint Crépinien, qui paraissent avoir été rédigés vers le huitième siècle,
disent que les deux saints étaient frères, et que, fuyant la
persécution de Dioclétien, ils arrivèrent à Soissons, où personne n'osant leur offrir l'hospitalité à cause de leur qualité de
chrétiens, ils apprirent l'état de cordonnier, et y devinrent
bientôt très habiles ; ils ne prenaient aucun salaire fixe, et la
foule ne tarda pas à les visiter et à venir les entendre prêcher
l'Évangile ; beaucoup de personnes, persuadées par eux,
abandonnèrent le culte des idoles. Le gouverneur de la Gaule
les arrêta à Soissons, où ils « faisaient des souliers pour le
peuple » et les amena devant l'empereur Maximien Hercule,
qui les pressa d'abjurer, et, comme ils refusaient, le gouver-

neur Rictius Varus leur fit subir d'horribles supplices sans parvenir à ébranler leur constance. On leur lia des meules au

ARCHICONFRAIRIE ROIALE DE St CRESPIN ET St CRESPINIAN FONDEE EN L'EGLISE N D DE PARIS

cou, et on les précipita dans la rivière, mais ils nagèrent avec facilité et atteignirent l'autre rive; Varus les fit plonger dans du plomb fondu qui ne les brûla point, non plus que le bain

CORDONNIERS, CHAPELIERS. 6

de poix et d'huile bouillante dans lequel il ordonna de les mettre. Maximien finit par leur faire trancher la tête, et leurs corps furent abandonnés aux oiseaux et aux chiens qui n'y touchèrent point.

Telle est la légende des deux saints patrons; en voici une autre qui n'a rien de commun avec le récit des Actes des martyrs : Les cordonniers autrefois, en travaillant le soir à la lumière de la chandelle, se fatiguaient beaucoup les yeux, surtout dans certains travaux de leur profession qui exigent un bon éclairage, notamment dans la pose de la petite pièce de cuir que l'on place entre les deux parties de la semelle et que l'on appelle l'âme. Crépin était un compagnon cordonnier. Un soir que pendant son travail il avait près de lui une bouteille de verre au ventre rebondi remplie d'eau, il remarqua que la lumière de la chandelle passant au travers du liquide se concentrait en un seul point extrêmement lumineux. Il eut l'idée ingénieuse de mettre son travail sous ce point et dès lors put l'exécuter avec la même perfection qu'en plein jour. Ses compagnons l'imitèrent, et c'est à partir de ce moment que les cordonniers employèrent des bouteilles d'eau sphériques pour concentrer la lumière de leurs chandelles ou de leurs lampes. C'est en reconnaissance de ce service que les cordonniers demandèrent que Crépin fût canonisé et que ce saint est devenu le patron des cordonniers.

Au moyen âge la fête des deux saints était célébrée avec beaucoup de pompe : vers le XV⁰ siècle, elle était accompagnée de représentations dramatiques dont le sujet ordinaire était la vie et le martyre des deux illustres cordonniers. Les épisodes en étaient aussi sculptés dans les chapelles de la corporation (p. 40). François Gentil exécuta, pour les cordonniers de Troyes, un beau groupe que l'on voit encore dans la cathédrale de Saint-Pantaléon et qui a été souvent reproduit. A

Troyes les cordonniers avaient fait faire de belles tapisseries représentant le même sujet; et au siècle dernier « l'archiconfrairie roiale de saint Crépin et saint Crespinian » avait fait graver une grande image dont les médaillons relatent les épisodes du martyre des patrons de la cordonnerie (p. 41).

L'*Histoire des cordonniers* décrit la façon dont la fête était célébrée : « Les cordonniers se réveillaient le 25 octobre au bruit des cloches sonnant à toute volée ; ils se rendaient processionnellement à l'église où était érigée la chapelle des patrons et l'on portait devant eux la croix et le cierge. A Bourges, les maîtres qui s'exemptaient de ce devoir sans alléguer de légitimes excuses étaient redevables d'une livre de cire à la chapelle. Après avoir entendu une messe solennelle, les cordonniers revenaient avec le même cérémonial qu'ils étaient allés. L'après-midi un grand repas attendait les frères ; à Issoudun, on avait fait de cette coutume un statut obligatoire. Ils dînaient ensemble en « l'ostel du maître bastonnier, pour traiter des besognes et affaires de la confrérie, et aussi à qui le baston seroit baillé ». Pour empêcher les gaietés de dégénérer en licence, les statuts avaient imaginé une pénalité; « s'il y a aucun d'eux qui pendant le temps où ils sont assemblés jure, renie, dispute ou maugrée Dieu, notre Dame et les saints, ou face nuysance et noyse entre eux, le délinquant pour la première fois paiera à la confrérie demi-livre de cire, pour la deuxième fois une livre, et pour la troisième deux livres. S'il persévère, il perdra sa franchise et ses droits de métier et en sera puni par la justice du roi comme blasphémateur. »

Tout cela disparut au moment de la Révolution, et il ne paraît pas que sous l'empire on ait repris les anciennes traditions : elles n'étaient pas complètement oubliées au commencement de la Restauration. A Troyes, la confrérie de Saint-Crépin fut réorganisée en 1820; elle comprend la corporation des cordonniers en vieux et en neuf. Elle organise une fête annuelle, célébrée à l'église Saint-Urbain, le lundi qui suit le 25 octobre, par une messe et des vêpres. Le bâton, qui est mis aux enchères au profit de la communauté, est encore porté à l'église en grande pompe; il y figure à côté de la bannière, qui accompagne aussi les obsèques des membres décédés, et de la belle tapisserie de Felletin, datée de 1553, qui appartient à la communauté. Le soir, un bal bien tenu réunit les familles et les jeunes gens: le lendemain un service a lieu à l'intention des membres défunts.

En d'autres endroits, depuis quelques années, on ne « fait plus la Saint-Crépin ». Jusqu'en 1870, les cordonniers de Moncontour se réunissaient dans une auberge à neuf heures, et se rendaient deux à deux à l'église, pour y assister à une messe; des corbeilles de petits gâteaux bénits par l'officiant, étaient distribués en guise de pain bénit. Chaque cordonnier en recevait un entier pour sa famille, et les autres étaient portés à l'auberge où ils faisaient le principal dessert, car la cérémonie de l'église terminée, ils retournaient deux à deux dîner tous ensemble. Sur leur passage les gamins chantaient :

> C'est aujourd'hui lundi (ou mardi, etc.)
> Mon ami,
> Les Cordonniers se frisent
> Pour aller voir Crespin,
> Mon amin,
> Qui a fait dans sa chemise.

Les enfants chantent encore ce couplet, et c'est le seul souvenir qui reste de cette cérémonie.

Dans les contes populaires, le cordonnier tient une certaine place; quelquefois il joue un rôle qui n'a pas de rapport avec la profession et qui est ailleurs attribué à d'autres corps d'état. Il est, presque aussi souvent que le tailleur, le héros du conte si répandu de l'ouvrier qui, ayant tué un grand nombre de

*Di fermar siarpe così à le genti apprezia
Iikano cokolais maiuuà aderito.* *Oh bella invynzioni camer, ch sven
La ferma delle siarpe delle corna.*

Marchand de souliers à Bologne, d'après l'eau-forte de Mitelli.

mouches, constate ce haut fait par une inscription équivoque : « J'en ai tué cent », fait accroire qu'il a une force prodigieuse,

et, par son astuce, vient à bout d'entreprises difficiles. Les
conteurs le représentent comme un personnage à l'esprit délié,
plein de ressources et assez sceptique à l'endroit du surnaturel. En Lorraine, un cordonnier se rend à un château habité
par des voleurs, fait avec eux des gageures, comme celle, par
exemple, de lancer une pierre plus loin que qui que ce soit, et il
trompe son adversaire en lâchant un oiseau qu'il tient caché.
Un savetier sicilien va dans une maison hantée, assiste sans
crainte à la procession nocturne des revenants, des diables et
des monstres, leur résiste, et finit par devenir possesseur d'un
trésor enchanté.

On raconte, en Provence, que la première fois que les cordonniers célébrèrent la fête de saint Crépin, leur patron fut si
content qu'il demanda au bon Dieu de laisser voir le Paradis
aux plus braves des tire-ligneul. Alors saint Crépin fit pendre
depuis le Paradis jusqu'à terre une échelle de corde bien garnie
de poix. Les meilleurs des cordonniers, par humilité chrétienne, restèrent au pied de l'échelle miraculeuse; les plus
orgueilleux l'escaladèrent, et Dieu sait s'il en monta! Le jour
où ils montèrent, on célébrait en Paradis la fête de saint Pierre,
et le bon Dieu lui dit de chanter la grand'messe. Saint Paul fut
chargé, pendant ce temps, de garder la porte; les cordonniers
gravissaient l'échelle, et l'on sentit dans le Paradis une odeur
de poix mêlée au parfum de l'encens. Tout alla bien jusqu'au
moment où l'officiant chanta *Sursum corda!* Saint Paul, qui
avait l'oreille un peu dure depuis sa chute sur le chemin de
Damas, crut que saint Pierre lui disait : *Zou sus la cordo!* et
il coupa la corde. Les cordonniers tombèrent : heureusement
Dieu, qui est bon, ne voulut pas qu'ils fussent tués; mais ils
furent pourtant tous un peu maltraités. De là vient qu'il est si
difficile aux cordonniers de faire leur salut; c'est pour cela
aussi qu'il y en a tant qui sont estropiés et bossus.

Les lutins viennent en plusieurs cas en aide aux cordonniers. Il était une fois, dit un conte allemand, un très honnête cordonnier qui travaillait beaucoup; mais il ne gagnait pas assez pour faire vivre son ménage, et il ne lui restait plus rien au monde que ce qu'il lui fallait de cuir pour faire une paire de souliers. Un soir il la coupa dans le dessein de la coudre le lendemain de bon matin, puis il alla se coucher. En se réveillant, il vit les souliers tout faits sur la table, et si bien conditionnés, que c'était un vrai chef-d'œuvre dans son genre. Une pratique les lui acheta plus cher que de coutume; il se procura d'autre cuir et tailla deux paires de souliers. Le lendemain, il les trouva encore tout faits, et cela continua assez longtemps. Un jour, vers les fêtes de Noël, il se cacha avec sa femme pour voir qui faisait ainsi son ouvrage; à minuit sonnant, ils virent deux petits nains qui se mirent à travailler et ne quittèrent l'ouvrage que quand il fut entièrement achevé. Le lendemain, la femme du cordonnier lui dit qu'ils étaient tout nus, et qu'elle allait faire à chacun une petite chemise, un gilet, une veste et une paire de pantalons. De son côté, le cordonnier leur fit à chacun une paire de petits souliers. Quand ces petits habillements furent prêts, ils les placèrent sur la table, au lieu de l'ouvrage préparé qu'ils y laissaient ordinairement, puis ils allèrent se cacher. A minuit, les nains arrivèrent, et, quand ils aperçurent les petits habits, ils se prirent à rire, s'emparèrent de leurs petits costumes et se mirent à sauter et à gambader, puis, après s'être habillés promptement, l'un d'eux prit une alène et écrivit sur la table : « Vous n'avez pas été ingrats, nous ne le serons pas non plus. » Ils disparurent comme à l'ordinaire, et bien qu'ils n'aient plus reparu, tout continua à prospérer dans le ménage du cordonnier.

Dans la Haute-Saône, le lutin d'Autrey se montre sous la figure d'un petit savetier qui, adossé à une borne, bat la

La Méchante Cordonnière, d'après une chromolithographie de l'*Album de la Mère l'Oye*, imprimé à Rotterdam. Au-dessous sont ces vers :

Gardez-vous, petits enfants,
De pleurer en vous couchant,
Autrement la Cordonnière,
De vous n'aurait pas pitié,
Et pendant la nuit entière
Vous mettra dans un soulier,
Loin de votre lit bien blanc
Et des baisers de maman.

semelle en chantant. S'il voit venir quelque paysan, il lui souhaite le bonsoir et lui dit qu'il n'a plus que trois clous à planter dans son vieux soulier, et qu'ensuite ils feront route

Le cordonnier et les nains, figure tirée des *Vieux Contes allemands*, Paris, 1824.

ensemble. Il lui cause jusqu'au coucher du soleil; alors, il prétend qu'il est fatigué et saute sur le dos du paysan, qui est forcé de le promener toute la nuit.

Gnaffron, personnage du Guignol lyonnais, dessin de Haudon, dans le théâtre de Guignol (Le Bailly).

SOURCES

Variétés historiques et littéraires, I, 14. — Larchey, *Dictionnaire d'argot.*
— Mistral, *Tresor dou felibrige.* — *Causes amusantes et peu connues*, I, 70,
85. — Leroux, *Dictionnaire comique.* — *Les Français*, II, 265, 267, 268. —
Paul Sébillot, *Coutumes de la Haute-Bretagne*, 74. — J.-F. Bladé, *Proverbes
de la Gascogne.* — *Ancien Théâtre français*, II, 115. — E. Rolland. *Rimes et
jeux de l'Enfance*, 320. — Leite de Vasconcellos, *Tradiçoes de Portugal*, 251,
— *Revue des traditions populaires*, IX, 683; X, 157, 202. — *Paris ridicule*, 310.
— Dragomanov, *Traditions populaires de la petite Russie*, 280. — *Jitté i slovo*,
V, 232. — Communications de M. T. Volkov. — Ampère, *Instructions pour
les poésies populaires.* — E. Monseur, *La Folk-Lore wallon*, 7, 74. — Commu-
nications de MM. H. Macadam, Alfred Harou. — Lespy, *Proverbes de Béarn.*
— G. Pitrè, *Costumi siciliani*, 14, 21. — Henderson, *Folk-Lore of Northern
Counties*, 82. — *Calendario popular* (Fregenal), 1883, 16. — Paul Lacroix et
Alfred Duchesne, *Histoire des Cordonniers*, 117, 125, 162, 207. — Ant. Caillot,
Vie publique des Français, II, 213. — Sensfelder, *Histoire de la Cordonnerie*,
21, 271. — Hécart, *Dictionnaire rouchi.* — *Magasin pittoresque*, 1850, 141.
— L. Morin, *Les Communautés des cordonniers, basaniers et savetiers de Troyes*
(1895), 36, 62. — G.-S. Simon, *Étude sur le compagnonnage*, 22, 75, 87,
110, 115. — A. Perdiguier, *Le Livre du Compagnonnage*, I, 44. — E. Cosquin, *Contes de Lorraine*, I, 257. — Paul Sébillot, *Contribution à l'étude des
contes*, 73. — Roumanille, *Li Conte prouvençau*, 86. — *Vieux contes allemands*, 1824, 194. — Ch. Thuriet, *Traditions de la Haute-Saône*, 115.

Savetier, d'après une lithographie, *Arts et Métiers.*

PAUL SÉBILLOT

LÉGENDES ET CURIOSITÉS
DES MÉTIERS

LES CHAPELIERS

La corporation des chapeliers est ancienne : elle figure dans le *Livre des Métiers;* il y avait alors les chapeliers de feutre, les chapeliers de coton, les chapeliers de paon, les fourreurs de chapeaux, les chapeliers de fleurs et les fesseresses de chapeaux d'or et d'orfrois à quatre pertuis, et leurs statuts y sont longuement énumérés. Les trois premières catégories rentraient seules à peu près dans ce qu'on est convenu d'appeler la chapellerie, les deux autres étant plutôt du ressort de la mode.

En 1578, la corporation des chapeliers fut définitivement organisée, et elle eut un blason d'or aux chevrons d'azur, accompagné de trois chapels de gueules. Elle devait son privilège au comte Antoine de Maugiron, qui l'obtint de Henri III. Elle prit pour patron celui de son protecteur, et saint Antoine fut depuis en grand honneur parmi les chapeliers de Paris. Il était même de règle « qu'au jour anniversaire de ladite fon-

Habit de Chapellier.

Le chapelier, réclame américaine.
(Collection E. Flammarion.)

dation, les quatre maîtres jurés, gouverneurs et régents,' vinssent es demeures du Louvre pour congratuler notre doux sire le Roy et lui présenter un jeune pourcel vivant, de la grosseur d'un agnelain, adorné de fleurs, estendu par pied d'une figurine de cire représentant monseigneur saint Antoine d'Héraclée ». Ces petits cochons ont toujour été reçus d'Henri III à Louis XVI inclusivement.

Les statuts de 1578 furent confirmés par Henri IV, en 1594, réformés en 1612 par Louis XIII, et enfin augmentés et renouvelés en 1706. En 1776, la communauté des chapeliers fut réunie au corps des bonnetiers en même temps que celle des pelletiers. La chapellerie de Paris se partageait en quatre classes : les maîtres fabricants, les maîtres teinturiers, les marchands en neuf et les maîtres marchands en vieux, qui ne formaient qu'une seule corporation. Les chapeliers choisissaient ordinairement celle à laquelle ils voulaient appartenir.

Le compagnonnage des ouvriers chapeliers était l'un des plus anciens : s'il en fallait croire le tableau chronologique rédigé et approuvé, en 1807, par les compagnons de Maître Jacques, il aurait pris naissance en 1410. C'était l'un de ceux qui avaient les rites d'initiation les plus secrets et les plus solennels. Voici, d'après le P. Lebrun, comment ils procédaient en cette occasion au milieu du XVII° siècle : Les compagnons chapeliers se passent compagnons en la forme suivante : ils choisissent un logis dans lequel sont deux chambres commodes pour aller de l'une dans l'autre. En l'une d'elles, ils dressent une table sur laquelle ils mettent une croix et tout ce qui sert à représenter les instruments de la Passion de Notre-Seigneur. Ils mettent aussi sur la cheminée de cette chambre une chaise, pour se représenter les fonts du baptême. Ce qui étant préparé, celui qui doit passer compagnon, après avoir pris pour parrain et marraine deux de la compagnie qu'il a élus pour ce sujet, jure sur le livre des Évangiles, qui est ouvert sur la table, par la part qu'il prétend au Paradis, qu'il ne révélera pas, même dans la confession, ce qu'il fera ou verra faire, ni un certain mot duquel ils se servent comme d'un mot de guet pour reconnaître s'ils sont compagnons ou non, et ensuite il est reçu avec plusieurs cérémonies contre la Passion de Notre-Seigneur et le sacrement de baptême, qu'ils contrefont en toutes ses cérémonies.

Les ouvriers chapeliers s'engagèrent, vers 1651, à renoncer à leurs rites d'initiation; toutefois, leur compagnonnage ne cessa pas pour cela. Les chapeliers compagnons passants du Devoir subsistent encore, mais leur société, de même que toutes les autres, est bien déchue de son ancienne importance. Actuellement, l'aspirant en devenant compagnon, prête serment de fidélité aux règles de la société; s'il le viole, il est rayé du tour de France.

Les ouvriers chapeliers qui n'appartiennent pas au compagnonnage s'appellent *drogains* ou *drogaisis*.

Il y a entre les ouvriers chapeliers, tant à Paris qu'en province, une grande solidarité. L'ouvrier voyageur reçoit de l'aide non seulement dans les villes où la société a un siège, mais dans les petites bourgades où existe une fabrique. Le tour de France, qui était appelé « trimard », était autrefois beaucoup plus en usage qu'aujourd'hui; l'ouvrier sur le tour de France était « battant » quand il était « arrivant » chez la mère; il était conduit dans toutes les fabriques par l'homme du tour de France; parmi les ouvriers sédentaires, il y en avait qui étaient de semaine à tour de rôle pour recevoir l'arrivant et lui procurer du travail. Demander à l'arrivant qui venait d'être présenté : « As-tu plan? » c'était lui demander s'il était embauché. L'ouvrier remercié était dit « sacqué ». L'ouvrier battant, en arrivant dans une localité, demandait si la « frippe » (travail) était bonne, s'il y avait l'œil (crédit), et si l'on pouvait faire « chatte ».

C'est surtout parmi les ouvriers chapeliers en soie ou soyeurs que se manifeste cette solidarité. Celui qui, sur le tour de France, a reçu d'un compagnon des secours, doit audit compagnon, lors de son passage, des secours plus élevés et réciproquement. Sur le tour de France, si un compagnon passe dans deux villes où a été établie sa société, sans pouvoir travailler faute d'ouvrage, à la troisième ville, le cas étant le même, le *premier* en ville cède sa place au compagnon, et se met lui-même sur le tour de France. Lorsqu'il y a pénurie de travail, les compagnons tirent au sort pour savoir quels sont ceux d'entre eux qui doivent quitter la ville et aller chercher fortune ailleurs.

Une boutique est-elle occupée par les *drogaisis*, ouvriers non sociétaires compagnons, et ceux-ci sont-ils renvoyés par le patron qui a fait appel aux compagnons pour les remplacer, la société dicte à chaque groupe le nombre de Devoirants qu'il doit fournir; les devoirants désignés sont tenus d'aller occuper la boutique où ils ont été appelés.

Depuis vingt ans, ce compagnonnage a été peu à peu remplacé par des chambres syndicales et des groupes corporatifs locaux, qu'une vaste société a fédérés, en 1880, pour toute la France.

Les chapeliers de Paris, au nombre de 3.000 à peine (ils étaient 6.000 en 1886), sont partagés en deux sociétés dites des « Cartes vertes » et des « Cartes rouges ». Ces derniers, qui sont les plus remuants, avaient, en 1894, d'après le *Monde illustré*, leur réunion dans un antre obscur de la rue du Plâtre.

Lorsqu'on enterrait un ouvrier chapelier appartenant au compagnonnage, les compagnons faisaient, à Paris, il y a quelques années, des passes d'armes avec des cannes de tambour-

Boutique de chapelier (milieu du XVIII° siècle) (Musée Carnavalet).

major semblables à celles des compagnons charpentiers, puis ils se répandaient en gémissements dans leurs chapeaux ; les uns disaient qu'on enterrait leur frère, les autres simplement qu'ils pleuraient leur frère.

L'ouvrier chapelier, qui est presque toujours à ses pièces, est généralement travailleur ; on appelle « noceurs » ceux qui ne travaillent pas les premiers jours de la semaine ; ils se rattrapent presque toujours en donnant un coup de collier les derniers jours. L'inscription qui accompagne l'image de saint Lundi, publiée à Épinal vers 1835, place au sixième rang des dévots à ce saint le chapelier Mal-Blanchi, et met dans sa bouche ces mots :

> On m'a dit et je m'en fais gloire
> Que j'étais un peu riboteur,
> Mais je suis, vous pouvez m'en croire,
> Malgré plus d'un propos menteur,
> Bon enfant, quoiqu'un peu licheur.

Parmi les autres surnoms donnés aux chapeliers figurent ceux de « castor » et de « castorin », qui font allusion à l'espèce de peau qu'ils employaient autrefois.

Il est rare que les ouvriers chapeliers passent en police correctionnelle pour vol. Les anciens règlements étaient sévères à ce sujet ; d'après les *Articles des gardes jurés*, 1684, art. IV : si l'apprenti, pendant le temps de son apprentissage se trouvait atteint, convaincu et condamné de quelque crime, vol ou autre délit considérable, le brevet de son apprentissage était cassé et révoqué, sans qu'il fût besoin de jugement ni arrêt plus exprès.

Certains d'entre eux qui rougiraient à la pensée d'un vol, commettent des actes qui sont tout aussi répréhensibles. On les appelle « chatteurs » : ce sont ceux qui s'amusent à ne pas payer le marchand de vin, le logeur en garni ou le gargotier ;

cela s'appelle faire « chatte » et n'est pas considéré par les chatteurs comme un acte coupable. L'euphémisme du mot voile la laideur de la chose ; de même chez les écoliers, chiper n'est pas voler. Il en est aussi qui se livrent à la maraude, et font passer à la casserole la poule du voisin qui s'égare ; dans certains pays, quand une poule disparaît, on dit : « Ce sont encore les chapeliers qui l'ont fricassée. »

La fabrique est la « boîte » ; on dit d'une boîte où l'on ne gagne pas sa vie « c'est la peau ». L'apprenti est un « armagnolle », à Paris un *arpète*, l'ouvrier le plus ancien « un goret », le contremaître « un sergent » ; celui-ci qui, à Paris, est appointé au mois, est secondé par un sous-contremaître payé à la semaine et chargé de la préparation des matières premières, il porte tout naturellement le nom de « caporal » ; le maître ou chef d'usine est « le Bausse » dont le nom vient peut-être du flamand Bos (maître). Le jour où l'apprenti a fini son temps, on lui fait payer une sorte de dîme, appelée « cassage », une douzaine de francs environ ; les ouvriers ajoutent quelque petite somme et tous ensemble vont festoyer.

Dans les ateliers on s'amuse à faire des farces aux ouvriers qui ont mauvais caractère. Cela s'appelle « monter la chèvre ».

La grève est désignée sous le nom de « sautage ».

« Battre la banque » c'était demander des avances au patron ; si celui-ci refusait, on disait qu'il avait « pété ».

Au milieu du XVII⁰ siècle on fit, sur plusieurs métiers, des caricatures qui étaient basées sur des aventures réelles ou supposées. Celle du chapelier, que nous reproduisons, p. 61, est accompagnée des vers suivants :

> Un chapelié, un soir bien sou,
> Se mit à quereller sa femme,
> Mais elle l'appela : « Vieux fou,
> Yvrogne et sac à vin infame ! »

Le poussa de sur les degrés
Et luy ferma la porte au nés.
Se qui le mit en grand furie;
Mais toutes fois n'en pouvant plus.
Après des efforts superflus.
Il entra dans une escurie.

Là ce pauvre homme s'endormit.
Mais un cheval un coup luy porte;
Luy, croyant estre dans son lit.
S'écrie : « Mon voisin main-forte! »
Et se souvenant de l'affront.
Pensant prendre sa fame au front.
Prit la queue de ceste beste.
Et, tirant à force de bras.
Dit : « Par la mort, et par la teste.
Putin, tu me le paieras! »

Le cheval, se sentant tiré
Ses crins, à force de ruades,
L'yvrogne les voulant parer.
Luy donne en vain quelque gourmade;
Mais tous les voisins acourus
Au bruit de ce combat bourru
Dont il avait la face bleue,
Les séparèrent en riant.
Et chacun luy alloit criant :
« Allons, chapelié, à la queue!
A la queue! à la queue! »

L'usage de donner un chapeau neuf en échange de plusieurs vieux existait déjà dès le XVI° siècle; un passage des Équivoques de la voix, de Tabourot, le constate d'une manière assez plaisante : « Comme on disoit qu'à Paris il estoit arrivé vn chappelier de Mantouë, qui donnoit pour deux vieux chappeaux un œuf, plusieurs recherchèrent leurs vieux chappeaux pour en aller demander vn neuf, estimant qu'on leur donneroit vn chappeau neuf. »

La vente des vieux chapeaux est également ancienne, mais l'art de leur rendre leur ancien lustre était moins perfectionné

LE
CHAPELIE
A LAQVEE

qu'aujourd'hui. Ce commerce avait lieu sous le Châtelet, le long
du quai de la Mégisserie. On voit, disent les *Numéros parisiens*,
des chapeliers qui étalent des vieux chapeaux, à qui on a donné
un tel apprêt, qu'un pauvre diable d'auteur ne balance pas
d'en donner le prix qu'on lui demande. Ces chapeaux crai-
gnent l'eau et le soleil, et, comme ils ne sont que de pièces
et morceaux collés, celui qui en a fait l'emplette et qui se
trouve surpris par une grande pluie, n'a plus que la moitié ou
le quart d'une calotte sur la tête lorsqu'il rentre chez lui. Les
marchands de chapeaux de ce genre font courir leurs femmes
dans tous les quartiers de Paris pour empletter des vieux chapeaux, et quelque délabrée que soit la marchandise, lorsqu'elle
entre dans cette fabrique, on ne tarde pas d'en tirer un parti
très avantageux.

Les enseignes des boutiques de chapeliers ne présentaient
pas autant d'originalité que celles de certaines autres professions; elles étaient désignées par des chapeaux en fer ou en
zinc, affectant assez souvent la forme de ceux des généraux
du premier Empire, peintes en rouge avec une cocarde dorée;
on peut encore en voir quelques-unes. — C'était assez excep-
tionnellement qu'on en voyait d'analogues à celles du « Chapeau fort » qui existait jadis rue de l'École-de-Médecine, ou
du « Chapeau sans pareil », dont parle Balzac. D'autres
avaient cette inscription : « Au chapeau rouge » ou « Au
chapeau de cardinal ».

L'image que nous reproduisons, d'après une estampe du
musée Carnavalet, remonte au milieu du XVIIIᵉ siècle; elle est
accompagnée de ces deux quatrains (p. 57) :

> Qu'il est à désirer, dans le siècle où nous sommes,
> Que toute tête folle et vuide de bon sens
> En changeant de chapeau change de sentimens :
> Alors on trouveroit des hommes vraiment hommes.

Si le chapeau pouvoit fixer tête volage,
On conseilleroit fort de toujours le porter,
A ces jeunes faquins, qui, pour jamais l'ôter,
Le portent sous le bras et n'en font point usage.

Parmi les industriels qui font de la publicité, les chapeliers tiennent de nos jours un des premiers rangs, ainsi que l'on

peut le constater en regardant les images peintes sur les murs, les voitures-réclames et les prospectus distribués à la main.

Ce dernier genre a été employé dès le commencement de ce siècle, et probablement avant; mais on n'était pas arrivé au degré d'ingéniosité qui distingue la chapellerie de nos jours; on se contentait, en général, de cartes dans le genre de celle ci-dessus, et qui montre simplement les animaux dont le poil entrait dans la composition des chapeaux de l'époque.

On a su aujourd'hui être plus amusant, ainsi qu'on peut le voir par les deux réclames (p. 64), dont l'une est une sorte de rébus; l'autre, dont on peut voir sur les murs une variante chromolithographique, est une imitation, peut-être inconsciente, d'une image de ma collection, où un papillon placé à l'extrémité d'une planche est plus lourd qu'une femme qui se tient à l'autre bout.

SOURCES

Monde illustré, 1894. — *Revue des traditions populaires*, X, 200. — C.-G. Simon, *Études sur le compagnonnage*, 79. — A. Coffignon, *les Coulisses de la mode*, 86. — *Mélusine*, III, 367. — *Articles des gardes jurés*, 1684, art. IV. — *Les Numéros parisiens*, 26.

PAUL SÉBILLOT

LÉGENDES ET CURIOSITÉS
DES MÉTIERS

LES COIFFEURS

Lorsque, en 1674, les barbiers furent érigés en corps de métier, on leur avait permis d'écrire sur leur boutique : *Céans on fait le poil proprement et on tient bains et étuves.* Cette inscription, qui se bornait à indiquer leurs fonctions, ne tarda pas à leur paraître trop simple, et il semble qu'il y ait eu entre les artistes capillaires une sorte d'émulation pour inventer des enseignes plus dignes de l'esprit facétieux qu'on leur a accordé de tout temps. On ne sait au juste qui imagina le célèbre *Demain on rasera gratis,* dont le succès, attesté par de nombreuses variantes, a duré près de deux siècles ; il y a une trentaine d'années on pouvait encore en voir quelques-unes, peintes en blanc sur une planche noire, entre un plat à barbe et des rasoirs en sautoir, dans plusieurs petites villes de province :

*Ici demain
On rase et on frise pour rien.*

On lit sur une pancarte, derrière la charge du député-coiffeur Chauvin : « Demain on rase gratis. » (*Pilori,* 3 mars 1895.)

Menier, perruquier,
Arrivant de Paris,
Rase aujourd'hui pour de l'argent,
Et demain pour rien.

Pierre Bois,
Perruquier et auberge
Rase aujourd'hui en payant et demain pour rien,
Et on trempe la soupe.

Celle-ci qui désignait, de même que la suivante, un barbier restaurateur :

Par devant on rajeunit,
Par derrière on rafraichit

était le développement d'une inscription : *Ici on rajeunit,* très usitée au siècle dernier.

L'imagerie révolutionnaire parodia souvent les inscriptions de·la barberie; une estampe qui a pour titre le proverbe bien connu : « Un barbier rase l'autre », montre une enseigne sur laquelle est écrit : *Ici on rase tout;* un prolétaire est assis bien à l'aise dans un fauteuil, et se fait raser par un noble, auquel un abbé sert de garçon perruquier. *Ici on sécularise tout*, lit-on sur une autre, suspendue au—dessus d'un moine savonné. sur les genoux duquel s'est assise une femme qui, un rasoir à la main, s'apprête à lui faire la barbe.

Une sorte de naïveté malicieuse semble avoir présidé à la composition de certaines enseignes, du genre de celle-ci, qu'on lisait naguère assez fréquemment en Belgique : *Ici on rase à la papa et on coupe les cheveux aux oiseaux.* Dans l'amusant vaudeville de Scribe, *Coiffeur et perruquier*, ce dernier, auquel on reproche ses antiques façons, s'écrie : « Qu'est-ce qu'elle a donc, mon enseigne? Depuis trente ans elle est toujours la même : *Poudret, perruquier; ici on fait la queue aux idées des personnes.* »

L'art des inscriptions a été cultivé jusqu'au milieu de ce siècle par les coiffeurs. En 1826, Lambert, rue de Nazareth, avait fait peindre sur sa boutique ces deux distiques engageants ; le premier s'adressait aux hommes, le second au beau sexe :

Vous satisfaire est ma loi | *Aux dames, par mon talent,*
Pour vous attirer chez moi. | *Je veux être un aimant.*

A la même époque on lisait sur une devanture de la rue Saint-Jacques : *Au savant perruquier* ; pour justifier ce titre, le patron l'avait ornée de deux vers grecs et de deux vers latins ; voici ces derniers :

Hic fingit solers hodierno more capillos
Dexteraque manu novos addit ars honores.

Il croyait que les étudiants auraient traduit facilement ce latin de collège qui voulait dire : Ici un art ingénieux façonne les cheveux à la mode du jour, et d'une main habile y ajoute de nouveaux agréments.

Ainsi qu'on l'a vu, il arrivait assez fréquemment en province que les barbiers cumulaient plusieurs métiers, comme ce perruquier normand, qui tenait un petit restaurant, et s'adressait en ces termes à sa double clientèle :

Toussaint, perruquier,
Donne à boire et à manger,
Potage à toute heure
avec de la légume ;
On coupe les cheveux par-dessus.

Dans son *Histoire des livres populaires*, Nisard reproduit une longue pièce qui a pour titre : « Enseigne trouvée dans un village de Champagne » et qui n'est vraisemblablement que le

grossissement caricatural d'une inscription de barbier cumu-
lard. En voici une partie :

« Barbié, perruquer, sirurgien, clair de la paroisse, maître
de colle, maraischal, chaircuitier et marchant de couleure;
rase pour un sout, coupe les jeveux pour de   soux, et poudre
et pomade par desus le marchai les jeunes demoisel jauliment
élevé, allument lampe à l'année ou par cartier. »

Les perruquiers n'avaient pas laissé aux barbiers-coiffeurs
le monopole des inscriptions; il semble même qu'ils les avaient

Jeu des Rues de Paris (1823).

devancés dans la voie de la réclame. C. Patru, surnommé le
Petit-Suisse, avait fait imprimer une carte (vers 1650) représentant son portrait orné d'une perruque et entouré des
armoiries des cantons; on y lisait :

« Aux treize cantons Suisses, le Petit-Suisse, marchand
perruquier, fait et vend toute sortes de perruques et des plus
à la mode, vend aussi toutes sortes de cheveux de France,
d'Angleterre, de Hollande, Flandre, Allemagne et d'autres,
des plus beaux en gros et en détail, demeurant à Paris sur le
quay de l'Orloge du Palais entre les deux grosses tours. »

On lit dans l'Eloge des Perruques, qu'un perruquier de
Troyes avait pour enseigne un Absalon pendu par les cheveux

Mme DES FAVEURS A LA PROMENADE A LONDRES

(Musée Carnavalet.)

au milieu d'une forêt et transpercé par la lance de Joad. Au bas étaient ces vers :

Passant, contemplez la douleur
D'Absalon pendu par la nuque ;
Il eût évité ce malheur
S'il avait porté la perruque.

Cette inscription, dont l'auteur est resté anonyme, avait fait fortune ; on la retrouvait dans plusieurs autres villes, et à Paris même, en 1858, elle figurait encore sur une boutique du boulevard Bonne-Nouvelle.

Dans la seconde moitié du siècle dernier, alors que les coiffures féminines avaient quelque chose d'architectural et de majestueux, les artistes qui les édifiaient crurent pouvoir signaler leurs laboratoires en écrivant sur la porte en gros caractères : *Académie de Coeffure* ; mais, dit Mercier, M. d'Angiviller trouva que c'était profaner le mot académie, et l'on défendit à tous les coiffeurs de se servir de ce nom respectable et sacré. Cela ne les empêcha pas toutefois de se qualifier du nom « d'académiciens de coiffure et de mode ». Lorsque, en 1769, la communauté des perruquiers avait intenté un procès aux coiffeurs de dames, l'avocat de ceux-ci publia un factum dans lequel il disait : Leur art tient au génie et est par conséquent un art libéral. L'arrangement des cheveux et des boucles ne remplit pas même tout notre objet. Nous avons sans cesse sous nos doigts les trésors de Golconde ; c'est à nous qu'appartient la disposition des diamants, des croissants des sultans, des aigrettes.

Comme la plupart des autres boutiques, celles des coiffeurs ont subi, à une époque qui n'est pas très éloignée de nous, une transformation qui leur a fait perdre beaucoup de leur originalité. Les enseignes amusantes ont disparu, et elles n'ont guère conservé que les petits plats en cuivre qui se balancent au-dessus de la devanture, et auxquels fait pendant une boule

dorée d'où part une touffe de cheveux lorsque le coiffeur s'occupe aussi de postiches ; à la vitrine on voit souvent une
poupée en cire et des flacons de parfumerie.

Il n'en était pas ainsi jadis : d'abord il y avait barbier et
barbier. La boutique de ceux qui étaient barbiers-chirurgiens
était peinte en rouge ou en noir, couleur de sang ou de deuil,
et des bassins de cuivre jaune indiquaient que l'on y pratiquait la saignée et qu'on y faisait de la chirurgie. Les bassins
des perruquiers devaient être en étain ; ils n'étaient pas astreints
à peindre leur devanture d'une façon uniforme. Ils avaient
toutefois fini par adopter un bleu particulier, qui encore aujourd'hui est connu sous le nom de *bleu-perruquier*.

Autrefois, en Angleterre, un règlement placé dans un endroit
apparent de la boutique défendait certaines choses, comme
de manier les rasoirs, de parler de couper la gorge, etc.; on
voyait beaucoup de ces pancartes dans le Suffolk vers 1830,
et en 1856 il y en avait encore une à Stratfort-sur-Avon, que
le patron se souvenait d'y avoir vue cinquante ans auparavant,
lorsqu'il y était entré comme apprenti ; son maître, qui était en
fonctions en 1769, parlait souvent de ce règlement comme
étant naguère en usage dans toute la confrérie, et il disait
qu'il remontait à plusieurs siècles. Shakspeare y fait allusion
au cinquième acte de *Mesure pour mesure*. Ce barbier se rappelait avoir vu employer pour savonner des coupes en bois :
une échancrure pour le cou, semblable à celle des plats en
étain, en cuivre ou en faïence, y avait été ménagée. Les clients
qui payaient par quartier en avaient un, dont on se servait
seulement lorsque le payement était exigible ; on y lisait ces
mots : « Monsieur, le moment de votre quartier est venu. » En
France il y a eu des plats à barbe très ornés, dont quelques-
uns portaient des inscriptions, dans le genre de celles-ci :
« A mon bon sçavon de Paris, » ou « La douceur m'attire. »

Le barbier patriote (collection Pieudonne).

Boutique de perruquier, d'après Corbin.

Mercier nous a donné la description suivante d'une boutique de perruquier vers 1783 ; bien que le tableau soit un peu chargé dans les détails, il devait être assez exact comme ensemble :

« Imaginez tout ce que la malpropreté peut assembler de plus sale. Son trône est au milieu de cette boutique où vont se rendre ceux qui veulent être propres. Les carreaux des fenêtres, enduits de poudre et de pommade, interceptent le jour ; l'eau de savon a rongé et déchaussé le pavé. Le plancher et les solives sont imprégnés d'une poudre épaisse. Les araignées tombent mortes à leurs longues toiles blanchies, étouffées en l'air par le volcan éternel de la poudrière. Voici un homme sous la capote de toile cirée, peignoir banal qui lui enveloppe tout le corps. On vient de mettre une centaine de papillotes à une tête qui n'avait pas besoin d'être défigurée par toutes ces cornes hérissées. Un fer brûlant les aplatit, et l'odeur des cheveux brûlés se fait sentir. Tout à côté voyez un visage barbouillé de l'écume du savon ; plus loin, un peigne à longues dents qui ne peut entrer dans une crinière épaisse. On la couvre bientôt de poudre et voilà un accommodage. Quatre garçons perruquiers, blêmes et blancs, dont on ne distingue plus les traits, prennent tour à tour le peigne, le rasoir et la houppe. Un apprenti chirurgien, dit Major, sorti de l'amphithéâtre où il vient de plonger ses mains dans des entrailles humaines, ou dont la main fétide sent encore l'onguent suspect, la promène sur tous ces visages qui sollicitent leur tour. Des tresseuses faisant rouler des paquets de cheveux entre leurs doigts et à travers des cardes ou peignes de fer, ont quelque chose de plus dégoûtant encore que les garçons perruquiers. Elles semblent pommadées sous leur linge jauni. Leurs jupes sont crasseuses comme leurs mains ; elles semblent avoir fait un divorce éternel avec la blanchisseuse, et les *merlans* eux-mêmes ne se soucient point de leurs faveurs.

« La matinée de chaque dimanche suffit à peine aux gens qui viennent se faire plâtrer les cheveux. Le maître a besoin d'un renfort. Les rasoirs sont émoussés par le crin des barbes. Soixante livres d'amidon, dans chaque boutique, passent sur l'occiput des artisans du quartier. C'est un tourbillon qui se répand jusque dans la rue. Les poudrés sortent de dessous la houppe avec un masque blanc sur le visage. L'habit du per-ruquier pèse le triple; je parie pour six livres de poudre. Il en a bien avalé quatre onces dans ses fonctions, d'autant plus qu'il aime à babiller. » L'estampe du *Barbier patriote*, p. 8, et la gravure de Cochin, p. 9, peuvent servir de commentaire au passage ci-dessus du *Tableau de Paris*.

Cette malpropreté était le résultat de l'usage de la frisure qui avait gagné tous les états : clercs de procureurs (p. 25) et de notaires, domestiques, cuisiniers, marmitons, tous ver-saient, dit ailleurs Mercier, à grands flots de la poudre sur leur têtes, et l'odeur des essences et des poudres ambrées saisissait chez le marchand de vin du coin, comme chez le petit-maître élégant.

A la même époque les femmes avaient donné à leurs coif-fures des formes extraordinaires et demesurées. L'art du per-ruquier ordinaire ne leur suffisait plus, il fallait y joindre celui du serrurier pour ajuster tous les ressorts de ces machines énormes qu'elles portaient sur leurs têtes. Cette mode ridicule donna naissance à une foule de caricatures : On représenta les femmes ainsi costumées suivies de maçons et de charpentiers qui devaient agrandir les portes afin de leur laisser passage. Une estampe montre l'armature qu'il a fallu construire et soutenir par un échafaudage pour pouvoir étager une coiffure. Des commis d'octroi trouvaient parmi les cheveux d'une élé-gante une foule d'objets soumis aux droits. Mme des Faveurs se promenait à Londres avec une coiffure si haute, que l'on tirait sur les pigeons qui s'y étaient perchés (p. 5). Une autre

Caricature du règne de Louis XVI, d'après le *Magasin pittoresque*.

élégante était suivie d'un nègre chargé de soutenir, à l'aide d'une fourche, son édifice capillaire.

Le principal personnage de la comédie des *Panaches ou les Coeffures à la mode* (1778) est un inventeur auquel des dames de mondes très variés viennent commander des choses aussi extravagantes que celle-ci : « Je désirerais que ma coiffure étonnât le monde par sa nouveauté. Je désirerais par exemple

Il faut souffrir pour être belle (album du Bon ton, 1808).

qu'on y pût cacher une serinette et un orgue de barbarie qui jouât différentes contredanses et qui occasionnât un transport universel. »

Les coiffures monumentales ne durèrent qu'un petit nombre

d'années : elles disparurent lorsque la reine Marie-Antoinette,
ayant perdu sa magnifique chevelure, se coiffa d'une façon
plus simple; cette réaction s'accentua encore pendant la
période révolutionnaire; en même temps disparaissaient
presque entièrement la poudre et la frisure, et en 1827, alors
que la transformation était à peu près complète, Ant. Caillot
constatait que ces boutiques où, de quelque côté qu'on se
tournât, on exposait son vêtement à être graissé par la pommade ou souillé par la poudre d'un perruquier malpropre,
s'étaient changées en autant de petits boudoirs, qui n'étaient
point dédaignés par les jeunes élégants et les petites maîtresses.

Dès l'antiquité les barbiers avaient une réputation méritée
de loquacité, et leurs boutiques étaient, comme à une époque
assez voisine de nous, une sorte de bureau d'esprit, où se rendaient ceux qui aimaient à parler, à dire des nouvelles et à en
entendre. « Coutumièrement, dit Plutarque dans son *Traité
de trop parler*, traduction Amyot, les plus grands truands et
fainéans d'une ville et les plus grands causeurs s'assemblent
et se viennent asseoir en la boutique d'un barbier, et de cette
accoutumance de les ouïr caqueter ils aprenent à trop parler.
Parquoy le roi Archelaus respondit plaisamment à un sien
barbier qui estoit grand babillard après qu'il lui eut acoustré
son linge alentour de lui et lui eut demandé : « Comment vous
plaist-il que se face votre barbe, sire? — Sans mot dire. » Mais
la plupart de ces babillards se perdent eux-mesmes, comme il
advint que dans la boutique d'un barbier aucuns devisoient
de la tyrannie de Dionysius, qu'elle estoit bien asseurée et
aussi malaisée à ruiner que le diamant à couper. « Je mesmer-
veille, dit le barbier en souriant, que vous dites cela de Dionysius, sur la gorge duquel ie passe le rasoir si souvent. » Ces
paroles estant raportées à Dionysius, il fit mettre le barbier en
croix. »

La légende de Midas constatait aussi que les barbiers ne pouvaient s'empêcher de parler. Apollon, pour punir ce roi de Phrygie de lui avoir préféré Pan, lui mit des oreilles d'âne. Pendant longtemps il put les cacher sous un bonnet à la mode de son pays, mais son barbier, qui seul connaissait son secret, ne pouvant le garder et craignant de le trahir, alla le confier à la terre; des roseaux étant venus à croître à l'endroit où il avait parlé, révélèrent à tout le monde le malheur de Midas.

Au commencement de ce siècle Cambry recueillit dans le Finistère une tradition analogue. Le roi de Portzmarc'h avait des oreilles de cheval, et craignant l'indiscrétion de ses barbiers, il les faisait tous mourir. Il finit par se faire raser par son ami intime, après lui avoir fait jurer de ne pas dire ce qu'il savait. Mais le secret ne tarda pas à peser à celui-ci, qui alla le raconter aux sables du rivage. Trois roseaux poussèrent en ce lieu, les bardes en firent des anches de hautbois qui répétaient : « Portzmarc'h, le roi Portzmarc'h a des oreilles de cheval. » En 1864, j'ai ouï raconter l'histoire du sire de Karn, qui demeurait dans la petite île de ce nom, presque en face d'Ouessant; parmi les redevances qu'il exigeait de ses vassaux de terre ferme, figurait l'envoi de barbiers pour le raser et lui couper les cheveux; aucun de ceux qui étaient allés à l'île n'en était revenu. Un garçon hardi résolut de tenter l'aventure; il fut introduit auprès de Karn qui, d'une voix terrible, lui ordonna de le raser. En même temps il ôta sa coiffure, qui dissimulait des oreilles de cheval. Sans s'émouvoir, le jeune homme se mit à le savonner doucement, puis comprenant pourquoi ceux qui l'avaient précédé avaient été tués, il trancha d'un coup de rasoir le cou du seigneur de Karn.

L'amusante « Histoire du Barbier » que les *Mille et une Nuits* ont rendue populaire, prouve qu'en Orient la déman-

geaison de parler semblait aussi inséparable de la profession :
Avant de raser un jeune homme qui a un rendez-vous galant,
il se met à consulter les astres, lui tient toutes sortes de discours, lui vante son esprit, son habileté quasi-universelle, se
met à danser, et est cause, par son indiscrétion, qu'il arrive
malheur à son client.

Au moyen âge, et jusqu'à une époque assez récente, on
bavarda beaucoup chez les barbiers de France ; une tradition
qui était encore populaire à Pézenas en 1808, prétendait que
Molière avait fait son profit de traits plaisants qu'il avait
entendus pendant son séjour en cette ville, chez un barbier
dont la boutique était le rendez-vous des oisifs, des campagnards de bon ton et des élégants. Le grand fauteuil dans
lequel il s'asseyait et que l'on montrait naguère encore, occupait le milieu d'un lambris qui revêtait à hauteur d'homme le
pourtour de la boutique. Dans ses *Diversitez curieuses*, l'abbé
Bordelon, presque contemporain de Molière, donne un détail
intéressant : « Si on trouve la place prise, on regarde les
images ; mais comme on ne change pas tous les jours d'images,
on les regarde seulement la première fois, et, dans la suite on
cause, et de quoi causer, si ce n'est de la guerre et des affaires
politiques. »

Au siècle dernier, d'après les *Nuits de Paris*, tout au moins
en cette ville, une transformation s'était opérée : Autrefois,
avant que les barbiers-perruquiers fussent séparés des chirurgiens, les boutiques de raserie étaient des bureaux de nouvelles et d'esprit. On y passait la journée du samedi, la matinée
du dimanche, et en attendant son tour on parlait nouvelles,
politique, littérature. « Tout cela est bien changé! s'écrie
Restif. A-t-on bien fait de séparer les barbiers des chirurgiens? Est-ce qu'il est bas de raser? Pas plus que de
saigner. »

De nos jours on ne cause plus guère dans les boutiques des coiffeurs ; quand il y a presse, chacun y attend son tour, les

Le Barbier politique, lithographie de Pigal.

uns songeant, les autres lisant un journal, à peu près comme dans un bureau d'omnibus ou dans l'antichambre d'un minis- tère. Dans quelques villes de province seulement se sont conservées les habitudes d'autrefois. En Basse-Bretagne, les barbiers figuraient, il y a une vingtaine d'années, au premier rang des personnes qui connaissaient les contes populaires, les anecdotes, les cancans et les mots plaisants. Tout en rasant le client qui était sur la sellette, ils les disaient tout haut pour amuser ceux dont le tour n'était pas encore venu, et qui souvent lui donnaient la réplique. Ceux-ci étaient assis sur des bancs de bois qui garnissaient le tour de la boutique et ils causaient comme à une veillée de village; il y avait même des patrons qui, le samedi, le jour par excellence des barbes, faisaient venir un conteur qui racontait des histoires traditionnelles, en les assaisonnant de plaisanteries, de mots de gueule, et d'épisodes grotesques.

Le vaudeville de Scribe, *Le Coiffeur et le Perruquier*, date de l'époque où les premiers avaient définitivement supplanté leurs rivaux, qui ne conservaient guère que la clientèle des vieillards; ce qu'ils avaient gardé c'était la loquacité de jadis : « Tous ces perruquiers sont si bavards, s'écrie un coiffeur, et celui-là surtout! même quand il est seul, il ne peut pas se faire la barbe sans se couper, et pourquoi, parce qu'il faut qu'il se parle à lui-même! »

Vers 1864, un coiffeur de la rue Racine avait mis sur sa boutique une inscription grecque destinée à prévenir ses clients hellénistes qu'il n'était pas comme ses confrères : Χειρω ταχιστα και ςιωπω. Je rase vite et je me tais.

J'ai vu à Dinan, en 1865, une enseigne qui avait pour but de rassurer les clients sur la lenteur proverbiale des barbiers :

> *Ribourdouille,*
> *Barbier, marchand de perruques,*
> *Fait la barbe en moins de cinq minutes.*

Le dicton « Quart d'heure de perruquier » était naguère

très usité pour désigner un temps plus long que celui qui avait été annoncé. Dès l'antiquité, on a blasonné la lenteur des barbiers dans des épigrammes de l'espèce de la suivante, que Lebrun a imitée de Martial :

> Lambin, mon barbier et le vôtre,
> Rase avec tant de gravité,
> Que tandis qu'il rase d'un côté
> La barbe repousse de l'autre.

Dans la comédie du *Divorce*, Regnard a reproduit cette plaisanterie, en la poussant jusqu'à la charge :

Sotinet. — Faites-moi, s'il vous plait, la barbe le plus promptement que vous pourrez.

Arlequin. — Ne vous mettez pas en peine, monsieur; dans deux petites heures votre affaire sera faite.

Sotinet. — Comment, dans deux heures! Je crois que vous vous moquez.

Arlequin. — Oh! que cela ne vous étonne pas : j'ai bien été trois mois après une barbe, et, tandis que je rasais d'un côté le poil revenait de l'autre.

L'auteur d'un *Million de bêtises* a reproduit une anecdote, vraisemblablement ancienne, qui rentre dans cet ordre d'idée : Deux frères jumeaux, d'une parfaite ressemblance, voulurent un jour se divertir d'un barbier qui ne les connaissait point ; l'un d'eux envoya quérir le barbier pour se faire raser. L'autre se cacha dans une chambre à côté. Celui à qui l'on fit l'opération étant rasé à demi, se leva sous prétexte qu'il avait une petite affaire : il alla dans la chambre de son frère qu'il savonna et à qui il mit au cou son même linge à barbe et il l'envoya à sa place. Le barbier voyant que celui qu'il croyait avoir barbifié à demi avait encore toute sa barbe à faire, fut étrangement surpris. « Comment, dit-il, voilà une barbe qui est crue en un moment! voilà qui me passe! » Le jumeau, affectant un grand sérieux, lui dit : « Quel conte me faites-vous là? » Le

barbier prenant la parole lui explique naturellement ce qu'il a
fait, qu'il l'a rasé à demi et qu'il ne comprend pas comment
cette barbe rasée est revenue si promptement. » Le jumeau lui
dit brusquement : « Vous rêvez, faites votre besogne. —
Monsieur, dit le barbier, je m'y ferais hacher, il faut que je
sois fou ou ivre, ou qu'il y ait de la magie. » Il fit son opération
en faisant de temps en temps de grandes exclamations sur cet

Boutique de barbier. — Image anglaise du XVIII⁰ siècle.

événement. La barbe étant faite, celui qui était barbifié entièrement va prendre le barbifié à demi, et, pendant qu'il se tient
caché, il le substitue à sa place. Celui-ci, avec son linge autour
du cou : « Allons, dit-il au barbier, achevez votre besogne. »
Pour le coup, le barbier tomba de son haut, il ne douta plus
qu'il n'y eut de la magie, il n'avait pas la force de parler.
Cependant le sorcier prétendu lui imposa tellement qu'il fallut
qu'il achevât l'ouvrage ; mais il alla publier partout qu'il
venait de raser un sorcier qui faisait croître sa barbe un
moment après qu'on le lui avait faite.

En Champagne, on raconte que le diable lui-même s'amusa

un jour à se faire raser par un barbier. Quand il était rasé d'un côté, la barbe repoussait aussitôt.

La légèreté de main que les barbiers apportaient généralement dans l'exercice de leur profession ne les mit pas à l'abri

Le fer trop chaud, gravure de Marillier.

du reproche de maladresse ; l'accusation d'entamer l'épiderme des clients est constatée par des proverbes : Ha! ha! barbier, tu m'as coupé, s'écrie un personnage de la *Sottie des Trompeurs*, qui veut dire simplement qu'il a été trompé. L'espagnol Quevedo, dans la facétie *Fortuna con seso*, où pendant une heure les rôles de chacun sont intervertis, fait raser un barbier avec un couteau ébréché, et d'Aceilly a écrit cette épigramme :

> Quand je dis que tu m'as coupé,
> Tu dis que je me suis trompé,
> Et qu'il ne faut pas que je craigne :
> C'est donc ma serviette qui saigne !

L'usage des fers pour la frisure fournit aussi matière à des reproches : « Fils de cent boucs, s'écrie un personnage du roman d'*Estevanille Gonzalès*, me prends-tu pour un saint Laurent ! » (p. 21). Vers 1830, Grandville représenta un coiffeur avec une tête de perroquet qui, frisant un bouledogue, lui disait : « Ça va chauffer en Belgique. — Tu me brûles le cou, » répondait le patient. Ce thème a été aussi traité par Daumier, et tout récemment la *Coiffure française* publiait une série où un client était savonné et rasé d'une étrange manière par un garçon plus occupé des scènes de la rue que de son ouvrage.

Jadis, les coiffeurs de campagne plaçaient une grande écuelle de bois ou un plat sur la tête de leur client et ils coupaient tout ce qui dépassait les bords. En Haute-Bretagne, on dit de celui qui a les cheveux mal taillés qu'on les lui a coupés « à l'écuelle » ; en Hainaut, qu'on lui a mis un plat sur la tête ; une gravure qui illustre un roman moderne montre même une lourde marmite qui encadre la tête d'un garçon à qui l'on coupe les cheveux.

A Dourdan, on lisait au fronton d'une boutique :

> *Au blaireau de Louis XIII.*
> *Lejuglard, barbier,*
> *Rase au pouce et à la cuiller.*

et l'on y voyait un vieux blaireau qui, d'après la légende, avait servi à savonner le fils de Henri IV. Quant au mode de raser

annoncé par l'enseigne, il était en usage en beaucoup de
pays : en Berry, la barbe au pouce coûtait deux liards, celle à
la cuiller un sou. Quelquefois on mettait une noix à la place
du pouce. Ces procédés sont encore employés dans des villages
de France et de Belgique ; en 1862, d'après la *Physiologie du
coiffeur*, on s'en servait dans le quartier Mouffetard ; mais les
clients, devançant la méthode antiseptique, exigeaient que le
barbier trempât au préalable son pouce dans du cognac.

Les coiffeurs actuels ont comme ancêtres professionnels,
pour une partie tout au moins de leur métier, plusieurs corps
d'état dont les attributions se sont considérablement modifiées
avec le temps. Les barbiers ou barbiers-chirurgiens formaient
à Paris, dit Chéruel, une corporation importante dès le
XIII° siècle ; leurs anciens statuts ne sont pas conservés, mais
ils furent renouvelés en 1362 et confirmés par lettres patentes
de 1371. La corporation était placée sous la direction du
premier barbier, valet de chambre du roi ; on n'y entrait
qu'après examen, et la corporation avait le droit d'exclure les
indignes. D'après de Lamare, les chirurgiens de robe longue
et les chirurgiens-barbiers formaient deux communautés différentes. Les uns avaient le droit d'exercer toutes les opérations
de la chirurgie et n'avaient pas la faculté de raser ; les autres
étaient astreints à la saignée, à panser les tumeurs et les
plaies où l'opération de la main n'était point nécessaire, et
eux seuls avaient le droit de raser. Ceux-là avaient pour
enseigne saint Cosme et saint Damien, sans bassin, et ceux-ci
des bassins seulement ; les deux communautés furent incor-
porées en 1655.

Il y avait aussi des barbiers étuvistes, qui formaient sous ce
nom une corporation spéciale ; elle fut surtout florissante au
XVI° siècle.

Les Français avaient rapporté des guerres d'Italie l'habitude

de laisser croître leur barbe. Elle persista sous François I⁰ˢ,
qui avait inauguré la mode des grandes barbes. Il y eut alors
plus de chirurgiens que de barbiers, quoiqu'une bien singulière
mode fut venue aussi d'Italie en ce temps-là. Hommes ou
femmes se faisaient raser impitoyablement tout le poil du
corps, comme nous l'apprend ce rondeau de Marot, qui prouve
que les barbiers de ce temps pouvaient exercer leur métier
dans des étuves.

> Povres barbiers, bien estes morfonduz
> De veoir ainsi gentilshommes tonduz
> Et porter barbe; or, avisez comment
> Vous gaignerez; car tout premièrement
> Tondre et saigner ce sont cas défenduz.
> De testonner on n'en parlera plus :
> Gardez ciseaux et rasouers esmouluz
> Car désormais vous fault vivre aultrement,
>   Povres barbiers.
>
> J'en ay pitié, car plus comtes ni ducz
> Ne peignerez; mais comme gens perduz,
> Vous en irez besongner chaudement
> En quelque estuve; et là gaillardement
> Tondre Maujoint ou raser Priapus,
>   Povres barbiers.

Les barbiers-perruquiers furent créés en décembre 1637 et
formaient une communauté séparée, qui prit une grande exten-
sion : A Paris, écrivait Mercier en 1783, douze cents perruquiers, maîtrise érigée en charge et qui tiennent leurs privilèges
de saint Louis, emploient à peu près six mille garçons. Deux
mille chambrelands font en chambre le même métier. Six mille
laquais n'ont guère que cet emploi. Il faut comprendre dans
ce dénombrement les coiffeurs. Tous ces êtres-là tirent leur
subsistance des papillotes et des bichonnages.

La police n'était pas tendre pour ceux qui exerçaient l'état
sans avoir été reçus maîtres. Il faut, dit encore Mercier, que
ce métier si sale soit un métier sacré, car dès qu'un garçon
l'exerce sans en avoir acheté la charge, le chambreland est

La toilette du clerc de procureur, d'après Carle Vernet.

conduit à Bicêtre comme un coupable digne de toute la vengeance des lois. Il a beau quelquefois n'avoir pas un habit de
poudre; un peigne édenté, un vieux rasoir, un bout de pommade, un fer à toupet deviennent la preuve de son crime, et il
n'y a que la prison qui puisse expier un pareil attentat ! Oui,
pour raser le visage d'un fort de la halle, une chevelure de

porteur d'eau, peigner un savant, papilloter un clerc de procureur, il faut préalablement avoir acheté une charge! La
Révolution supprima ce privilège, après avoir accordé aux
titulaires une indemnité.

Aux siècles derniers, les ouvriers capillaires étaient soumis
à un régime sévère. L'ordonnance du 30 mars 1635 enjoignait
à tous garçons barbiers de prendre service et condition dans
les vingt-quatre heures, ou bien quitter la ville et les faubourgs
de Paris, à peine d'être mis à la chaîne et envoyés aux galères.
Les syndics de la communauté avaient le droit, vers 1780, de
faire arrêter les garçons perruquiers vacants et non placés.

Au XVIᵉ siècle, des barbiers allaient, en été, dans les villages
et ils sonnaient de la trompe pour avertir ceux qui voulaient
se faire raser. Des coutumes analogues existaient un peu partout en Europe, surtout en Espagne, et dans les romans
d'aventures, on voit souvent figurer des barbiers ambulants
qui, comme Figaro, parcouraient philosophiquement l'Espagne
« riant de leur misère et faisant la barbe à tout le monde ».
Avant la Révolution, il y avait beaucoup de Français qui
allaient exercer le métier à l'étranger. Nos valets de chambre
perruquiers, dit Mercier, le peigne et le rasoir en poche pour
tout bien, ont inondé l'Europe : ils pullulent en Russie et
dans toute l'Allemagne. Cette horde de barbiers à la main
lente, race menteuse, intrigante, effrontée, vicieuse, Proven-
çaux et Gascons pour la plupart, ont porté chez l'étranger une
corruption qui lui a fait plus de tort que le fer de nos soldats.
Naguère encore, en 1862, dans les grandes villes de Russie,
presque tous les coiffeurs étaient français.

Les barbiers de village, au siècle dernier, se faisaient payer
en nature, trois œufs pour une barbe, un fromage pour deux
barbes, etc.

En beaucoup de pays, l'apprentissage consiste d'abord à

savonner les joues et le menton des clients, que rasera ensuite
le patron ou le garçon en titre. On exerce aussi les apprentis,
parfois, à promener le rasoir sur une tête de bois. Lorsqu'ils
ont pu se faire une idée suffisante du maniement du rasoir, on
offre à de pauvres gens la « barbe gratuite », qui parfois
entame quelque peu leur épiderme. Ce petit conte de La Mon-
noie, imité des *Joci* d'Otomarus Luscinius (Augsbourg, 1524),
se rapporte à cet usage.

> Un gros coquin, veille de Fête-Dieu,
> Chez un barbier fut présenter sa face.
> Le suppliant de lui vouloir, par grâce,
> Faire le poil pour l'amour du bon Dieu.
> — Fort volontiers, dit le barbier honnête,
> Vite, garçon, en faveur de la fête,
> Dépêchez-moi cette barbe *gratis*.
> Aussitôt dit, un de ses apprentis
> Charcute au gueux le menton et la joue :
> Le patient faisoit piteuse moue,
> Et comme il vit paroître en ce moment
> Certain barbet navré cruellement,
> Pour vol par lui commis dans la cuisine :
> — Ah! pauvre chien. que je vois en ce lieu,
> S'écria-t-il, je connois à ta mine
> Qu'on t'a rasé pour l'amour du bon Dieu !

L'auteur de l'*Histoire des Français des divers États* a donné,
d'après des documents du temps, une description pittoresque
de la cérémonie de réception des maîtres perruquiers : Au
milieu de la salle est assis un gros homme; c'est un maître;
il a bien voulu prêter sa tête et sa chevelure, pour ne pas
introduire un profane qui pût divulguer le secret de la séance.
A quelques pas est le lieutenant ou sous-lieutenant du premier barbier du roi, le haut magistrat du métier. Il préside.
« Le fer à friser, dit-il, au récipiendaire, vêtu d'un habit sur
lequel est tendu un peignoir blanc, propre, ayant manches

et larges poches. Le fer est-il chaud? — Oui, monsieur. —
Faites, défaites les papillotes! Voyons d'abord la grecque!
Où est le coussinet en fer-à-cheval pour soutenir la chevelure? — Le voilà! — Et pour y attacher les épingles noires,
simples, doubles? — Les voilà. — Faites vos boucles? Faites-
les à la montauciel, en aile de pigeon. »

On donne encore populairement aux coiffeurs le sobriquet
de *merlans;* c'est un héritage qui leur vient des perruquiers
du siècle dernier. Alors ils étaient souvent couverts de poudre,
et ressemblaient à des merlans saupoudrés de farine pour être
mis à la poêle; on les appela d'abord *merlans à frire,* puis
merlans tout court. C'est ce dernier terme qu'emploie dans
l'opéra-comique des *Raccoleurs* (1756) la harengère Javotte
qui, s'adressant à Toupet, gascon et garçon frater, lui dit:
« Ma mère f'rait ben d'vous pendre à sa boutique en magnière
d'enseigne; un merlan comme vous s'verrait de loin, ça li
porterait bonheur; ça y attirerait la pratique! » En Provence
les enfants criaient jadis après les perruquiers : Merlan à la
sartan (friture)!

Frater désignait autrefois le garçon chirurgien ou le barbier; ce mot est encore un peu usité.

Des dictons populaires semblent dater de l'époque où,
par suite de la transformation de la coiffure, le métier de
perruquier devint assez précaire; à Paris, on donne le nom de
côtelette de perruquier à un morceau de fromage de Brie; en
Saintonge, un *louis de perruquier* est une pièce de menue
monnaie. En Belgique, *faire une ribote de perruquier* est
l'équivalent du proverbe s'enivrer d'eau claire; on l'explique,
en disant qu'au moment de la décadence des perruques, la
seule distraction qui fût à la portée des perruquiers liégeois
consistait à se promener sur les bords de la Meuse et à y faire
des ricochets dans l'eau.

L'iconographie comique des artistes capillaires est considérable ; nous avons eu l'occasion d'en parler plusieurs fois au cours de cette monographie. Les dessinateurs d'animaux se livrant à des occupations humaines n'ont eu garde de les oublier, et ils figurent dans la série des singeries.

Les Singeries humaines (1825) : Le jour de barbe.

C'est surtout à l'époque révolutionnaire et sous le règne de Louis-Philippe que les caricaturistes ont usé et abusé des allusions à double sens, facilement comprises de tous, que pouvaient fournir les perruques et la barberie. L'une des premières caricatures de la Révolution est celle du *Perruquier patriote* (1789), que nous avons reproduite d'après une gravure appartenant à M. Dieudonné (p. 5) ; au-dessous est cette légende :

Au sort de la patrie, oui, mon cœur s'intéresse ;
Que l'on me laisse faire, il n'est plus de débat;
Je rase le Clergé, je peigne la Noblesse,
J'accommode le Tiers État.

Elle eut assez de succès pour être imitée et reproduite en divers formats ; un peu plus tard, la note, qui n'était d'abord que plaisante, s'accentue, ainsi que nous l'avons déjà dit en parlant des enseignes ; une caricature, dont il existe plusieurs variantes, faisant allusion à la mainmise sur les biens du clergé, a cette inscription : « Vous êtes rasé, monsieur l'abbé ! » et vers 1793, on voit employer souvent la sinistre plaisanterie du rasoir national.

Sous la monarchie de Juillet, on a représenté Louis-Philippe en coiffeur, en train de tordre les cheveux d'une femme qui tient à la main un bonnet phrygien. L'image a pour légende : « Pauvre liberté, quelle queue ! » Dans une autre charge, le roi, à son tour, est sur un fauteuil et regarde dans un miroir sa figure, qui a pris la forme d'une poire ; un coiffeur lui dit : « Vous êtes rasé, ça n'a pas été long. »

DEVINETTES ET PROVERBES

— Devant quelle personne le roi se découvre-t-il ?
Devant le coiffeur.

— Glorieux comme un barbier.

On trouve dans le roman de *Don Pablo de Ségovie*, un commentaire de ce proverbe.

Mon père était, selon l'expression vulgaire, barbier de son métier ; mais ses pensées étaient trop élevées pour qu'il se laissât nommer ainsi ; il se disait tondeur de joues et tailleur de barbes.

Le proverbe : « Tout beau, barbier, la main vous tremble, » fait peut-être allusion à un conte du *Grand Parangon des Nouvelles nouvelles* : Un barbier avait consenti, à la sollicitation d'héritiers avides, à couper le cou à un seigneur auquel il faisait la barbe. Il vint chez le gentilhomme et vit en plusieurs lieux cette devise : « Quoi que tu fasses, pense à la fin. » En mouillant la barbe du seigneur, il réfléchissait à la promesse qu'il avait faite, et il était ému : la main lui tremblait si fort que, lorsqu'il prit le rasoir pour faire la barbe, il n'aurait pas été capable de la faire. Le seigneur qui s'en aperçut, lui prit le poing, et lui dit : « Qu'est-ce là, barbier, vous tremblez? Par la morte bieu, vous avez envie de faire quelque mal! » Le barbier se jeta à ses pieds, lui avoua tout; les héritiers furent pendus, et lui l'aurait été, si le gentilhomme n'avait intercédé pour lui.

On a déjà vu quelques récits populaires où figurent les barbiers; dans les contes, ils ne jouent guère qu'un rôle épisodique, qui pourrait presque toujours être rempli par un personnage d'une autre profession. C'est ainsi que dans un conte dont on a recueilli plusieurs versions une princesse dédaigne le fils d'un roi. Celui-ci se présente au palais, déguisé, en se donnant pour un perruquier habile; il plaît tellement à la princesse, qu'elle finit par l'épouser; il l'emmène et lui fait exercer des métiers pénibles, jusqu'au jour où, la voyant suffisamment punie de ses dédains, il lui fait connaître sa véritable qualité.

SOURCES

———

Lemercier de Neuville, *Physiologie du coiffeur*, 56, 138. — Fournier, *Histoire des enseignes*, 135, 303, 157. — (Balzac) *Petit dictionnaire des enseignes de Paris*, 14. — Akerlio, *Éloge des perruques*, 161. — Lefeuve, *Histoire de Paris, rue par rue*, I, 505. — Mercier, *Tableau de Paris*, I, 58; II, 113; VI. 70. — Challamel. *Histoire-musée de la Révolution* (passim). — Timbs, *Things generally not known*, I. 124; II. 20. — Ant. Caillot, *Vie publique des Français*, II, 117. — Cambry. *Voyage dans le Finistère* (éd. 1836), 308. — *Revue des traditions populaires*. I. 327; IX, 503. — Sarcaud, *Légendes du Bassigny champenois*, 33. — *Magasin pittoresque*, 1836. 245; 1837, 401. — Chéruel. *Dictionnaire des Institutions*. — De Lamare, *Traité de la police*, II, 116, 335. — Communications de MM. Amédée Lhote, Eloy, Alfred Harou. Dieudonné, Lecoq. — Monteil, *Histoire des Français*, III, 247; V, 78, 122. — E. Cosquin, *Contes de Lorraine*, II, 100.

Une boutique de perruquier vers 1800, d'après une eau-forte de Duplessis-Bertaux.

PAUL SÉBILLOT

LÉGENDES ET CURIOSITÉS

DES MÉTIERS

LES TAILLEURS DE PIERRE

Comme la plupart des ouvriers dont les travaux s'exécutent au dehors, ou tout au moins dans des chantiers où l'air circule librement, les tailleurs de pierre sont plus gais que les artisans soumis au régime de l'usine ; ils chantent volontiers et leurs chansons, loin de refléter des idées tristes, parlent avec une sorte d'orgueil du métier et des qualités de ceux qui l'exercent ; il est vrai que c'est l'un de ceux qui demandent de l'habileté manuelle, de la réflexion ; le travail est assez bien rétribué, il est varié. Poncy a trouvé pour la chanson qu'il a composée sur eux un refrain assez heureusement inspiré :

> En avant le maillet d'acier,
> Il donne une âme au bloc grossier.
> . . . .
> A nous ces blocs énormes :
> Notre bras sait comment
> Du flanc des monts informes
> On taille un monument.

Vers 1850, les ouvriers qui taillaient le grès, à Fontaine-bleau, chantaient une chanson dont voici deux couplets :

> Tous les piqueurs de grès
> Sont de fameux sujets,
> C'est à Fontainebleau
> Ce qu'il y a de plus beau.
>
> Ah ! si le roi savait
> Qu'on est bien en forêt,
> Il quitterait son beau
> Château de Fontainebleau.

La chanson de compagnonnage suivante, recueillie dans les Côtes-du-Nord, exprime des idées analogues, et elle prétend aussi que les tailleurs de pierre sont au premier rang des ouvriers honnêtes :

> On y sait dans Paris,
> Dans Lyon, dans Marseille,
> Toulouse et Montpellier,
> Bordeaux et la Rochelle :
> Tous nos plus grands esprits
> N'ont jamais pu savoir,
> Sans être compagnon,
> Ce que c'est que l'devoir.   (*bis*)
>
> Vous voyez nos maçons
> Le long de leur échelle,
> Le marteau à la main,
> Dans l'autre la truelle,
> Criant de tous côtés :
> Apporte du mortier,
> J'ai encore une pierre,
> Je veux la placer.   (*bis*)
>
> Et nos tailleurs de pierre,
> Tous compagnons honnêtes,
> Le ciseau à la main,
> Dans l'autre la massette,
> Criant de tous côtés :
> Apportez-nous du vin,
> Car nous sommes des joyeux,
> Qui n'se font pas de chagrin.   (*bis*)

À la porte de l'enfer,
Trois cordonniers s'présentent,
Demandent à parler
Au maître des ténèbres.
Le maître leur répond
D'un air tout en courroux :
Il me semble que l'enfer
N'est faite que pour vous.   (*bis*)

Quant aux tailleurs de pierre,
Personne ne se présente :
Il y a plus d'dix-huit cents ans
Qu'ils sont en attente.
Il faut que leur devoir
Soit bien mystérieux,
Aussitôt qu'ils sont morts
Ils s'en vont droit aux cieux.   (*bis*)

Dans le centre de la Haute-Bretagne, pays de carrières de granit, une chanson que chantent les ouvriers des autres métiers assure que, de même que les cordonniers et les tisserands, ils ne commencent leur semaine que vers les derniers jours :

Les tailleurs de pierre sont pis que des évêques, (*bis*)
Car du lundi ils en font une fête.

Va, va, ma petite massette,
Va, va, le beau temps reviendra.

Car du lundi ils en font une fête
Et le mardi ils continuent la fête.

Et le mercredi ils vont voir leur maîtresse.

Et le jeudi ils ont mal à la tête.

Le vendredi ils font une pierre peut-être,

Le samedi leur journée est complète.

Et le dimanche il faut de l'argent mettre.

Une légende de Java, qui est empreinte d'une certaine philosophie, met en même temps en relief la puissance de l'ou-

vrier qui dompte la pierre la plus dure : Un homme qui
taillait des pierres dans un roc se plaignit un jour de sa rude
tâche, et il forma le vœu d'être assez riche pour pouvoir
reposer sur un lit à rideaux; son souhait est accompli; il voit
passer un roi, et désire d'être roi, puis d'être comme le soleil
qui dessèche tout; un nuage l'obscurcit; il souhaite d'être
nuage; il se place sous cette forme entre le soleil et la terre,
et de ses flancs coulent des torrents qui submergent tout, mais
ne peuvent ébranler un roc; il désire être roc; mais voici
qu'un ouvrier se met à frapper la pierre avec son marteau et
en détache de gros morceaux. Je voudrais être cet ouvrier, dit
le roc, il est plus puissant que moi. Et le pauvre homme, transformé tant de fois, redevient tailleur de pierre et travaille
rudement pour un mince salaire, et vit au jour le jour, content de son sort.

Au XVᵉ siècle, la réception d'un maître tailleur de meules
donnait lieu à une cérémonie assez bizarre : « On avait, dit
Monteil, préparé une salle de festin, et, au-dessus, un grenier
où, pendant que dans la salle les maîtres faisaient bonne chère,
se divertissaient, le dernier maître reçu, le manche de balai
à la ceinture en guise d'épée, avait conduit celui qui devait
être reçu maître, et il ne cessait de crier comme si on le battait
à être tué. Un peu après il sortait, tenant par le bras le maître
qui l'avait reçu, et tous les deux riaient à gorge déployée. Les
coups qui, dans les temps barbares, étaient franchement
donnés et reçus, alors n'étaient plus que simulés; ils précédaient
et suivaient les promesses faites par les nouveaux maîtres de
s'aimer entre confrères du métier, de ne pas découvrir le
secret de la meulière ».

Les ouvriers tailleurs de pierre ont joué un grand rôle
dans l'ancien compagnonnage; ils prétendaient que leur
Devoir remontait jusqu'à Salomon, qui le leur avait donné

pour les récompenser de leurs travaux; il est à peu près
prouvé que dès le XII° siècle, au moment où les confréries de
constructeurs tendaient à se séculariser peu à peu, par le
mariage de leurs membres, quelques associations d'ouvriers
tailleurs de pierre s'étaient organisées en France sous le titre
de Compagnons de Salomon, lesquels s'adjoignirent ensuite

Tailleurs de pierre au XVI° siècle, d'après Jost Ammen.

les menuisiers et les serruriers. En 1840, les compagnons
étrangers, dits les Loups, étaient divisés en deux classes, les
Compagnons et les *Jeunes Hommes*. Les premiers portaient la
canne et des rubans fleuris d'une infinité de couleurs qui,
passés derrière le cou, revenaient par devant flotter sur la
poitrine; les seconds s'attachaient à droite, à la boutonnière
de l'habit, des rubans blancs et verts.

L'ouvrier qui se présentait pour faire partie de la Société
subissait un noviciat pendant lequel il logeait et mangeait
chez la mère, sans participer aux frais du corps. Au bout de

quelque temps, et sitôt qu'on avait pu se convaincre de sa moralité, on le recevait Jeune Homme. Les Compagnons et les Jeunes Hommes portaient des surnoms composés d'un sobriquet et du nom du lieu de leur naissance, tels que la *Rose de Morlaix*, la *Sagesse de Poitiers*, la *Prudence de Draguignan*, à l'inverse de ce qui avait lieu dans la plupart des sociétés.

Les tailleurs de pierre de l'association des Enfants de Salomon, initiateurs de tous les autres, portaient le surnom de Compagnons étrangers. Il leur fut appliqué, dit la tradition, parce que lorsqu'ils travaillèrent au temple de Salomon, ils venaient tous, ou presque tous, de Tyr et des environs, et se trouvaient, par conséquent, étrangers pour la Judée. L'épithète de loup viendrait, suivant Perdiguier, des sons gutturaux ou hurlements qu'ils font entendre dans toutes leurs cérémonies. Clavel fait dériver cette qualification et celle de chiens donnée à d'autres compagnons de la coutume des anciens initiés de Memphis, de se couvrir la tête d'un masque de chacal, de loup ou de chien.

La dénomination de « Gavots » aurait été donnée aux enfants de Salomon parce que leurs ancêtres, arrivant de Judée, débarquèrent sur les côtes de Provence, où l'on appelle gavots les habitants de Barcelonnette, localité voisine du lieu de leur débarquement.

Les tailleurs de pierre, enfants de maître Jacques, prennent, comme tous les ouvriers qui se rattachaient à lui, le titre de Compagnons du Devoir. Ils s'appellent aussi *Compagnons passants* et étaient surnommés *loups-garous*.

Ils forment deux classes : les *compagnons* et ceux qui demandent à l'être ou *aspirants;* les premiers portent la longue canne à tête d'ivoire et des rubans bariolés de couleurs variées, attachés autour du chapeau et tombant à l'épaule. Ils se traitent de *coterie,* portent des surnoms semblables à ceux des compagnons étrangers, pratiquant le topage et ne hurlant pas, quoique loups-garous. Ils traitent leurs aspirants avec hauteur et dureté. Les loups et les loups-garous étaient de sectes différentes; ils se détestaient souverainement et laissaient difficilement passer une occasion d'en venir aux prises. Les chantiers de Paris ont seuls le privilège d'être pour les deux sociétés ennemies un terrain neutre et commun où une sorte de bonne intelligence est conservée.

En 1720 les tailleurs de pierre, compagnons étrangers, jouèrent pour cent ans la ville de Lyon contre les compagnons passants. Ces derniers perdirent et se soumettant à leur sort, abandonnèrent la place aux vainqueurs; cent ans plus tard, les temps d'exil étant expirés, ils crurent pouvoir retourner de nouveau dans la cité lyonnaise; mais leurs rivaux ne l'entendirent pas ainsi, et, quoique très nombreux, les passants furent repoussés, ils se rejettent alors sur Tournus, où l'on taille la pierre pour Lyon; les passants voulurent encore les repousser. On se battit, il y eut des blessés et même des morts.

Dans la Loire-Inférieure, on prétend que si les maçons et les tailleurs de pierre ont choisi pour leur fête l'Ascension, c'est parce que c'est un tailleur de pierre qui retira la dalle qui recouvrait le tombeau de Jésus-Christ, et un maçon qui en démolit la maçonnerie pour lui permettre de s'élancer au ciel.

Dans le pays de Vannes, le diable devint tailleur de pierre; sa coterie et lui avaient chacun une belle et grande pierre à tailler. Il était convenu que celui qui aurait fini sa tâche le premier aurait tout l'argent. Le tailleur de pierre donna au diable un marteau de bois, et il avait beau travailler, il n'avançait pas; le compagnon, muni d'une bonne pioche à la pointe d'acier, travaillait comme il voulait. Le diable, en voyant cela, jeta son marteau de bois dans un étang.

Voici, sur les tailleurs de pierre, une sorte de casse-tête mnémotechnique : « Je suis Pierre, fils de Pierre, fils du grand tailleur de pierre. Jamais Pierre, fils de Pierre, fils du grand tailleur de pierre, n'a si bien travaillé la pierre que Pierre, fils de Pierre, fils du grand tailleur de pierre qui a taillé la première pierre pour mettre sur le tombeau de saint Pierre. »

Dans le pays d'Antrain (Ille-et-Vilaine) l'usage s'est conservé de graver sur la tombe des maçons et des tailleurs de pierre des signes géométriques, qui sont l'emblème du métier.

Tailleur de pierre, d'après Bouchardon.

PAUL SÉBILLOT

LÉGENDES ET CURIOSITÉS

DES MÉTIERS

LES MAÇONS

On donne quelquefois aux maçons le surnom de « compa-pagnons de la truelle ». « Limousin » est synonyme de maçon, parce que, à Paris, beaucoup d'ouvriers sont originaires de cette ancienne province.

Dans le Forez, le sobriquet des maçons habiles est « Jean fait tout, Jean bon à tout » ; à Marseille, le mauvais maçon était appelé *Pasto mortier*, gâche mortier. Quand les maçons s'interpellent entre eux, ils se disent : « Ohé la coterie ! »

En argot, leur auge est un « oiseau », parce qu'elle se perche sur l'épaule, comme un perroquet ou un volatile apprivoisé. A Nantes, ils donnent le nom de gagne-pain à un petit morceau de bois dont ils se servent pour prendre plus facilement le mortier dans la truelle.

L'apprenti maçon est un « voltigeur », parce qu'il voltige sur les échelles, ou un « chétif », titre que justifient les brimades dont ces jeunes gens sont l'objet. Un proverbe du

XVe siècle dit, pour exprimer une chose pénible, que « mieux vauldroit servir les maçons ». Un personnage de la *Reconnue*, comédie de Remy Belleau, s'exprime d'une manière analogue :

> Plustost serois aide à maçon
> Que de servir ces langoureux,
> Ces advocaceaux amoureux,
> Qui ne vendent que les fumées
> De leurs parolles parfumées.

Les façons plus que brusques des maçons à l'égard du jeune garçon qui les sert ne datent pas, comme on le voit, d'hier. Les *Mémoires d'un ouvrier* assurent que de tout temps le maçon a eu le droit de traiter son gâcheur paternellement, c'est-à-dire de le rosser pour son éducation. A la moindre infraction, les coups pleuvaient avec un roulement de malédiction : on eût dit le tonnerre et la giboulée. Un vieil ouvrier qui s'intéresse à un apprenti lui conseille de prendre ces manières en patience : Sois, lui dit-il, un vrai bon goujat, si tu veux devenir quelque jour un franc ouvrier. Dans notre métier, les meilleurs valets font les meilleurs maîtres ; va donc de l'avant, et si quelque compagnon te bouscule, accepte la chose en bon enfant ; à ton âge la honte n'est pas de recevoir un coup de pied, c'est de le mériter.

Les maçons qui, à leurs débuts dans le métier, ont été en butte à des vexations traditionnelles, ne manquent pas de les faire subir à leur tour aux enfants chargés de les servir. Un compagnon, perché à l'étage supérieur, appellera son garçon ; celui-ci monte les cinq ou six échelles, saute d'échafaudage, de poutre en poutre : « Dis-donc, gamin, dit le compagnon, va me chercher ma pipe », et la victime redescend avec la perspective de regrimper pour une raison tout aussi sérieuse. Mais quand l'apprentissage sera terminé, quand il sera compagnon, le manœuvre aura aussi un garçon pour aller quérir sa pipe ou son tabac.

Si peu difficile qu'il paraisse, ce métier d'aide n'est pas à la portée de tout le monde; une légende dauphinoise raconte que le diable ne put l'apprendre; son maître d'apprentissage le mit au rang de servant. Pour monter de l'eau, on lui donna un panier à salade, et pour monter du mortier, on lui donna une corde. Au commandement : De l'eau! le diable grimpait à l'échelle avec son panier à salade et arrivait sur l'échafaudage tout penaud, sans pouvoir verser une goutte d'eau dans l'auge à mortier. Si l'on criait d'en haut : Du mortier! il liait une charge de mortier et le montait en le perdant aussitôt. Son maître en riait, et le diable, honteux de n'avoir pu servir un maçon, s'enfuit de son chantier. En Franche-Comté, des maçons ayant appelé Satan, celui-ci accourut et les servit à souhait. Pour l'embarrasser, ils lui demandèrent d'apporter dans une bouteille du mortier très liquide. Ceci demandait du temps et le mortier disparaissait bien vite. Ils en redemandaient immédiatement, si bien que le diable ne pouvait suffire à leurs exigences et se fatiguait à remplir la bouteille. Les maçons réclamant des pierres, elles arrivaient aussitôt; enfin le plus rusé demanda une pierre à la fois ronde, plate et carrée. Le diable fut ainsi attrapé et ne put prendre les âmes des maçons.

Les maçons voyageurs ont coutume de porter les tourtes de pain enfilées à leurs bâtons. Ils vivent entre eux sans se faire d'amis dans les pays étrangers. Les Foréziens, qui ont toujours été ennemis des Auvergnats, raillent les enfants de saint Léonard en racontant le dicton suivant : Jeanot? — Abs, mon mestre. — Lève-toi, fouchtrâ. — Ah! mon mestre, le vent rifle. — Eh ben, tourne te couchâ. — Jeanot? — Abs, mon mestre. — Lève-toi. — Par que faire, mon mestre? — Par voir travaillâ. — Ah! mon mestre, que le ventre me fait mâ. — Eh ben, tourne te couchâ! — Jeanot? — Abs, mon mestre. — Lève-toi. — Par que faire, mon mestre? — La muraille va zinguà. — Que le zingue, que le crave, la soupe est trempà, je vous la manjà. — Jeanot? — Abs, mon mestre. — Lève-toi. — Par que faire, mon mestre? — Par manjà la soupa. — Oh! hi! lau la! je me lève, je me lève, me v'la levà.

En Saintonge, on raconte sur les maçons limousins une facétie analogue : — Pierre, leve-tu? — P'rquè fare, mòn père? — P'r porta le mourtià, fouchtra! — Y e la colique, mon pare. — Piau lève-ta? — P'rquè fare, mòn père. — P'r mang'he la soupe à la rabiole, mòn fils. — Y mé lève, mon parè, tralala. A Paris on appelle « maçon » un pain de quatre livres; quand les maçons du Limousin vont prendre leur repas, ils apportent toujours leur pain.

Les maçons, en Angleterre, passent aussi pour être de bon appétit, et on leur adresse cette formulette : *Mother, here's the hungry masons, look to the hen's meat.* Ma mère, voici les maçons affamés, prenez garde à votre poule; en France, on appelle soupe de maçon ou de Limousin, une soupe compacte, et l'on dit de celui qui mange beaucoup qu'il mange du pain comme un Limousin. Un proverbe gaélique a le même sens : *Cnàimh mor'us feoil air, fuigheal clachair.* Un gros os et de la chair dessus, dessert de maçon.

D'après une petite légende de la Haute-Bretagne, un oiseau donna des conseils utiles à un maçon qui, construisant un mur, ne savait comment s'y prendre pour faire tenir une pierre, une caille qui était derrière lui cria :

Bout pour bout.

Dans la Creuse, on adresse aux femmes des maçons la formulette suivante :

Hou! hou! hou!
Fennas de maçous,
Prépares drapés et bouraçous.

Clachair Samhraidh, diol-déirc Geamhraidh. En été maçon,
en hiver mendiant, dit un proverbe gaélique : les travaux de
maçonnerie sont en effet interrompus pendant l'hiver.

Maçons et tailleurs de pierre, d'après une miniature du XV⁺ siècle.

Comme les maçons, obligés de calculer la place des pierres,
de rogner ce qui dépasse, vont plus lentement que d'autres
gens de métiers, des proverbes les accusent de se ménager à
l'excès :

Sueur de maçon
Où la trouve-t-on ?

— Sueur de maçon vaut un louis.

— On ne sait pas ce que coûte une goutte de sueur de maçon. (Liège.)

On dit, par injure, à toutes sortes d'ouvriers qui travaillent grossièrement et malproprement à quelque besogne que ce soit, que ce sont des vrais maçons.

En Portugal, le maçon a été maudit, parce qu'il a jeté des pierres à la sainte Vierge; celle-ci lui dit :

> *Pedreiro, Pedreiro,*
> *Hade ser sempre pobreto e alagrete.*

Maçon, tu seras toujours pauvre et gai. En effet le maçon chante et siffle, mais il ne s'enrichit guère.

Les deux formulettes suivantes, si elles sont injurieuses pour d'autres corps d'états, sont tout à la louange de la probité des maçons :

> Alleluia pour les maçons !
> Les cordonniers sont des fripons,
> Les procureurs sont des voleurs,
> Les avocats sont des liche-plats,
>   Alleluia !   (Haute-Bretagne.)

> *Alleluia per li massoun,*
> *Li courdounié soun de larroun,*
> *Li mounié soun de cresto-sac,*
>   *Alleluia!*   (Provence.)

Un proverbe sicilien compare les dangers de la construction à ceux de la mer :

> *Marinari e muraturi*
> *Libbiràtinni, Signuri.*

Des marins et des maçons, prenez pitié, Seigneur.

Lorsque les maçons hissent une pierre sur une maison, ils ont coutume de pousser un son haut et aigu, que l'on peut

plus ou moins bien traduire par : âou-ôu-à-ô-ôu, et qui a un
grand caractère de monotonie et de tristesse.

A Paris, ils ont un cri d'appel : Une truellée au sas! qui a
pour but d'avertir le goujat placé près de l'échelle.

Les superstitions en rapport avec la construction sont
extrêmement nombreuses; voici quelques-unes de celles dans
lesquelles les maçons jouent un rôle actif.

A Lesbos, quand on creuse les fondements d'une construction nouvelle, le maçon lance une pierre sur l'ombre de la
première personne qui passera; celle-ci mourra, mais la
bâtisse sera solide.

La pose de la première pierre est une opération importante,
et en un grand nombre de pays elle est accompagnée d'actes
qui présentent un caractère parfois religieux, plus souvent
superstitieux. Dans le Morbihan, les ouvriers pratiquaient
autrefois un trou dans la première pierre et y posaient une
pièce de monnaie frappée de l'année, puis tous, ainsi que le
propriétaire, allaient donner un coup de marteau; ensuite l'un
d'eux se mettait à genoux, récitait une petite prière pour
demander à Dieu de protéger la nouvelle construction, puis,
s'adressant à la pièce d'argent, il lui disait :

> Quand cette maison tombera,
> Dans la première pierre on te trouvera,
> Tu serviras à marquer
> Combien de temps elle a duré.

Les maçons du pays de Menton croient qu'il arrivera malheur à celui qui posera la première pierre s'il n'a pas soin de
faire une prière. Aux environs de Namur, le propriétaire
l'asperge avec un buis bénit trempé dans l'eau bénite et qui
est ensuite scellé dans le mur.

A côté de ces coutumes qui ont tout au moins une apparence chrétienne, il en est d'autres, usitées encore de nos jours,

qui sont des survivances de l'époque où des rites barbares se
rattachaient à la construction. C'est ainsi que naguère, dans le
nord de l'Écosse, la pierre étant placée sur le bord de la
tranchée, le plus jeune apprenti ou, à son défaut, le plus jeune
ouvrier, se couchait, la tête enveloppée dans un tablier, au
fond de la tranchée, la face contre terre, droit au-dessous de
la pierre qui avait été laissée sur le bord ; on répandait sur sa
tête un verre de whisky, et lorsqu'on avait crié par trois fois :
« Préparez-vous! » les deux autres maçons faisaient le geste
de placer la pierre sur le dos du compagnon couché, et un
autre maçon lui frappait par trois fois les épaules avec un
marteau ; lorsqu'il s'agissait de constructions importantes, les
maçons saisissaient la première créature, homme ou bête, qui
passait, et lui faisaient toucher la première pierre ou la plaçaient pendant quelques instants dessous. On a là évidem-
ment un souvenir du temps où une victime vivante était réellement placée sous les fondations. Au XVIIᵉ siècle, au Japon,
il y avait des hommes qui se sacrifiaient volontairement : celui
qui se couchait dans la tranchée était écrasé avec des pierres.

Des légendes, qui ont surtout cours dans la presqu'île des
Balkans, mais qu'on retrouve aussi en Scandinavie, racontent
que pour assurer la solidité de certaines constructions, il fallait
y emmurer une créature humaine. Au Monténégro, pendant
que l'on construisait la tour de Cettigne, un mauvais génie
renversait la nuit le travail fait la veille. Les ouvriers se réunirent en conseil et décidèrent que pour faire cesser le malé-
fice on enterrerait vivante, dans les fondations, la première
femme qui passerait. On raconte la même légende à propos
de la tour de Scutari ; ce fut un oracle qui ordonna d'y enterrer
vivante une jeune femme.

Un autre rite voulait que les fondations fussent arrosées de
sang humain ; les magiciens de Vortigern, roi de la Grande-

Sou malerno Architetto; e queste muro
Degna di lauorar su l'antiuaglie.

Ma già ipsai tersificarle in uano;
Parlan del mio lauor sin le murughie.

Maçon italien, d'après Mitelli.

Bretagne, lui avaient dit que sa forteresse ne serait solide
qu'après avoir été arrosée avec le sang d'un enfant né sans

TAILLEURS DE PIERRE, MAÇONS, COUVREURS.   3

père. D'après la tradition, les Pictes, anciens habitants de l'Écosse, versaient sur leurs fondations du sang humain. En pleine Europe civilisée, on constate un souvenir adouci de cette coutume : Au milieu de ce siècle, on ne bâtissait pas une maison, dans le Finistère, sans en asperger les fondations avec le sang d'un coq. Si un propriétaire ne se conformait pas à cette coutume, les maçons allaient la lui rappeler. En Écosse, il fallait aussi faire couler du sang sur la première pierre et on frappait dessus la tête d'un poulet jusqu'à effusion de sang. Les maçons grecs disent que la première personne qui passera, la première pierre posée, mourra dans l'année; pour acquitter cette dette, ils tuent dessus un agneau ou un coq noir.

Certaines autres coutumes qui, à l'origine, ont eu un caractère superstitieux, ne sont plus qu'un prétexte à pourboire. En Écosse, la santé et le bonheur ne résident pas dans la maison, si on n'a soin, lors de la pose des fondements, de régaler les ouvriers avec du whisky ou de la bière, accompagnés de vin et de fromage; si un peu de liquide tombe à terre, c'est un présage favorable.

Dans le Bocage normand le propriétaire doit prendre la truelle et le marteau et donner aux ouvriers la pièce tapée; on a soin aussi de lui demander force pots pour arroser le mortier. En Franche-Comté, l'aîné des enfants pose la première pierre et frappe dessus trois coups de marteau. Après cette cérémonie, les maçons passent la journée en fête chez celui qui les occupe. Dans le Hainaut, le propriétaire doit offrir autant de tournées qu'il a frappé de fois avec la truelle sur la pierre.

A Paris, certains maçons demandent qu'on leur donne les verres dans lesquels ils ont bu au moment de la pose de la première pierre, prétendant que sans cela il arrivera malheur à celui qui fait bâtir la maison. Parfois, mais plus rarement, il est d'usage de régaler les ouvriers au cours de la construction. Dans la Gironde, les moellons qui sont assez longs pour traverser un mur de part en part sont appelés *chopines*. Les maçons ne rognent les bouts qui dépassent que quand le propriétaire a payé à boire.

Dans la Suisse romande, quand on bâtit une maison, si les étincelles jaillissent souvent sous le marteau des maçons ou sous le rabot des menuisiers, c'est un présage de malheur et d'incendie pour l'édifice. En Écosse on croyait encore, au milieu du siècle, que lorsqu'on bâtissait une cathédrale, un pont ou quelque édifice important, un ou plusieurs des maçons devaient nécessairement être tués par accident.

L'achèvement des murs est presque partout un prétexte à réjouissances. A Paris, vers 1850, voici comment cela se passait, d'après les *Industriels* : « Quand les ouvriers ont terminé un bâtiment, ils se cotisent, achètent un énorme branchage encore couvert de sa verdure, qu'ils ornent de fleurs et de rubans, puis l'un d'eux, choisi au hasard, va attacher au haut de la maison que l'on vient de construire le bouquet resplendissant des maçons, et quand tout l'atelier voit se balancer fièrement dans les airs le joyeux signe, il applaudit et lance un joyeux vivat. Cette cérémonie accomplie, on prend deux autres bouquets, puis on se rend chez le propriétaire, puis chez l'entrepreneur. Tous deux, en échange de cette offrande, donnent quelques pièces de cinq francs avec lesquelles on termine joyeusement la journée ».

En Franche-Comté, on met un bouquet au-dessus du pignon ou de la cheminée d'un édifice dont on vient d'achever la construction, et les maçons appellent arroser le bouquet, boire amplement au compte du propriétaire qui leur doit un festin.

A Paris, le rendez-vous général des compagnons maçons est, disent les *Industriels*, à la place de Grève. Dès cinq heures du matin ils y arrivent en foule, et non seulement les ouvriers s'y rendent soit pour attendre de l'ouvrage, soit pour chercher des compagnons, mais le rôdeur (on appelle ainsi le compagnon spécialement chargé de trouver des engagements) et l'entrepreneur y viennent pour enrôler des travailleurs: c'est de ce point de réunion qu'est venu l'expression de faire grève, appliquée aux maçons qui sont oisifs, soit faute de travail, soit volontairement. Les compagnons nouvellement débarqués à Paris pour y tenter la fortune, vont tout d'abord à la place de Grève. C'est encore là, chez le marchand de vin, qu'on vient tour à tour se payer des rasades en attendant l'ouvrage, et souvent bien des coalitions, des complots, parfois d'honnêtes projets pour l'avenir se sont formés là. Actuellement il y a une seconde grève, place Lévy, aux Batignolles.

Les *Mémoires d'un Ouvrier* ont conservé une histoire qui se raconte parmi les maçons avec mille variantes, et qui met en relief l'habileté de certains d'entre eux : « Le gros Mauduit était un maître compagnon qu'on avait surnommé *quatre mains*, parce qu'il faisait autant d'ouvrage que les deux meilleurs ouvriers. Il travaillait toujours seul, servi par trois goujats qui pouvaient à peine lui suffire. Vêtu d'un habit noir, chaussé d'escarpins cirés à l'œuf et coiffé à l'oiseau royal, il achevait sa besogne sans qu'une tache de plâtre ou un choc de soliveau nuisît à son costume. On venait le voir travailler des quatre coins de la France, et il y avait toujours sur son échafaudage autant de curieux que devant les tours Notre-Dame. Personne n'avait jamais entrepris de lutter contre lui, quand il arriva un jour de la Beauce un petit homme nommé Gauvert, qui, après l'avoir vu travailler, demanda à concourir avec le roi des maîtres compagnons. Gauvert n'avait pas cinq pieds et était tout costumé de drap couleur marron, avec un petit cadogan qui pendait sur le collet de son habit. On plaça les deux adversaires aux deux bouts d'un échafaudage et, à un signal donné, la lutte commença. Le mur grandissait à vue d'œil sous leurs doigts, mais en se maintenant toujours de

Qui bâtit ment, d'après Lagniet (XVIIᵉ siècle).

niveau, si bien qu'à la fin de la journée aucun d'eux n'avait dépassé l'ouvrage de son concurrent de l'épaisseur d'un caillou. Ils recommencèrent le lendemain, puis le jour suivant, jusqu'à ce qu'ils eussent conduit la maçonnerie à la corniche. Comprenant alors l'impossibilité de se vaincre, ils s'embrassèrent en se jurant amitié, et le gros Mauduit donna sa fille au petit Gauvert. Les descendants de ces deux vaillants ouvriers ont aujourd'hui une maison à cinq étages dans chacun des arrondissements de Paris. · ⸗

Les maçons limousins racontent que saint Léonard, leur patron, est le plus grand saint du paradis : Avant que le bon Dieu fût bon Dieu, il demanda à saint Léonard s'il voulait l'être à sa place. — Non, répondit saint Léonard, cela donne trop de peine. Fouchtra! j'aime mieux être le premier saint du paradis. Dans le Morbihan, les maçons ont une dévotion toute particulière pour saint Cado, qui fit le diable lui construire un pont et le trompa.

Les maçons et charpentiers de Paris avaient établi leur confrérie, qui est de saint Blaise et de saint Louis, en l'an 1476 dans la chapelle de ce nom, sur la rue Galande, et ils y faisaient dire une grande messe tous les dimanches et bonnes fêtes.

Les légendes où les maçons jouent un rôle sont, à part celles qui ont trait aux rites de la construction et aux emmurements, assez peu nombreuses : Lorsque l'on construisit la cathédrale d'Ulster, il y avait une vache miraculeuse qu'on mangeait tous les jours, et qui renaissait entière, si on avait soin de ne briser, ni endommager aucun de ses os, mais de les rassembler et de les mettre dans la peau. Un jour, elle boitait; le saint qui conduisait la construction fit rassembler ses hommes et leur demanda qui avait brisé l'os pour en enlever la moelle : le maçon gourmand se déclara, et le saint lui dit que, s'il n'avait pas avoué, il aurait été tué par une pierre avant la fin de l'édifice.

En même temps que l'on bâtissait le clocher du prieuré d'Huanne, dans le Doubs, on travaillait à la construction du clocher de Rougemont. Celui-ci s'élevait déjà à plusieurs

mètres du sol, que les fondations du clocher d'Huanne n'étaient
pas encore terminées. Les constructeurs se vantaient réciproquement de travailler vite, et ils convinrent que ceux qui
atteindraient les premiers une certaine élévation, placeraient
sur le mur une pierre en saillie représentant un objet ridicule
pour faire honte aux autres. Ceux de Rougemont, qui croyaient
gagner la partie, avaient préparé à l'avance une pierre sculptée
en forme de figure humaine, tirant une langue monstrueuse.
Mais ils furent punis de leur fanfaronnade, car ceux d'Huanne
parvinrent les premiers à la hauteur convenue et y posèrent,
en regard de Rougemont, cette pierre ronde qui affecte encore
grossièrement la forme de deux fesses. Le lendemain, ceux de
Rougemont placèrent, en regard d'Huanne, leur figure avec
sa langue tirée démesurément, et ils eurent grand'honte quand
ils apprirent le tour qui leur avait été joué la veille par les
maçons d'Huanne.

Plusieurs légendes font venir le diable au secours des
maîtres maçons dans l'embarras. En Haute-Bretagne, l'un
d'eux avait promis à un seigneur de lui construire une tour
qui aurait autant de marches qu'il y a de jours dans l'année ;
mais ses ouvriers avaient peur de tomber et ne voulaient plus
y travailler ; le diable lui proposa de l'achever en une nuit,
à la condition d'emporter le premier ouvrier qui monterait
sur le haut après l'achèvement. Le maçon y consentit, mais
en stipulant que si le maudit ne pouvait l'attraper du premier
coup, il n'aurait aucun recours contre lui. La tour achevée,
le maître maçon dit à l'un de ses ouvriers d'y monter, en suivant son chat, qui avait une corde au cou. Dès que le chat
arriva au haut de la tour, le diable le saisit pendant que l'ouvrier descendait en toute hâte. J'ai cité dans mon livre sur
les Travaux publics et les Mines un grand nombre de récits
populaires dans lesquels le diable, qui est venu au secours

d'architectes et de maçons qui l'ont appelé, est dupé par eux, et reçoit pour son salaire au lieu d'un homme, un chat, un coq ou bien un cochon.

Dans un conte sicilien recueilli par Pitrè, un maçon est

Maçons à l'ouvrage, d'après Eisen (fin du XVIIIᵉ siècle).

chargé par un roi de lui construire un château où il puisse mettre ses trésors. Il le bâtit avec son fils, mais en ayant soin de ménager une ouverture cachée par laquelle un homme pouvait entrer. Quand le château eut été achevé, le maçon, voyant que personne ne le gardait, s'y rendit avec son fils, déplaça la pierre et remplit un sac d'or. Il y retourna plusieurs fois, et le roi, qui vit que son tas d'or diminuait, fit placer des gardes qui ne prirent personne, parce que les deux voleurs ne firent pas leur visite accoutumée. Alors on conseilla au roi de placer à l'intérieur des murailles des tonneaux remplis de poix. Quand le maçon vint avec son fils, il tomba dans l'un d'eux et ne put s'en dépêtrer. Il ordonna à son fils de lui couper la tête. Le roi, trouvant ce cadavre décapité, donna l'ordre de le promener par la ville, et de regarder si quelqu'un pleurait. La veuve du maçon se mit à verser des larmes, et son fils, qui était devenu ouvrier charpentier, se coupa les doigts, et alors la mère dit qu'elle pleurait parce que son fils était mutilé.

Une chanson populaire très répandue est celle qui débute ainsi :

> Mon père a fait bâtir maison
> Par quatre-vingts jolis maçons,
> Dont le plus jeune est mon mignon.

Souvent les couplets qui suivent n'ont plus de rapport avec le « joli maçon » ; parfois, comme dans la version poitevine, un dialogue, tout à l'avantage de la profession, s'engage entre le père et la jeune fille :

> — Mon pèr', pour qui cette maison?
> — C'est pour vous, ma fille Jeanneton.
>
> Ma fille promettez-moi donc
> De n'épouser jamais garçon.
> — J'aimerais mieux que la maison
> Fût toute en cendre et en charbon
> Que d'r'noncer à mon mignon.

En Gascogne, le dialogue suivant s'engage entre le père et la fille :

> — Voulez-vous prince ou baron?
> — Mon père, je veux un maçon
> Qui me fera bâtir maison.
> — Que diront ceux qui passeront :
> A qui est cette maison?
> — C'est à la femme d'un maçon.

DEVINETTES ET PROVERBES

— Qui est-ce qui fait le tour de la maison et qui se trompe quand il arrive à la porte ? — C'est le maçon. (Morbihan.)

— Maçon avec raison fait maison. (XVIe siècle.)

— C'est au pied du mur qu'on reconnait le maçon.

— Avant d'être apprenti maçon, ne fais pas le maître architecte. (Turc.)

— A force de bâtir le maçon devient architecte. (Turc.)

— Il n'est pas bon masson qui pierre refuse. (XVIe siècle.)

— *Non e buon murator chi rifuata pietra alcuna.* (Italien.)

— *An auld mason make a gude barrowman.* — Un vieux maçon fait un bon brouetteur. (Écosse.)

— *Coussira massous ta ha souliès.* — Aller chercher des maçons pour faire des souliers. (Béarn.)

— *My man's a mason to-morow's the first of March.* — Mon homme est maçon, c'est demain le premier mars. C'est à ce jour que se termine le temps d'hiver, et qu'on accorde aux ouvriers paie entière. (Écosse.)

Ils s'abrègent et se facilitent leurs travaux par les secours mutuels qu'ils se donnent.

PAUL SÉBILLOT

LÉGENDES ET CURIOSITÉS
DES MÉTIERS

LES COUVREURS

Le couvreur est appelé « chat » parce qu'il court sur les toits comme un chat.

Dans l'argot breton de La Roche-Derrien, les couvreurs en ardoises sont, à cause du bruit qu'ils font : « Potred ann tok-tok », les hommes du toc-toc, ou marteau.

A Paris, on donne le nom de *voleur au gras-double* ou de *limousineux* à des ouvriers couvreurs qui volent le plomb des couvertures, en coupent de longues bandes avec de bonnes serpettes, puis l'aplatissent et le serrent à l'aide d'un clou. Ils en forment ainsi une sorte de cuirasse qu'ils attachent à l'aide d'une courroie sous leurs vêtements. Ce nom de Limousineux leur vient, dit Larchey, de ce que l'on compare ce vêtement de plomb aux gros manteaux nommés *limousines*.

Quand on veut parler d'un couvreur, disent les *Farces tabariniques*, on dit que le vent lui souffle au derrière.

Dans le Bocage normand, les couvreurs présentent au maître

une ardoise enrubannée, aussi finement découpée qu'une légère
dentelle, avec une croix au milieu de la rosace taillée dans
l'ardoise. Elle est ensuite fixée au bord de la toiture. Ce présent doit être, bien entendu, récompensé par une gratification.

Grimm rapporte, dans les *Veillées allemandes,* que d'après
les lois qui régissaient le corps des couvreurs, quand un fils
montait pour la première fois sur un toit en présence de son
père et qu'il commençait à perdre la tête, son père était obligé
de le saisir aussitôt et de le précipiter lui-même afin de n'être
pas entraîné avec lui dans sa chute.

Un jeune couvreur devait faire son coup de maître et haran-
guer le peuple du haut d'un clocher heureusement achevé. Au
milieu de son discours il commença à se troubler, et tout à
coup il cria à son père, qui était en bas parmi une foule nombreuse : « Père, les villages, les montagnes des environs qui
viennent à moi ! » Le père se prosterna aussitôt à genoux,
pria pour l'âme de son fils et engagea le monde qui était là à
en faire autant. Bientôt le fils tomba et se tua. J'ai entendu
en Haute-Bretagne un récit qui rappelle celui de Grimm : un
couvreur était monté sur un clocher avec son fils, lorsque
celui-ci lui cria : « Papa, voilà les gens d'en bas qui montent ! »
Le père comprit que son fils était perdu, et il fit le signe de la
croix en récitant le *De profundis !*

Les couvreurs et faiseurs de clochers figuraient au nombre
des artisans auxquels il était interdit de tester en justice. Le
chapitre 156 de la *Très ancienne Coutume de Bretagne* le
disait expressément, en les mettant au rang des métiers
méprisés pour des causes diverses : « Ceux, dit-elle, sont vilains
nattes de quelconque lignage qu'ils soient qui s'entremettent
de vilains métiers, comme estre écorcheurs de chevaux, de
vilaines bestes, garzailles, truendailles, pendeurs de larrons,
porteurs de pastés et de plateaux en tavernes, crieurs de vins,

cureurs de chambres coies, faiseurs de clochers, couvreurs de pierres, pelletiers, poissonniers... telles gens ne sont dignes d'eux entremettre de droit ni de coutume ». Hevin, dans son *Commentaire*, dit que si la *Très ancienne Coutume* compte entre les infâmes *qui repelluntur a testimonio dicendo* les couvreurs de clochers ou d'ardoises, la raison doit en être tirée d'Aristote qui range dans cette catégorie les gens de métier qui exposent leur vie pour peu de chose.

Couvreurs sur un toit, d'après Duplessi-Bertaux.

Dans le compagnonnage, les charpentiers ont reçu les couvreurs ; les novices s'appellent simplement aspirants. Les couvreurs avaient des rubans fleuris et variés en couleurs ; ils les portaient au chapeau et les faisaient flotter derrière le dos ; d'après leur manière de voir, ceux qui travaillaient au faîte des maisons devaient porter les couleurs au faîte des chapeaux. A leurs boucles d'oreilles, ils avaient un martelet et une aissette.

Il est vraisemblable que les compagnons couvreurs avaient, de même que beaucoup d'autres, des rites spéciaux lors des enterrements. En 1893, un ouvrier couvreur s'étant tué en tombant du haut de l'église Sainte-Madeleine, à Troyes, sur les grilles qui entourent l'édifice, le cortège partit de l'Hôtel-Dieu et, dit le *Petit républicain de l'Aube,* quatre ouvriers vêtus de leur costume de travail portaient les quatre coins du poêle et, de leur autre main, tenaient le marteau plat dont ils se servent pour façonner et pour clouer leurs ardoises. Derrière le corbillard venaient deux autres ouvriers à qui leurs camarades avaient confié la jolie couronne qu'ils avaient achetée en commun pour décorer la tombe du défunt.

Au siècle dernier, le comte de Charolais, prince de sang, tirait, pour exercer son adresse, sur de malheureux couvreurs perchés sur les toits. D'après les récits populaires, il aurait eu des précurseurs ou des imitateurs. Dans le pays de Bayeux, en parlant des exactions féodales, le peuple ne manque jamais de citer les seigneurs de Creuilly et ceux de Villiers qui, par passe-temps, tuaient les couvreurs sur les toits ; quoiqu'on ne précise aucune époque, il est probable, dit Pluquet, que cette tradition est fondée sur des faits anciens. Aux environs de Falaise on accuse un seigneur de Rouvre, dont la mémoire est exécrée, d'avoir, revenant bredouille de la chasse, déchargé son fusil sur un couvreur. Dans le Bourbonnais, on a donné le surnom de Robert le Diable à un méchant seigneur qui, à l'époque de la régence, fusillait les couvreurs.

A Liège, sainte Barbe était la patronne de l'ancien métier des couvreurs, comme elle l'est de tous les ouvriers travaillant la pierre.

Boileau, dans une lettre à Brossette, dit que les couvreurs, quand ils sont sur le toit d'une maison, laissent pendre une croix de latte pour avertir les passants de prendre garde à eux et de passer vite. Dans la satire sur les *Embarras de Paris,* il indique

Une croix de funeste présage,
Et des couvreurs, grimpez au toit d'une maison,
En font pleuvoir l'ardoise et la tuile à foison.

Ce procédé est encore en usage en province; à Paris, le triangle ou la croix ont été remplacés par des planches posées en angle aux deux côtés de la maison; en outre, un jeune garçon ou un vieillard, armé d'une latte, écarte les passants qui seraient tentés de marcher sur l'endroit dangereux du trottoir.

D'après le *Dictionnaire de Trévoux*, on dit : « A bas couvreur, la tuile est cassée ! » quand on commande à quelqu'un de descendre d'un lieu où il est monté. L'estampe des *Embarras de Paris* au XVII° siècle, dont voici un fragment, donne cette variante : « En bas couvreur, vous cassez nos tuiles. »

SOURCES

TAILLEURS DE PIERRE. — Ch. Poncy. *La Chanson de chaque métier.* — Ph. Kuhff, *Les Enfantines du bon pays de France,* 280. — *Revue des traditions populaires,* VI, 170; VIII, 128; X, 98. — X. Marmier, *Contes de différents pays,* I, 321. — Monteil, *Histoire des Français,* II. 130. — A. Perdiguier, *Le Livre du Compagnonnage,* I, 20, 31. — C.-S. Simon, *Étude sur le Compagnonnage,* 86, 91, 104.

MAÇONS. — Noëlas, *Légendes forésiennes,* 97, 121, 151. — Régis de la Colombière, *Cris de Marseille,* 173. — L. Larchey, *Dictionnaire d'argot.* — Paul Eudel, *Locutions nantaises.* — *Ancien Théâtre français,* IV, 363. — *Magasin pittoresque,* 1830, 50, 66. — La Bédollière, *Les Industriels,* 219, 222. — *Revue des Traditions populaires,* VI, 173, 698; VII, 194, 207, 454, 961; VIII, 178, 564; IX, 334; X, 158. — Ch. Thuriet, *Traditions de la Haute-Saône,* 131. — E. Lemarié, *Fariboles saintongheaises,* 32. — Paul Sébillot, *Traditions de la Haute-Bretagne,* II, 154. — E. Rolland, *Rimes de l'Enfance,* 321. —Communications de M. A. Harou. — Leite de Vasconcellos, *Tradiçoes de Portugal,* 230. — Mistral, *Tresor dou felibrige.* — Pitrè, *Proverbi siciliani,* II, 433. — Georgiakis et Léon Pineau, *Folk-Lore de Lesbos,* 347. — Tylor, *Civilisation primitive,* I, 124. — W. Gregor, *Folk-Lore of Scotland,* 30. — E. Lecœur, *Esquisses du Bocage normand,* II, 343. — F. Daleau, *Traditions de la Gironde,* 49; — Ceresole, *Légendes de la Suisse romande,* 334. — *Société des Antiquaires,* IV (1re série), 397. — L. Brueyre, *Contes de la Grande-Bretagne,* 338. — Ch. Thuriet, *Traditions du Doubs,* 355. — Pitrè, *Fiabe popolari siciliani,* III, 210. — J.-F. Bladé, *Poésies françaises de l'Armagnac,* 88.

COUVREURS. — N. Quellien, *L'Argot des nomades en Bretagne.* — E. Lecœur, *Esquisses du Bocage,* II, 344. — Grimm, *Veillées allemandes,* I, 309. — Communication de M. le Dr A. Corre. — A. Perdiguier, *Le Livre du Compagnonnage,* I, 60. — *Revue des traditions populaires,* X, 96. — Pluquet, *Contes de Bayeux,* 25. — Tixier, *Glossaire d'Escurolles* (Allier). — Amélie Bosquet, *La Normandie romanesque,* 477.

Couvreurs, d'après Couché (1802).

PAUL SÉBILLOT

LÉGENDES ET CURIOSITÉS

DES MÉTIERS

LES CHARPENTIERS

La séparation en spécialités des industries du bois n'a dû guère s'opérer que vers le commencement du moyen âge ; jusque-là il est vraisemblable que la plupart des ouvriers connaissaient l'ensemble du métier, et que ceux qui faisaient les charpentes savaient aussi fabriquer les chariots, les tonneaux et tout ce qui est maintenant du ressort de la menuiserie, comme cela a lieu encore en diverses contrées, et même en France dans les campagnes. Ainsi les Anglo-Saxons appelaient le charpentier *wright*, c'est-à-dire l'artisan, le faiseur, terme qui montre l'importance qu'avait alors son art, et l'étendue des services qu'on lui demandait. Tout objet fait de bois, dit l'*Histoire de la Caricature*, rentrait dans ses attributions. Le *Colloque* de l'archevêque Alfric met en présence les artisans les plus utiles qui discutent sur la valeur relative de leurs divers métiers, et le charpentier dit aux

autres : « Qui de vous peut se passer de moi, puisque je
fais des maisons et toutes sortes de vases et de navires ! » Jean
de Garlande nous apprend que le charpentier, entre autres
choses, fabriquait des tonneaux, des cuves et des barriques.
A cette époque, où le bois et les métaux étaient par excellence
les matériaux sur lesquels s'exerçait le travail de la main, l'ouvrier qui mettait en œuvre le bois passait avant le forgeron
lui-même. Les constructions en pierre étaient beaucoup plus
rares que de nos jours, et le bois formait, comme maintenant encore en plusieurs pays de l'Europe, la matière la
plus employée, même pour l'extérieur, dont souvent, dans
les maisons particulières, le soubassement seul était en
pierres.

Il semble que le *Livre des Métiers* a été rédigé peu de temps
après la répartition entre un certain nombre d'ouvriers spéciaux d'une partie de ce qui rentrait autrefois dans la charpenterie. Sous le titre unique de charpentiers sont réunis tous
ceux qui « euvrent du trenchent en merrien », c'est-à-dire qui
travaillent le bois avec des outils. Les catégories sont nombreuses; on en compte dix : les Charpentiers grossiers, les
Huchiers faiseurs de huches ou de coffres (Bahutiers), les
Huissiers faiseurs de huis ou de portes, les Tonneliers, Charrons, Charretiers, Couvreurs de maisons, les Cochetiers faiseurs de bateaux, les Tourneurs et les Lambrisseurs. Au
XIV° siècle, le principal instrument des charpentiers était la
grande cognée à lame droite, et on les appelait charpentiers
de la grande cognée pour les distinguer des charpentiers de
la petite cognée ou menuisiers.

De nos jours, le métier figure parmi les plus estimés : en
Basse-Bretagne, les charpentiers et les charrons sont au premier rang des ouvriers. Il en est de même à peu près dans
toute la France.

En Russie, pays où la plupart des maisons sont en bois, plusieurs proverbes sont à leur louange :

— Le noble est comme le charpentier, il fait ce qu'il veut.

— Le juge est comme le charpentier, il peut faire tout ce qu'il veut.

Il est rare qu'ils soient l'objet de dictons moqueurs : tout au plus peut-on constater qu'on les blasonne assez légèrement, comme dans la chanson du garçon charpentier, populaire en Ille-et-Vilaine :

> Est-il rien de si drôle,
> Parfanière, pertinguette et congreu,
> Qu'un garçon charpentier? (*ter*)
>
> S'en vont scier d'la bruère (bruyère)
> Pour faire des chevrons.
>
> Des chevrons de bruère
> Pour faire des maisons.
>
> Le maire s'en fut les voir :
> — Courage, mes enfants;
>
> Vous aurez de l'ouvrage
> Pour toutes les maisons (*ter*);
>
> Il n'y a que l'petit Pierre,
> Mais nous le marierons
>
> Avec sa petite Jeannette
> Qui travaille à son gré.

On ne peut guère ranger, parmi les traits véritablement satiriques, la *Question tabarinique* suivante, qui est plutôt une sorte de jeu d'esprit facétieux :

— Qui sont les mauvais artisans? La réponse faite par le bouffon est celle-ci : Les plus mauvais artisans sont les charpentiers et les menuisiers, parce que quand ils ont fait une besongne, bien qu'elle soit toute neufve et qu'on leur reporte, ils ne veulent jamais s'en servir. Par exemple si un charpentier a fait une potence, bien qu'elle n'ait servy qu'une fois, il ne la veut pas reprendre pour soy; le mesme en est d'un menuisier quand il fait une bière : au diable si jamais on luy voit reprendre.

Lorsque les charpentiers étaient employés à la construction

des maisons, il était d'usage de les traiter avec certains égards ;
c'était un hommage rendu à leur habileté, qui avait aussi
pour but de les encourager à faire de leur mieux ou de les
empêcher de se livrer à des actes qui auraient pu être dangereux : En Cochinchine, un sortilège très redouté est celui qui
consiste à enfoncer un clou dans une des colonnes de la maison. Il se pratique aussi dans la construction des bateaux : les
affaires du propriétaire du bateau se mettent alors à décliner.
Les charpentiers, qui ont toute facilité pour commettre ce
méfait, sont très craints; aussi se donne-t-on garde, pendant
la construction, de leur donner des motifs de mécontentement.
Un dicton russe constate la croyance, qui n'est vraisemblablement pas isolée en Europe, d'après laquelle les charpentiers peuvent, au moyen de charmes, ensorceler la maison. Il
y avait tout intérêt, pour ceux qui faisaient construire, à se
mettre bien avec des gens investis de ce redoutable privilège.

C'est peut-être là l'origine de l'usage si répandu de leur
faire des présents lorsqu'ils ont achevé les parties importantes
de la maison; dans le gouvernement de Kazan, il y a pour eux
une bouillie spéciale qui leur est offerte le jour où ils ont posé
les solives du plafond. Ils se gardent bien d'ailleurs de laisser
tomber en désuétude des coutumes qui leur sont agréables, et
ils ont en plusieurs pays des façons plus ou moins ingénieuses
de les rappeler à ceux qui seraient tentés de les oublier. En
Franche-Comté, quand on place les deux principales colonnes,
ils font intervenir adroitement le propriétaire dans un travail
soi-disant difficile; son rôle est d'enfoncer à coups de marteau
une cheville dans un trou trop petit. Pendant qu'il s'évertue
en vain, les ouvriers comptent les coups frappés : chaque coup
de marteau représente une bouteille, que le brave homme est
obligé de payer sur-le-champ.

Dans le Bocage normand, lorsque la dernière pièce de la

charpente a été posée, les ouvriers offrent à la femme du propriétaire une croix de bois ornée de rubans et d'une branche
de laurier. Celui qui est chargé du présent lui fait un compliment, puis il invite le maître à le suivre pour placer la croix
au faîte de la maison et enfoncer l'une des chevilles qui assu-
jettiront l'assemblage des poutres. En général, celui-ci décline

Charpentiers au XVI siècle, d'après Jost Amman.

cette invitation, et l'un des ouvriers le remplace ; il leur remet
une gratification.

Le signe qui annonce la levée de la charpente est très
répandu ; actuellement, il consiste souvent en un drapeau placé
sur le faîte, un laurier ou un bouquet formé de diverses fleurs
et entouré de rubans aux couleurs nationales. En Lorraine, les
charpentiers et les maçons offrent au propriétaire un petit
sapin orné de fleurs et de rubans, qui est ensuite mis sur le
dernier chevron de la toiture. Partout il est d'usage « d'arroser »
le bouquet, et c'est le propriétaire qui paye.

En Basse-Bretagne, on distribue aux ouvriers qui ont fini une construction le vin d'accomplissement, ainsi que le constate ce proverbe :

> *Ann heskenner hag ar c'halve*
> *A blij d'ezho fest ar maout mae.*

Scieur de long et charpentier — Aiment le festin du mouton de mai.

Dans le Bocage normand, autrefois il y avait un véritable festin lors de la levée de la charpente, accompagné de coups de fusils de chasse et de danses ; le lendemain la famille assistait à une messe.

On tirait des présages de certaines particularités qui se présentaient pendant la construction. D'après une croyance rapportée par Grimm, si, lorsque le charpentier enfonce le premier clou dans la charpente d'une maison, son marteau fait jaillir une étincelle, la maison sera brûlée. En d'autres pays d'Allemagne, c'est l'étincelle du dernier clou qui expose à ce malheur. Sur les côtes de la Baltique, si l'on voit briller une étincelle lorsqu'on frappe le premier coup sur la quille d'un navire en construction, à son premier voyage le navire se perdra.

En France, les charpentiers ont l'habitude de se faire un sac à outils avec une botte, dont le pied est enlevé et remplacé par une rondelle de cuir ou de bois qui forme le fond.

En Haute-Bretagne, ils ne doivent pas se passer leurs outils de la main à la main, dans la crainte que cette action n'amène entre eux une brouille. Je ne crois pas toutefois que cette superstition, qui existe aussi chez les couturières, soit générale dans le métier.

Dans plusieurs parties de la Saintonge, ce sont les charpentiers qui ont le privilège de guérir les affections de certaines glandes du cou ou du sein. Après quelques oraisons, ils disent au patient de se coucher sur l'établi, et font mine d'asséner un coup sur la partie malade. En Beauce, un charpentier guérissait de « l'écharpe » avec le vent de sa cognée.

Saint Blaise était le patron de la confrérie des maçons et des charpentiers. La mention de son nom dans le titre prouve que son patronage avait dû être adopté depuis longtemps. Le plus ancien titre connu de ce patron, que la corporation conserva toujours, est de l'année 1410.

Au XIII° siècle, tout près de Saint-Julien-le-Vieux, en la paroisse de Saint-Séverin, il y avait une chapelle de Saint-Blaise, où chaque année les confrères maçons et charpentiers réunis venaient apporter leurs offrandes et chanter leurs cantiques. Là, tout apprenti aspirant à la maîtrise, construisait ou taillait un chef-d'œuvre en présence des jurés, des marguilliers, et vouait au saint patron de la communauté ou à la Vierge ce travail important qui allait fixer sa destinée.

Les charpentiers ont un autre patron, saint Joseph, et c'est celui qu'ils honorent le plus généralement aujourd'hui ; sa fête est l'occasion d'une promenade traditionnelle qui, jusqu'à ces derniers temps, parcourait les rues de Paris, précédée d'une musique. En 1883, les compagnons passants du Devoir de la ville de Paris se rendirent à la mairie du X° arrondissement, escortant une calèche attelée de deux chevaux enrubannés dans laquelle se trouvaient le président de la corporation des charpentiers et la *Mère*. Dans le cortège figurait aussi le « chef-d'œuvre », ouvrage de charpenterie très compliqué et très orné que portaient sur leurs épaules une douzaine de compagnons. Ils furent reçus par le maire, qui leur adressa une allocution et offrit un bouquet à la Mère. Le cortège se dirigea ensuite vers le Conservatoire des arts et métiers, où les charpentiers firent une visite. En 1863, la fête commençait par une sorte de procession; on y portait aussi le chef-d'œuvre, et on

allait chercher la Mère pour la conduire à l'église. Les compagnons étaient enrubannés et avaient des cannes, comme
dans la figure de la page 17, réduction d'une gravure de
l'*Histoire des Charpentiers*. Après la messe avait lieu un dîner,
et la soirée se terminait par un bal. Cette même *Histoire des
Charpentiers*, dont le texte ne s'occupe guère que de la partie
rétrospective du métier, contient plusieurs planches intéres-

Saint Joseph, l'Enfant Jésus et la Vierge, image du XVIe siècle.

santes, qui représentent des réunions de compagnons, l'arrivée
d'un devoirant chez la Mère, et la procession annuelle, dans
laquelle on voit le chef-d'œuvre porté comme un saint sacrement, et à quelque distance une sorte de dais sur lequel est la
statuette de saint Joseph.

Le quatrain suivant est populaire en Espagne :

*San José era carpintero,
Y la Virgen costurera,
Y el Niño labra la Cruz
Porque ha de morir en ella.*

Saint Joseph était charpentier, et la Vierge couturière, et l'Enfant travaillait à la croix parce qu'il devait mourir dessus.

Il pourrait presque servir d'épigraphe à toute une série d'images, qui montrent la sainte Famille occupée à des ou-

La Sainte Famille, d'après un bois du XVIᵉ siècle.

vrages de charpenterie et de ménage. Ce sujet a inspiré de grands artistes comme Carrache, dont le « Raboteux » (p. 13) est l'un des tableaux les plus célèbres. L'illustration des livres de piété et l'imagerie l'ont aussi traité fréquemment. Dans le bois ci-dessus, emprunté à une Bible du XVIᵉ siècle, saint Joseph équarrit du bois, pendant que la Vierge file et que de petits anges sont occupés à ramasser des copeaux; dans une

autre image de la même époque (p. 8), l'Enfant Jésus, debout·
sur un chevalet, aide son père nourricier à scier une poutre,
et des anges transportent des planches ; ailleurs, des anges
viennent en aide au petit Jésus, qui est en train de clouer une
barrière dont saint Joseph a équarri les morceaux.

Au métier de charpentier se rapportait une assez singulière
redevance féodale qui a existé jusqu'à la Révolution en plusieurs parties du Poitou : A Thouars, le jour du mardi gras,
chaque nouveau marié, dont la profession se rapportait à la
construction ou à l'ameublement des maisons, était tenu de se
rendre, avec une pelote ou boule de bois, sur un grand emplacement situé devant la porte de la ville, appelée la porte du
Prévôt. Là, chacun d'eux jetait successivement sa pelote soit
dans une mare, soit sur les maisons, soit ailleurs où bon lui
semblait, et tous les ouvriers des mêmes états couraient en
foule pour s'en emparer. Celui qui la découvrait la rapportait
au nouveau marié qui l'avait jetée, et recevait une légère
rétribution conforme à ses facultés.

Le compagnonnage des charpentiers était l'un des plus
curieux, et celui peut-être qui présentait le plus grand nombre
de coutumes et de faits d'un caractère particulier; au milieu
de ce siècle, il était encore très vivant, et voici, d'après deux
auteurs contemporains, le résumé de ce qui se passait dans
cette corporation : les charpentiers faisaient remonter leur
origine à la construction du temple de Salomon, et le père Soubise, savant dans la charpenterie, aurait été leur fondateur.
Ces enfants du père Soubise portaient les surnoms de *Compagnons passants*, ou *Bondrilles*, ou *Drilles*, et ils se disaient
aussi *Dévorants*. Ils portaient de très grandes cannes à têtes
noires et des rubans fleuris et variés en couleur; ils les attachaient autour de leurs chapeaux et les faisaient descendre
par devant l'épaule; ils avaient des anneaux de l'un desquels

pendaient l'équerre et le compas croisés, de l'autre la bisaiguë.

Les Aspirants se nommaient Renards ; les compagnons étaient peu commodes à leur égard ; on en a vu qui se plaisaient à être nommés le Fléau des Renards, la Terreur des Renards, etc. Le compagnon est un maître, le renard un serviteur, et il avait à subir toutes sortes de brimades. Le compagnon disait : « Renard, va me chercher pour deux sous de tabac ; renard, va m'allumer ma pipe ; renard, verse à boire au compagnon ; renard, prend ce manche à balai et va monter la garde devant la porte ; renard, passe la broche dans ce sabot et fais-le tourner devant le feu, etc. » Le renard obéissait ponctuellement et sérieusement, dans la pensée que plus tard, lorsqu'il serait compagnon, il ferait subir les mêmes humiliations à d'autres.

A la veille d'une réception, les injures et les taquineries redoublaient à son égard : il était soumis à la faction, un manche à balai à la main, devant la porte de la salle où les compagnons s'humectaient le gosier ; il devait arroser avec de l'eau une vieille savate embrochée devant le feu ; ou bien debout derrière les compagnons, il devait les servir humblement à table, et, une serviette à la main, leur essuyer les lèvres à chaque morceau qu'ils portaient à la bouche, à chaque verre qu'il leur plaisait de s'ingurgiter.

En province, un renard travaillait rarement dans les villes ; on l'en expulsait violemment pour l'envoyer « dans les broussailles ». A Paris, le compagnon charpentier se montrait moins intolérant et le renard y pouvait vivre.

Les drilles, dit Perdiguier, hurlent dans leurs cérémonies et reconnaissances ; ils topent sur les routes, et, comme ils sont en général vigoureux et bien découplés, ils cherchent volontiers querelle à tout ce qui n'est pas de leur bord. Ils considèrent surtout comme une bonne fortune toute occasion d'étriller un boulanger ou un cordonnier.

Les compagnons ont une prédilection pour les dénominations zoologiques; chez les charpentiers du père Soubise, l'apprenti est un *lapin*, l'aspirant un *renard*, le compagnon un *chien*, et le maître un *singe*. C'est une véritable métempsycose, sans doute originaire des forêts où travaillaient les charpentiers de haute futaie. Le lapin, faible et timide, victime du renard et du chien, donna son nom au pauvre apprenti; l'aspirant dut se contenter d'être un renard et laisser au compagnon plus robuste le droit d'être un chien hargneux pour lui et l'apprenti. Quant au nom de singe, Simon suppose qu'il fut donné, dans le principe, à celui des deux scieurs de long qui se tient perché sur les bois à refendre et veille, de ce poste élevé, à la direction de la scie.

D'anciens renards, révoltés de l'intolérable tyrannie des drilles, désertèrent un jour les drapeaux de maître Soubise et passèrent sous ceux du grand Salomon en s'intitulant : *Renards de liberté*. Mais ce nom leur rappelant leur ancienne servitude, ils l'échangèrent bientôt contre celui de *Compagnons de liberté*. Comme ils ont conservé leur vieille pratique de hurlement, les anciens Enfants de Salomon en tirent prétexte pour ne les reconnaître qu'à demi comme frères.

A Paris, les charpentiers compagnons de liberté habitent la rive gauche de la Seine; la rive droite appartient aux compagnons passants et chacun ne doit travailler que sur le territoire de son domicile. Celui qui violerait cette règle s'exposerait à des aggressions dangereuses.

Les charpentiers des deux partis se disent coterie.

Les charpentiers drilles ont des anneaux de l'un desquels pendent l'équerre et le compas croisés, et de l'autre la bisaiguë; les cannes des charpentiers ont toutes la tête noire.

Au moment où un compagnon quittait une ville où il avait séjourné pendant quelque temps, on allait le conduire en lui

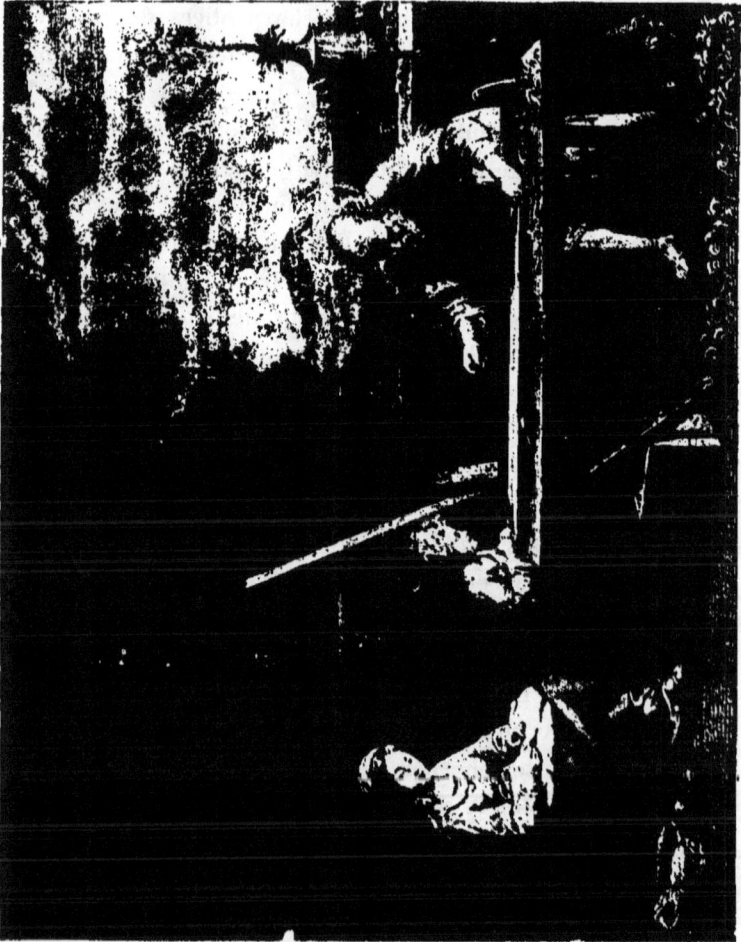

Le Raboteux, d'après un tableau de Carrache.

chantant des chansons, dont la suivante qui, d'après le *Dictionnaire Larousse*, est de provenance normande, peut donner une idée :

V'là qu'tu pars, garçon trop ainmable,
C'est vesquant, faut en convenir,
Au moins charpentier z-estimable
Je garderons ton souvenir.
Où e'qu'tu veux qu'en ton absence
Je trouv' pour deux liards d'agrément.
Faut qu'tu soic une oie si tu penses
Que j'mm'enbêterai pas joliment!
Va! je s'rai comm' un' vielle machine
Qu'a les erssorts ainterrompus,
Et j'dirai même à Proserpine :
Y était, pourquoi qu'y est pus?

Oh! vieux, t'es un homm' salutaire
Pour les amis qu'en a besoin,
C'est pas toi qu'est t-involontaire
Quand i viennent réclamer ton soin.
Tu leus zy fais la chansonnette
Quand d'l'amour y s'trouvent imbus!
Même c'est toi qui paye la galette.
Te v'là là et tu y s'ras pus!

Comme qui dirait une jeunesse
Qu'a l'cœur pris par la tendreté
Qui verrait sans délicatesse
Son individu la quitter.
Elle n'aurait pas, c'te pour' bête,
Des chagrins plus indissolus
Que moi, quand j'm'fourr' dans la tête
Le v'là là et i y s'ra pus!

Il existe quelques formulettes sur les scieurs de long :

Les geais, qui sont des oiseaux moqueurs, se plaisent à contrefaire le bruit des divers métiers, et l'on assure qu'ils crient, comme les scieurs de long :

Hire o zigne,
Hire o zigne.

On dit en pays wallon :

V'là l'cas,
T'ti l'avocat;
V'là l'nœud,
T'ti l'souyeux.

Voilà le cas, — Dit l'avocat; — Voilà le nœud, — Dit le scieur. (Voilà la grande affaire, voilà ce qui arrête).

DEVINETTES ET PROVERBES

Dans les *Facétieuses nuits* de Straparole est une devinette à double sens, sur les scieurs de long, qui ne peut être reproduite ici.

— *You may know a carpenter by his chips.*

Vous pouvez reconnaître le charpentier à ses copeaux.

Ce proverbe s'applique généralement aux grands mangeurs, qui laissent beaucoup d'os sur leur assiette.

— *Like carpenter like chips.* — Comme est le charpentier, comme sont les copeaux.

En Dauphiné, on emploie le dicton suivant, qui désigne la façon dont les ouvriers du bois doivent se comporter dans leur métier :

> Charpentier, gai,
> Charron, fort;
> Menuisier, juste.

— *Tàthàd le goirid à ghobha, agus Tàthahd leobharan t-saoir.* — La prompte soudure du forgeron, le long ajustage du charpentier. (Proverbe gaélique.)

> — *Heb ar skodou hag ar c'hoat-tro*
> *'Ve muioc'h kilvizien hag a zo.*

N'étaient les nœuds et le bois tordu, — Il y aurait plus de charpentiers qu'on n'en voit. (Basse-Bretagne.)

— Les charpentiers gagnent hors de la maison. — Le salaire des charpentiers est hors du village. (Russie.)

— Les menuisiers et les charpentiers sont damnés par le bon Dieu, parce qu'ils ont abîmé beaucoup de bois. (Russie.)

Une petite légende nivernaise raconte qu'autrefois les scieurs de long avaient beaucoup de peine à fendre leurs pièces, parce qu'ils ne pensaient pas à les assujettir, comme ils font aujourd'hui au moyen de cales. Un jour que le corbeau les voyait s'éreinter sans parvenir à mettre leur poutre d'aplomb, il se prit à crier : « Cal' la! Cal' la! » Les scieurs de long comprirent, calèrent la pièce et tout alla bien.

Il n'est rien qui soit aussi désagréable aux charpentiers que les nœuds du bois, surtout ceux de certaines espèces. D'après une légende provençale, à l'heure de sa mort, saint Joseph, le divin charpentier, enveloppa d'un immense pardon tout ce qui l'avait fait souffrir sur la terre, mais les nœuds du pin ne furent pas compris dans cette suprême absolution.

Suivant plusieurs récits populaires, autrefois le bois était sans nœuds, et ils doivent leur origine à une punition céleste.

On raconte en Alsace qu'à l'époque où Jésus et saint Pierre parcouraient les villes et les villages avec violon et contrebasse et chantaient, devant les maisons, des cantiques spirituels, ils arrivèrent un dimanche devant une auberge où des charpentiers se livraient à une joie sauvage en buvant et en jouant. Ceux-ci leur commandèrent d'entrer et de leur jouer des airs de danse. Comme Jésus et saint Pierre s'y refusaient, les charpentiers sortirent en foule, les saisirent, les battirent et brisèrent leurs instruments. Quand les deux musiciens furent débarrassés de ces vilains compagnons, saint Pierre, indigné d'un tel traitement, pria le Seigneur de faire suivre le crime d'un châtiment sévère et qui ne finirait jamais. « Il faut que tu leur changes, dit-il, le bois qu'ils ont à tailler en corne des plus dures. » Le Seigneur répondit : « Non, Pierre, le châtiment ne doit pas être si grand, mais je le rendrai suffisant pour rappeler leur méfait. Le bois que les charpentiers travaillent aura la dureté que tu désires, mais à certaines places seulement. » Et depuis ce jour les charpentiers trouvent dans le bois ces nœuds qui leur donnent souvent tant de mal.

Une légende hongroise roule sur le même thème : Un jour que Notre-Seigneur Jésus-Christ cheminait sur la terre avec saint Pierre, ils passèrent devant une auberge dans laquelle on faisait un grand vacarme : c'étaient des charpentiers qui s'y amusaient. Pierre voulut à tout prix savoir quels gens se trouvaient là-dedans. Notre-Seigneur eut beau dire : Pierre, n'y va pas, on te battra, il ne l'écoutait pas. Notre-Seigneur, voyant qu'il avait affaire à un sourd, le laissa agir, mais il lui flanqua sans que l'autre s'en aperçût, une contre-basse sur le dos, puis il s'en alla. Pierre entre à l'auberge, la contre-basse sur le dos ; il arrivait comme tambourin en noce. Aussi lui fit-on fête, et tous de crier : En avant le violon! car on le prenait pour un Tsigane. Pierre se récrie en

Compagnon charpentier, d'après l'*Histoire des Charpentiers* (1851).

vain, en disant qu'on se trompe, les charpentiers s'obstinent, et plus il se défend plus ils ont envie de l'entendre. A la fin, ils s'ennuyèrent de ses refus et ils tombèrent sur lui. Alors le saint courut après Notre-Seigneur, qui était déjà loin, et quand il l'eut rattrapé, il se plaignit amèrement de ce qui était arrivé. Notre-Seigneur lui répondit : « Ne t'avais-je pas prévenu? » Mais saint Pierre voulait se venger, il demanda à Notre-Seigneur ce qui fâchait le plus les charpentiers, et celui-ci lui répondit que c'étaient les nœuds qu'ils trouvent dans le bois. Alors saint Pierre le pria de mettre beaucoup de

nœuds dans les arbres pour que les charpentiers aient grand
mal à les extraire; il voulait même que ces nœuds fussent
en fer pour briser leurs outils. Notre-Seigneur n'y consentit
pas; mais pour donner une leçon aux charpentiers et contenter
en même temps saint Pierre, il mit des nœuds — mais seulement en bois — dans chaque arbre. Malgré cela, on en trouve
toujours d'assez durs, et lorsque les charpentiers les rencontrent, ils ne manquent pas de maudire saint Pierre.

On raconte dans le même pays que c'est à cause des jure-
ments des charpentiers que Dieu leur a infligé cette punition :
et les nœuds proviennent du crachat de saint Pierre.

Dans le Morbihan on dit que, lorsque le diable vint sur terre
pour apprendre un métier, il fit rencontre de deux scieurs de
long. Sur sa demande, le voilà embauché apprenti. On le laissa
choisir sa place sous ou sur un chevalet. Il se mit dessous. Il
tirait vigoureusement sur la scie; mais une chose l'ennuyait,
c'est que la sciure de bois lui tombait dans les yeux et l'aveu-
glait. Il changea de place et monta sur le chevalet. Il vit une
croix dans le haut de la monture de la scie. « Je n'aime pas la
croix, dit-il. Changeons de bout à la scie; prends pour toi ce
bout-ci et donne-moi l'autre. » Ce qui fut dit fut fait. Mais le
travail était pénible pour le diable. « Allons, dit le scieur, tire
sur la scie. Ça ne va pas; tu n'as pas de sciure. » Le diable
faisait des efforts, il suait à grosses gouttes, il n'en pouvait plus.
Il était éreinté. Pendant la nuit il s'enfuit comme un voleur.

Dans les contes populaires, le rôle des charpentiers n'est
pas très considérable; les musulmans de l'Inde racontent qu'un
jour le lion partant pour rechercher l'homme à la tête noire,
afin de lutter avec lui, rencontra un charpentier la tête couverte d'un turban blanc et lui demanda de le conduire à
l'homme à la tête noire. Le charpentier le mena à un grand
arbre, prit ses outils et tailla un grand trou dans le tronc, puis

il fabriqua une planche et la fixa au haut du tronc, de façon qu'elle pût glisser comme une trappe de souricière. Quant tout fut prêt, il pria le lion de mettre la tête dans le trou et de regarder droit devant lui jusqu'à ce qu'il aperçût l'homme à la tête noire. Le lion obéit, et le charpentier, qui avait grimpé sur l'arbre, laissa retomber la trappe sur le cou du lion, si fort qu'il l'étrangla presque; ôtant alors son turban, il lui dit : « Voici votre serviteur, l'homme à la tête noire. »

Suivant une fable turque, un charpentier glissa, bien contre son gré, du haut du toit dans la rue ; dans sa chute il tomba sur un passant qui fut tué du coup. Le fils du mort appelle le charpentier en justice, réclamant contre lui l'application de la peine du talion pour le meurtre commis par lui. Le juge entend l'affaire et prononce aussitôt l'arrêt suivant : Conformément à la loi sacrée, nous décidons que tu monteras sur la maison dont il s'agit; le charpentier se tiendra à l'endroit même où se trouvait feu ton père au moment de sa mort, et tu te laisseras choir du haut du toit sur le défendeur. Ainsi sera-t-il mis à mort comme l'ordonne la loi.

Dans la comédie du *Menteur véridique*, on trouve une facétie assez analogue : L'Anglais furieux prétend que j'ai jeté exprès un homme sur lui ; je cherche à arranger l'affaire ; je lui propose même sa revanche en lui accordant un étage de plus, c'est-à-dire qu'on le jettera sur moi du premier.

Intérieur de menuisier, d'après une gravure du XVIIᵉ siècle
(Musée Carnavalet.)

PAUL SÉBILLOT

LÉGENDES ET CURIOSITÉS

DES MÉTIERS

LES MENUISIERS

Lorsque les menuisiers se séparèrent des charpentiers pour former un métier distinct, ils s'appelèrent d'abord charpentiers de la petite cognée, et, après avoir porté les noms de huissiers, parce qu'ils fabriquaient les huis ou portes, et de tabletiers, ils furent désignés, à partir de 1382, par celui de menuisier, qui dérive de menu.

Leur métier est l'un des plus intéressants : il porte sur des objets variés, qui tiennent constamment l'esprit en éveil, et l'on comprend que Rousseau ait pu dire dans l'*Émile* : « Le métier que j'aimerais le mieux qui fût du goût de mon élève, est celui de menuisier. Il est propre, il est utile, il peut s'exercer à la maison. » C'est l'état que le père de M. Carnot, président de la République, avait fait apprendre à son fils, et je me souviens qu'on le lui rappela au cours d'un voyage présidentiel, lorsqu'il visita l'École des arts et métiers d'Aix, en 1890.

Les menuisiers ont toujours été tenus en une certaine estime, même dans les pays, comme la Basse-Bretagne, où la culture est considérée comme devant tenir le premier rang. Aussi la malice populaire s'est peu exercée à leur égard ; s'ils n'échappent pas aux sobriquets dont aucun métier n'est exempt, ceux qu'on leur donne ne sont pas d'une nature injurieuse, et rentrent généralement dans l'esprit de celui de « pot à colle », qui leur est donné à Genève et ailleurs.

Au contraire, s'ils figurent dans les chansons, les couplets qu'on leur adresse sont du genre de celui-ci, qui vient de la Haute-Bretagne :

> Quand ces beaux menuisiers s'en iront d'Moncontour,
> Les filles de Moncontour seront sur les remparts,
> Toujours en regrettant ces menuisiers charmants
> Qui leur ont tant donné de divertissements,
> Sur l'air de tire-moi le pied,
> Sur l'air de lâche-moi le bras,
> Sur l'air du traderidera,
> Tra la la.

Dans l'association des menuisiers de Salomon, dits compagnons du Devoir de liberté ou Gavots, il y avait trois ordres distincts, savoir : *compagnons reçus ; compagnons frères ; compagnons initiés.* Les aspirants au titre de compagnon reçu, premier degré de l'initiation du Devoir de liberté, prenaient le nom d'affiliés pendant tout le temps de leur noviciat.

Lorsqu'un jeune menuisier désirait se faire gavot, il était introduit dans l'assemblée générale des compagnons et affiliés, et lorsqu'il avait témoigné de sa ferme résolution d'adopter les enfants de Salomon pour frères, on lui donnait lecture du règlement auquel il devait se soumettre. S'il répondait qu'il ne pouvait s'y conformer, on le faisait sortir immédiatement ; si au contraire il répondait oui, on le déclarait affilié et il était placé à son rang de salle ; et si par la suite il faisait preuve d'intelligence et de probité, il pouvait aspirer à tous les ordres et à toutes les fonctions et dignités de son compagnonnage.

Les gavots avaient la petite canne et se paraient de rubans bleus et blancs, qu'ils attachaient à la boutonnière de l'habit, et qu'ils faisaient flotter du côté gauche.

Dans chaque ville du tour de France, le chef de la société prenait le titre de premier compagnon, s'il appartenait au deuxième ordre; s'il faisait partie du troisième, on le nommait dignitaire. Le premier compagnon portait des rubans terminés par des franges d'or, et les jours de grande cérémonie un bouquet de deux épis de blé du même métal était attaché à son côté. Le dignitaire se passait de droite à gauche en sautoir une écharpe bleue à franges d'or, sur le devant de laquelle étaient brochés une équerre et un compas entrelacés.

La société élisait ses chefs deux fois par an, au scrutin secret. Les affiliés étaient admis à voter. Le chef des gavots accueillait les arrivants dans sa ville natale et disposait du rouleur. Affiliés et compagnons marchaient sur le pied d'égalité dans leurs relations ordinaires; les lois de la société interdisaient la pratique du topage. Dans les assemblées générales des gavots, le tutoiement était interdit d'une façon absolue et chacun devait y donner l'exemple de la propreté et de la tenue. Les compagnons gavots ne hurlaient pas dans leurs cérémonies. Ils portaient des surnoms qui éveillaient des idées gracieuses, artistiques ou morales, tels que : Languedoc la Prudence, Rouennais l'Ami des Arts, Bordelais la Rose, etc.; entre eux, ils s'appelaient pays.

Les menuisiers du Devoir, appelés dévorants par les gavots, se disaient entre eux dévoïrants, par dérivation naturelle de devoir, et portaient le surnom de chiens. Ils se classaient, comme dans toutes les sociétés se disant de maître Jacques, en compagnons et aspirants, et étaient régis par une règle partiale qui subordonnait les premiers aux seconds, en les faisant

vivre à part et se former en réunions séparées; avec cette différence qu'un compagnon avait le droit d'entrer à l'assemblée
des aspirants, qui ne pouvaient pénétrer dans celle des compagnons. Chez la mère, ils avaient leurs dortoirs séparés et
mangeaient à des tables distinctes; partout et toujours, même
les jours de fête, le compagnon affectait vis-à-vis de l'aspirant
des airs de supériorité.

Menuisier coffretier, d'après Jost Ammen.

Entre eux, les menuisiers du Devoir se désignaient par le
nom de baptême et l'indication du pays natal, dans la forme
suivante : Mathieu le Parisien, Paul le Dijonnais, etc. Ils portaient des petites cannes et avaient pour couleurs des rubans
verts, rouges et blancs, attachés à la boutonnière, comme les
gavots. Ils portaient en outre des gants blancs pour prouver,
disaient-ils, qu'ils ont les mains pures du sang du célèbre
Hiram.

Le compagnon récemment reçu n'entrait dans la jouissance
de tous ses droits qu'après un court noviciat, pendant lequel

il portait le titre de pigeonneau. Dans les villes du tour de France, le compagnon le plus ancien était nommé le premier en ville. Il était le chef officiel des aspirants qui ne reconnaissaient pas l'autorité du chef électif désigné par les compagnons. Les compagnons menuisiers du Devoir ne s'affiliaient que des ouvriers catholiques, de même que plusieurs autres corps de métiers, placés sous le patronage de maître Jacques.

Petits génies menuisiers, d'après une peinture pompéienne.

Vers 1830, un schisme divisa les gavots menuisiers en deux partis : les vieux et les jeunes. Ceux-ci l'emportaient en nombre et en force. Ils ridiculisaient les vieux en les traitant de *damas*, d'*épiciers,* et ceux-ci se vengeaient en infligeant aux jeunes les noms flétrissants de *révoltés* et de *renégats*.

Les menuisiers avaient des rites qu'ils observaient encore au milieu de ce siècle. Lorsque les compagnons gavots convoquent l'assemblée, disait Moreau en 1843, si l'ouvrier auquel ils s'adressent nettoie gravement son établi, croise l'équerre et le compas sur un bout de cet établi, noue sa cravate, passe sa veste, prend son chapeau et s'avance silencieusement, en faisant force salamalecs, vers l'un des compagnons qui a planté sa canne dans le trou du volet et l'attend pour lui dire tout bas à l'oreille : « Vous vous trouverez demain, à deux heures, chez la Mère », il a fait un mystère.

CHARPENTIERS, MENUISIERS.

4

Les menuisiers et les serruriers du Devoir de Liberté portaient les rubans bleus et blancs attachés au côté gauche. Les menuisiers, les serruriers du Devoir et presque tous les compagnons dévoirants avaient le rouge, le vert et le blanc pour couleurs premières, puis ils en cueillaient d'autres en voyageant, dans chaque ville du tour de France. Tous les attachent, du côté gauche, à une boutonnière plus ou moins haute de l'habit.

Ces compagnons ont eu quelquefois maille à partir avec les charpentiers. C'est ainsi qu'en 1827, à Blois, les drilles allèrent assiéger les gavots chez leur Mère : deux charpentiers furent tués, un menuisier eut plusieurs côtes enfoncées.

Lors des enterrements, les menuisiers observaient un cérémonial assez compliqué, dont Agricol Perdiguier nous a laissé la description : Le cercueil d'un compagnon est paré de cannes et de croix, d'une équerre et d'un compas entrelacés, et des couleurs de la Société. Chaque compagnon a un crêpe noir attaché au bras gauche, un autre à sa canne, et, quand les autorités le permettent, il se décore des couleurs insignes de son compagnonnage. Lorsque le cercueil est arrivé sur le bord de la fosse, ils forment un cercle autour. Si les compagnons sont des menuisiers soumis au Devoir de Salomon, l'un d'eux prend la parole, rappelle à haute voix les qualités, les vertus, les talents de celui qui a cessé de vivre et ce qu'on a fait pour le conserver à la vie. Il pose enfin un genou à terre, tous ses frères l'imitent, et adressent à l'Être suprême une courte prière en faveur du compagnon qui n'est plus. Lorsque le cercueil a été descendu dans la fosse, on place aussitôt sur le terrain le plus uni, deux cannes en croix ; deux compagnons en cet endroit, près l'un de l'autre, le côté gauche en avant, se fixent, font demi-tour sur le pied gauche, portent le droit en avant, de sorte que les quatre pieds puissent occuper les quatre angles formés par le croisement des cannes; ils se donnent la main droite, se parlent à l'oreille et s'embrassent Chacun passe, tour à tour, par cette accolade, pour aller de là prier à genoux sur le bord de la fosse, puis jeter trois pelletées de terre sur le cercueil. Quand la fosse est comblée, les compagnons se retirent en bon ordre. La cérémonie des menuisiers du Devoir de maître Jacques diffère peu de celle-ci.

Les menuisiers sont en général travailleurs, et ne fêtent pas outre mesure saint Lundi. Dans l'image d'Épinal qui représente les divers ouvriers qui observent ce culte, le menuisier appelé, par jeu de mots Bois sec (boit sec), s'exprime ainsi :

> Je suis très sobre par nature,
> Mais dans l'état de menuisier,
> Si je bois trop, je vous l'assure,
> C'est que d'un bois rude et grossier
> La sciure tient au gosier ;
> Ma femme, parfois singulière,
> Ne veut pas goûter ma raison,
> Pour fuir son humeur tracassière,
> Je quitte à l'instant la maison.

A côté des menuisiers à mœurs tranquilles, il y en avait, paraît-il, qui travaillaient peu; une caricature du règne de Louis-Philippe en représente un qui a fait un paquet de ses outils et répond à un camarade : « Un ouvrier flambard ne reste jamais plus de deux jours dans la même boutique, il ramasserait de la mousse ».

Dans le Vivarais, les menuisiers seuls ont le don de couper la rostoulo, enflure des pieds ou des bras. Ils font placer le membre malade sur leur établi, puis ils coupent d'un coup de hache deux ceps de vigne posés en croix dessus, en prononçant ces paroles caractéristiques : *Dé qué coupe iéou? — La rastoulo ey noum dé Dieou.* Qu'est-ce que je coupe, moi? — La rastoule, au nom de Dieu.

A Genève, le 1ᵉʳ avril, on charge les apprentis menuisiers ou charpentiers d'aller chercher une varlope à remplir le bois, une mèche à percer les trous carrés, la lime pour affûter le rabot à dents, l'échenaillon à placage, l'équerre double, etc.

Les menuisiers ont sainte Anne pour patronne; des légendes de la Haute-Bretagne expliquent ce choix à leur façon.

Lorsque séparés des charpentiers ils se décidèrent à avoir un patron, cinq d'entre eux furent délégués pour aller au Paradis en demander un. Mais saint Pierre leur ferma la porte au nez en leur disant qu'ils étaient cinq ânes. Les cinq compagnons revenaient peu charmés et se demandaient comment ils rendraient compte de leur mission, quand l'un d'eux se frappant le front dit : « Nous devons avoir mal entendu, saint Pierre a dû vouloir dire que nous prenions sainte Anne ». Et depuis lors, sainte Anne est la patronne des menuisiers.

Dans le pays de Dol on dit que la Mère de la Vierge devint la patronne des menuisiers parce qu'elle construisit le premier tabernacle. Une autre explication fantaisiste prétend que c'est parce qu'elle avait un petit chien appelé Rabot.

Il est d'usage que les menuisiers célèbrent leur fête et en laissent sur leur maison un signe extérieur; il consiste souvent en rubans de bois ornés de faveurs de couleur, qui sont suspendus au-dessus de la porte. Ceux de la Loire-Inférieure y mettent un médaillon en bois sculpté, dit *chef-d'œuvre* ou travail d'art, entouré d'une couronne de fleurs et de verdure enrubannée. Tous les ans, les ouvriers remplacent la couronne fenée par une fraîche et les patrons régalent en conséquence. Les quasi-enseignes artistiques ont été exécutées par les ouvriers les plus habiles, généralement des ouvriers de passage, en train de faire leur tour de France; les motifs sont en relief : compas, équerres, nom du patron et profession, sainte Anne, vive sainte Anne! etc. Les lettres sont découpées à la main, sur une certaine épaisseur et espacées très régulièrement.

Dans les récits populaires, les menuisiers figurent assez rarement et n'ont pas le principal rôle. Le prince Cœur de Lion, héros d'un conte indien, marie le menuisier, l'un de ses trois compagnons, à une princesse. Quand la femme du prince

Amours menuisiers, d'après Cochin.

a été enlevée par une vieille sorcière, il construit un palanquin qui vole dans les airs et la lui ramène. Un des personnages du conte de Grimm, *la Table, l'Ane et le Bâton merveilleux*, est un garçon qui a appris l'état de menuisier. Quand il eut atteint l'âge voulu pour faire sa tournée, son maître lui fit présent d'une petite table en bois commun et sans apparence, mais douée d'une précieuse propriété. Quand on la posait devant soi et qu'on disait : « Table, couvre-toi », elle se couvrait à l'instant même d'une nappe, de mets et de boisson. Le garçon se croit riche pour le restant de ses jours, et il se met à courir le monde, où il ne manquait de rien, grâce à sa table. Un soir, il a l'imprudence de montrer son talisman ; pendant la nuit, l'aubergiste lui prend sa table, et lui en substitue une toute pareille. Plus tard, le menuisier rentre en possession de sa table, grâce à l'un de ses frères qui, avec son bâton merveilleux, force l'aubergiste à la lui restituer.

On raconte en Franche-Comté que le diable voulant attraper saint Joseph pendant qu'il dormait à midi, lui tordit méchamment les dents de sa scie. Or, quand le saint se réveilla, la scie marchait comme un charme. Le diable lui avait donné de la voie sans s'en douter.

Les *Fables et Contes* de Bidpaï rapportent une assez plaisante aventure : « Un menuisier était assis sur une pièce de bois qu'il sciait, et pour manier la scie avec plus de facilité, il avait deux coins qu'il mettait dans la fente alternativement, à mesure qu'il avançait son ouvrage. Par hasard, le menuisier alla à quelque affaire. Pendant son absence, le singe monta sur la pièce de bois et s'assit de manière que sa queue pendait au travers de la fente. Quand il eut ôté le coin qui maintenait les deux côtés sciés sans mettre l'autre auparavant, les deux côtés se resserrèrent si fortement que sa queue en fut meurtrie et écrasée. Il fit de grands cris et il se lamentait ; le menuisier survint et vit le singe en ce pitoyable état : « Voilà, dit-il, ce « qui arrive à qui se mêle d'un métier dont il n'a pas fait l'ap- « prentissage ».

Un menuisier d'Orléans, dont les affaires n'avaient pas prospéré, résolut d'en finir avec la vie ; mais après avoir préparé pour ses créanciers une mise en scène curieuse : il devait les convoquer tous à huitaine, et dans son arrière-boutique il voulait se montrer couché dans sa bière entre quatre cierges. Il fabriqua sa bière, et, avec l'argent qui lui restait, il se mit à faire quatre repas par jour, à boire du meilleur et à chanter. Il donna assignation à ses créanciers de se présenter au jour indiqué avec leurs titres et cédules, et quand on l'interrogeait il disait, d'un air à double entente, que dans huit jours les gens qui l'avaient tourmenté en seraient tout penauds et marris. Le bruit se répandit que le diable lui avait fait trouver un trésor. Ses créanciers et d'autres vinrent lui faire leurs offres de service, et comme il avait pris goût à la vie, il se mit à travailler et prospéra si bien qu'au bout de quelques années il acheta la maison où il habitait. Pour faire croire à l'existence du trésor, il ferma sa cave d'une porte murée. Peu de temps avant sa mort, il avoua au religieux qui le confessait, que le prétendu trésor n'était autre qu'un cercueil qu'il avait fait lorsqu'il avait résolu de mourir.

Figure de menuisier formée d'une réunion d'outils, d'après une image messine de Dembour (vers 1840).

SOURCES

CHARPENTIERS. — Wright, *Histoire de la caricature*, 127. — Monteil, l'*Industrie française*, I, 102. — Dal, *Proverbes russes*, III, 130. — *Revue des traditions populaires*, IV, 528; VI, 468, 759; VII, 169, 315, 675; IX, 683; X, 32, 169, 675. — *Excursions et reconnaissances*, 1880, 455, 485. — Tabarin, *Œuvres*, éd. Jannet, II, 98. — Lecœur, *Esquisses du Bocage*, II, 343. — Richard, *Traditions de Lorraine*, 60. — Sauvé, *Lavarou Koz*. — Grimm, *Teutonic Mythology*, IV, 1793, 1796. — *Mélusine*, III, 364. — *Calendario popular*, Fregenal, 1885. — Noguès, *Mœurs d'autrefois en Saintonge*, 166. — Lecocq, *Empiriques beaucerons*, 36. — Paul Lacroix, *Histoire des charpentiers*, 19. — Léo Desaivre, *Jeux et divertissements en Poitou*, 21. — G. Simon, *le Compagnonnage*, 83, 106, 145, 151. — A. Perdiguier, *Le Livre du compagnonnage*, I, 41, 47, 56, 113. — Paul Sébillot, *Traditions de la Haute-Bretagne*, II, 179. — Dejardin, *Dictionnaire des spots*. — P. Ristelhuber, *Contes alsaciens*, 1. — Ch. Poncy, *Chansons de chaque métier*, 242. — Decourdemanche, *Fables turques*, 237.

MENUISIERS. — G. Simon, *le Compagnonnage*, 52, 92, 104, 122, 123, 151. — Vaschalde, *Superstitions du Vivarais*, 22. — *Revue des traditions populaires*, VIII, 368, 497; X, 30. — A. Perdiguier, *le Livre du compagnonnage*, I, 48, 49, 65. — Blavignac, l'*Empro genevois*, 365. — E. Cosquin, *Contes de Lorraine*, I, 26. — Grimm, *Contes choisis* (trad. Baudry), 157. — *Contes et fables de Bidpaï et Lokman* (Panthéon litt.), 414. — Ch. Thuriet, *Traditions de la Haute-Saône*, 600. — *Magasin pittoresque*, 1850, 170.

Menuisiers, d'après une gravure de Couché (1802).

PAUL SÉBILLOT

LÉGENDES ET CURIOSITÉS

DES MÉTIERS

LES BOISIERS ET LES SABOTIERS

La forêt, pour peu qu'elle ait une certaine étendue, est le centre d'une population toute spéciale qui vit de la mise en œuvre de ses produits. Elle habite les villages de son voisinage immédiat, ou plus habituellement encore elle campe sous son couvert, dans des demeures construites d'une façon primitive, et qui ne sont pas destinées à durer plus longtemps que l'exploitation d'une coupe.

Différents par la race, par les habitudes, parfois même par le langage des paysans qui les entourent, les boisiers n'ont point comme eux l'attachement au sol que produit la propriété ou la jouissance de la terre. La forêt est leur véritable patrie ; ils se transportent sans regret d'un endroit à un autre, et changent même au besoin de forêt. Ils savent que leur métier exige des déplacements fréquents, et ils ont bientôt fait d'emporter leur mobilier sommaire, de se reconstruire un abri, et de s'habituer à leur nouveau voisinage.

La description que Souvestre a laissée du principal campement des boisiers de la forêt du Gàvre, situé au milieu de la coupe, donne une idée assez exacte de leurs demeures : « Je voyais se dessiner çà et là, sous les vagues lueurs de la nuit, des groupes de cabanes qui formaient, dans l'immense clairière, comme un réseau de villages forestiers. Toutes les huttes étaient rondes, bâties en branchages, dont on avait garni les interstices avec du gazon ou de la mousse, et recouvertes d'une toiture de copeaux. Lorsque je passais devant ces portes, fermées par une simple claie à hauteur d'appui, les chiens-loups accroupis près de l'âtre se levaient en aboyant, des enfants demi-nus accouraient sur le seuil et me regardaient avec une curiosité effarouchée. Je pouvais saisir tous les détails de l'intérieur de ces cabanes éclairées par les feux de bruyères sur lesquels on préparait le repas du soir. Une large cheminée en clayonnage occupait le côté opposé à la porte d'entrée ; des lits clos par un battant à coulisses étaient rangés autour de la hutte avec quelques autres meubles indispensables, tandis que vers le centre se dressaient les établis de travail auxquels hommes et femmes étaient également occupés. J'appris plus tard que ces baraques, dispersées dans plusieurs coupes, étaient habitées par près de quatre cents boisiers qui ne quittaient jamais la forêt. Pour eux, le monde ne s'étendait point au delà de ces ombrages par lesquels ils étaient nourris. »

Parmi ces ouvriers les catégories sont assez nombreuses : les bûcherons, les charbonniers et les sabotiers forment des espèces de communautés, dont chacune a des usages particuliers ; ils exercent en général pendant toute l'année leur métier, qui exige un apprentissage. Il en est de même des petits industriels qui fabriquent la vaisselle de bois, les boisseliers. Ceux qui tressent des paniers en osier ou en bourdaine, qui font des cages ou des balais sont déjà moins les enfants de la forêt, et quelques-uns n'y viennent guère que pour chercher les matériaux nécessaires à leur industrie. Dans l'ouest de la France, on désigne tous ces ouvriers sous le nom générique de boisiers. Bien qu'il s'applique aussi à d'autres catégories d'ouvriers du bois, je réunis sous ce titre les gagne-petit de la forêt, qui ont bien des traits communs, et ne méritent pas une description particulière.

Sans vivre complètement à l'écart de leurs voisins sédentaires, ces artisans s'y mèlent peu, et les alliances sont rares entre eux et les paysans. Dans le Morbihan ceux-ci les appellent *Ineaneu Kort*, âmes de bois; ils les considèrent comme des espèces de bohèmes, vivant au jour le jour, et ils ont à leur égard une méfiance, d'ailleurs assez justifiée par le sans gène des gens de la forêt à l'égard des pommes de terre, des choux et des autres légumes. Comme les primitifs, auxquels ils ressemblent par plusieurs points, les hommes du *couvert* ont des notions assez vagues de la propriété et ne considèrent pas comme un vol certains prélèvements en nature. C'est plutôt, à leurs yeux, une sorte de bon tour joué aux paysans qu'ils méprisent et auxquels ils se croient très supérieurs.

Il en est pourtant qui vivent facilement de leur travail, achètent et paient régulièrement leurs denrées et le bois qu'ils mettent en œuvre; mais beaucoup regardent la forêt comme un domaine qui n'appartient pas bien directement à quelqu'un. L'État, ou le grand propriétaire qui la possède, sont presque des abstractions pour eux; ils ne les connaissent guère que par les gardes-chasse ou les forestiers, qu'ils ne sont pas éloignés de considérer comme les gênant dans l'exercice d'un certain droit de jouissance qu'ils pensent leur appartenir, comme étant de père en fils habitants du couvert. Aussi ils s'ingénient à mettre en défaut, par toutes sortes de ruses, une surveillance qui leur est importune.

On trouve partout, comme dans le Bocage normand, les maraudeurs des bois, fabricants de cages, paniers, corbeilles, grils à galette et engins de pêche, qui vont la nuit y grapiller la bourdaine, le saule, les jeunes branches de chêne, le mort-bois, qui sont les matériaux indispensables à leur petite industrie.

Ceux même qui, nés dans les forêts, sont habitués à ses obscurités mystérieuses, aux bruits variés que produisent le sifflement du vent, les branches et les feuilles qu'il fait craquer ou frémir, ne peuvent guère se défendre de croire aux hantises du couvert. Des récits étranges, qui se transmettent de loge en loge depuis des milliers d'années peut-être, parlent d'apparitions d'êtres surnaturels, de dames vertes, de pleurants des bois, d'hommes qui ont le pouvoir de mener les loups et de s'en faire obéir comme de chiens dociles, ou qui peuvent, au moyen d'onguents ou de conjurations, revêtir momentanément des formes animales. Ceux des boisiers qui ne croient qu'assez faiblement à toute cette mythologie sylvestre, se plaisent à en entretenir le souvenir et à raconter des choses terribles aux paysans avec lesquels ils sont en rapport, pour que ceux-ci ne soient pas tentés de les déranger dans leurs expéditions nocturnes. La forêt de Fontainebleau avait son grand Veneur; celle du Gâvre, le Man-piqueur, qui faisait le bois, tenant en laisse son chien noir et ayant l'air de chercher les pistes : ses yeux laissaient couler des flammes et il prononçait les mauvaises paroles :

> Fauves par les passées,
> Gibiers par les foulées,
> Place aux âmes damnées.

Il annonçait la grande chasse des réprouvés qui tantôt est sous le couvert, tantôt, comme la chasse à Bôdet berrichonne (p. 5) ou la menée Hellequin des Vosges, se voit dans les airs.

Ces récits, les sons d'un cor fantastique qui se font parfois entendre la nuit, des cris discordants et bizarres, ont pour but

La Chasse fantastique, d'après Maurice Sand (Illustration, 1852).

de semer la terreur ou d'attirer sur un point déterminé l'attention des gardes, pendant qu'ailleurs ont lieu des chasses qui n'ont rien de surnaturel ; de tout temps les gens de la forêt ont

été braconniers, et ont considéré comme très légitime de
garnir leur garde-manger aux dépens du gibier du roi ou
du seigneur.

Les paysans ont à l'égard des boisiers des dictons moqueurs
qui font allusion à l'état misérable de quelques-uns d'entre
eux. C'est ainsi que sur la lisière de la forêt de Loudéac, on
récite le petit dialogue suivant : « J'ai marié ma fille, dit une
bonne femme à sa commère. — V'ez marié vot' fille? La z'avous
ben mariée ? — Vère (oui) donc, je l'ai mariée à un homme
d'état. — Quel état? — Fabricant d'binières (sorte de paniers);
il est binier et sorti de binière (boisier de père en fils). — Ah!
commère, répond l'autre, o det (elle doit) manger du pain! »

On a jusqu'ici peu étudié les superstitions particulières à ce
groupe; il est vrai que l'enquête serait assez difficile, car ces
gens sont assez défiants à l'égard de ceux qui ne vivent pas
dans les bois.

Les fendeurs, les boitiers et les bûcherons de la forêt de
Bersay (Sarthe), ont l'habitude d'allumer du feu près de leurs
ateliers, même en été. Ils prétendent que ce feu leur tient
compagnie; peut-être est-ce un souvenir des temps où il fallait
écarter les fauves avec des brasiers.

Dans le Bocage normand, les boisseliers, qui portent le
nom de boisetiers, tournent de la vaisselle de bois à l'usage
des pauvres gens des villages, confectionnent écuelles, jattes,
cuillers, poivrières, écuelles à bouillie et taillent également les
pelles à four et à marc. Ces produits trouvaient dans le pays
et les contrées voisines un écoulement plus facile qu'aujour-
d'hui, une partie de ces ustensiles ayant été remplacés par
des similaires en faïence ou en métal.

Dans le Maine, quelques boisetiers débitaient eux-mêmes
leur vaisselle de bois au lieu de la vendre en gros. Élevée en
pyramide sur une hotte d'osier, ils la promenaient à dos, en

criant d'une voix traînante : « Boisterie ! Boisterie ! oui ! ouie ! »
au grand plaisir de la marmaille, qui les suivait en répétant
leur mélopée tremblante et prolongée. Au moyen âge, les
boisseliers avaient l'habitude, lorsqu'un pauvre venait leur
demander l'aumône, de lui donner une cuiller de bois. Parfois
c'étaient, comme dans certaines forêts de Bretagne, des jeunes
filles qui colportaient dans les foires de village les ustensiles
fabriqués sous le couvert, conduisant plusieurs chevaux qui
portaient la marchandise, et elles s'efforçaient de leur mieux
de « faire l'article ».

Dans la Sarthe, quand le boitier est devenu vieux, s'il est
industrieux, il cherche une occupation analogue à son ancien
métier : il lace des paniers ou se met à fabriquer les épingles
de bois appelées jouettes dans le pays. Ce sont de petites
branches de chênes plus grosses que le doigt, longues de
treize centimètres, dans lesquelles on pratique avec la vrille un
trou qui les traverse, puis avec l'aide de la serpe on enlève le
bois en faisant une ouverture de huit centimètres de long, formant le V, qui, à son extrémité inférieure offre une entaille
de un centimètre, se terminant à trois millimètres, grosseur
de la vrille. Ces épingles ou fiches servent à fixer le linge
mouillé sur des cordes. Cent jouettes valent environ un franc.
Lorsque le boitier a taillé quelques centaines d'épingles, il va
les vendre à la ville. La ficelle qui sert de ruban à son chapeau
porte une couronne de sa marchandise. Il crie d'une voix
cassée : « Épingles ! Épingles ! ».

Ces gens de la forêt ont conservé par tradition une sorte de
sculpture primitive qui a une certaine analogie avec les grossiers essais que l'on retrouve chez les sauvages contemporains :
elle consiste à prendre un morceau de bois dont l'écorce est
intacte, à enlever celle-ci ou à la soulever, de façon à ce qu'elle
serve d'habit ou de bras ; les parties découvertes sont taillées

et trouées de façon à former des figures. Celles de la page 9, que j'ai dessinées d'après des figures que m'avaient données des boisiers de la forêt de Haute-Sève (Ille-et-Vilaine), donnent une idée suffisante de leur façon de procéder.

Les « boitiers » font leur fête à l'Ascension; ils chantent et ils dansent.

En Normandie, les balaisiers ou marchands de balais se rendaient dès le matin dans la lande pour y arracher les touffes de bruyères; ils colportaient eux-mêmes leurs balais et en approvisionnaient toutes les ménagères de la contrée. Le surplus se vendait dans les villes.

Un des contes balzatois met en scène deux marchands de balais, qui arrivent à Angoulême chacun avec son petit âne chargé de balais. L'un les crie à huit sous, l'autre à six. Ils finissent par se rencontrer, et celui qui les vendait huit sous dit à son concurrent : « Comment peux-tu vendre tes balais six sous? Moi, je ne peux les donner qu'à huit, et encore je chipe le bois pour faire des manches. — Moi, dit l'autre, je vends mes balais six sous, et je gagne six sous tout ronds, parce que je les vole tout faits. »

Le héros d'un conte de Grimm est un pauvre fabricant de balais, frère d'un riche orfèvre, qui va à la forêt pour y ramasser les branchages nécessaires à son industrie; un jour il voit un oiseau d'or et l'abat avec une pierre, si adroitement, qu'il fait tomber une de ses plumes; il la vend à son frère; le lendemain, il voit l'oiseau sortir d'une touffe d'arbres; c'était là qu'était son nid : il y prend un œuf d'or. La troisième fois, il atteint l'oiseau d'or lui-même, et le vend un bon prix à son frère. C'était un oiseau merveilleux : celui qui aurait mangé son cœur et son foie devait trouver une pièce d'or tous les matins sous son oreiller. L'orfèvre, qui le savait, ordonna à sa femme de faire cuire l'oiseau pour lui et de bien prendre

Figures humaines en bois, sculptées par les boisiers des forêts de l'Ille-et-Vilaine :
1. L'enfant. — 2. Le père. — 3. La mère. — 4. Le curé.
5. Le seigneur. — 6. La bonne sœur.

garde que rien n'en fût distrait. Pendant qu'on le rôtissait, les deux fils du fabricant de balais vinrent chez leur oncle : ils virent tomber du corps de l'oiseau deux petits morceaux qu'ils avalèrent, avant que leur tante eût eu le temps de s'y opposer. Elle tua un petit poulet et mit à la place son cœur et son foie. L'orfèvre dévora tout l'oiseau, mais le lendemain il ne trouva pas, comme il s'y attendait, une pièce d'or sous son oreiller. Les enfants, au contraire, avaient des pièces d'or chaque matin. L'orfèvre, qui le sut, persuada à son frère qu'ils avaient fait un pacte avec le diable, et il les chassa. Ils furent recueillis par un chasseur, et, après être devenus habiles dans leur métier, ils se mirent à courir les aventures, et l'un d'eux épousa la fille d'un roi.

Dans un conte de l'Aube, un marchand de balais, très paresseux, est toujours à la recherche des moyens de vivre sans rien faire, et il commet diverses escroqueries. Il va chez un orfèvre et lui propose de lui vendre un morceau d'or gros comme son sabot; l'orfèvre le retient à dîner, puis, quand il lui demande où est son or, il répond : Je n'en ai pas, mais si quelquefois j'en trouvais en faisant mes balais, je venais vous demander combien vous me le payeriez.

A Paris, on voyait autrefois des marchands ambulants qui vendaient les balais qui avaient été fabriqués dans les forêts voisines. Les graveurs, qui ont laissé de si curieuses séries sur les petits métiers, ne les ont pas oubliés (p. 12 et 13), et l'on a conservé plusieurs des cris par lesquels ils s'annonçaient. Au XVI siècle, voici leur quatrain dans les *Crys d'aucunes marchandises qui se vendent à Paris* :

> A Paris on crie mainteffois
> Voire de gens de plat pays
> Houssouers ommenchez de bois
> Lesquelz ne sont pas de grant prix.

Les *Cris de Paris*, fin du XVII° siècle, faisaient dire au marchand de balais :

> Quand hazard est sur les balets,
> Dieu sçay comme je boy à plein pot;
> Il ne m'en chaut, soient beaux ou laids :
> Si les vendrais-je à mon mot.

Au XVIII° siècle, c'était :

> Mes beaux balais! mes beaux balais!

Au-dessous de la marchande de balais de Cochin, on lit ce quatrain :

> Quiconque veut se garantir
> De l'amende du commissaire.
> De mes balais doit se garnir;
> On ne sauroit jamais mieux faire.

Vers 1850, on rencontrait des marchands sur la voie publique avec un assortiment de petits balais suspendus à leur boutonnière et plusieurs grands balais chargés sur les épaules. Ils criaient : « Des balais! eh! l'marchand de balais! » ou bien : « Faudra-t-il des balais? »

Parmi les types populaires de la rue, vers le milieu du siècle, figuraient les marchandes de balais alsaciennes. Le *Charivari*, de 1832, représentait le ministre Humann en Alsacienne vendeuse de petits balais: plus tard, dans l'opérette d'Offenbach, *Litchen et Fritchen*, Litchen chantait :

> Petits palais!
> Petits palais!
> Je vends des tuts petits palais!
> Petits palais!
> Petits palais!
> Ah! voyez qu'ils sont pas laids!

* *

En Basse-Bretagne, on appelle les sabotiers *Botaouèr prenn*, cordonniers en bois; ailleurs ils portent le sobriquet de « fabri-

cants de cuir de brouette », qui rentre dans le même ordre
d'idées. Les proverbes qui ont trait à cette profession sont peu
nombreux :

Balets, Balets, achetez mes bons Balets
Marchand de balais, d'après Poisson (fin du XVIII° siècle).

Pa res ker al ler
E' c'hoarz ar boutaouer.

Quand le cuir est cher, — Rit le sabotier. (Basse-Bretagne.)

— *On 'pout bé iesse chaboti et fer des taile di bois.* — On peut bien être
sabotier et faire des terrines de bois. (Pays wallon.)

BALAIS BALAIS

Au XVII⁰ siècle, on disait ironiquement à un fainéant qui n'avait qu'un métier imaginaire : C'est Guillemin Croquesolle, carreleur de sabots.

Les paysans font figurer en bon rang les sabotiers parmi les artisans qui ont voué un culte spécial à saint Lundi ; la chanson qui suit, recueillie en Haute-Bretagne, prétend qu'ils chôment également plusieurs autres jours de la semaine :

Ce sont messieurs les sabotiers
Qui s'croient plus qu'des évêques.
Car du lundi
Ils en font une fête.

Il faut bûcher,
Il faut creuser.
Tailler vite et parer fin,
Se coucher tard
Et lever matin.

Et le mardi
Ils vont voir leur maîtresse,
Le mercredi.
Ils ont mal à la tête.

Et le jeudi
Ils s'y reposent en maîtres.
Le vendredi
Ils travaillent à tue-tête.

Et le samedi :
— Il faut de l'argent, maître.
— Va-t'en au diable,
Il t'en donnera peut-être.

Voici la traduction d'une chanson en breton du Morbihan, qui provient de la lisière de la forêt de Camors :

Écoutez et écoutez.
Diguedon, maluron-malurette,
Écoutez et écoutez,
Une chanson récemment composée,
Une chanson récemment composée. — Diguedon, etc.
Composée sur un sabotier de bois.

Son domaine est dans la forêt,
Et sur sa maison des fenêtres de bois.
Et l'intérieur en est verni
Avec le feu et la fumée,
Et les toiles d'araignées.
Comment enverrai-je le dîner,
Je ne sais ni chemin ni sentier.
Il y a trois chemins au bout de la maison,
Prenez celui du milieu,
Celui-là vous mènera le plus loin.
Quand je fus rendu au milieu de la forêt,
J'entendis le bruit du sabotier de bois
Et le bruit de la hache et de l'herminette.
Le sabotier est de mauvaise humeur.
Si la tarière gratte doucement,
Le sabotier est de bonne humeur.
Quand le sabotier travaille,
Il n'est pas obligé de boire de l'eau ;
Il peut aller aux auberges
Boire du cidre plein son ventre.

Dans le Morbihan, les sabotiers appellent les paysans des *couyés* (sots) et les méprisent ; de leur côté, les paysans ont peu d'estime pour eux, et ils leur adressent des dictons méprisants :

Sabotier, sale botier,
Sabotier en cuir de brouette.
Sabatour kued e hra perpet
Lestri de gas tud de goahet.

Le sabotier fait en tout temps — Vaisseaux à mener ch...r les gens.

Entre eux les sabotiers se traitent de cousins. C'est au reste une population à part qui naît, vit et meurt dans le bois ; elle forme à sa manière une sorte d'aristocratie. Pour être *vrai sabotier*, il faut être fils de père et de mère, de grands-pères et de grand'mères sabotiers, autrement on n'est que sabotier bâtard.

Quand un sabotier se marie, tous les *cousins* assistent à ses noces ; mais chacun porte son dîner. La même chose se produit lors des enterrements.

Les huttes de sabotiers, placées sur la lisière des bois ou dans des clairières, au milieu d'un fouillis pittoresque, ont souvent été reproduites par les peintres. L'auteur des *Esquisses du Bocage normand* en fait la description suivante, qui est assez exacte, et peut s'appliquer à presque toutes les demeures de sabotiers de l'ouest de la France : La loge est assez grossièrement construite de troncs d'arbres et d'argile, couverte de mottes de gazon, et elle est flanquée d'une rustique cheminée en clayonnage attaché avec des harts et rempli de terre glaise. Debout sous l'appentis, au milieu de copeaux abattus par sa gouge et sa plane, et le genou appuyé sur le bloc entaillé qui lui servait d'encoche, le sabotier dégrossissait en fredonnant quelque *bihot* ou sabot sans bride, ou évidait, planait, façonnait avec soin un fin et léger sabot de jeune fille. De la cahute voisine s'échappaient des nuages d'une épaisse fumée de bois vert, destinée à teinter en jaune et à vernir les guirlandes de chaussures terminées qui tapissaient l'intérieur. Aimant à rire et à chanter après boire, le sabotier était un joyeux compère, quelque peu musicien. Volontiers il donnait le bal le soir à la fraîche, et le dimanche, à la vêprée, garçons et filles se trémoussaient joyeusement sur la pelouse au son de sa vielle.

Il est probable que la danse de la « sabotière », qui a eu quelque succès autrefois au théâtre, était l'une de celles que l'on dansait sur la pelouse à côté de la loge : dans une des figures, les sabots du danseur et de la danseuse, placés dos à dos, étaient choqués en cadence.

Les sabotiers, qui étaient établis à demeure fixe, avaient parfois une enseigne en rapport avec le métier : celle d'un vieux sabotier, près de Pornic, était un énorme sabot doré, dont la gueule non creusée portait cette inscription : « Au sabot d'amour. »

Atelier de sabotier, d'après l'Encyclopédie.

Quelquefois, dit La Mésangère, les sabotiers gravent sur le côté et sur le dessus des sabots des dessins appelés épis, dentelle, rayette, trèfle. Quand les sabots sont commandés pour une maîtresse, ils y représentent des oiseaux, des papillons, des cœurs. Au siècle dernier, d'après le *Dictionnaire de Trévoux*, les dames du Limousin portaient des sabots ornés pour se tenir les pieds chauds l'hiver; cet usage est encore conservé par les dames dans certaines provinces. Tout le monde connaît les sabots coquets que l'on fabrique en Bresse, et dont on a fait de mignonnes réductions pour les étagères.

En Belgique, les sabotiers sont au premier rang des artisans qui aiment à faire des farces aux jeunes ouvriers. A un mur de l'atelier, un *ancien* attache gravement un mauvais sabot, de telle sorte qu'on n'en puisse voir l'intérieur. A une distance de quatre ou cinq mètres, on doit s'évertuer à jeter un gros sou dans le sabot : celui qui peut y réussir le premier, ramasse les sous qui ont manqué le but, quelquefois encore des paris s'engagent. Les « anciens », tous maladroits, manquent leur coup. Le novice arrive, l'air narquois, se prépare avec réflexion, lance sa pièce dans le sabot, court joyeusement la rechercher et plonge sa main dans... une matière que l'on devine. Une autre fois, on met un demi-franc au fond d'un seau à moitié rempli d'eau. La pièce sera pour celui qui, sans se mettre sur ses genoux, pourra la prendre avec ses dents. Tous les « anciens » font des efforts inouïs, mais inutilement. Un novice vient. Il se penche, il va saisir la pièce... mais un vieux compagnon relève le manche du seau, tandis qu'un autre pique le patient aux fesses. Prestement, l'apprenti se relève, coiffé du seau dont le contenu lui procure une douche très désagréable. On organise encore la *procession* : chacun s'empare d'un des outils rangés dans la hutte. Dans un pot en terre, un ancien a mis un document humain. Prenant à part un

apprenti, il lui dit que lorsqu'il entendra chanter : *Sancte potæ*,
il devra jeter le pot sur celui qui le précède : ce à quoi le
novice consent, tout heureux. La litanie commence. Selon
l'outil que chacun porte, on chante : « *Sancte hachæ. — Ora
pro nobis*, répondent en chœur tous les sabotiers. — *Sancte
planæ. — Ora pro nobis. — Sancte cuilleræ. — Ora pro nobis.* »
Il est de tradition que, lorsqu'on dit « *Sancte maillochæ* »,
celui qui porte le maillet, et qui se trouve toujours placé derrière l'apprenti au pot, donne un vigoureux coup de son outil
sur le vase que soutient le novice et l'oint avec le maillet.

Autrefois les sabotiers avaient saint Jacques pour patron ; il
y a environ quarante ans, ceux de la Loire-Inférieure, mécon-
tents de voir leur industrie péricliter par suite de la fabrication de la chaussure à bon marché, résolurent de changer de saint ;
ils envoyèrent des délégués consulter les membres de la corporation dans les districts forestiers où la saboterie était encore
florissante, et l'on choisit saint René, qui est le patron de la
corporation dans le Bourbonnais, les diocèses de Vannes, de
Troyes, etc. D'après la légende, saint René, évêque d'Angers,
s'étant démis de ses fonctions d'évêque, se retira dans la soli-
tude près de Sorrente, au royaume de Naples. C'est là qu'il
inventa les sabots, c'est pour cela que, de temps immémorial,
il fut le patron des sabotiers. Ceux-ci appellent *cervelle de saint
René* la cire au moyen de laquelle ils dissimulent les défauts
des sabots qu'ils ont fabriqués. La fête du saint tombe le 12 novembre, le lendemain de la Saint-Martin, et peu de temps après
la Saint-Michel, époques où se tiennent encore des foires pour
la vente des sabots. Les sabotiers sont ainsi assurés d'avoir
quelque argent pour boire à la santé de leur patron favori.

Les sabotiers figurent dans quelques récits populaires. On
raconte, dans le Morbihan, que le diable voulut apprendre
l'état ; mais il eut une dispute dès le premier jour avec son

maître. Celui-ci prétendait que le premier coup de harpon donné à la culée de l'arbre devait être gratuit, comme toujours. Le diable ne voulant pas travailler sans salaire, n'apprit pas le métier de sabotier.

Les contes représentent les sabotiers comme exerçant volontiers l'hospitalité. Lorsque le bon Dieu, saint Pierre et saint Jean voyageaient en Basse-Bretagne, ils vinrent demander asile pour la nuit dans une hutte de sabotier. Le sabotier et sa femme les reçurent de leur mieux et leur cédèrent même leur lit, qui n'était pas luxueux. Le lendemain, Notre-Seigneur dit à la femme qu'il priait Dieu de lui accorder qu'elle pût faire, durant toute la journée, la première chose qu'elle ferait après le départ. Quand ils eurent quitté la hutte, la sabotière se dit :

— J'ai là un peu de toile, pour faire des chemises à mes enfants, et comme le tailleur doit venir demain, je veux la passer à l'eau ce matin, puis la faire sécher, puisque le temps est beau. Quand la femme eut passé sa toile à l'eau, elle se mit à la tirer, mais elle avait beau tirer, il en restait toujours, et elle continua ainsi jusqu'au coucher du soleil. Il y en avait tant qu'il fallut plusieurs charrettes pour les transporter. Ils se firent marchands de toile et gagnèrent beaucoup d'argent.

Un conte de la Haute-Bretagne raconte que le roi Grand-Nez, qui allait souvent se promener, déguisé en homme du peuple, s'égara dans la forêt et fut bien aise à la nuit d'apercevoir une loge de sabotier ; il demanda l'hospitalité au sabotier, qui lui dit qu'il n'était pas riche, mais qu'il le recevrait de son mieux. Vous ne mangerez pas, dit-il, votre pain tout sec ; ce matin j'ai tué un lièvre et vous en aurez votre part. — Vous savez, dit son hôte, que la chasse est sévèrement défendue. — Oui, répondit le sabotier, mais je pense que vous ne me vendrez pas au roi Grand-Nez. Quelque temps après le roi le fit venir à la cour, et, pour le récompenser de l'avoir reçu de son mieux, il fit de lui un de ses premiers sujets. Dans un autre conte de la même région, une sirène enrichit un sabotier qui l'avait prise, et avait consenti par compassion à la remettre à l'eau.

Les sabotiers partagent, avec les bûcherons et les charbonniers, le privilège des familles nombreuses; mais les récits où ils figurent et ceux qu'ils racontent sont très optimistes, et il y a aussi toujours quelque petit Poucet qui réussit; comme eux ils ont parfois tant d'enfants qu'ils sont embarrassés pour trouver des parrains et des marraines dans le voisinage. Alors le père se met en route, un bâton à la main, à la recherche de quelque personne charitable qui veuille bien tenir le nouveau-né sur les fonts baptismaux. Cet épisode est surtout fréquent dans les récits des deux Bretagnes. Le sabotier rencontre sur sa route des gens étrangers au pays, quelquefois d'origine surnaturelle, qui sont venus tout exprès pour cela, souvent par bonté d'âme, quelquefois mus par un sentiment opposé. Une légende chrétienne de F.-M. Luzel présente même cette étrange particularité d'un enfant dont le diable, sous la forme d'un monsieur bien mis, s'offre d'être le parrain, alors que presque aussitôt après on trouve comme marraine une belle dame, qui n'est autre que la sainte Vierge. Le baptême a lieu et le diable, qui n'a manifesté aucune répugnance pour entrer à l'église, dit qu'il viendra chercher son filleul quand celui-ci aura atteint l'âge de douze ans, pour l'emmener en son château. Un récit de Haute-Bretagne raconte que le diable fut parrain du fils d'un sabotier, mais il n'entre pas à l'église, comme celui de la légende de Luzel; il attend sous le porche que la cérémonie soit accomplie : son filleul marchait seul au bout de trois jours, à quatorze mois il avait la taille d'un homme. Son parrain l'emmène à son château, et lui ordonne de bien soigner

deux chevaux et de battre une mule. Celle-ci lui révèle que
son parrain est le diable et lui conseille de fuir, en emportant
divers ustensiles ; il monte sur son dos, et, comme le diable
les poursuit, il jette son démêloir, et ils sont changés en une
église, avec un prêtre à l'autel ; puis, lors d'une autre pour-
suite, le peigne ayant été jeté, en un jardin et un jardinier.
Le garçon rencontre, ayant soif, un marchand de lait que le
diable avait mis là pour le perdre ; il résiste à la tentation et,
ayant franchi un étang au delà duquel le diable n'avait plus de
pouvoir, il revient à la butte de ses parents, et la mule servait
à porter des sabots.

Jean-le-Chanceux, héros d'un long récit berrichon, est
aussi le fils d'un sabotier ; il entre au service du diable,
apprend ses secrets dans des livres, et après toute une
suite d'aventures et de métamorphoses, il finit par devenir
riche et par épouser la fille du roi.

Marchande de balais, d'après une planche des *Cris de Paris* (fin du XVIII° siècle),
qui fait partie de la collection de M. l'abbé Pinet.

PAUL SÉBILLOT

LÉGENDES ET CURIOSITÉS
DES MÉTIERS

LES TONNELIERS

A Paris, les tonneliers étaient aussi nommés déchargeurs de vins, parce que, dit le *Traité de la police*, l'on ne se sert que d'eux en cette ville pour descendre le vin dans les caves, et que c'est un privilège qu'ils ont seuls, chacun étant persuadé qu'ils savent mieux conduire et gouverner les futailles qu'ils font, qu'aucune autre personne que l'on pourrait employer à cet ouvrage, qui est difficile et souvent périlleux (p. 24). Leurs statuts détaillés, et qui étaient fort anciens, furent confirmés à diverses reprises depuis 1398 jusqu'en 1637; ils ne contiennent rien qui intéresse l'histoire des mœurs.

En Bretagne, le métier était un de ceux que les lépreux pouvaient exercer; les tonneliers portent encore le nom de *cacous*, et ils passent, en certaines localités, pour descendre de cette race maudite. Au milieu de ce siècle, dans le Finistère, le peuple conservait pour eux, d'après M. de la Villemarqué, une sorte d'aversion et de mépris héréditaires. Il est probable que, depuis, les préventions dont ils étaient l'objet ont beaucoup diminué. En Haute-Bretagne je n'ai pas constaté la même répulsion, et je ne connais aucun dicton injurieux à leur égard. Il est vrai de dire que dans ce pays les tonneaux sont, la plupart du temps, fabriqués ou réparés par les menuisiers, artisans très estimés des gens de campagne.

Les proverbes français sur les tonneliers sont peu nom-

Tonnelier encavant, gravure de Merian (XVIIᵉ siècle).

breux : ils ne sont pas caractéristiques, et ne sont, à vrai dire, ni très satiriques ni très élogieux : souvent ils constituent une sorte de jeu de mots à double sens, comme celui qui figure dans la *Comédie des proverbes* : Je pense que tu es fils de tonnelier, tu as une belle avaloire.

Les trois qui suivent, populaires en Ukraine, montrent que dans ce pays ces artisans sont tenus en grande estime :

— O! tu es le tisserand, embrouilleur de fils, et moi, je suis la fille du tonnelier; nous ne sommes pas égaux. Va-t'en!...

— Toc, tak et piatak (monnaie de cinq kopeks). — Le tonnelier n'a
que frapper une ou deux fois avec son marteau pour gagner l'argent.

Tonneliers à l'ouvrage, d'après une gravure hollandaise (du du XVIIe siècle).

— Elle est belle comme une fille de tonnelier.

Il en est de même de ces deux proverbes gaéliques d'Écosse :

BOISIERS, SABOTIERS, TONNELIERS.

4

— *Greim cubair*. — La griffe du tonnelier, c'est une chose assurée.

— *Sid a bhuille aig an stadadh m'athair arsa nighean a' chubair*. — Celui qui joue ici. mon père l'arrètera, dit la lille du tonnelier.

A Bruges (Flandre occidentale), on donnait aux tonneliers le sobriquet de *sotte kuypers* (fous tonneliers), parce qu'ils tournent autour des objets qu'ils confectionnent. En raison du caractère bruyant de leur métier, on les a fait figurer parmi les gens importuns : l'en-tète du *Charivari*, en 1833, dont nous reproduisons une partie (p. 32), avait au centre un énorme tonneau, sur lequel des ouvriers frappent à grands coups de maillet pour faire entrer les cercles : le bruit qu'ils font en se livrant à cette opération se combine avec celui d'orgues de Barbarie, de brimbales de pompes. d'une batterie de tambours et de divers instruments grinçants. Dans le même journal (1834). Louis-Philippe et un juge essaient de renfoncer la bonde d'un tonneau ; au-dessus est cette légende : « Frappez, frappez la bonde ! les idées fermentent : elles feront explosion tôt ou tard. » Ce sont les deux seules caricatures sur les tonneliers que j'aie relevées ; quant aux tonneaux, on les voit figurer dans un grand nombre d'images comiques, surtout dans celles qui sont en relation avec les auberges et les buveurs. Les *Illustres proverbes* de Lagniet en montrent à eux seuls au moins une douzaine.

Au XVI° siècle, pour être reçu maître tonnelier, il fallait faire son chef-d'œuvre ; c'était un cuvier, et le nouveau maître donnait aux confrères un grand pain et un lot de vin.

Bien qu'ayant à vivre dans un milieu qui semblerait devoir provoquer et presque justifier certains excès, la corporation des tonneliers se fait remarquer, en général, par un niveau très honorable de sobriété. D'après un article de la *Mosaïque*, les exemples d'intempérance ne se rencontrent guère que parmi les *gerbeurs*, hommes de peine recrutés un peu partout, qui servent d'auxiliaires aux tonneliers, soit pour le roulage ou l'empilement de tonneaux, soit pour le rinçage ou soutirage.

Tout tonnelier, quel que soit son rang, a droit d'abord au vin qu'il consomme à discrétion sur place pour les repas ou collations que, pendant la journée, il fait dans l'intérieur des magasins, repas dont les aliments sont à ses frais, mais qu'il a intérêt à ne pas aller prendre au dehors, puisque la *boîte*, ou baril, est pleine d'un mélange réconfortant. Chaque jour, en outre, il reçoit pour ses besoins personnels du dehors, ou pour en disposer comme bon lui semble, un litre de vin pris au même baril.

Il existait autrefois, parmi les tonneliers d'Auxerre, un genre d'exercice qui s'exécutait avec des cercles ; Moiset dit que ce jeu est depuis si longtemps abandonné, qu'on ne saurait le décrire. On voit seulement, dans un programme tracé pour la réception de Louis XIV à Auxerre, en 1654, que « les tonneliers de la ville seront mandés pour les avertir de se mettre en habits blancs aux gallons de plusieurs couleurs pour aller au-devant de Leurs Majestés jusques à la chapelle de Saint-Siméon, avec fifres et tambours, pour divertir leurs dites Majestés par les tours de souplesse qu'ils ont accoutumé de faire avec leurs cercles peints de diverses couleurs. »

Les tonneliers, tout au moins dans la Gironde, figuraient parmi les artisans qui, en raison de leur métier, pratiquaient une sorte de médecine particulière ; ceux qui ont exercé l'état depuis trois générations ont le don de guérir, en le palpant, le *fourcat*, grosseur qui vient entre les orteils ; ils ont aussi le privilège de guérir le jable, maladie assez indéterminée, par une assimilation entre ce nom et le jable des tonneaux.

> Ar barazer a oar dre c'houez
> Hag hen a voz tra vod er pez.

— Le tonnelier sait à l'odeur — S'il y a bonne chose en la pièce. (Basse-Bretagne.)

Dans les *Farces tabariniques*, Tabarin dit à son maître que « les meilleurs médecins et qui connaissent mieux les maladies sont les tonneliers. Quand un tonnelier va visiter une pièce de vin, il ne demande pas : Est-il blanc? est-il clairet? sent-il mauvais? a-t-il les serceaux rompus? L'on ne cognoist jamais les maladies que par l'intérieur. Il y regarde, luy mesme et pour ce faire, il ouvre le bondon qui est au-dessus de la pièce et y met le nez; puis, des deux mains, à chaque costé du fond il donne un grand coup de poing. La vapeur alors s'exhale et sort par la partie supérieure, et ainsi il cognoist si le vin est bon ou non. »

Les *Contes* d'Arlotto contiennent une autre facétie à leur sujet : « On disputoit un jour, en bonne compagnie, lequel de tous les artisans estoit ou le meilleur ou le plus meschant; qui disoit un tel, qui disoit un autre. Le curé (Arlotto) conclud que les plus meschants estoient les tonneliers et faiseurs de cercles, parce que d'une chose toute droite ils en faisoient une tortue ».

Autrefois, il y avait dans les villes des tonneliers ambulants; ils n'étaient pas comme ceux que l'on entend crier à Paris : « Avez-vous des tonneaux, tonneaux, tonneaux! » ou « Chand d'tonneaux! Avez-vous des tonneaux à vendre! » et qui sont surtout des acheteurs de barriques vides, bien qu'ils sachent aussi remettre les cercles et faire quelques menues réparations. Ces petits industriels, qui gagnent assez bien leur vie, sont environ deux cents à Paris; ils parcourent pendant la semaine tous les quartiers de la ville, en s'annonçant par un cri, et chargent sur des charrettes les tonneaux que leur ont vendus les particuliers; une fois chez eux, ils rajustent leurs cercles, puis, le dimanche matin, ils les revendent aux marchands de futailles en gros.

Ceux de jadis offraient au public des tonnes, des barils ou des baquets, et se chargeaient de réparer ceux auxquels manquaient des cercles ou de nettoyer ceux qui avaient mauvais goût ou dans lesquels on avait laissé séjourner la lie.

Actuellement, à Paris, on donne le nom de tonneliers à des

Le Tonnelier, d'après Bouchardon (XVIIIe siècle).

gens dont le métier consiste surtout à soutirer le vin, à le mettre en bouteille et à le cacheter. Leur boutique est signalée par un broc suspendu au-dessus de la devanture; quelquefois on voit en haut un petit tonneau, un seau et un broc.

Voici, dans les cris du XVIIe siècle, le quatrain qui concerne les tonneliers ambulants :

> Tinettes, tinettes, tinettes !
> A beaucoup de gens sont propices,
> Et si font beaucoup de services,
> Regardez : elles sont bien nettes.

A Londres, au siècle dernier, le cri était :

— *Any work for the Cooper!* — Avez-vous de l'ouvrage pour le tonnelier ?

L'épigramme des *Cris de Londres* fait en ces termes l'éloge d'un tonnelier populaire : Aucun tonnelier, qui parcourt les rues, ne peut être comparé à William Farrell, pour le raccommodage soigné d'un baquet ou la façon dont il remet le cercle à un baril. Quand on enlève la bonde, si l'on donne un coup au tonneau, je vous engage à prendre le vieux Farrell, de préférence à tout autre tonnelier. Car, quoiqu'il ait toujours aimé le liquide et ne peut s'empêcher d'y goûter, il est sensible à cette bonne maxime : le péché consiste à abuser.

La fabrication des cuviers rentrait dans les attributions des tonneliers, comme cela a encore lieu à la campagne, et c'étaient eux aussi, suivant toute vraisemblance, qui faisaient les couvercles à lessives. Cette dernière industrie semble, d'après les *Cris de Paris* de la fin du XVIe siècle, avoir été exercée par des artisans de la campagne, qui venaient les débiter à la ville :

> Après toutes les matinées,
> Vous orrez ces villageois,
> Qui vont pour couvrir les bues,
> Criant : « Couvertouez! couvertouez! »

Le rôle des tonneliers, dans les traditions populaires de France, est très restreint.

En Gascogne et dans le Quercy, on chante la chanson du *Tonnelier de Libos*, les deux versions sont incomplètes :

> *Din lou bourg de Libos*
> *Y a 'n tsentil barricayré.*

L'Annèto de Trentel
Cado tsour lou ba béré.

— Antouèno, mon ami,
Maridén nous ensemblé.

— Annèto de Trentel,
Attenden à dimentsé.

— A dimentsé, à douma,
You souy lasso d'attendré !

Dans le bourg de Libos, — Il y a un gentil tonnelier. — L'Annette de Trentels, — Chaque jour va le voir. — Antoine, mon ami, — Marions-nous ensemble. — Annette de Trentels. — Attendons à dimanche. — A dimanche. à demain. — Moi, je lasse d'attendre !

Tonneliers à l'ouvrage, d'après Jost Amman (XVI⁰ siècle).

SOURCES

BOISIERS ET SABOTIERS. — E. Souvestre, *Derniers paysans*, 257, 277. — Communication de M. P.-M. Lavenot (Morbihan). — Lecœur, *Esquisses du Bocage normand*, 1, 57. — Paul Sébillot, *Blason populaire des Côtes-du-Nord*, 23. — *Revue des traditions populaires*, I, 56; IV, 229; VI, 170; VIII, 329, 449; X, 476. — *Magasin pittoresque*, 1861, 392. — Chapelot, *Contes balzatois*, I; 53. — Communication de M. L. Morin. — *Paris ridicule et burlesque*, 306. — Kastner, *Les Voix de Paris*, 38. — L.-F. Sauvé, *Lavarou Koz*. — Dejardin, *Dictionnaire des spots*. — Leroux, *Dictionnaire comique*. — F.-M. Luzel, *Légendes chrétiennes de la Basse-Bretagne*, I, 10. — Paul Sébillot, *Contes de la Haute-Bretagne*, II, 16, 149; *Contributions à l'étude des contes*, 43. — Laisnel de la Salle, *Croyances du Centre*, I, 139.

LES TONNELIERS. — De Lamare, *Traité de la police*, IV, 664. — H. de la Villemarqué, *Barzaz-Breiz*, 454. — Communication de M. T. Volkov (Ukraine). — *Revue des Traditions populaires*, X, 30, 158. — Monteil, *L'Industrie française*, I, 237. — *La Mosaïque*, 1874, 166. — C. Moiset, *Croyances de l'Yonne*, 108. — F. Daleau, *Superstitions de la Gironde*, 38. — L.-F. Sauvé, *Lavarou Koz*. — Tabarin, *Œuvres* (éd. Jannet), I, 28. — Arlotto, *Facéties* (éd. Ristelhuber), 51. — A. Coffignon, *L'Estomac de Paris*, 314. — *Paris ridicule*, 304. — A. Certeux, *Cris de Londres*, 110. — Kastner, *Les Voix de Paris*, 38. — J.-F. Bladé, *Poésies populaires de la Gascogne*, II, 148.

Les Tonneliers, fragment du frontispice du *Charivari* (1833).

PAUL SÉBILLOT

LÉGENDES ET CURIOSITÉS
DES MÉTIERS

LES CHARRONS

Ces artisans, du moins ceux qui sont en contact direct avec le peuple, sont assez peu nombreux, et il est assez rare que l'on parle d'eux. Il est vraisemblable qu'ils sont à peu près partout, comme en Bretagne, au rang des ouvriers dont le métier est le plus estimé; on les place sur la même ligne que les menuisiers, au-dessus des charpentiers. En Angleterre, on dit : *A bad wheelwright makes a good carpenter;* un mauvais charron fait un bon charpentier; dans le Suffolk, le proverbe est encore plus énergique : *A wheelwright dog is a carpenter's uncle;* un chien de charron est l'oncle du charpentier.

La chanson gasconne des bruits de métiers, qui formule un reproche à l'égard de presque tous, épargne le charron, et le montre attentif à son ouvrage :

> *Quant lou charroun hè l'arrodo*
> *Tico tac, dab la hocholo,*

De l'arrai au boutoun
Espio se lou tour es boun.

Quand le charron fait la roue, — Tic tac, avec l'herminette, — Du rayon
au bouton — Il regarde si le tour est bon.

Dans le Maine, il y avait une sorte de charron qui, lorsqu'il
n'avait pas de charrettes à construire, allait travailler dans les
fermes et était payé à la journée. Il rendait aux paysans de
grands services, car il remplaçait, à lui seul, le charpentier, le
menuisier et même le couvreur; aussi était-il le bien venu, et
on le chargeait de toutes les menues réparations que demandaient les charrettes et les maisons.

Les charrons ne jouent pas de rôle spécial dans le compagnonnage : ils y ont d'ailleurs été admis assez tard. Les forgerons les reçurent en 1706, à condition qu'ils s'inclineraient
devant leurs aînés, et qu'ils attacheraient les couleurs à la
dernière boutonnière de l'habit. Les charrons promirent tout
ce qu'on voulut; mais à peine reçus compagnons, ils s'éman-
cipèrent et voulurent nouer leurs rubans aussi haut que leurs
pères. C'est de là que sont venues les haines et les querelles
entre ces deux corps d'état.

M. Ch. Guillon a recueilli, dans l'Ain, une chanson de compagnonnage, dont le héros est un charron :

C'est un compagnon charron,
Roulant de ville en ville.
Il a fait une maîtresse,
Là-bas dans ce quartier.
Oh! depuis sa boutique,
Oh! il l'entend chanter.

Tous les soirs il la va voir,
En lui disant : — La belle,
En voudrais-tu, ma chère,
Un compagnon charron?
Mon métier pi le vôtre,
Belle, s'y conviendront.

— Et moi, jeune galant,
Je le vas dire à mon père.
La fille dit à son père :
— Père, mariez-moi
Avec un charron bien drôle,
Compagnon du Devoir.

— Tu veux te marier :
Tu es-t-encore bien jeune.
Il faut faire tes promesses
Jusqu'au bout de la saison,
Pour apprendre à connaître
Le métier de charron.

Le métier de charron,
C'est un métier bien drôle,
En faisant des voitures,
En coulant l'herminette,
Les pieds sur le sentier (chantier).

Les charrons de Rouen avaient pour patronne sainte Catherine, dont l'emblème est une roue, et ils célébraient leur fête à l'église Saint-Ouen. Leur chef-d'œuvre de réception à la maîtrise consistait dans l'ajustage d'une roue ou le montage d'une voiture.

Dans certaines processions ils promenaient, comme les charpentiers, une sorte de chef-d'œuvre. Lors des fêtes qui eurent lieu à Strasbourg, au moment de l'inauguration de la statue de Gutenberg, et où les divers métiers défilèrent, on fit paraître toute une suite de lithographies coloriées; dans celle des charrons, on les voit portant sur leurs épaules un chariot.

Le rôle de ces artisans dans les récits populaires est des plus restreint, et n'est pas en rapport bien direct avec le métier. Un charron de la Gascogne, dont le père était malade et ne pouvait être guéri que s'il mangeait la queue d'un curé-loup, est changé par le devin en loup, et aide ses compagnons à voler des veaux et des brebis; le jour saint Sylvestre, a lieu la messe dite par le curé-loup; le charron accepte de lui servir de clerc; au dernier évangile, il ne reste plus que le curé-loup et son clerc. Celui-ci dit qu'il allait lui aider à se deshabiller; d'un grand coup de gueule il lui coupa la queue, le loup partit en hurlant, et le charron se trouva transporté dans la maison du devin.

Le *Moyen de parvenir* fait d'un charron le héros d'une petite anecdote assez plaisante : Un bonhomme de Vannes qui était charron, s'était confessé, le curé lui dit : « Dites votre *Confitror?* — Je ne le sais pas. — Dites votre *Ave.* — Je ne le sais pas. — Que sais-tu donc? — Je sais faire de belles civières rouleresses; je vous en en ferai une quand il vous plaira et à bon marché. »

Charron, d'après Jost Amman (XVIᵉ siècle).

PAUL SÉBILLOT

LÉGENDES ET CURIOSITÉS

DES MÉTIERS

LES TOURNEURS

Le P. Plumier, religieux minime, qui écrivit, au commencement du XVIIIᵉ siècle, un gros volume sur l'*Art de tourner*, accompagné de nombreuses planches techniques, faisait remonter ce métier jusqu'à l'antiquité la plus reculée ; il pensait même qu'il était antérieur au déluge. Tubalcaïn, dit-il, n'aurait pu fabriquer et arrondir tant de tuyaux qui lui ont été nécessaires, s'il n'avait trouvé dans l'art du tour cette forme ronde que demandent la plupart des parties qui entrent dans les instruments de musique. Plus loin il cite d'autres passages bibliques, entre autres celui où l'épouse, d'après le *Cantique des cantiques*, a les bras ronds comme s'ils avaient été faits au tour.

Il est regrettable que la curiosité de cet auteur ne l'ait pas porté, après avoir établi l'ancienneté du métier, à jeter un regard autour de lui, et à étudier les mœurs et les préjugés des artisans dont il a décrit les procédés avec tant de détails.

Les autres écrivains qui ont traité ce même sujet ne s'en sont pas plus préoccupés que lui, pas même Charles Lebois, avocat, qui composa un poème en quatre chants, l'*Art du tour* (Paris, 1819), dont nous reproduisons le frontispice (p. 32).

Les recherches assez nombreuses que j'ai faites ne m'ont donné qu'un petit nombre de traits qui se rattachent aux mœurs et aux coutumes du métier. Un proverbe anglais constate qu'il est difficile et n'est bien exercé que par peu de gens : *All are not turners that are dish throwers.* Tous ceux qui tournent des plats ne sont pas de vrais tourneurs.

Au XVII° siècle, d'après Monteil, la mode était de tourner une partie de la menuiserie ; à Péronne on avait écrit sur toutes les portes de la ville que le nombre des ouvriers était suffisant. Lorsqu'il venait un jeune tourneur avec l'intention de s'y établir, un des tourneurs se rendait à son hôtellerie, le régalait et lui donnait un écu pour sa passade, puis, comme délégué des autres tourneurs, il l'emmenait à la porte de la ville, et, devant l'inscription, lui montrait un gros bâton de buis, court et noueux, caché sous son habit. L'ouvrier étranger comprenait tout de suite le sens de l'inscription et se hâtait de s'éloigner.

Les tourneurs avaient été admis au nombre des Enfants de maître Jacques par les menuisiers, en 1700 ; mais, contrairement à ce qui se pratiquait chez leurs parrains, ils hurlaient dans leurs cérémonies.

Ils jouent dans les contes populaires un côté assez restreint. Un récit portugais, dont certains épisodes rappellent la *Belle et la Bête* et la *Barbe-Bleue*, met en scène un tourneur qui avait l'habitude d'aller dans une forêt, à quelque distance de sa maison, pour y couper le bois nécessaire à la confection de ses cuillers et autres ustensiles. Un jour qu'il était en train de scier un vénérable châtaignier, il remarqua un grand trou qui se trouvait dans l'arbre, et ayant eu la curiosité de s'y introduire pour savoir ce qui était dedans, il vit aussitôt, paraître un Maure enchanté, qui lui dit d'une voix terrible : « Puisque tu as osé pénétrer dans mon palais, je t'ordonne de m'amener la première créature que tu rencontreras en arrivant à ta maison, sinon tu mourras sous trois jours. » Lorsque le tourneur rentrait chez lui, c'était habituellement un petit chien qui venait à sa rencontre. Ce jour-là ce fut sa fille aînée qui se présenta devant lui. Elle consentit à aller chez le Maure, qui lui remit toutes les clés de son palais enchanté, et lui passa au cou une jolie chaîne d'or à laquelle pendait une clef. Celle-ci ouvrait une chambre, où il lui défendit de pénétrer sous peine de mort. La jeune fille ne put s'empêcher d'aller visiter la chambre interdite; elle y vit des cadavres décapités, et quand le Maure fut de retour, ayant remarqué sur la chaîne une petite tache de sang, il coupa la tête de la jeune fille et laissa son corps parmi les autres.

Peu de jours après, le tourneur revint à l'arbre pour avoir des nouvelles de sa fille. Le Maure lui répondit qu'elle se portait bien, mais qu'elle demandait une compagne. La seconde sœur vint au palais du Maure et il lui arriva la même aventure qu'à l'aînée.

Le Maure ordonna au tourneur d'amener sa troisième fille, et, à son arrivée au palais il lui donna les mêmes instructions qu'à ses sœurs. Elle pénétra aussi dans la chambre où étaient les cadavres; mais, malgré l'horreur qu'elle ressentit, elle eut assez de courage pour y rester et l'examiner en détail, et, voyant que le corps de ses sœurs était encore chaud, elle eut le désir de les rendre à la vie. Il y avait dans la chambre des pots de terre pleins de sang, et sur deux d'entr'eux étaient écrits le nom de ses sœurs; avec ce sang elle recolla leurs têtes; quand elle vit qu'elles tenaient bien, elle essuya le sang,

et elles revinrent à la vie. Elle leur dit de rester silencieuses,
et elles lui recommandèrent de bien nettoyer la clef, afin que
le Maure ne s'aperçût de rien.

A son retour celui-ci n'eut aucun soupçon et crut qu'elle
était une épouse obéissante; il se mit à l'aimer et à faire toutes
ses volontés. Un jour elle lui demanda de porter un baril de
sucre à son père qui était très pauvre. Elle y mit l'une de ses

Tourneur au XVI° siècle, d'après Jost Amman.

sœurs, et elle dit au Maure qu'elle se tiendrait en haut de la
tour de guette pour le voir mieux, et elle recommanda à sa
sœur qui était dans le baril de dire de temps en temps : « Je te
vois, mon chéri, je te vois. » Peu de jours après elle pria le
Maure de porter un second baril, et elle eut le même succès.

Il ne restait plus qu'elle dans le palais enchanté. Elle fit un
mannequin de paille, qu'elle habilla comme elle était d'habitude, et le plaça en haut de la tour, puis elle demanda au Maure
de porter chez son père un troisième baril, dans lequel elle se
cacha, et elle répétait les mêmes mots que ses sœurs.

Quand le Maure revint, il monta sur la tour pour embrasser la jeune fille, mais il fit un faux pas et tomba dans les fossés du château, presque mort. Aussitôt le vénérable châtaignier et le palais disparurent.

Dans un conte allemand de Grimm, trois fils d'un tailleur

Au, mestier, que, Je, fais, Je, Vais, tout, rondemens.
et, Je, ne, Cherche, point, aucun, autre, mistere.
mais, Je, Voy, bien, quil, faut, proceder, autrement
si, Je, ne, Veux, toujours, Vivre, dans, la, misere

Il y a plusieurs épreuves de cette image de Lagniet; sur l'une d'elles est écrit, au-dessus du tourneur : « Il faut aller rondement en besogne ». Sur le haut du vitrage : « Il n'y a si petit métier, quand on veut travailler, qui ne nourrisse son maître ». Sur les vitres du bas : « L'homme pauvre personne ne l'attaque, il est abandonné d'un chacun ».

vont apprendre un métier différent; leurs maîtres, contents de leurs services, leur font cadeau d'objets merveilleux. Les aînés se les laissent dérober par un aubergiste astucieux. Le troisième s'était mis en apprentissage chez un tourneur, et comme le métier est difficile, il y resta plus longtemps que les deux autres. Ils lui mandèrent par une lettre que l'aubergiste leur avait volé les objets magiques dont ils étaient possesseurs. Quand il eut fini son apprentissage et que le temps de voyager fut venu, son maître, pour le récompenser de sa bonne conduite, lui donna un sac dans lequel était un gros bâton. Ce bâton avait la vertu, dès qu'on disait : « Bâton, hors de mon sac », de battre les gens jusqu'à ce qu'on lui eût ordonné de rentrer. Le jeune homme arriva le soir chez l'aubergiste et lui dit, en causant, qu'il avait vu bien des objets merveilleux, mais qu'aucun d'eux ne valait ce qu'il portait dans son sac. Lorsqu'on se coucha, le jeune homme s'étendit sur un banc et mit son sac sous sa tête en guise d'oreiller. Quand l'aubergiste le crut bien endormi, il s'approcha de lui tout doucement et se mit à tirer légèrement sur le sac pour essayer s'il pourrait l'enlever et en mettre un autre à sa place, mais le tourneur, qui faisait seulement mine de dormir, le guettait et il s'écria : « Bâton, hors de mon sac », et aussitôt le bâton se mit à sauter au dos du fripon et à rabattre comme il faut les contours de son habit. Le malheureux demandait pardon et miséricorde; mais plus il criait, plus le bâton lui daubait les épaules, si bien qu'enfin épuisé, il tomba par terre. Alors le tourneur lui dit : « Si tu ne rends à l'instant ce que tu as volé à mes frères, la danse va recommencer. — Fais rentrer ce diable dans le sac, dit l'hôte d'une voix faible, et je restituerai tout ». C'est ainsi que le tourneur rentra en possession de la table et de l'âne merveilleux qui avaient été dérobés à ses frères.

PAUL SÉBILLOT

LÉGENDES ET CURIOSITÉS

DES MÉTIERS

LES PEINTRES, VITRIERS ET DOREURS

En argot, le peintre en bâtiment est appelé « balayeur »,
par allusion au pinceau à long manche, dont se servent surtout les badigeonneurs, et qui porte le nom de balai. Les
ouvriers qui travaillent dans les petites boutiques de peintres-
vitriers, dites « petites boîtes », ont reçu des compagnons
engagés par les entrepreneurs le surnom de *cambrousiers*, qui
ne fait pas l'éloge de leur habileté, puisque, dans le langage
argotique, cambrousier est synonyme de campagnard, c'est-
à-dire de maladroit.

Les peintres ont de tout temps eu la réputation d'aimer la
bouteille; les anciennes estampes les font figurer parmi les
adeptes les plus fervents de saint Lundi. Dans l'image d'Épinal
(1855) « Toujours soif », un peintre badigeonneur récite ce
couplet :

> Pour qui se targue de sagesse
> Doit savoir mépriser les biens :

> A nous, notre seule richesse,
> C'est de vivre en épicuriens,
> En aimables et francs vauriens.
> Des thésauriseurs le système
> J'en conviens ici m'irait mal;
> Ils font de la vie un Carême.
> Pour moi, c'est toujours Carnaval.

Ceux que dépeignaient ces vers de mirliton n'étaient guère disposés à suivre le sage conseil que Charles Poncy leur donnait dans le refrain de sa chanson du *Peintre en bâtiment* :

> Barbouilleurs
> De couleurs
> Fêtons nos dimanches;
> Mais, gais travailleurs,
> Le lundi retroussons nos manches.
> Barbouilleurs
> De couleurs
> Fêtons nos dimanches.
> C'est bien le moins qu'à table assis
> On trinque un jour sur six.

L'image allégorique « Crédit est mort » était populaire dès la première moitié du XVIIe siècle; le peintre ne figure pas dans l'estampe de Lagniet, mais on le voit, sur les placards d'Épinal, mettre à mort cet illustre personnage, en compagnie du musicien et du maître d'armes; au-dessous est cette inscription :

> O peintre, artiste de génie,
> Que son art pouvait enrichir,
> Indolemment passe sa vie
> A boire, à manger, à dormir.
> Il jure contre la fortune,
> Il se plaint partout du sort,
> Mais ce qui surtout l'importune
> C'est que maître Crédit est mort.

En dépit de cette emphatique allusion au génie, il ne s'agit pas ici des artistes peintres, dont la condition, assez misérable jadis, a longtemps inspiré l'ancienne caricature, mais d'un

Peintre en bâtiment italien, d'après Mitelli (1680).

Au-dessous est une inscription, qui indique que ce métier ne fatigue pas l'intelligence, parce qu'il consiste à étendre des couches de blanc.

peintre d'enseignes; l'imagier d'Épinal a en effet copié le décorateur au port ambitieux, que représente la lithographie de Carle Vernet, dont nous parlons plus loin. C'est bien à lui que s'applique l'inscription à double sens d'une de ces estampes : « Rouge ou blanc m'est égal ».

Au commencement du siècle dernier, un personnage de la comédie de Lesage, les *Trois Commères*, formulait cet aphorisme : Un peintre qui loge dans un cabaret est là comme un poisson dans l'eau. Plus récemment, on a dit : Il n'a que des cabarets en tête, des idées de peintre.

Chez les peintres, de même que dans la plupart des métiers où les ouvriers sont réunis en chantiers ou en ateliers, il y a d'assez nombreuses circonstances qui, d'après la coutume, sont le prétexte de libations plus ou moins copieuses.

Lorsque, après trois ans d'apprentissage, l'*arpète* ou apprenti devient compagnon, on « arrose sa première blouse », et il paye à boire à ses camarades d'atelier. Il est aussi d'usage « d'arroser les galons » du compagnon qui passe caporal, c'est-à-dire chef d'une équipe. Quand il devient maître compagnon, et est alors chargé de la surveillance générale des chantiers de la maison, il doit aussi régaler les ouvriers. Autrefois, quand un compagnon entrait dans une nouvelle maison, il devait payer sa bienvenue. Cet usage tend à disparaître.

Certaines maladresses donnent lieu à des amendes, qui sont dépensées chez le marchand de vin : lorsqu'un ouvrier laisse tomber quelque outil du haut de son échelle, un de ses camarades se hâte de le ramasser, et celui auquel il le rend sait qu'il devra verser quelque chose. L'amende est aussi appliquée à celui qui, peignant une porte, par exemple, manque de touche ou, par oubli, a laissé une partie sans lui donner une couche. Quand un étranger a l'imprudence de manier un outil, de prendre une brosse et d'essayer de peindre, les ouvriers lui

disent qu'en pareil cas l'usage est de leur payer une bouteille
de vin ou une tournée.

Lorsque les peintres en bâtiment ont soif, et qu'ils vont se
désaltérer chez le marchand de vin, ils disent qu'ils vont
« faire un raccord » ; le raccord est de règle à trois heures;
c'est à ce moment que les ouvriers prennent leur repos de
l'après-midi.

A Marseille, on dit proverbialement « Peintre, pingre! »
L'ancien proverbe : « Gueux comme un peintre », qui s'était
d'abord appliqué aux artistes, était, dit le *Dictionnaire comique*,
devenu faux en ces derniers jours, où la peinture a été cul-
tivée et anoblie. Mais il était, à la fin du siècle dernier, d'un
usage courant en parlant des peintres en bâtiment.

A côté de détails curieux et pris sur le vif, le livre des
Industriels, que La Bédollière publia en 1842, renferme un
certain nombre de passages où, pour être pittoresque, l'auteur
sacrifie parfois l'exactitude, et semble appliquer à tout un
corps d'état ce qui n'est le fait que de quelques individus.
Il trace des peintres d'alors un portrait qui n'est pas flatté :
Ils commettent, dit-il, des ravages dans la cave et dans la cuisine, de complicité avec les femmes de chambre, auxquelles
ils font une cour assidue et intéressée. Amis du plaisir et de
l'oisiveté, ils s'arrangeaient toujours pour travailler le plus
lentement possible, aller faire de temps en temps des stations
au café, jouer au billard et fumer avec une nonchalance asia-
tique. C'est en l'absence de tout surveillant masculin que les
ouvriers peintres s'abandonnent le plus scandaleusement à une
douce fainéantise, et, non contents d'obtenir des rafraîchisse-
ments par l'entremise de la bonne, ils tendent des pièges à la
maîtresse elle-même.

— Quelle insupportable odeur de peinture! s'écrie celle-ci. N'y aurait-il
pas moyen de la dissiper?

— Si fait, madame, rien n'est plus facile, répond le premier ouvrier.
Quand l'air de votre chambre est vicié, comment vous y prenez-vous?

— Ordinairement je fais brûler du sucre sur une pelle.

— C'est parfait, madame, mais cela ne suffit pas. Pour chasser le mauvais air et faire sécher en même temps la couleur, nous employons un procédé fort simple et très économique : nous prenons un litre d'eau-de-vie de
bonne qualité, nous y mêlons du sucre, un peu de citron, et nous mettons
chauffer le tout sur un fourneau au milieu de la pièce, qu'on a soin de bien
fermer; il se dégage des vapeurs alcooliques, qui ont je ne sais quel mordant, quelle force dessiccative, et, en moins de rien, les parfums les plus
agréables succèdent à l'odeur de la peinture.

Si la bourgeoise se rend à la justesse de ce raisonnement,
les travailleurs se groupent autour d'un bol de punch, ferment
hermétiquement les portes et se réchauffent l'estomac aux
dépens d'une trop confiante hôtesse.

Voici un autre exemple du mordant des vapeurs alcooliques :
Un ouvrier peintre donne à entendre qu'il est indispensable de
nettoyer les glaces, et demande, pour ce faire, un grand verre
d'eau-de-vie. Il le boit lentement, ternit par intervalles, de son
haleine, la surface du miroir, qu'il essuie avec un torchon.

Ces facétieuses pratiques sont encore quelquefois employées
par les ouvriers peu scrupuleux et farceurs; elles les exposent
à être remerciés par le patron. Parfois les colleurs de papier,
s'ils voient qu'ils ont affaire à un naïf, lui disent qu'en mélan-
geant de l'absinthe à la colle, on met l'appartement à l'abri
des punaises. Le liquide obtenu par ce moyen est, bien
entendu, absorbé par les colleurs.

Il est vraisemblable que les divers ouvriers appartenant à
cette catégorie du bâtiment ont, comme les autres, quelques
superstitions ou observances particulières. On les a peu relevées jusqu'ici, et l'enquête que j'ai faite à Paris a été infruc-
tueuse. On n'y connaît même pas la superstition des peintres
de la Gironde qui, lorsque leur couteau se pique en tombant
à terre, se croient assurés d'avoir prochainement de l'ouvrage.

On comprend en général, parmi les peintres en bâtiment,

Le poète Pope nettoyant une façade (caricature anglaise).

les badigeonneurs, bien qu'ils s'en distinguent pourtant par certains côtés : ils ne font pas comme eux un apprentissage

de trois ans, parce que le métier est moins difficile et moins
varié, et qu'il ne demande pas autant de goût pour composer
et varier les couleurs. Ils ne peignent pas à l'huile et ne travaillent guère qu'à l'extérieur des maisons. Ce sont eux que
l'on voit assis sur une sorte de sellette attachée à une corde à
nœuds, et qu'ils peuvent faire glisser le long de cette corde.
Ils nettoient les façades, puis à l'aide d'un large pinceau,
emmanché parfois au bout d'un bâton, ils les revêtent d'une
couche de chaux ou de peinture à la colle.

Quelquefois ils sont perchés sur des échafaudages, et soit
qu'ils nettoient à grande eau, soit qu'ils enduisent en plon-
geant leur pinceau dans une sorte de bidon rempli de couleur,
il en résulte, pour les promeneurs qui passent trop près d'eux,
des inconvénients analogues à ceux que montre l'estampe
anglaise de la page 17, qui est une allusion satirique à l'*Essai
sur le goût*, du poète Pope, et à la façon dont il traitait certains de ses contemporains.

Une lithographie du *Charivari*, de 1834, représentait Louis-
Philippe assis sur une sellette soutenue par une corde à nœuds,
et badigeonnant, avec un pinceau à long manche, un mur sur
lequel est écrit en grosses lettres *Charte*.

*
* *

En argot, on appelle les décorateurs *gaudineurs*, du vieux
mot *gaudinier*, s'amuser; la gaieté des peintres en bâtiment
est proverbiale.

Dans *Germinie Lacerteux*, les frères de Goncourt ont tracé
un amusant portrait d'un peintre décorateur, moitié artiste,
moitié ouvrier : « Gautruche avait la gaieté de son état, la
bonne humeur et l'entrain de ce métier libre et sans fatigue,

en plein air, à mi-ciel, qui se distrait en chantant et perche
sur une échelle au-dessus des passants la blague d'un ouvrier.
Peintre en bâtiment, il faisait la lettre, il était le seul, l'unique
homme à Paris qui attaquât l'enseigne sans mesure à la ficelle,
sans esquisse au blanc, le seul qui, du premier coup, mit à sa
place chacune des lettres dans le cadre d'une affiche, et, sans
perdre une minute à les ranger, filât la majuscule à main
levée. Il avait encore la renommée pour les lettres *monstres*,
les lettres de caprice, les lettres ombrées repiquées en ton de
bronze ou d'or, en imitation de creux dans la pierre. Aussi
faisait-il des journées de quinze à vingt francs. Mais comme il
buvait tout, il n'en était pas plus riche, et il avait toujours
des ardoises arriérées chez les marchands de vin.

« Il possédait une *platine* inépuisable, imperturbable ; sa
parole abondait et jaillissait en mots trouvés, en images
cocasses, en ces métaphores qui sortent du génie comique
des foules. Il avait le pittoresque naturel de la farce en plein
vent. Il était tout débordant d'histoires réjouissantes et de
bouffonneries, riche du plus riche répertoire des scies de la
peinture en bâtiment. Membre de ces bas caveaux qu'on
appelle des *lices*, il connaissait tous les airs, toutes les chansons et les chantait sans se lasser. »

Les auteurs des enseignes les plus réussies auraient pu
s'exprimer à l'égard de leur œuvre comme la légende humoristique mise par Gavarni au-dessous d'un échafaudage sur
lequel est juché un décorateur : « L'huile est toujours de
l'huile, mais il y a enseigne et enseigne ! Pour des Singe vert,
des Tête noire, des Boule rouge, on peut faire poser les bourgeois, mais pour des Bonne Foi, c'est plus ça. »

Lorsque les peintres en bâtiment parlent des décorateurs,
ils disent que ce sont des artistes, et ils les considèrent,
non sans raison, comme formant une sorte d'anneau inter-

médiaire entre eux et ceux qui peignent les tableaux destinés aux salons.

Mais il en est parmi eux qui « posent à l'artiste » et exagèrent les manières excentriques de ceux qu'ils se sont proposés comme modèles, en vue « d'épater les bourgeois ». La caricature s'est parfois égayée de leurs façons ridicules. Une lithographie coloriée de Carle Vernet a pour titre : « la Dernière touche » et représente un décorateur qui vient de peindre sur un volet un poulet, tout plumé, suspendu par les pattes avec des rubans de couleur à un clou trompe-l'œil. Ce poulet est destiné à servir d'enseigne à une auberge ; son travail achevé, l'artiste, sanglé dans une redingote bleue, le cou orné d'une immense cravate, coiffé d'un chapeau haut de forme, quelque peu bossué, est descendu de son échelle, et a pris une pose sculpturale et admirative pour contempler son chef-d'œuvre. Une lithographie d'Hippolyte Bellangé est plus bienveillante; il est vrai que le vieux peintre en lunettes, coiffé d'une casquette, et les manches de sa chemise retroussées, n'a pas l'air de considérer comme un piédestal l'échelle sur laquelle il est perché pour peindre ou pour restaurer l'enseigne du « Moulin d'Amour ». Des jeunes gens qui, en compagnie de jeunes filles, ont déjeuné dans un des cabinets de l'établissement, lui offrent un verre de champagne en disant : « Honneur aux artistes ! » L'intention satirique est plus évidente et mieux justifiée dans le dessin du *Charivari*, où Charles Jacque a dessiné un peintre en casquette, débraillé, au nez de soifard, qui, la main sur la hanche, les jambes croisées l'une sur l'autre, est sur le pas de sa boutique, surmontée de cette enseigne orgueilleuse : *Bernard, peintre, seul doreur des cornes et sabots du bœuf gras*. Le dessin a pour titre : « Nous autres artistes ».

Vers 1840, il circulait aussi des chansonnettes comiques,

dont quelques couplets du *Peintre véritablement artiste* de
Blak et Charles Plantade peuvent donner une idée.

SES OUVRIERS DÉVOUÉS
9 FÉVRIER 1851
Réduction d'une lithographie offerte à M. Leclaire par ses ouvriers

Il est neuf heures du matin, c'est l'instant du déjeuner, l'arrière-boutique
du peintre-vitrier est légèrement parfumée de la vaporeuse odeur du
mastic. Alors l'artiste, avec les couleurs de son imagination de feu, se
broie une immortalité sur la palette.

> Depuis que je m'suis mis artiste,
> C'est uniqu' comme j'ai des succès,

N'y a pas d'ouvrage qui me résiste,
Je suis le vrai peintre français.
Les Gérard, les Grecs, les Horace,
Ont un bon p'tit genr' de talent,
Mais moi n'y a pas d'genre qui fasse,
J'les risque tous inclusivement.

Faut voir comm' ma propriétaire
Rend bien justice à mon talent,
J'lai peinte ainsi qu'madam' sa mère,
J'ai peint son chien et son enfant;
J'ai peint aussi sa cuisinière.
Son frotteur et puis son portier,
J'ai peint la maison entière,
Y compris même l'escalier.

On sait que le blanc de céruse présente pour la santé des ouvriers de réels inconvénients, et qu'il expose à des coliques et à des accidents ceux qui n'observent pas une hygiène rigoureuse, et surtout ceux qui s'imaginent, bien à tort, que les liqueurs fortes peuvent combattre ses émanations.

Jusqu'au milieu de ce siècle, la céruse se vendait en pains de forme conique, analogue à ceux, peints de diverses couleurs, que l'on voit encore comme une sorte d'enseigne parlante au-dessus de la devanture bariolée des marchands de couleurs. Il y avait alors une cause d'empoisonnement général aussi bien pour l'enfant qui nettoyait les formes dans lesquelles on versait la céruse pour en faire des pains, que pour le peintre qui écrasait laborieusement ces pains très durs. Ces dangers avaient préoccupé les hygiénistes, et le gouvernement en avait été ému. L'ordonnance royale du 5 novembre 1823 défendit dans tout le royaume la fabrication et la vente de la céruse en pain, essayant ainsi de supprimer le travail dangereux du peintre. Mais elle ne fut guère observée, parce que l'on n'adopta pas sans difficulté l'usage de la céruse broyée qui, disait-on, prêtait à la falsification.

Vers 1850, le blanc de zinc, qui n'était consommé qu'à l'état de curiosité sur les plus fines palettes, fit, dit M. Henri Faure, son apparition sur le marché comme produit industriel; sa blancheur de neige, son innocuité relative, favorisèrent une réclame bruyante, et le gouvernement décréta que tous les travaux publics devraient être exécutés avec le nouveau produit, à l'exclusion de la céruse.

Ce fut un industriel parisien, M. Leclaire, qui, mettant en pratique une formule donnée par le chimiste Guiton de Morveau, trouva le moyen de produire économiquement le blanc de zinc. Sa découverte fit du bruit, et le 24 février 1851, ses ouvriers lui offrirent la lithographie que nous reproduisons, un peu réduite (p. 21) et qui représente le triomphe du blanc de zinc sur la céruse. Elle était accompagnée d'une pièce de vers qui exaltait les mérites du nouveau produit.

Nos pinceaux autrefois de céruse empestés
Exhalaient parmi nous des gaz empoisonnés.
On nous voyait soudain trembler de tous nos membres,
Les jeunes ouvriers, vieillards avant le temps,
Délaissant l'atelier, maudissaient dans leurs chambres
La colique, la fièvre, et mille autres tourments.

...Guiton de Morveau proclama hautement
La céruse coupable et le zinc innocent...

Longtemps on oublia que le fameux problème
Était dans un bon livre en deux mots résolu.
Quand, après soixante ans, dans ce péril extrême,
Un sage entrepreneur, habile praticien,
Sut en l'y découvrant, changer notre destin.
Vive le blanc de zinc! et ses deux inventeurs.
La céruse à jamais fuit loin de nos couleurs :
Nous pouvons les mêler sans nulle défiance
Que son subtil poison nous verse la souffrance.
Vive le cher patron, dont le soin paternel
Éveille dans nos cœurs un amour éternel !

Le métier de vitrier est assez moderne. Jusqu'au milieu du
XVe siècle, les fenêtres, dans les maisons particulières et même

Le Vitrier.

Pauvre homme que Je suis malheureux Vitrier,
helas. Il faut fourber pour gaigner des richesse,
mais tout le monde Voit trop Clair en mon mestier
& Jene puis, Vser de Ces noires fineßes.

Vitrier assujettissant des vitrages avec des châssis de plomb.
(Gravure de Laguiet, XVIIe siècle).

dans les châteaux, étaient garnies de toile cirée transparente
ou même de papier huilé.

C'est vers cette époque que le verre put être vendu à un
prix relativement modéré, et qu'au lieu d'être réservé aux
verrières peintes de couleurs éclatantes, on put l'employer à

garnir les fenêtres. L'apprentissage des vitriers était alors très
long, parce qu'il ne s'agissait pas seulement de tailler les verres,

Le vitrier et le savetier (coll. G. Hartmann).

Op! triiii. — Tenez, mon imbécile qui rit parce que j'ai cassé mes carreaux.

mais aussi de les faire tenir dans de petits cadres de plomb;

il se terminait toujours par un an d'exercice chez un des jurés du métier. Les frais de réception se montaient à huit livres, dont une partie était versée au tronc de la confrérie et l'autre à la bannière militaire. Le patron de la corporation était saint Marc. Les ouvriers vitriers entrèrent assez tard dans le compagnonnage ; c'est en 1701 seulement que les serruriers les reçurent au nombre des compagnons passants du Devoir ; ils hurlaient dans leurs cérémonies.

Actuellement, ils ne forment plus un corps de métier à part : la pose des vitres est faite par les ouvriers peintres employés par les entrepreneurs de peinture et de vitrerie ; ceux-ci, quand ils ont d'importantes commandes, embauchent quelquefois des vitriers ambulants ; par contre, pendant l'hiver, des ouvriers peintres sans ouvrage endossent pour quelque temps le portoir, et vont crier par les rues : « Au vitri ! » comme les vitriers ambulants ou « chineurs », que l'on voit parcourir les villes et les campagnes, et dont la spécialité est de remettre les vitres cassées. Ces artisans, dont le métier est facile, ne font point d'apprentissage. Ils sont, en général, originaires du Piémont, du Limousin ou de quelque autre province française du Midi. A Paris, disent les *Industriels*, le vitrier ambulant s'associe à quelques-uns de ses compatriotes et paye sa part d'une chambre située hors barrière, ou dans les environs de la place Maubert. La femme de l'un d'eux tient le ménage et apprête le riz, la viande et les pommes de terre que chacun achète à tour de rôle. Au bout de quelques années d'exercice, le vitrier nomade est atteint de nostalgie : il part, va de ville en ville, revoit son clocher. Il retrouve sa fiancée, chevrière ou manufacturière de fromages, l'épouse et entreprend une nouvelle campagne afin de gagner un patrimoine à sa postérité future. Il continue ainsi jusqu'à ce que, glacés par l'âge, ses membres lui refusent toute espèce de service. ,

Le cri des vitriers est en général, dit Kastner, franc, mais très intense, très aigu et lancé brusquement, avec une énergie telle que l'on croirait l'ouvrier ambulant plutôt disposé à « casser les vitres » qu'à les remettre au besoin.

Ils criaient : « Au vitrier ! Eh vitrier ! » ou « V'là vitrier ! avez-vous besoin du vitrier ! » Actuellement, leur cri est : « Au vitri-i ! » ou « V'là l'vitri-i ! »

C'est par analogie avec le portoir qui reluit au soleil qu'on a appelé vitriers les chasseurs à pied, parce que le sac en cuir verni de ces soldats reluisait au soleil comme les vitres sur le dos des vitriers ambulants.

De même que les peintres en bâtiment, les vitriers n'ont dans les récits populaires qu'un rôle très restreint : une légende danoise raconte que jadis, pendant la nuit, les cadavres disparaissaient de la cathédrale d'Aarhus, où on les avait placés la veille. On n'y comprit rien d'abord, mais une nuit on remarqua qu'un dragon, qui avait son repaire près de l'église, y pénétrait et mangeait les cadavres. En même temps, on s'aperçut qu'il ne se contentait pas de ce méfait, mais qu'il mettait la cathédrale elle-même en danger, en creusant des galeries souterraines. On avait en vain demandé des conseils et des remèdes, lorsqu'arriva à Aarhus un vitrier ambulant qui promit de débarrasser la ville du monstre. Il se fit un cercueil de glace, où il n'y avait qu'un seul trou, juste assez grand pour qu'il pût sortir son épée. En plein jour il se plaça dans le cercueil qu'on avait porté dans l'église, et, vers minuit, on alluma quatre cierges, un à chaque coin du cercueil. Le dragon arriva peu de temps après, et, comme il aperçut sa propre image sur le cercueil de glace, il crut que c'était sa femelle. Le vitrier saisit l'occasion et lui donna un coup dans la gorge avec une si grande force que le dragon mourut. Mais le sang et le venin qui sortaient de sa blessure étaient d'une nature si pernicieuse que le vitrier périt lui-même dans son cercueil. On voit encore aujourd'hui, dans la cathédrale, une vieille image qui représente cette légende.

Un récit picard met, sous forme de conte facétieux, une aventure qui est peut-être arrivée et qu'il me semble avoir déjà lue dans un ancien auteur.

Un vitrier, se rendant à Mézières pour y placer des carreaux, suivait la vallée qui se trouve entre ce village et Démuin. Arrivé en face du bois de l'Harcon, il s'assit sur un rideau afin de se reposer quelques instants. Il avait gardé sur son dos le crochet qu'il portait et qui contenait plusieurs grandes pièces de vitre. Or le berger communal faisait paître son troupeau sur la montagne. Tout à coup, le bélier apercevant son image réfléchie par la vitre, crut avoir affaire à un rival ; il se recule de quelques pas, et, après plusieurs mouvements de tête, il prit son élan et alla donner un fort coup de front dans la vitre, culbutant ainsi le crochet et le vitrier.

.·.

A Paris, les boutiques des petits patrons peintres en bâtiment sont assez fréquemment signalées par des attributs peints sur les côtés de la devanture, sur laquelle figure en grosses lettres l'inscription : « Peinture — Vitrerie — Lettres — Attributs — Décors — Encollage de papiers », qui montre les diverses variétés du bâtiment qui sont du ressort de la maison. En province autrefois, du moins dans les petites villes, on lisait sur des enseignes : « X... — Peintre — Vitrier — Doreur ». Le peintre de campagne appliquait en effet l'or ou l'argent en feuilles aussi bien sur les panneaux que sur les cadres ou sur les statues de bois des églises. Cette partie du métier a beau-

coup perdu de son importance depuis que les vieux saints
taillés aux siècles derniers, et dont beaucoup n'étaient pas sans
mérite, ont été relégués dans des coins obscurs pour faire

Le Doreur, d'après une estampe du XVIIe siècle. (Musée Carnavalet.)

place aux produits, d'une si fade et si insignifiante élégance,
des fabriques qui avoisinent l'église Saint-Sulpice.

Ce peintre-vitrier-doreur était un personnage populaire qui, en raison des réparations à faire aux saints ou aux autels, avait des accointances avec l'Église ; lorsqu'il s'agissait de renouveler la dorure des ailes des chérubins ou de la robe de la Vierge, on apportait parfois la statue chez lui, et les enfants le regardaient avec admiration poser ses feuilles d'or.

Il n'en était pas bien plus riche pour cela, et Thomas le Doreur, qui figure dans un conte de la Haute-Bretagne, n'est pas un personnage inventé de toutes pièces.

Il était aussi pauvre que l'artisan déguenillé, sale et maigre, que Lagniet a représenté travaillant à dorer un cadre, dans une mansarde misérable, au milieu d'un fouillis d'outils, de pipes et de verres à boire (p. 29). Thomas le Doreur habitait, à l'entrée d'une forêt, une vieille cabane délabrée, de si piètre apparence, que les fabriciens qui viennent le chercher pour dorer les saints en bois d'une église neuve, ne peuvent croire d'abord que c'est là que demeure cet habile artisan. Ils entrent dans son misérable logis, lui montrent les plans, et conviennent avec lui d'un certain prix. Quand ils sont partis, il dit à sa femme de chercher des feuilles d'or ; mais ils ne peuvent en trouver en tout que quatre, et il n'y avait pas d'argent à la maison pour en acheter d'autres. Thomas ne voulait pas demander d'avances au recteur, et il ne savait comment faire, quand il songea à un seigneur du pays auquel tout réussissait parce que, disait-on, il avait fait un pacte avec le diable, et il se dit : « Je n'ai plus qu'à appeler à mon aide le compère de monseigneur ». Aussitôt il vit paraître devant lui un beau monsieur qui lui dit de se trouver à onze heures à la Tour Maudite, s'il a bien l'intention de vendre son âme. Thomas s'y rend, et y trouve le diable et le seigneur. Le diable ordonne à celui-ci de donner de l'or qui vienne de ses parents, parce que avec l'or du diable on ne peut dorer les saints. Il est convenu que le pacte sera signé quand l'ouvrage aura été achevé. Thomas achète des feuilles d'or, et se met à travailler : la dorure était si belle qu'on venait de tous côtés pour la voir. Le jour où la dernière feuille fut posée, le recteur lui dit d'apporter son compte le lendemain, et à la porte de l'église Thomas rencontre le diable qui lui dit que puisque son ouvrage est terminé, il faut qu'il signe le pacte. — Non, répond le Doreur, je n'ai pas encore fini de dorer l'oreille du chien de saint Roch. Le recteur, qui avait tout entendu, lui donne de l'argent pour rembourser le seigneur ami du diable ; et en passant par l'église, ils remarquent que la dorure, si brillante un instant auparavant, était verdâtre et noircie comme si la pluie était tombée dessus. — Tu as pris l'argent du diable ? dit le recteur. — Non, répond Thomas, c'était celui du seigneur. — En ce cas, tout n'est pas perdu. Le recteur va chercher de l'eau bénite et quand il en a aspergé les statues elles redeviennent peu à peu brillantes. Thomas va reporter l'argent au seigneur qui lui dit de retourner vite chez lui, parce que le château va être foudroyé.

Une enseigne du Jeu de Paris en miniature

SOURCES

CHARRONS. — Lady Gurdon, *Suffolk Folk-Lore*, 145. — *Magasin pittoresque*, 1874 (avril). — J.-F. Bladé, *Poésies populaires de la Gascogne*, II, 268. — A. Perdiguier, *Le livre du Compagnonnage*, I, 47; II, 196. — Ch. Guillon, *Chansons populaires de l'Ain*, 196. — Ouin Lacroix, *Histoire des Corporations de Normandie*, 181. — J.-F. Bladé, *Contes populaires de la Gascogne*, II, 362.

TOURNEURS. — Reinsberg-Düringsfeld, *Sprichwörter*. — Monteil, *l'Industrie française*, II, 81. — A. Perdiguier, *Le livre du Compagnonnage*, II, 43. — C. Pedroso. *Portuguese folk-tales*, *Folk-Lore record*, IV, 132. — Grimm, *Contes choisis*, traduction Baudry, 164.

PEINTRES, VITRIERS, DOREURS. — L. Larchey, *Dictionnaire d'argot*. — La Bédollière, *Les Industriels*, 89 et suivantes. — Communications de M. Vinkel. — Régis de la Colombière, *Les Cris de Marseille*, 68. — C. de Mensignac. *Superstitions de la Gironde*. — Monteil, *l'Industrie française*, I, 234. — Henri Faure, *Histoire de la Céruse*. 34, 56. — A. Perdiguier, *Le livre du Compagnonnage*, I, 24; II, 196. — Kastner, *Les Voix de Paris*, 108. — *Revue des Traditions populaires*, VII, 590. — A. Ledieu, *Traditions de Demuin*, 168. — Paul Sébillot, *Contes populaires de la Haute-Bretagne*, II, 200.

Amour tourneur, frontispice de l'*Art de tourner*.

PAUL SÉBILLOT

LÉGENDES ET CURIOSITÉS

DES MÉTIERS

LES BUCHERONS

Dans les pays de forêts, les bûcherons vivent dans des villages de la lisière, ou sous le couvert, dans des huttes faites de perches, de genêts et de gazons, auxquelles ils donnent le nom de *loges* ; ils ne se mêlent guère aux populations agricoles qui les entourent, et celles-ci prétendent qu'en général ils ont mauvais caractère et qu'ils sont assez disposés à traiter les hommes avec aussi peu d'égards que les chênes.

En Limousin, on donne le nom de « bûcheron de Saint-Jal » à un mauvais coucheur; on cite le colloque suivant entre un bûcheron de cette localité et son voisin de Lagraulière : *Quo raït bin, tu ses un amic, te bourraraï mas de la tétà, autrament, te bourrarias plas d'uü taü.* C'est bon, tu es un ami, je ne te frapperai que de la tête (de mon hachereau), sans cela je t'aurais servi avec plaisir du taillant. L'autre, non moins batailleur, riposte : *Te pararaï de mon billard.* Je te parerai de mon bâton. On disait autrefois qu'à Saint-Jal il y avait un loup-garou sur sept personnes.

De même que la plupart des gens qui vivent en forêt, les bûcherons ont en effet la réputation d'être quelque peu sorciers. On raconte, dans le Bocage normand, qu'un soir l'un d'eux, rencontrant un charretier devant une auberge, lui demanda de lui payer une pinte. — Nenni, répondit le charretier, je n'ai pas le temps. Le bûcheron s'éloigna en hochant la tête, et quoi qu'on fût en place droite, le charretier ne put forcer son cheval à faire un seul pas. Ce fut seulement au bout d'une demi-heure, au retour du bûcheron et à son commandement, que le cheval repartit.

On sait que dans l'antiquité classique certaines divinités de second ordre avaient pour demeure les arbres; les Dryades pouvaient les quitter, et leur existence n'était pas, comme celle des Hamadryades, liée à la leur. Des croyances analogues existent encore chez les Malais et chez quelques autres peuples non civilisés, qui croient que des démons ou des esprits habitent les arbres; dans l'est de l'Europe, ces idées n'ont pas encore complètement disparu : un sylphe habitait un vieil arbre de la forêt de Rugaard, auquel il ne fallait pas toucher, et la Vierge demeurait dans un arbre séculaire de l'Heizenberg; quand on l'abattit, on éleva une chapelle à la Vierge pour l'apaiser. D'après Tylor, bien des gens en Europe croient que les saules pleurent, saignent et même parlent quand on les coupe; le vieil arbre de l'Heizenberg poussa des gémissements quand il fut attaqué par la hache du bûcheron; un homme, qui s'apprêtait à couper un genévrier, entendit une voix qui lui criait : « Ne touche pas au genévrier! » Un conte allemand de Grimm rapporte qu'une voix dit à un bûcheron, sur le point d'en abattre un, que celui qui le toucherait devait mourir. Une légende estonienne parle d'un temps où les arbres avaient un langage que les hommes pouvaient comprendre : Jadis un homme alla dans la forêt pour couper du bois. Quand il voulut mettre sa hache dans le bouleau, celui-ci le pria de le laisser vivre, parce qu'il était encore jeune et avait beaucoup d'enfants qui le pleureraient. L'homme exauça sa prière et se tourna vers le chêne. Mais le chêne, ainsi que tous les arbres, le prièrent de leur laisser la vie, en lui donnant chacun un prétexte. L'homme, attendri par leurs prières, les laissa tous vivre et s'assit pour réfléchir à ce qu'il devait faire. D'une part, il n'avait pas le cœur d'abattre les arbres qui le priaient si gentiment, d'un autre côté, il n'osait rentrer sans bois, car sa méchante femme lui aurait fait une scène. Pendant qu'il réfléchissait, un vieillard habillé d'écorce, *le père de la forêt*, vint près de lui, le remercia d'avoir laissé la vie à ses enfants, et lui remit une petite baguette en or avec laquelle il pourrait se procurer tout ce qu'il lui fallait. Mais il lui recommanda, sous peine de malheur, de ne pas souhaiter l'impossible. Quand l'homme rentra chez lui sans bois, sa femme le reçut avec des cris et des insultes : Que toutes les branches de bouleau se transforment en faisceaux de verges et te battent! s'écria-t-elle. L'homme brandit la baguette d'or et dit : Que ta volonté s'accomplisse. A l'instant, la femme battue par des verges invisibles, se mit à crier de toutes ses forces. Après cette correction, l'homme employa sagement la force magique de sa baguette : les fourmis construisirent ses maisons, les abeilles lui apportèrent du miel, les araignées tissèrent ses étoffes, les taupes labourèrent ses terres. Il vécut heureux jusqu'à la fin de ses jours. Il en fut de même pendant plusieurs générations pour ses enfants et ses petits-enfants, auxquels il légua sa baguette magique. Mais un de ses descendants fit un vœu sacrilège : il voulut faire descendre le soleil pour se mieux chauffer le dos. Le

soleil descendit et le brûla, lui et tous ses biens. Les arbres
furent tellement effrayés par les rayons ardents du soleil descendu qu'ils perdirent depuis ce temps leur langage.

Si en France on ne croit plus guère dans le monde des forêts
aux arbres qui parlent, il est des gens qui leur prêtent un
certain animisme. Dans le Maine, quand il fait du vent, les
bûcherons disent qu'ils entendent les chênes se battre; en
Normandie, ils s'imaginent, quand le vent souffle harmonieu-
sement à travers les branches, entendre la voix des anciens
forestiers dont les âmes reviennent.

Certains arbres doivent être respectés, ou il arrive malheur
à ceux qui sont assez audacieux pour y toucher. En Haute-
Bretagne, un bûcheron de la forêt de Rennes éprouva toute sa
vie un tremblement nerveux, pour avoir osé jeter par terre un
chêne que la cognée ne devait pas frapper. Dans le canton de
Rougemont (Doubs), la tradition prétend que l'Arbre des sorciers, qui est séculaire, n'a jamais pu être abattu. Un jour un
bûcheron voulut braver ce qu'il qualifiait de superstition. Il
prit une hache toute neuve et alla pour l'abattre. Au premier
coup qu'il porta, sa hache vola en éclats et le manche lui
échappa des mains. On dit que depuis ce temps-là plusieurs
autres bûcherons ont essayé, sans plus de succès, d'entamer
l'arbre ensorcelé.

Chez les non-civilisés, avant d'entamer un arbre, on prend
certaines précautions pour détourner la colère des esprits; en
Afrique, le bûcheron fait un sacrifice à son bon génie, ou en
portant le premier coup de hache, il laisse adroitement tomber
quelques gouttes d'huile de palmier, et se sauve pendant que
l'esprit lèche l'huile; à la côte des Esclaves, il se couvre la
tête d'une poudre magique. Les Siamois font une offrande de
gâteaux et de riz; en Birmanie, on fait une prière à l'esprit.
Caton rapporte qu'avant de s'attaquer à un bois sacré, le

Le Casseur d'bois, d'après Maurice Sand (*Illustration*, 1853).

bûcheron devait sacrifier un cochon aux dieux et aux déesses du bois. Chez les Dayaks de Bornéo, l'arbre doit être coupé perpendiculairement à son axe; ceux qui l'abattent en V, à l'européenne, sont frappés d'une amende.

Une tradition, rapportée par Grimm, semble se rapporter à l'usage de tracer des croix avant ou après l'abattage, pour détourner les esprits malfaisants. Une petite ramasseuse de mousse s'approcha d'un homme qui abattait du bois et lui dit : « Quand vous cesserez votre ouvrage, ne manquez pas de tracer trois croix sur le tronc du dernier arbre que vous aurez abattu. » L'homme n'en fit rien, et le lendemain la petite ramasseuse de mousse lui dit : « Pourquoi n'avez-vous pas mis hier les trois croix? Cela nous eût fait du bien à tous les deux, car le chasseur sauvage nous poursuit, il nous tue sans pitié et ne nous laisse aucun repos, à moins que nous ne puissions trouver des arbres marqués de trois croix. » La petite ramasseuse de mousse battit l'homme, qui, depuis, se conforma à ses instructions.

Les bûcherons figurent dans les contes et dans les fables et ils y jouent un rôle important. Ils sont, en général, les plus pauvres des artisans, ils ont bien du mal à nourrir leur nombreuse famille. Il est rare que, comme dans le récit recueilli par Grimm, un ange gardien vienne chercher leur petite fille pour l'élever en paradis. Aussi il en est qui, le cœur navré, vont égarer leurs enfants dans la forêt pour ne pas les voir mourir de faim sous leurs yeux. Heureusement l'aventure finit presque toujours bien : le petit Poucet, par sa présence d'esprit, empêche ses frères d'être mangés par l'ogre, lui vole ses bottes et fait fortune à la cour. Hansel et Gredel, le garçon et la fille d'un pauvre bûcheron allemand, deviennent riches grâce à une oie d'or. Ces récits de la forêt, où se retrouvent comme un écho des rêves des pauvres gens, font les fils des

bûcherons épouser des princesses, trouver des talismans qui
changent en argent tout ce qu'ils touchent, ou guérissent à
l'instant toutes les blessures; les filles secourent, par bonté
d'âme, des fils de rois métamorphosés, et quand elles les ont
délivrés, elles se marient avec eux, et toute la famille est heureuse. Tous ces contes de la forêt ont un caractère optimiste,
et sans doute plus d'un bûcheron, après les avoir racontés à
ses enfants, s'endormait, rêvant comme eux à l'intervention des
fées, à la découverte de talismans ou d'un trésor aussi précieux que celui que l'un d'eux se procura par son courage
avisé, et ils se gardaient bien d'imiter ce pauvre bûcheron de
l'île de Lesbos qui, las de travailler sans devenir plus riche,
se dit un jour : Si je restais couché du matin jusqu'au soir, qui
sait si la Fortune n'aurait pas pitié de moi? Il demeure dans
son lit, et un de ses voisins vient lui emprunter ses deux
mules. Comme celui-ci transportait dessus un trésor qu'il avait
trouvé, il vit les gendarmes et alla se cacher, pendant que les
mulets revenaient chargés d'or à la maison de leur maître.

On raconte en Berry qu'un jour un bûcheron vit dans une
clairière un énorme amas de serpents, dont les corps emmêlés,
noués les uns aux autres, formaient une boule vivante, affreuse
à voir, qui se mouvait lentement et au hasard, et de laquelle
partaient des sifflements stridents et continus. Un point brillant
scintillait à la surface de cette espèce de sphère, et il semblait
qu'il allait toujours grossissant à mesure que les sifflements des
reptiles augmentaient d'intensité. Lorsqu'il eut atteint le volume
d'un œuf, les corps des serpents se détendirent et se laissèrent
aller sur le sol comme brisés par la violence de l'exercice
auquel ils venaient de se livrer. Il ne resta plus de cette boule
qu'un serpent monstrueux qui en formait le noyau et paraissait plein de vigueur. Sur son front resplendissait un énorme
diamant. Il se dirigea vers le lac, laissa tomber son diamant

sur le gazon du rivage, but avidement et longtemps, et l'ayant repris, disparut dans la forêt. A partir de ce moment, le bûcheron ne cessa de songer au moyen de s'emparer de la pierre merveilleuse. Il disposa un tonneau en forme d'embarcation pour s'y réfugier, et au bout d'un an et un jour il revit le même spectacle. Il put saisir le diamant pendant que le serpent était à boire, se réfugia dans son tonneau, dont il ferma la porte sur lui, et échappa au grand serpent qui, n'ayant plus son diamant, était devenu aveugle. Il alla porter au roi cette pierre, qui avait la vertu de changer en or tout ce qu'elle touchait. Le roi lui assura une existence paisible et riche, à la condition qu'il irait rejeter le diamant dans le lac.

Dans le Morbihan, où les mésaventures du diable forment un cycle assez étendu, voici comment un bûcheron se joua de l'ennemi du genre humain : Un jour le diable trouva un bûcheron qui émondait des arbres. — Apprends-moi ton métier, lui dit-il. — Très volontiers, répondit le bûcheron, ce sera bien facile. Prends ma hache, monte sur ce beau chêne que tu vois là. Tu t'assiéras sur la plus haute branche et tu la couperas auprès du tronc. Tu feras de même pour la seconde, la troisième et les autres branches jusqu'au bas de l'arbre. — Compris, dit le diable; et le voilà à l'œuvre. Le chêne était haut et les branches étaient grosses, grosses comme des arbres ordinaires. Le diable travaille et bientôt la branche est coupée. Le diable, qui était assis dessus, dégringole de cette hauteur vertigineuse, et, pour comble de malheur, l'énorme branche lui tombe sur le dos.

La hache est l'instrument par excellence du bûcheron, son gagne-pain, comme dit notre La Fontaine. Aussi est-elle l'objet de ses préoccupations. Un ancien petit conte allemand rapporte que saint Pierre ne voulait pas laisser entrer en Paradis un bûcheron, bon travailleur, mais qui n'avait fait aucune

Il n'est point d'instrument qui vaille
Les crochets que j'ay sur mon dos,
C'est auec eux que je trauaille,
Et sur qui ie prends mon repos.

Jamais soubs le faix ie ne tremble,
Ma force est esgallè à ma voix;
Je crie, et sçay porter ensemble
Et des fagots, et du gros bois.

Porteur de fagots, d'après Abraham Bosse.

BUCHERONS, CHARBONNIERS.

bonne action dans sa vie. A la fin, il lui accorda d'y entrer à condition qu'il ne toucherait pas sa hache. Il était rendu à la dernière marche, quand le manche lui tomba sous la main : il ne put s'empêcher de le serrer et il retomba dans l'enfer.

Lafontaine a rendu populaire la fable du Bûcheron et de la forêt, qui était bien antérieure à lui, et dont voici une version empruntée, ainsi que l'image (p. 16), à un fabuliste son contemporain, le sieur Le Noble (1697) :

> A long sarrot et courte manche,
> Certain bûcheron autrefois
> Portoit en passant dans un bois
> Le fer d'une hache sans manche.
> Mais en levant les yeux il vit heureusement
> Que d'un chêne pendoit une fort belle branche.
> « Pour Dieu, prêtez-la moi, dit-il fort humblement,
> Monsieur Duchêne, je vous prie,
> C'est si peu de chose pour vous ;
> Mais croiez que toute ma vie
> Le souvenir m'en sera doux. »
> L'arbre répond d'un coup de tête
> A cet honnête compliment,
> Et d'une complaisance bête,
> Fournit l'assortiment
> A l'instrument.
> A remplir son devoir, la cognée ainsi prête,
> Que fait le bûcheron ? La prenant à deux bras,
> Contre le pié du chêne il frappe,
> L'entame, le mine, le sape,
> Et le renverse enfin à bas.
> De sa faute, trop tard, la forêt s'aperçut,
> Mais quand des coups qu'elle reçut,
> Elle se vit par terre : « Ingrat ! s'écria-t-elle,
> Est-ce là me récompenser ;
> Ah ! si je n'avois point armé ta main cruelle,
> Cette main n'auroit pas de quoi me renverser. »

Autrefois, lorsqu'il y avait peu de routes, le transport du bois était difficile et coûteux ; aussi regarda-t-on avec raison l'invention du flottage comme un véritable bienfait. Jean

Rouvet, marchand bourgeois de Paris, l'an 1549, imagina qu'en rassemblant les eaux de plusieurs ruisseaux et de petites rivières non navigables on pourrait y jeter le bois qui serait coupé dans les forêts les plus éloignées, les faire descendre jusqu'aux grandes rivières, en former des trains et les conduire à flot sans bateaux jusqu'à Paris. Il commença, dit Lamare, à faire cette expérience dans le Morvant, contrée située partie en Bourgogne et partie dans le Nivernois, qui est assez remplie de montagnes chargées de bois, où courent plusieurs ruisseaux et la petite rivière de Cure, non navigable, qui se rend dans la rivière d'Yonne. Il fit son possible de rassembler les eaux de ces ruisseaux et de les faire tomber dans cette petite rivière; mais ce grand dessein ne reçut sa perfection que vers l'an 1566, que René Arnoul, successeur de Rouvet, obtint des lettres patentes de Charles IX, qui levèrent tous les obstacles qui s'opposaient à cette nouvelle espèce de navigation. Il fit aussitôt jeter à bois perdu celui qu'il avait fait couper dans les forêts du Morvant, le fit conduire jusqu'à Crevant, où il en forma des trains sur la rivière d'Yonne, qui entre dans la Seine à Montereau, et les fit ainsi arriver à Paris. En 1549, lorsque le flottage eut réussi, on alluma par ordre du roi des feux de joie le long des rivières de Seine et d'Yonne.

Cet usage dut se répandre par toute la France, à moins qu'il n'y fût usité avant Rouvet, dans d'autres régions. Voici ce qu'on lit dans la *Nouvelle fabrique des plus excellents traits de vérité*, publiée vers 1579 : « Un marchand de bois de nostre forest (en Normandie) faisoit ces jours passez par un sien serviteur flotter plusieurs quarterons de buches dedans la rivière du Lieurre qui va à Lyons par Rosay et Charleval, tomber dans Andelle, et ce jeune homme allait costeyant ladite rivière, portant en sa main un long croc à buches pour deffermer le bois quand il estoit arresté. »

Le *Traité de la police* donne des détails intéressants sur la façon dont ce procédé fonctionnait au siècle dernier : Chaque marchand a son marteau, dont il marque toutes ses bûches à l'un des bords, ce qui est facile, parce que c'est tout bois coupé à la scie. Ces bûches sont d'abord jetées à bois perdu dans les ruisseaux, où ils les font pousser par des gens de journée jusqu'à Vermanton, sur la rivière de Cure, ce qu'ils appellent le premier flot ; le tout étant arrivé à cet endroit-là et arrêté par des cordes ou des perches qui traversent cette petite rivière, le bois en est tiré ; chaque marchand reconnaît le sien et le met en piles sur la terre, le laissant essuyer pendant deux ou trois mois ; ils l'assemblent ensuite par coupons qu'ils rejettent à l'eau, les conduisent jusqu'au port de Crevant, et là ils forment leurs trains en joignant entre des perches, qu'ils nomment branches, plusieurs coupons de soixante bûches chacun, qui sont attachés à ces perches ou branches avec des harts que les marchands appellent rouettes, chacun de ces trains ayant ordinairement de large quatorze de ces coupons ; de profondeur, 2 à 3 pieds, et de long, 12, 15, 18 et les plus longs 25 toises. Le coupon de devant et celui du milieu sont ordinairement de bois blanc, et on ajoute une futaille à chacun de ces endroits pour faciliter le flottage.

Voici comment cela se passe actuellement : après avoir pris la *moulée*, on charrie le bois coupé pendant l'hiver et on l'empile, pendant l'été, sur les ports des rivières ou des ruisseaux flottables ; là on le martelle, en appliquant aux deux bouts des bûches la marque de chaque marchand, afin qu'on puisse les reconnaître plus tard. Puis, à un jour désigné d'avance, les écluses qui retiennent les eaux des étangs ou réservoirs ménagés à la source des ruisseaux sont ouvertes, et le flot commence. Une quantité considérable d'hommes, de femmes et d'enfants garnissent alors les rives des ruisseaux et des rivières : les uns jettent les bûches à l'eau, c'est ce qu'on appelle le *flottage à bûches perdues; les autres, appelés meneurs*

Meneur de bois, d'après Calbery.

d'eau, veillent, armés de longs crocs, à ce que le bois ne s'arrête pas le long des rives ou au milieu de la rivière. Si la *gou-*

lette ou le milieu du lit vient à s'obstruer, les *flotteurs* réunissent leurs efforts pour détruire la *rôtie* ou accumulation des bûches. Arrivé à Clamecy ou à Vermanton, le bois de moule est retenu par des *arrêts* placés dans la rivière, retiré de l'eau et trié suivant les marques des marchands. De Clamecy, le bois est conduit en bateau jusqu'à Paris, où naguère il descendait en train. Au siècle dernier, ces trains étaient « déchirés, dit Mercier, et des hommes, tritons bourbeux, vivant dans l'eau jusqu'à mi-corps et tout dégouttants d'une eau sale, portaient, pièce à pièce sur leur dos, tout ce bois humide, qui doit être brûlé l'hiver suivant. »

Autrefois, il y avait sur les ports et dans les chantiers des officiers appelés Mouleurs, qui étaient commis pour mouler et mesurer les bois. L'estampe de Caffiery (p. 13), qui montre l'un d'eux dans l'exercice de ses fonctions, est accompagnée de ce quatrain :

> Le mouleur attentif corrige les abus
> Que trop souvent introduit la licence.
> Dans les chantiers, si l'on ne trompe plus,
> C'est l'heureux fruit de sa présence.

Les mouleurs étaient tenus par l'ordonnance d'avoir des mesures de quatre pieds pour mesurer les membrures, et des chaînes et anneaux pour le bois de compte, cotrets et fagots. Ils devaient mettre des banderoles aux bateaux et piles de bois contenant la taxe. Les mouleurs et leurs aides ne devaient point mettre en membrures les bois tortus, et ils ne pouvaient mettre dans chaque voie plus d'un tiers de bois blanc.

Vers 1844, d'après les auteurs de la *Grande Ville*, il se passait dans les chantiers de bois des fraudes au sujet de la mesure des bois achetés : La mesure de la voie est placée, le cordeur s'avance, la dame qui vient d'acheter ne manque pas de lui dire : « Cordez-moi bien, je vous donnerai pour boire. »

On lui répond : « Soyez tranquille, ma petite dame, je vais vous soigner. » Voilà notre homme qui se met à la besogne. Il prend les bûches, les place dans la voie avec une telle vivacité, que la pratique n'y voit que du feu. Cependant le cordeur glisse dans son bois des tortillards, qui font ce qu'on appelle des chambres à louer. La petite dame, qui aperçoit beaucoup de creux dans sa voie, veut s'approcher de son cordeur pour se plaindre. Mais, patatras! un bruit effrayant retentit à ses oreilles. Ce sont des bûches que l'on fait rouler du haut en bas d'une énorme pile. La petite dame est toute troublée par le bruit, ces bûches ont l'air de vouloir rouler sur elle. Pendant qu'elle s'éloigne de la pile et des bûches qui roulent, le cordeur continue lestement sa besogne, et il glisse dans la voie qu'il mesure les bûches les plus informes. La dame, s'apercevant de la manière dont elle est soignée par le cordeur, veut de nouveau s'approcher pour se plaindre. Mais voilà maintenant le charretier qui s'approche avec sa voiture; il la fait avancer du côté de cette dame. Elle n'a que le temps de se ranger pour ne pas être écrasée; elle s'esquive, elle cherche par un autre côté à se rapprocher de son bois et de son cordeur, mais la maudite charrette ne reste pas un moment tranquille; le charretier prend à tâche de faire avancer, reculer, retourner son cheval, de façon qu'étant à chaque instant occupée du soin de sa sûreté, il n'est guère possible à la personne qui achète d'avoir l'œil sur le cordeur.

Au moyen âge et jusque vers le milieu de ce siècle, des marchands ambulants promenaient du bois dans les rues de Paris; au XVe siècle, voici comment ils annonçaient leur marchandise :

> L'autre crie qui veut le ten,
> L'autre crie la busche bone,
> A deux oboles le vous done.

Soit en detour ou en embuche,
On va criant semblablement,
A ieun ou yure, busche, busche,
Pour se chauffer certainement.

Après orrez sans nulz arrestz
Parmy Paris plusieurs gens
Portant et criant les costeretz
Où ils gaignent de l'argent.

Puis vous orez sans demeurée
Parmy Paris à l'estourdy,
Fort crier bourrée, bourrée !
Par vérité, cela vous dy.

A Marseille, les marchands de sarments de vigne, désireux
de se débarrasser de leurs derniers fagots, criaient : *Leis
gaveous ! va ! va ! à l'acabado ! à l'acabado !* Les sarments ! va !
à l'achèvement.

L'Arbre et le Bûcheron, gravure des Fables du sieur Le Noble. 1697.

PAUL SÉBILLOT

LÉGENDES ET CURIOSITÉS

DES MÉTIERS

LES CHARBONNIERS

Parmi les gens qui vivent dans la forêt, les charbonniers occupent une place à part; dans le Boeage normand, ils se réunissaient en société de trois, quatre ou cinq membres qui achetaient un certain nombre de cordes de chêne ou de hêtres. Avec un art véritable ils en formaient des brasiers ronds, à toits coniques recouverts de blètes et se relevaient à la garde de ces bûchers fumeux. Rarement ils emmenaient leur famille au campement. Jour et nuit retenus auprès de leurs fourneaux pour en activer ou modérer la chaleur, ils n'avaient pour demeure que des huttes de branchages dressées au moment où ils venaient exploiter une coupe de bois.

Les charbonniers du Forez, menaient une vie très rude : isolés et nomades, ils quittent, dit Noelas, pendant de longs mois d'hiver la chaumière de leur famille et vont bâtir, dans les forêts, des loges qu'ils détruisent et reconstruisent à chaque campement; les parois en sont formées de branches de fayard

bien garnies de feuilles sèches et de mousse. Une claie hori-
zontalement fixée forme un étage supérieur et un lit sur la
fougère; le foyer s'allume sur une pierre plate, et un panneau
mobile de branches entrelacées que l'on laisse retomber sur
soi pendant la nuit, sert à la fois de porte, de fenêtre et de
cheminée. Pendant le jour, le charbonnier scie des rondins de
bois et les assemble symétriquement autour d'une perche en
ménageant des évents pour l'entrée de l'air; il couvre sa meule,
ainsi préparée, de terre humide et de mottes de gazon, y met
le feu avec une certaine solennité, puis quand le charbon est
sec et « rend son cri » il l'entasse dans des sacs grossiers qu'il
charge sur une mule, et l'homme et la bête descendent à la
ville. Souvent le charbonnier confectionne le charbon avec sa
famille ou avec des aides qu'il emmène avec lui. Dans certaines forêts, les leveurs mettent en cordes le bois à charbon
dont les *dresseurs* forment des monticules appelés fourneaux.
Les charbonniers recouvrent les fourneaux de feuillages et de
terre, allument la mèche préparée par les précédents ouvriers
et veillent jour et nuit autour du brasier. Pour que la carbo-
nisation ait lieu, il faut éviter tout contact de l'air avec la
matière en combustion; et que de peines coûte ce résultat!
Avec quelle attention l'on doit suivre, régler, maîtriser les
progrès du feu!

La rudesse d'allures et de langage que les charbonniers
devaient à leur existence constamment solitaire, leur visage
tout hérissé d'une barbe inculte, barbouillé de noir et où les
yeux luisaient comme des charbons ardents, leur accoutre-
ment sordide, bruni par la fumée, leur donnaient un aspect
quelque peu diabolique, et l'on comprend que les mères aient
songé à en faire une sorte d'épouvantail pour les enfants. En
Haute-Bretagne, on avait peur d'eux et surtout des char-
bonnières qui, il y a quarante ans, venaient des forêts de la

Basse-Bretagne escortant, une courte pipe à la bouche, les
petits chevaux de landes qui portaient les sacs de charbon.
Dans le Bocage normand, quand les marmots pleuraient à
chaudes larmes, on les menaçait d'appeler le charbonnier.
Celui-ci apparaissait-il dans la rue, ils s'enfuyaient éperdus,
et lorsque l'homme noir se mettait à crier à tue-tête : « V'là du
charbon! V'là d'la braise! » ils couraient se cacher sous le
tablier de la mère.

Dans le Forez, les charbonniers sont des êtres à part, chez
lesquels se sont conservées les curieuses superstitions des
montagnes et les souvenirs des scènes mystérieuses que la
nuit recèle au fond des bois. C'est le charbonnier qui rencontre Gabriel le Loup près des pierres grises, qui entend des
voix sur les mornes stériles, aperçoit des fantômes le long du
ruisseau, ou, dormant sur son lit de fougères, entend tout à
coup rugir la chasse maligne, la meute royale conduite par le
grand veneur. On raconte que l'un d'eux ayant eu l'imprudence de crier : « Bonne chasse! » fut contraint de monter
sur sa mule et de suivre le veneur et sa meute infernale, et
qu'il ne put la quitter qu'au petit jour, où il tomba dans sa
loge, et avec lui un bras de sorcier que le chasseur avait perdu.

Un proverbe de la Basse-Bretagne dit que « le charbonnier
dans les bois comme le loup hurle sans cesse ». Les paysans de
la Haute-Bretagne, voisins des lisières des forêts, prétendent
que les charbonniers « mènent des loups », c'est-à-dire
peuvent s'en faire obéir et les faire servir à leurs desseins.

D'après les *Mémoires de la Société des Antiquaires*, ils
avaient un pouvoir encore plus redoutable. Personne n'ignore,
disent-ils, que les bons cousins charbonniers ne soient mali-
gnement occupés à faire la pluie, la grêle, les tempêtes quand
ils sont assemblés pour se divertir en un lieu écarté, à l'ombre
d'un chêne ou au bord d'un ruisseau aussi tranquille qu'eux.

En Basse-Bretagne, les lutins et le diable prennent parfois, pour jouer des tours aux chrétiens, l'apparence des charbonniers. Le petit charbonnier ou le Kourigan noir est une sorte de lutin qui semble, pour les gens de la presqu'île guérandaise, personnifier le malheur; toujours quelque chagrin suit son apparition. Il avait une courte taille, un costume noir et un grand feutre qui lui tombait sur le nez. Dans un conte breton, le diable se fait charbonnier, pour ennuyer avec la fumée de ses fours un ermite appelé Mikelik, protégé de saint Michel.

Les *carbonari* ou charbonniers étaient, comme on le sait, une société secrète très bien organisée qui, à l'époque de la Restauration, joua, en plusieurs parties de l'Europe, surtout en Italie et en France, un rôle considérable.

Nodier qui, à la Révolution, tout jeune encore, passa quelque temps au milieu des forêts, nous a laissé sur eux des détails intéressants. Il existait en France, dit-il, un compagnonnage moins connu que la maçonnerie, celui des « bons cousins charbonniers ». Plus ancien probablement que celui des maçons, car il comprend dans sa nomenclature technique des archaïsmes de notre langue, dont il ne reste presque pas d'autres monuments, il conservait au premier degré toute la naïveté de son institution primitive. Le bon cousin charbonnier de ce grade était en effet le plus souvent un charbonnier ou un bûcheron ordinairement nomade, selon les mœurs de cette profession, et pour qui la combinaison et les devoirs de l'institut n'étaient pas un simple divertissement d'imagination, mais une nécessité d'existence. A côté se développaient des agrégations urbaines, presque toutes formées dans la classe des artisans laborieux et honnêtes: acquis graduellement par la société, ils n'en avaient altéré ni le principe, ni les cérémonies, et, comme aux premiers temps de la fondation, les ventes solennelles se tenaient encore dans les bois. Les dogmes du

le Fendeur de Bois.

Autre fois j'ay fendu du Bois pour Cupidon, | Mais ce grand nombre dans de mois et de jour
Je voudrois bien encor en donner des leçons | On trop emousé ma cognée.

carbonari étaient simples et frappants, les rites empreints d'une

majesté naturelle que les imitateurs n'ont pu qu'imparfaitement contrefaire. Jamais l'assistance du charbonnier n'a manqué au charbonnier, sans acception de parti, et quand nous avions atteint la forêt, on savait bien qu'on ne nous y retrouverait pas.

Vers le milieu du XVII° siècle, l'autorité ecclésiastique s'efforça de réagir contre les divers compagnonnages qui avaient pris un développement considérable. Les charbonniers et leurs adhérents furent l'objet d'une ordonnance de Nicolas Colbert, évêque d'Auxerre (1673), qui les accusait d'un certain nombre de méfaits tant spirituels que temporels : « Sur ce qui nous a été démontré par notre procureur général, qu'en plusieurs paroisses de notre diocèse il y a des forgerons, charbonniers et fendeurs qui font des serments avec certaines cérémonies, qui profanent ce qu'il y a de plus sacré dans nos plus saints et augustes mystères, et par lesquels ils s'obligent à maltraiter tous ceux qui n'exécutent pas toutes les lois qu'ils s'imposent à eux-mêmes contre toutes raisons et au préjudice de personnes publiques et particulières, et de ne pas souffrir ceux de leurs métiers travailler avec eux, avant qu'ils ayent juré en leur présence d'une manière si détestable, nous avons enjoint à nos diocésains, qui ont été assez aveugles pour s'engager à un aussi horrible serment, d'y renoncer incessamment, en présence de leur curé et de deux notables de leurs paroisses, sous peine d'excommunication; faisant défense à toutes sortes de personnes de le faire à l'avenir, ni d'y assister sous les mêmes peines ». Le compagnonnage des forêts résista mieux que les autres aux censures ecclésiastiques et aux menaces de l'autorité séculière; il continua à se recruter et à pratiquer les initiations mystérieuses dont Clavel a recueilli les détails précis, que ne connaissaient pas sans doute par le menu les juges ecclésiastiques : « Les compagnons charbonniers se réunissaient dans une forêt; ils se donnaient le titre de « bons cousins » et le récipiendaire était appelé « guépier ». Avant de procéder à la réception, on étendait sur terre une nappe blanche sur laquelle on plaçait une salière, un verre d'eau, un cierge allumé et une croix. On amenait ensuite l'aspirant qui, prosterné, les mains étendues sur l'eau et le sel, jurait par le sel et l'eau de garder religieusement le secret de l'association. Soumis alors à différentes épreuves, il ne tardait pas à recevoir la communication des signes et des mots mystérieux à l'aide desquels il pouvait se faire reconnaître pour un véritable et bon cousin charbonnier dans toutes les forêts. Le compagnon qui présidait lui expliquait le sens emblématique des objets exposés à sa vue : Le linge, lui disait-il, est l'image du linceul dans lequel nous serons ensevelis ; le sel signifie les vertus théologales ; le feu désigne les flambeaux qu'on allumera à notre mort ; l'eau est l'emblème de celle avec laquelle on nous aspergera, et la croix est celle qui sera portée devant notre cercueil. Il apprenait au néophyte que la vraie croix de Jésus-Christ était de houx marin, qu'elle avait soixante-dix pointes, et que saint Thiébaut était le patron des charbonniers. Ce compagnonnage, qui existe encore dans une grande partie de l'Europe, y a conservé le même cérémonial mystérieux. La Forêt-Noire, les forêts des Alpes et du Jura sont peuplées de ses initiés. Moins exclusifs que les autres compagnons, ils n'admettent pas uniquement parmi eux des personnes exerçant la profession de charbonnier, mais ils agrègent également des personnes de toutes les classes, auxquelles ils rendent, à l'occasion, tous les bons offices qui dépendent d'eux. Pendant la Révolution, M. Briot, qui avait été reçu charbonnier près de Besançon, obligé de se soustraire par la fuite à un décret de proscription, se réfugia à l'armée. Fait prisonnier par les Autrichiens, il parvient à s'échapper et cherche un refuge dans une forêt ; mais il s'y égare et vient tomber au milieu de la troupe du chef de partisans Schinderhannes. On l'entoure, et c'en était fait de lui peut-être quand il aperçoit dans la troupe quelques charbonniers qu'il reconnaît à leur

Le Meunier et le Charbonnier, gravure de Lagniet, *Illustres proverbes.*

costume. Il se hâte de faire les signes de la charbonnerie, et les frères qu'il trouve dans les rangs de ses ennemis l'accueillent avec les marques de la plus affectueuse cordialité et le prennent sous leur protection.

LA CHARBONNIÈRE

Hola, Marchand d'eau de Rivière;
Mets ici tes deux Seaux à bas;
Toy, Crocheteur, prête ton bras
Pour laver cette Charbonnière.

Frotte bien, ne l'épargne pas;
Il se peut qu'elle soit jolie;
Mais sans cette Cérimonie
Un Diable n'en croirait autant d'appas.

DUCHERONS, CHARBONNIERS.

Les charbonniers de la forêt de la Puisaye (Yonne) ont, par tradition du temps où ils étaient associés par corporation, une sorte de télégraphie secrète et des signes mystérieux. Quelques coups frappés sur une douve ou planche suspendue à la main se font entendre, à leurs oreilles exercées, à plusieurs kilomètres de distance. Chaque nombre de coups a sa signification, qu'eux seuls connaissent. Ils s'en servaient avec vigilance pour protéger, pendant la Révolution, les prêtres qui s'étaient réfugiés dans leurs forêts. A la première apparition des brigades de gendarmerie, l'éveil était ainsi donné et les suspects se mettaient à couvert. Depuis plus de quarante ans, dit-on, l'association des Cousins de la Gueule noire n'existe plus. Ceux de ses anciens membres qui vivent encore aujourd'hui se contentent de se reconnaître entre eux au moyen de certains signes et de serrements de main particuliers.

Les charbonniers pratiquent une sorte de médecine empirique à l'aide de laquelle ils croient se guérir eux-mêmes de diverses indispositions. S'ils veulent panser une foulure, ils commencent par apostropher le nerf qu'ils supposent malade : « Nerf, retourne à ton entier comme Dieu t'a mis la première fois, au nom du Père, du Fils et du Saint-Esprit. » Après avoir répété trois fois ces paroles, ils appliquent une compresse d'huile d'olive, de trois blancs d'œufs et d'une poignée de filasse, et, si la douleur est violente, un cataplasme de vieux oing qu'on fait bouillir avec du vin. Quand l'un d'eux a mal aux dents, il prend un clou neuf, le met en contact avec la dent malade, le plante dans un bois de chêne et dit cinq *Pater* et cinq *Ave* en l'honneur de sainte Apolline.

Il y avait des esprits qui se plaisaient à éteindre les fouées; dans un conte de la Haute-Bretagne, deux frères qui gardaient leur fouée de charbon sont prévenus, un peu avant minuit, par un petit nain, qu'un géant haut comme un chêne, le Corps sans âme, va venir pour l'éteindre, mais qu'il ne faut pas se laisser effrayer par ses menaces. Ils lui résistent avec courage, et il s'en va; le troisième, qui n'a été prévenu ni par ses frères ni par le petit nain, se laisse intimider, et le Corps sans âme éteint la fouée.

Les légendes représentent les charbonniers comme prêts à accorder aux voyageurs qui traversent les forêts une hospitalité sommaire, mais cordiale; ils partagent cette réputation avec les autres « boisiers », et on ne les accuse pas d'avoir tenté de s'emparer de l'argent ou des habits de leurs hôtes. Les récits qui suivent montrent que leur bonne volonté ne reste pas sans récompense. Dans un conte espagnol, un pauvre charbonnier reçoit dans sa cabane Notre-Seigneur et saint Pierre qui parcouraient l'Espagne; il les traite de son mieux, allume du feu et met sur la table ses maigres provisions. Deux voyageurs se présentent encore, puis il vient jusqu'à ce qu'ils soient au nombre de treize : c'étaient Jésus-Christ et les douze apôtres. Le Christ touche du doigt le pain du charbonnier et les fruits, et ils se multiplient de telle sorte qu'il en reste encore après que tout le monde a été rassasié. Le lendemain, avant de le quitter, les voyageurs lui disent de formuler un don. Il souhaite d'avoir le plaisir de gagner chaque fois qu'il jouera aux cartes. Cela lui est accordé à la condition qu'il n'ira jamais au delà d'un petit enjeu. Il joue avec le diable l'âme d'un agent d'affaires et la lui gagne.

Par contre, il est un certain nombre de contes où les charbonniers se conduisent assez mal à l'égard de princesses errantes; leur imposture finit d'ailleurs toujours par être démasquée. Habituellement, un charbonnier qui, ayant assisté de loin au combat livré à un monstre, pour délivrer la princesse qu'il doit manger, se donne faussement pour son libérateur; dans un conte lorrain, ce sont trois charbonniers qu'elle rencontre par hasard qui la forcent à dire qu'ils sont les vainqueurs du monstre.

Dans plusieurs autres récits, les charbonniers montrent réellement du courage et surtout de la finesse. On raconte à Menton que le jour de la fête de Saint-Jean-Baptiste, deux charbonniers qui travaillaient dans le bois ont chacun une conduite différente : l'un va à la ville, l'autre reste à son poste et est surpris par un orage; il se réfugie sous un noyer; là il entend des voix, et étant grimpé dans l'arbre, il apprend que le fils du roi doit mourir le lendemain si on ne retourne le pot de terre dans lequel la sorcière a mis la moelle qu'elle lui a enlevée. Le charbonnier sauve le prince et le roi l'adopte pour son héritier.

La corporation des charbonniers jouissait de grands privilèges; toutefois ils ne formaient point à Paris de communauté, parce qu'il ne peut y avoir de fabrique de charbon dans la ville. Parmi leurs privilèges, il en est un auquel ils tenaient extrêmement : c'était le droit d'envoyer, lors de la naissance ou du mariage des princes de la famille royale, une députation qui présentait leurs compliments de félicitations; aux représentations gratuites, ils occupaient les loges d'avant-scène, conjointement avec les dames de la Halle.

Les maîtres charbonniers appelaient leurs valets : Garçons de la pelle ou plumets; dans l'estampe d'Abraham Bosse, p. 5, on peut voir que sous Louis XIII, ils portaient des plumes sur la tête; ce terme de « Plumet » était en usage à la fin du XVII⁰ siècle; au-dessous de l'estampe de Bonnart, qui représente le charbonnier, on lit ce quatrain qui fait allusion au proverbe : « Noir comme un charbonnier ».

> Bien qu'on juge à voir sa figure
> Qu'il soit de l'infernal manoir;
> Ce plumet, comme on nous assure.
> N'est pas si diable qu'il est noir.

La vendeuse de Mottes

C'est à bon droit que l'on méprise   puisque toute sa Marchandise
Sa drogue et que sa lecture pam   C'est bonne qu'à jetter au feu.

Dans le Finistère, on appelle plaisamment le charbonnier qui vient vendre son charbon en ville : Ar *Marc'hadour gwiniz du*, marchand de froment noir.

Depuis le commencement de ce siècle, le charbon de terre a pris une place de plus en plus grande dans le chauffage parisien ; mais le charbon de bois, destiné surtout à la cuisine, est encore l'objet d'un important commerce, et on le trouve dans les très nombreuses boutiques de charbonniers répandues un peu partout dans Paris. On ne le crie plus comme autrefois. L'auteur d'un petit livre en quatrains sur les *Cris de Paris*, imprimé au commencement du XVIe siècle, en a consacré un aux marchands de charbons :

> ...Vous orrez à haulte voix
> Par ses rues, matin et soir,
> Charbon, charbon de ieune bois.
> Treffort (très fort) crier pour dire voir.

Un peu plus tard, d'après la *Chanson nouvelle des Cris de Paris*, on criait :

> Charbon de rabais en grève,
> Le minot à neuf douzaines.

Au XVIIe siècle, les cris pour le charbon étaient :

> *Charbons de jeune bois !*
> Il n'est qu'à trois sols le minot !
> Il est en grève, en batteau :
> Qui en voudra vienne voir.
>
> *Charbons de jeune bois !*
> J'en amenai encore hier.
> Surtout ne crains que du gruyer
> Le rencontrer par où je vais.

Le crocheteur annonçait la vente des cotrets et du menu bois :

> Je crie : *Coterets, bourrées, buches !*
> Aucune fois : *Fagots ou falourdes !*
> Quand je vois que point on ne me huche,
> Je dis : *Achetez femmes lourdes !*

Les charbonniers de Paris, originaires pour la plupart de l'Auvergne, ont l'habitude de signaler leurs boutiques par des décorations parlantes. C'est une tradition qui est observée à tel point, qu'il serait difficile de trouver une boutique, même la plus pauvre, qui ne fût pas ornée de peintures. M. Félix Régamey a dessiné, dans la *Plume* (janvier 1895), un certain nombre de ces curieuses enseignes. Nous en reproduisons une ci-dessous.

A l'industrie du chauffage se rattachent les marchands de mottes. Leurs cris se font entendre, surtout en hiver, et dans les quartiers pauvres. L'un des plus populaires, vers 1850, était celui-ci, qu'un couple de revendeurs, homme et femme, chantait alternativement : « Des bons poussié' d'mott's, des mott's à brûler, des mott's! » ou bien : « Qui veut des mott's? qui veut des mott's? achetez tous du poussié d'mott's! » Tantôt ces marchands poussaient devant eux une petite charrette, tantôt ils portaient sur le dos une petite hotte dans laquelle ils entassaient les mottes à brûler.

Enseigne de charbonnier, d'après Félix Régamey.

SOURCES

J.-B. Champeval, *Proverbes limousins*, 33. — Lecœur, *Esquisses du Bocage normand*, I, 55; II, 54, 73. — Tylor, *Civilisation primitive*, II, 282, 287. — Grimm, *Teutonic Mythology*, II, 652. — *Revue des traditions populaires*, VII, 168; VIII, 485. — Ch. Thuriet, *Traditions du Doubs*, 364. — Bouche, *la Côte des Esclaves*, 241. — Ch. Letourneau, *Sociologie*, 471. — Grimm, *Veillées allemandes*, I, 69; *Mœrchen* (passim). — Georgiakis et Léon Pineau, *le Folk-Lore de Lesbos*, 170. — Laisnel de la Salle, *Légendes du Centre*, I, 203. — Pitrè, *Fiabe novelle siciliani*, III, 67. — De Lamare, *Traité de la police*, IV, 367, 866. — A. Joanne, *Nièvre*. — Mercier, *Tableau de Paris*, VII, 87. — Paul de Kock, *la Grande ville*, I, 42. — Kastner, *les Voix de Paris*, 37, 97. — Régis de la Colombière, *Cris de Marseille*, 251. — Noelas, *Légendes foréziennes*, 255, 257, 262. — La Bédollière, *les Industriels*, 222. — *Mémoires de la Société des antiquaires*, 1823, 40. — E. Souvestre, *Derniers paysans*, 61. — Dulaurens de la Barre, *Nouveaux fantômes bretons*, 63. — Nodier, *Souvenirs de la Révolution et de l'Empire*. — C. Moiset, *Usages de l'Yonne*, 141, 143. — Clavel, *Histoire pittoresque de la franc-maçonnerie*, 362. — Paul Sébillot, *Contes de la Haute-Bretagne*, II, 126. — X. Marmier, *Contes de différents pays*, II, 97. — E. Cosquin, *Contes de Lorraine*, I, 78. — Andrews, *Stories from Mentone*. — *Paris ridicule*, 300.

Noir comme marchands de charbons, silhouette du *Chaos* (vers 1840).

PAUL SÉBILLOT

LÉGENDES ET CURIOSITÉS

DES MÉTIERS

LES FORGERONS

La malice populaire qui, surtout au moyen âge, blasonna, souvent sans mesure, la plupart des métiers et leur prodigua les épithètes méprisantes, les proverbes et les dires injurieux, ne se manifeste que rarement à l'égard des ouvriers du fer. Les traits satiriques qui leur sont lancés sont peu nombreux, et, au lieu de s'attaquer à leur probité ou à leurs défauts professionnels, ils ne visent guère que leur vanité. Celle-ci était en quelque sorte justifiée par les qualités que devaient déployer les forgerons, et par la considération qu'elles leur valaient à une époque où l'on prisait par-dessus tout la force physique. Ceux qui tiraient de la forge des blocs de métal incandescent et les frappaient de leurs lourds marteaux pour leur faire prendre la forme qu'ils désiraient, devaient être plus estimés que les ouvriers dont l'état n'exigeait pas de si grands efforts musculaires, et les forgerons qui semblaient jouer avec le feu, et en avoir fait leur serviteur, qui savaient assouplir le métal le plus dur, et le transformer à leur fantaisie en objets tour à tour puissants ou délicats, paraissaient supérieurs aux autres artisans. En outre, les forgerons n'étaient-ils pas ceux qui fabriquaient les armures, les fers des lances et des épées, et qui s'occupaient de ferrer et de guérir les chevaux, que l'on regardait comme les plus nobles des animaux?

Dans la pratique ordinaire de la vie, il n'y avait pas entre eux et leurs clients ces petits conflits journaliers, qui provenaient la plupart du temps de ce que, l'un fournissant la matière première, celui qui la mettait en œuvre passait, à tort ou à raison, pour en conserver une partie qui ne lui était pas due. Les forgerons travaillaient en général des métaux qui leur appartenaient, et si on trouvait qu'ils faisaient chèrement payer leur talent, on ne pouvait leur reprocher des soustractions analogues à celles dont on accusait les meuniers, les tailleurs et les tisserands.

Il n'était pas un corps de métier qui pût se passer de leur concours, soit pour fabriquer les outils, soit pour les réparer ou les remettre à neuf. Une légende que racontaient naguère les forgerons du Sussex met en relief d'une façon ingénieuse la supériorité des ouvriers du fer, et la nécessité où tous les autres se trouvent de recourir à leurs bons offices. Au temps jadis, le dix-sept mars, le bon roi Alfred réunit tous les métiers au nombre de sept, et déclara qu'il ferait roi des métiers celui dont l'ouvrage pourrait se passer de l'aide des autres pendant la plus longue période de temps. Il annonça qu'il donnerait un banquet, auquel il invita un représentant de chaque profession, et il mit comme condition que chacun d'eux montrerait un spécimen de son ouvrage et les outils dont il s'était servi pour le faire. Le forgeron apporta son marteau et un fer à cheval, le tailleur ses ciseaux et un vêtement neuf, le boulanger son pelleron et un pain, le cordonnier son alène et une paire de souliers neufs, le charpentier sa scie et un tronc équarri, le boucher son couperet et un gros morceau de viande, le maçon son ciseau et une pierre d'angle. Après examen, les convives proclamèrent unanimement que l'ouvrage du tailleur était supérieur à celui des autres, et il fut installé comme roi des métiers. Le forgeron fut courroucé de cette décision, et, déclarant que tant que le tailleur serait roi, il ne travaillerait pas, il ferma sa boutique et s'en alla on ne sait où. Mais on ne tarda pas à regretter son départ. Le roi fut le premier à avoir besoin des services du forgeron, son cheval s'étant déferré ; l'un après l'autre les six compagnons brisèrent leurs outils ; ce fut le tailleur qui put travailler le plus longtemps ; mais le 23 novembre de la même année, il lui fut impossible de continuer. Le roi et les ouvriers se déterminèrent à ouvrir la forge et à essayer de faire eux-mêmes l'ouvrage : le cheval du roi le frappa, le tailleur se brûla les doigts, à chacun il arriva de pareilles mésaventures ; tous se mirent à se quereller et à se frapper, et dans la dispute l'enclume fut heurtée et renversée avec fracas. Alors arriva saint Clément, donnant le bras au forgeron. Le roi fit un humble salut à saint Clément et au forgeron, et leur dit : J'ai commis une grande erreur en me laissant séduire par le drap brillant et la savante coupe du tailleur ; en bonne justice le forgeron, sans l'aide duquel les autres ne peuvent rien faire, doit être proclamé roi. Tous les ouvriers, sauf le tailleur, le prièrent de leur refaire des outils ; il y consentit et il forgea même pour le tailleur, une paire de ciseaux neufs. Le roi réunit de nouveau les métiers, et proclama roi le joyeux forgeron, auquel tous souhaitèrent bonne santé et longue vie. Le roi demanda à chacun de chanter une chanson, et le forgeron commença par celle du *Joyeux Forgeron*, qui est restée populaire et que l'on chante encore aux fêtes du métier en Angleterre.

Les légendes faisaient des premiers forgerons des dieux ou des héros, et leur attribuaient souvent une taille et une force supérieures à celles des autres hommes. En Grèce, Vulcain et Dédale passaient pour les inventeurs de l'art de traiter les métaux, et la Bible en fait honneur à Tubalcaïn, dont le nom figure encore dans les chansons de fête des ouvriers du fer en Angleterre. Les cyclopes Titans, qui forgèrent la foudre de Jupiter, étaient des géants, et ceux qui travaillaient dans les forges de l'Etna, sous la direction de Vulcain, étaient si puissants que parfois leurs coups de marteau ébranlaient la Sicile et les îles voisines. L'habile forgeron Véland, héros d'un cycle très répandu au moyen âge, est le fils d'un géant. Si les nains que les traditions scandinaves et germaniques représentent occupés à forger le fer dans les cavernes reculées des montagnes sont de petite taille, ils ont une origine surnaturelle et leur adresse est prodigieuse. Le forgeron finnois qui figure dans *Kalevipoeg*, poème national des Estoniens, mêle à son adresse un peu de sorcellerie. Chez les peuples des bords de la Baltique, le dieu Ilmarinen dont parle l'épopée finnoise du *Kalevala*, avait inventé la forge : c'était lui qui avait forgé la voûte du ciel, et martelé la voûte de l'air, les faisant si bien unis que les coups de marteau et les morsures des tenailles n'y paraissaient pas. Il est vraisemblable que saint Pierre et le diable, qui, d'après les légendes de l'Ukraine, ont appris aux hommes l'art de forger le fer, ont été substitués par les chrétiens à des divinités païennes.

Un jour, dit un récit de l'Ukraine, les hommes trouvèrent un morceau de fer ; après avoir essayé en vain de le manger, pour l'amollir, ils le mirent à cuire dans de l'eau, à rôtir sur le feu, puis ils le battirent avec des pierres. Le diable qui les vit leur dit : Qu'est-ce que vous faites-là ? Les hommes répondirent : Un marteau pour battre le diable. Alors celui-ci leur

Cette gravure forme la moitié gauche d'une composition dont la droite est occupée par la dispute d'un menuisier et de sa femme; au milieu est un cartouche ovale avec cette inscription : « Le temps corrompu. Pierre Saineton, ex. auec priv. du Roy. » (Musée Carnavalet.)

demanda où ils avaient pu se procurer le sable nécessaire à
leur travail. Les hommes comprirent qu'il faut du sable pour
travailler le fer, et c'est à partir de ce moment qu'ils commencèrent à fabriquer tous les outils.

Ailleurs, surtout dans l'Europe occidentale, le diable, loin
d'être l'inventeur du métier, essaie en vain de l'apprendre, et
est dupé par les forgerons. Un jour qu'il voyageait dans le pays
de Vannes, il entra dans une forge et, ravi des beaux ouvrages
qu'il voyait faire, il voulut apprendre le métier. « Hé bien ! dit
le forgeron, prends-moi ce gros marteau et quand le fer que
j'ai dans le feu sera rouge, je le mettrai sur l'enclume, et tu
vas dauber dessus vigoureusement, en alternant tes coups de
marteau avec les miens. » Le diable se met à frapper fort,
mais les puces de forgeron, ou, si vous aimez mieux, les étincelles, sautent autour de l'enclume et, si le forgeron a un tablier
de cuir pour protéger son ventre, le diable n'a le sien protégé
que par son poil de bouc. Aussi ces puces le mordent-elles
impitoyablement. De plus le forgeron laissa le fer rouge tomber
sur les jambes du diable, qui se crut de nouveau dans son
enfer et se mit à fuir le plus vite possible.

En Haute-Bretagne, il n'eut pas beaucoup plus de chance :
Un jour il arriva chez un maréchal, avec lequel il lia conversation. — Vos souliers, dit le forgeron, ne sont pas des meilleurs ; si vous voulez, je vous ferrerai le talon, et ils seront
comme neufs. Le diable y consentit. Le forgeron fit des clous
pointus comme des alènes et longs comme le bras, puis il dit :
— Maintenant, pour vous ferrer, il faut que je vous attache ;
vous savez que jamais on ne ferre les chevaux sans les attacher.
Le diable se laissa faire, et quand les fers furent rouges, le
forgeron en prit un, le plongea dans l'eau bénite et le mit sur le
pied du diable, qui poussait des cris épouvantables ; mais le
forgeron continuait à les enfoncer, il ferra même le second pied

en protestant qu'il n'avait jamais fait un ouvrage à moitié, et
il les arrosait d'eau bénite en disant : Quand on a ferré un
cheval, on arrose le fer. Il ne laissa le pauvre diable s'en aller
qu'après l'avoir contraint, par un papier bien en règle, à
renoncer à tous ses droits sur lui.

Dans un autre conte du même pays, le forgeron qui s'appelle
Misère, n'ayant plus de fer dans sa forge, prend une grosse
boucle d'argent et ferre l'âne du bon Dieu, qui, pour le récompenser, lui accorde trois dons : ce qui entrera dans sa blague
ne pourra en sortir sans sa permission, qui s'assiéra dans sa
chaise ne pourra se lever, et ceux qui monteront dans son noyer
y resteront jusqu'à ce qu'il leur permette de descendre. Peu
après Misère se donne au diable, qui doit l'emporter au bout de
vingt ans ; quand ils sont révolus, et qu'il vient le chercher, il
lui dit de s'asseoir dans sa chaise ; pour lui permettre de s'en
aller, il exige vingt ans de répit, au bout desquels il persuade
au diable de monter dans son noyer ; il exige un autre délai
pour le laisser descendre, et quand il est expiré, il défie le
diable de se transformer en fourmi ; celui-ci accepte la gageure,
et quand Misère l'a enfermé dans sa blague, il le met sur son
enclume et le bat jusqu'à ce que les forces lui manquent.

Le forgeron Sans-Souci, auquel Jésus-Christ avait accordé
trois dons pour le récompenser du courage avec lequel il travaillait, trouve moyen de duper la Mort elle-même et la retint
pendant cent ans sur son banc.

Plusieurs légendes, qui constatent l'orgueil que leur habileté inspirait aux forgerons, racontent la façon dont ils en
sont punis ; mais l'aventure n'a pas pour eux de suites bien
fâcheuses. Un jour, dit un récit lorrain, l'Enfant Jésus voyant
son père rêveur, lui demande ce qu'il a ; Dieu le père lui
répond qu'il y a en Limousin un forgeron, bon chrétien, charitable aux pauvres gens, de bon compte avec ses pratiques,

mais qui ne deviendra jamais un grand saint, parce qu'il.a trop d'orgueil. Jésus demande à son père la permission de descendre sur terre pour le convertir. Il se déguise en apprenti et arrive dans le village où demeurait Éloi, qui avait une enseigne sur laquelle étaient ces mots: *Éloi le maréchal, maître de tous les maîtres, forge en deux chaudes.* En entrant, Jésus dit : — Je vous souhaite le bonjour, maître, et toute la compagnie ; avez-vous besoin d'un ouvrier? — Non, répond Éloi; et l'apprenti s'en va. Mais dans la rue, il rencontre des gens qui lui conseillent de retourner en saluant comme il est écrit sur l'enseigne. Jésus retourne et dit : — Je vous souhaite le bonjour, maître des maîtres. Avez-vous besoin d'un ouvrier? — Entre, répondit-il aussitôt ; mais écoute : quand tu me parleras, aie soin de toujours dire : Maître de tous les maîtres, parce que, ce n'est point pour me flatter, mais des maréchaux comme moi qui font un fer en deux chaudes, il n'y en a pas deux en Limousin. — Chez nous, dit l'apprenti, nous forgeons en une seule chaude. Jésus fait rougir un morceau de fer, le prend dans ses mains, en disant qu'il n'a pas besoin de tenailles, le martèle sur l'enclume, et en peu de temps, il a un fer parfaitement arrondi. Saint Éloi veut l'imiter; mais il se brûle les doigts et ne peut finir le fer en une seule fois. Peu après arrive un cavalier, c'était saint Martin, dont le cheval était déferré. Éloi appelle son apprenti pour tenir le pied du cheval. Celui-ci lui répond que dans son pays on ne se donne pas tant de peine. Il coupe le pied du cheval, le met sur l'enclume, et quand il a été ferré, il le replace si bien qu'il n'y paraît pas. Éloi veut faire comme lui, mais il ne peut venir à bout de remettre le pied. Alors, il se jette aux genoux de l'apprenti, et reconnaît qu'il a un maître. Quand il se relève, cavalier et cheval ont disparu. Éloi ferme sa forge, et va partout prêcher la parole de Notre-Seigneur. On raconte, en Irlande, une légende ana-

logue, sous une forme plus courte ; et c'est l'ange gardien de
saint Éloi qui vient le guérir du péché d'orgueil.

Les variantes de ce thème sont extrêmement nombreuses,
et, dans plusieurs, on retrouve au-dessus de la porte l'orgueil-

Cette gravure, signée Lenfant excudit, est la copie, pour le motif principal, d'une autre gravure carrée signée Danuel, où les tableaux épisodiques
sont disposés autrement. (Musée Carnavalet.)

leuse enseigne : Le Maître des maîtres, dans le pays basque ;
en Norvège : Ici demeure le Maître maréchal ; en Allemagne :
Ici demeure le Maître de tous les maîtres.

FORGERONS.   3

Dans un conte allemand de Simrok, Jésus-Christ ferre également un cheval dont il a coupé la jambe ; le maréchal n'essaie pas de l'imiter ; mais au lieu de s'avouer vaincu, il demande d'autres preuves. Jésus prend un petit vieillard qui vient d'entrer dans la forge, et dit qu'il va le rajeunir, en le forgeant, sans lui faire de mal. Il prend le petit vieux, le plonge dans la fournaise jusqu'à ce qu'il devienne rouge comme une rose, le tire hors du feu et quand, après l'avoir touché une seule fois avec son marteau, il eut fait couler assez d'eau pour le rafraîchir, il le pose par terre transformé en jeune homme de vingt ans. Le forgeron a tellement confiance en son habileté, qu'il essaie d'imiter Jésus ; il coupe les pieds d'un cheval, mais ne réussit qu'à les brûler, et sa belle-mère, vieille et bossue, au lieu de rajeunir par le feu, n'est plus qu'un petit monceau de cendres. Alors, il avoue qu'il a trouvé son maître, et d'un coup de marteau, il brise son enseigne. Le Seigneur, touché de son repentir, rajeunit la vieille et remet les quatre pieds au cheval.

En Russie, on raconte aussi l'épisode du rajeunissement opéré par le feu. Ce n'est plus une divinité bienfaisante qui veut donner une leçon à un ouvrier vaniteux, mais le diable qui, comptant sur l'orgueil du forgeron, opère ce miracle dans un simple but de vengeance. Un vieux forgeron avait fait peindre sur sa porte un démon semblable à l'un de ceux qu'il avait vus sur un tableau du Jugement dernier, et il était toujours poli avec lui. Mais il mourut, et son fils frappait sur l'image et lui crachait à la figure quand il allait à l'église. Le démon, pour se venger, se déguisa en apprenti. Un jour qu'il était seul à la forge, il proposa à une vieille dame de la rajeunir pour cinq cents roubles. Il la mit dans la fournaise, puis plongea les os dans une jatte de lait : quand il les retira, la dame était redevenue jeune. Elle retourna chez son mari et lui dit de se faire rajeunir par le forgeron. Celui-ci essaie d'imiter son apprenti ; mais il ne réussit pas, et on le traîne à la potence. Le démon lui fait promettre de ne plus jamais le maltraiter, et il rajeunit aussi le seigneur.

La plupart des récits que nous avons rapportés sont des espèces de moralité, qui mettent en relief l'habileté des forgerons, et montrent comment ils ont été punis de leur orgueil ; dans les contes d'aventures, leur rôle est aussi important : ils sont les héros même du récit, ou, plus rarement, des personnages épisodiques, et généralement ils finissent par réussir.

Des contes de pays très variés parlent d'un garçon fort, appelé souvent Jean de l'Ours, qui va apprendre le métier de forgeron, et, devenu habile, obtient de son maître assez de fer pour forger une canne d'un poids énorme. Quand il l'a faite, il part chercher fortune, s'associe des compagnons qui tous sont remarquables par le développement d'une qualité physique, délivre des princesses, qui chacune lui remettent une boule. Il leur dit qu'il les reverra plus tard, et elles l'oublient. Lui, après avoir parcouru le monde, arrive au pays des princesses où il se loue comme apprenti chez un forgeron, dont la boutique, grâce à son habileté, devient très achalandée. Le roi demande à son patron de lui refaire trois boules d'après un modèle qui n'est autre que celui des boules des princesses. Son patron lui confie la besogne, il remet les boules qui lui avaient été données : les filles du roi reconnaissent leur libérateur, et il épouse celle des trois qu'il a choisie.

Parfois, ce n'est pas le héros qui forge lui-même son arme ; il est le fils d'un forgeron, auquel il demande de lui fabriquer une canne de fer, ou bien, comme dans le conte de Petite-Baguette, recueilli en Haute-Bretagne, il prie sa mère d'aller lui faire forger une baguette de fer ; il manie comme une plume la première qu'on lui avait faite ; il n'est content que lorsqu'il en a une pesant sept cents livres. Kalevipoeg, le héros du poème estonien qui porte ce titre, va trouver un célèbre forgeron finnois, et lui demande une épée. On lui en présente un grand nombre et il les brise en mille morceaux, en frappant un rocher; il ébrèche les autres en frappant sur l'enclume; on finit par lui apporter le roi des glaives, auquel le forgeron avait travaillé pendant sept ans en accumulant toutes les forces magiques et en le trempant dans l'eau des sept mers et lacs sacrés. Avec lui, le héros fend l'enclume en deux morceaux, et le glaive reste intact.

Un forgeron russe n'avait jamais vu le Mal; il partit pour aller à sa recherche, et rencontra un tailleur qui ne l'avait jamais vu non plus. A la nuit, les deux compagnons entrent dans une chaumière : une vieille femme, qui n'avait qu'un œil, y fait un grand feu et mange le tailleur comme un poulet. La vieille, voyant que le forgeron a deux yeux, lui demanda de lui forger un second œil. Il fait chauffer un clou et l'enfonce dans le bon œil de la sorcière; puis il retourne sa pelisse, qui était poilue en dedans, et marche à quatre pattes; la vieille, comme Polyphème, tâte ses moutons au sortir de la maison, mais grâce à sa ruse, le forgeron lui échappe.

Les Petits-Russiens racontent que le héros Petit-Pois, poursuivi par un dragon femelle, dont il a tué le mari, se réfugie dans une forge tout en fer et demande protection au forgeron. Ils ferment les portes de fer, et quand le monstre somme le forgeron de lui livrer son hôte, celui-ci lui dit de passer la langue par-dessous la porte; quand elle y est entrée, il la saisit avec ses tenailles rougies au feu, et la maintient pendant que Petit-Pois broie les os du dragon.

En Suisse, un forgeron, condamné à mort, offre au magistrat qui l'avait jugé, d'aller tuer le dragon de Naters; sa proposition acceptée, il forge avec une barre d'acier une épée, qu'il trempe dans les eaux glacées du Rhône ; il combat le dragon, et finit par être victorieux.

Un prince, qui figure dans un récit du Pendjab, a pour compagnons des ouvriers appartenant à divers corps d'état, et, parmi eux, un forgeron, qu'il établit roi d'un pays. La destinée du prince était liée à son épée ; si celle-ci était brisée, il devait mourir. Quand l'épée a été mise en morceaux, le prince meurt, mais le forgeron, qui en est aussitôt averti, rassemble les morceaux, reforge l'épée et lui rend la vie.

On raconte, dans la Suisse romande, que jadis, à une époque très reculée, les fées qui demeuraient dans une caverne de la montagne, venaient en hiver se chauffer dans les forges de Vallorbe, quand les ouvriers s'étaient retirés, et un coq vigilant annonçait, une heure à l'avance, le retour des forgerons, pour qu'elles eussent le temps de s'échapper. Un jeune forgeron pénètre dans leur caverne et s'y endort. A son réveil, une fée lui propose de rester avec elle et de le rendre heureux pendant un siècle, à la condition qu'il ne la verra que quand il lui plaira de paraître à ses yeux, et que si elle se retire dans une partie reculée de sa demeure, il ne cherchera pas à y pénétrer. Pendant quinze jours, le forgeron observe le pacte ; mais après le dîner du seizième jour, la fée entra dans un cabinet voisin, pour y faire sa méridienne, laissant la porte entr'ouverte. Le jeune homme ne put résister à l'envie de regarder ; la fée était étendue sur un beau lit de velours, sa longue robe était un peu relevée, et il vit qu'elle avait un pied sans talon, comme une patte d'oie. La fée se réveilla, et le chassa en lui disant que s'il avait été discret pendant un mois, elle l'aurait pris pour époux.

Il est assez rare que le peuple accuse les forgerons de s'emparer du bien d'autrui ou de détourner de la marchandise. Les *Exempla* de Jacques de Vitry rapportent pourtant l'histoire peu édifiante d'un maréchal ferrant qui avait coutume d'enfoncer très avant un clou dans le pied des chevaux des étrangers qui passaient devant sa forge. Le cavalier remontait dessus, et, un peu plus loin, quand le cheval boitait, un compère se présentait et proposait de le lui acheter un bon prix. Le maréchal lui retirait le clou du pied et, peu de jours après, le cheval était guéri. Dans un récit qui paraît être d'origine polonaise, la sainte Vierge descend aux enfers et y voit les supplices endurés par les gens des métiers : des hommes étaient dans des cavernes incandescentes, où les diables allumaient du feu et faisaient de la fumée ; d'autres diables leur introduisaient dans la bouche des fers brûlants, leur enfonçaient des broches rougies dans les oreilles, pinçaient leurs corps avec des tenailles ou les battaient à coups de marteau. La Vierge demanda à saint Michel, qui lui servait de guide, quel péché ces gens avaient commis : Ce sont, répondit l'archange, les forgerons qui ont volé le fer d'autrui en travaillant.

En Normandie, les ouvriers des grosses forges sont appelés « cousins du foisil » (poussière de charbon). Le nom de « gueule noire », semble un terme générique pour désigner les ouvriers que leur profession expose à être noircis. En Poitou, on donne au diable le nom de « Marichaud », sans doute par une allusion de couleur.

Au siècle dernier, c'était dans la boutique du taillandier, qui joignait habituellement à ce métier celui de maréchal-expert, toujours brillamment illuminée, qu'aux premières heures de la nuit, s'assemblaient les jeunes gens pour entendre ou pour faire des histoires de grands voleurs, des contes de bêtes féroces. En Angleterre, la boutique du forgeron était le rendez-vous des gens qui désiraient savoir des nouvelles. En plusieurs pays, la boutique du maréchal ferrant a comme enseigne des trophées de fers, des fers à cheval ou des tenailles imprimées sur la devanture.

Les forgerons de campagne sont assez fréquemment taillandiers, cloutiers et surtout maréchaux ferrants. En Belgique, de même qu'en France, ils remplissent souvent l'office de médecins, de dentistes et de vétérinaires. Un passage du *Moyen de parvenir* montre qu'à la fin du XVIe siècle, il y en avait qui cumulaient déjà plusieurs métiers : « Le maréchal de Ballon était notaire et aussi barbier ; et quand on le demandait, il disait : Me voulez-vous pour ferrer, ou barber, ou ajourner ? pensez que depuis il fut sergent. »

Le tablier de cuir des forgerons est une sorte d'insigne de la profession, et ils ne le quittent guère. La prise de tablier est fêtée en certains pays, et il est probable qu'autrefois elle avait le caractère d'une véritable initiation, dont la coutume actuelle n'est qu'une survivance affaiblie. Dans la Sarthe, quand un apprenti forgeron met le tablier de cuir, on le baptise. Il va au cabaret avec ses camarades, chacun prend une *verrée* de vin rouge, puis le verre vide est enduit de vin et appliqué sur l'envers du tablier où il marque son rond : chacun écrit son nom au milieu, c'est une sorte de cachet. En Haute-Bretagne, lorsqu'un maréchal a un tablier neuf, il se rend à l'auberge et ses camarades le « contrôlent ». Ils tracent sur l'envers une marque à l'encre, ou font chauffer une pièce de monnaie ou un fer qui laisse son empreinte sur le cuir ; à chaque « contrôle », le maréchal doit payer un pot de cidre.

Maintenant les tabliers ne sont plus, en France, à ma connaissance du moins, tailladés comme autrefois ; une gravure du livre de Franqueville, montre qu'en 1691 ils étaient terminés par des dents régulières. En Angleterre, les forgerons portent un tablier coupé carrément et dont le bord est taillé en forme de frange ; on lui attribue une origine ancienne. Lorsque le temple de Salomon fût bâti, il y eut un souper auquel furent invités tous les ouvriers, excepté le forgeron.

Celui-ci prit son métier en dégoût, et, lorsque les autres ouvriers eurent besoin de réparer leurs outils, le forgeron refusa de travailler. Alors Salomon donna un second souper, auquel il convia le forgeron, et il fit tailler à son tablier de cuir une frange qu'il fit dorer. Suivant une autre légende, lors de la dispute des métiers, au temps du roi Alfred, le tailleur, pour remercier le forgeron de lui avoir fait une paire de

Gravure du *Miroir de l'Art et de la Nature*, 1691.

ciseaux neufs, se glissa sous la table, lui tailla carrément son tablier et y découpa des franges. Actuellement, il y a des forgerons qui ont, à leurs tabliers, cinq entailles qui imitent la patte du lion.

De même que plusieurs ouvriers de différents corps de métiers, certains forgerons ont des superstitions en rapport avec les jours. Les vieilles femmes de la Suisse racontent que saint Bernard tient le diable enchaîné dans quelqu'une des montagnes qui environnent l'abbaye de Clairvaux : c'est pour cela que les maréchaux du pays ont coutume de frapper, tous les lundis, avant de se mettre à la besogne, trois coups sur

La Grande Destruction de LVSTVCRV par les Femmes Fortes et Verturuses

(Musée Carnavalet) : Une autre gravure représente une forge où des femmes s'occupent aussi à forger la tête des hommes; la moitié de la composition est occupée par un paysage. Vers le commencement de ce siècle, une autre image coloriée, publiée à Paris chez Jean, roule sur le même thème.

FORGERONS.

9

l'enclume, comme pour resserrer la chaîne du diable, afin qu'il ne puisse s'échapper.

En Belgique, les maréchaux considèrent le jeudi comme un jour heureux. Aucun de ceux du nord du comté de Durham ne consentirait à enfoncer un clou le Vendredi saint, en souvenir de l'usage sacrilège auquel le marteau et les clous ont été employés le premier Vendredi saint.

Dans les Vosges, saint Éloi, patron des maréchaux, les préserve des ruades et les garde de tout accident quand ils ont à ferrer des chevaux vicieux. On peut d'ailleurs ferrer tout cheval, quelque difficile qu'il soit, si on a la précaution d'en faire le tour, en disant : « Je te conjure, au nom de Dieu, et te commande d'avoir à te laisser ferrer pour homme porter, ni plus ni moins que Jésus fut porté en Égypte, par la sainte Vierge ». Cette oraison doit être suivie d'un *Pater* et d'un *Ave*.

Lorsqu'un jeune cheval est ferré pour la première fois, il y a une sorte de fête, en Écosse; son propriétaire vient à la forge muni d'une bouteille de whisky. La besogne accomplie, le maréchal, et tous ceux qui sont présents, reçoivent une pièce blanche et quelquefois deux.

En Normandie, on croit que les ouvriers du fer qui se brûlent par accident, peuvent se guérir rapidement, en prononçant sur leurs blessures certaines paroles.

J'ai réuni, dans cette monographie, ce qui se rapporte aux ouvriers qui travaillent le fer en gros : les forgerons, les maréchaux ferrants, les taillandiers. Dans le compagnonnage, ces ouvriers sont distincts: les fondeurs sont de 1601 ; les forgerons dont l'admission parmi les compagnons passants du Devoir, remonte à 160?, ont donné leur devoir aux maréchaux ferrants, en 1795, mais les deux corporations sont séparées et ennemies, et leur fête n'a pas lieu le même jour, les forgerons fêtant la Saint-Éloi d'hiver, les maréchaux la Saint-Éloi d'été.

Les maréchaux formaient, sous le second empire, une des plus fortes associations ; ils se répandaient partout et on les trouvait dans les villes et dans les villages. Vers 1850, ils observaient, lors du départ d'un compagnon, une curieuse cérémonie, qui est ainsi décrite par Agricol Perdiguier, qui en avait été témoin aux environs de Nantes. Ils étaient dans un champ, à côté de la route, faisant ce qu'ils appellent le devoir. C'était une cérémonie en plein vent, une conduite en règle, à propos d'un partant. Leurs cannes sont plantées en terre, et des rubans rouges, verts et blancs flottent à leurs boutonnières. Ayant coudes contre coudes, ils forment une immense circonférence, et regardent tous vers le centre. Un des leurs, portant dans sa main droite un verre de vin bien coloré, se met à courir, fait le tour extérieur de cette circonférence en criant, en hurlant, et se rapproche de sa place, où un compagnon, le partant sans doute, l'attendait, tenant aussi un verre à la main. Ils se dressent vis-à-vis l'un de l'autre, regardent fixement, font des signes, avancent, inclinent sur un côté, passent leurs bras droits l'un dans l'autre, et boivent tous deux en même temps. Celui qui avait crié et couru rentre dans son rang. Le voisin en sort, l'imite, et tous, l'un après l'autre, se livrent au même exercice, à la même action. Il y eut aussi des cris d'ensemble. Le partant s'éloigne, ayant son sac en peau de chèvre sur le dos, sa longue canne à la main, sa gourde pendante au côté. Deux belles boucles d'or ornées d'un fer à cheval pendent à ses oreilles. Chacun de l'appeler et de l'appeler encore. Mais il s'en va sans détourner la tête, sans montrer aucune faiblesse. On redouble d'agaceries, de séductions, rien n'y fait, il marche fièrement devant lui. Tout à coup, il prend son chapeau dans ses mains, le jette par-dessus sa tête, bien loin derrière son dos, et se met à fuir. Des compagnons courent le ramasser, poursuivent le fuyard, l'atteignent à la longue, et le lui enfoncent sur la tête. Le partant reste insensible ; il ne sait, il ne veut savoir qui lui a rendu son couvre-chef ; il marche d'un pied ferme, sans se détourner ni à droite ni à gauche ; ses autres compagnons retournent sur leurs pas ; la conduite est achevée. Le patient a fait preuve de fermeté.

Dans certains cas, les compagnons maréchaux portent des boucles d'oreille d'or, ornées d'un fer à cheval. En 1853, les forgerons, dans les cérémonies de corps, avaient la culotte courte et le chapeau monté.

Le tatouage est assez fréquent chez les ouvriers du fer. Les emblèmes les plus fréquents sont : fer à cheval, enclume, pince, marteau, fer à cheval entouré de petits fers, fer, marteau, taille-corne, clous.

En France et en Belgique, les forgerons et la plupart des ouvriers du marteau ont pour patron saint Éloi ; au XVII° siècle, les maréchaux habillaient quelquefois ce saint en maréchal, dans la pensée, dit le curé Thiers, qu'il avait été de leur profession, ce qui est une erreur partagée par le peuple et par les conteurs populaires ; en réalité, il fut orfèvre et non pas forgeron. Sa fête est célébrée, en beaucoup d'endroits, par les ouvriers du fer.

Dans l'Yonne, dès la veille, les jeunes forgerons, maréchaux, charrons, etc., parcouraient, le soir, le pays, avec des torches, chantant, avec accompagnement d'instruments, la chanson : *Saint Éloi avait un fils*, etc. ; le matin, une salve d'artillerie invitait les ouvriers à se préparer à la fête, et l'office était annoncé, à dix heures, par une nouvelle détonation.

Avant 1836, aux forges de la Hunaudière, près de Châteaubriant, les forgerons célébraient la fête de saint Éloi. Comme elle tombait le 1er décembre, alors que l'établissement était en pleine activité, elle était remise au lendemain de la Saint-Jean, où tout le monde chômait, excepté le fourneau. Après la messe à la chapelle, on se rendait à la forge pour fleurir le marteau. Le directeur, le commis et toutes les dames, ainsi que le curé, assistaient à cette cérémonie : chacun prenait un clou et l'enfonçait dans le bouquet pour le fixer solidement au marteau. C'est alors que les ouvriers entonnaient avec un entrain merveilleux la chanson des forgerons :

> C'est aujourd'hui la Saint-Éloi,
> Suivons tous l'ancienne loi;
> Il faut fleurir le marteau,
> Portons-lui du vin nouveau.
>
> Saint Éloi avait un fils
> Qui s'appelait Oculi;
> Et quand le bon saint forgeait
> Son fils Oculi soufflait.
>
> A vot' santé, bons marteleurs !
> Sans oublier vos chauffeurs.
> Et vous autr' p'tits forgerons
> Qui passez pour bons garçons.
>
> S'il y a des filles dans nos cantons
> Qui aiment bien les forgerons,
> Elles n'ont pas peur du marteau
> Quand elles sont dessus le haut.
>
> Allons à la messe promptement,
> M'sieur le curé nous attend,
> La messe il va nous chanter.
> Il nous faut aller l'écouter.

En même temps, on levait la canne ou pelle, et le marteau frappait avec violence sur un gros levier qu'il devait écraser. A ce signal, tout le monde se mettait à danser à la ronde. Le chef de l'établissement donnait une barrique de cidre pour aider à célébrer plus gaiement la fête. Chaque ouvrier apportait, devant son feu de forge, sa table et son repas, auquel prenait part toute sa famille, et chacun allait boire à la barrique commune. Dans la soirée, tous les petits valets fleurissaient leurs outils et se rendaient chez le directeur, devant lequel ils chantaient des chansons appropriées à la circonstance, et le directeur arrosait copieusement le bouquet. De son côté, sa femme, au soir de la fête, régalait les femmes des ouvriers d'une outre de vin rouge, après quoi les danses recommençaient et duraient toute la nuit.

En Haute-Bretagne, les maréchaux mettent, lors de leur fête, au-dessus de leur porte, un laurier, accompagné de rubans rouges, blancs et verts ; le soir, ils chantent la chanson du *Roi Dagobert*.

Dans la province d'Anvers, les maréchaux et les forgerons se rendent à l'église, pour y assister à la messe qui est célébrée en l'honneur du saint, et qui, pour cette raison, est appelée « Looimis », c'est-à-dire, « Messe de saint Éloi ». Durant toute la journée, mais principalement le soir, les paysans des environs se rendent à la forge du village, sur le toit de laquelle le drapeau flotte. Il est d'usage qu'ils aillent régler, ce jour-là, les comptes de toute l'année chez les maréchaux ferrants, qui, dans la campagne, exercent en même temps le métier de forgeron et celui de serrurier. Les grands fermiers se font accompagner de leurs valets. Le forgeron, qui tient ordinairement auberge, sait bien de quelle manière il doit traiter ses chalands pour s'assurer continuellement leur faveur. Sur une certaine somme, il leur accorde, chaque fois, un rabais de « 5 cens » (10 centimes), et cet argent leur sert à prendre maints « pintjes » et « borreltjes » (des verres d'orge et des petits verres de genièvre). Dans le pays wallon, le régal offert consiste en une petite collation de jambon ou de viande salée, accompagnée d'une quantité de petits verres.

Dans l'Yonne, on donne des œufs de Pâques teints aux maréchaux et aux forgerons.

En Angleterre, la fête des forgerons avait lieu le jour de la Saint-Clément, dans le Sussex, et, suivant la coutume ancienne désignée sous le nom de « Clemmenning », ils allaient quêter des pommes et de la bière, usage encore conservé dans quelques pays. Pour fêter leur saint patron, ils placent un peu de poudre dans le trou de leur enclume, et ils la font éclater comme une fusée. Il y a quelques années, à l'auberge de Burwath, on asseyait sur un fauteuil un mannequin orné d'une perruque et ayant une pipe à la bouche, que l'on appelait « Old Clem », nom familier de saint Clément, le premier homme qui ait, suivant la tradition, ferré un cheval.

Dans plusieurs établisssements privés, le patron donne à ses ouvriers une *way-goose*, c'est-à-dire une jambe de porc sans os, et le porc rôti avec de la sauge et des oignons. Le plus vieux forgeron préside le banquet dont le plus jeune est vice-président. La cérémonie est accompagnée de toasts traditionnels, du chant du *Jolly Blacksmith*, et l'on boit à la mémoire du « Vieux Clem » et à la prospérité de ses descendants. L'on souhaite aussi que la face du brillant marteau et de l'enclume ne soit jamais rouillée par manque d'ouvrage. A Londres, le repas avait lieu au *Cheval Blanc*: un des forgerons y était revêtu d'un tablier neuf avec des franges dorées, et l'on servait à ce souper une boisson spéciale, composée de gin, d'œufs et d'épices. Le feu d'artifice du marteau n'est plus fait par les ouvriers de cette ville.

Les forgerons, de même que plusieurs autres corps d'état, donnent quelquefois, par une sorte d'assimilation à un être animé, des noms à ceux de leurs outils qui leur servent souvent ou qui présentent quelque particularité remarquable. Dans *l'Assommoir*, Zola parle de deux masses de vingt livres, les deux grandes sœurs de l'atelier, que les ouvriers nommaient Fifine et Dédèle.

Les forgerons, maréchaux et taillandiers tiennent une place considérable dans l'imagerie allégorique, surtout dans celle du XVIIe siècle ; nous avons reproduit quelques planches qui sont intéressantes au double point de vue du métier et de l'histoire des mœurs ; telle est celle où l'on voit la servante « ferrer la mule » (p. 9), expression qui a été remplacée par la « danse de l'anse du panier ». La belle estampe de Larmessin est suffisamment expliquée par la légende qu'on lit au-dessous (p. 5). Avant de voler le chat de la mère Michel, Lustucru avait été quelque peu réformateur et forgeron. Quelque folâtre, dit Tallemant des Réaux, s'avisa de faire une espèce de forgeron, grotesquement habillé, qui tenait une femme avec des tenailles et la redressait avec son marteau. Son nom étoit L'Eusses-tu-cru, et sa qualité médecin céphalique, voulant dire que « c'étoit une chose qu'on ne croyoit pas qui pût jamais arriver que de redresser la tête d'une femme. » On vit paraître un grand nombre d'images, quelques-unes d'un véritable mérite artistique, qui montrèrent Lustucru dans son rôle de réformateur de la tête et de la frivolité des femmes ; d'autres sont très naïves, comme le bois normand reproduit dans l'*Imagerie populaire* de Champfleury : Lustucru, en compagnie d'un ouvrier, frappe à tour de bras une tête de femme, qu'il tient avec des pinces sur une enclume, et s'écrie : « Je te rendrai bonne ! » A quoi le compagnon ajoute : « Maris, réjouissez-vous ! » Une autre tête de mauvaise femme se trouve sur le foyer de la forge, attendant que le forgeron lui fasse subir la même opération, pour la rendre bonne également.

Les femmes voulurent avoir leur revanche, et d'autres images représentèrent Lustucru massacré par les femmes, ou la grande destruction de Lustucru par les femmes fortes et vertueuses : ce sont elles qui, à leur tour, forgent la tête des hommes (Voir la gravure de la page 17). La Forge merveil-

leuse, image populaire, qui parut à Metz, vers 1840, chez
Dembourg, et qui pourrait bien avoir été dessinée par Grand-

ville, montre une maîtresse de forge qui rend aux femmes
leurs maris guéris de leurs défauts, quand ils ont passé par le

feu, et ont été forgés sur l'enclume. Elle s'adresse à la foule et lui dit :

De cette forge merveilleuse.
Voyez les effets surprenants :
Intempérance, humeur fougueuse,
S'envolent en quelques instants.
D'une amitié constante,
   Docile influence,
L'homme, chose étonnante,
Est un être charmant!
   Cette forge, en vérité.
      Merveille
      Sans pareille,
Rend, par sa propriété,
   L'esprit et la bonté.

Il n'est pas impossible que toute cette série ait eu pour point de départ un écho affaibli des légendes que l'on constate à des époques fort anciennes, et dans lesquelles des vieillards sont rajeunis magiquement par le feu.

La malice populaire s'exerce peu fréquemment aux dépens des ouvriers du fer ; voici deux formulettes, l'une de l'Armagnac, l'autre de Basse-Bretagne ; je donne seulement le texte patois de la première qui est grossière :

Haure, haure, haurilloun,
Tretze petz dans un cujoun (gourde).
Lou cujoun se crèbo,
Lou haure tout merdo.

Marichal krign-karn,
Chaoker kac'h houarn.

Maréchal, grignoteur de cornes. — Mâcheur d'excréments de fer.

Les devinettes sur les forgerons paraissent assez rares. M. Walter Gregor en a publié trois recueillies en Écosse. Voici la mieux venue :

Fah made the first pair o' shoes without leather
Before the shoemaker made :

Fire, air, earth, water,
All put elements together,
And each one took two pair o' shoes?

— Qui a fait la première paire de souliers sans cuir avant le cordonnier; — Qui met ensemble les éléments : — Le feu, l'air, la terre, l'eau, — Et à qui chaque client demande deux paires de souliers?

La réponse de cette devinette de l'Ukraine est l'enclume :

Je suis petite, utile pour tout le monde; mais dans mon ventre il y a toujours le bruit, et l'homme frappe mon cœur et mes entrailles.

PROVERBES

— *Fit fabricando faber.*

— A forger on devient forgeron.

— En forgeant devient-on febvre.

— Chacun est forgeron de sa fortune.

— Un apprenti maréchal apprend à ferrer sur l'âne de l'infidèle. (Turc.)

— C'est pour cela que le forgeron tient les tenailles — pour ne pas se brûler les mains. (Ukraine.)

— Le maréchal forge des pinces pour ne pas se brûler. (Russie.)

— Si tu n'es pas forgeron, il ne faut pas prendre de tenailles. (Ukraine.)

— Le forgeron bat le fer quand il est chaud. (Ukraine.)

— L'argent du forgeron s'en va en charbon. (Turc.)

— Le forgeron trouve tout arbre propre à faire du charbon : chacun conduit son examen au point de vue de son intérêt. (Turc.)

— *Ch'est comme é-che maricho de Saint-Clair, quand il ot du cairbon, i' n'o pu de fer.* (Picardie.)

— La forge de « s'il y avait » ne fait ordinairement pas de fer. (Proverbe Basque.)

— Feves et forniers boivent volontiers. (XV⁰ siècle.)

— Tailleur voleur, cordonnier noceur, forgeron ivrogne. (Russie.)

— Dormir plus qu'un forgeron (dormir beaucoup). (Ukraine.)

Le dicton qui suit accompagne l'image ci-dessous :

— *Daer 'er veel smeden moet flach houden.*

— Quand on veut beaucoup forger il faut marteler avec persévérance.

Intérieur de forge hollandaise, gravure tirée des œuvres de Jacob Cats (1665).

Il vaut mieux être marteau qu'enclume. Il vaut mieux battre que d'être battu. (Belge.)

Lorsque tu es enclume, souffre comme une enclume; lorsque tu es marteau, frappe comme un marteau. (Hollandais et Anglais.)

Balzac met dans la bouche de l'un des personnages de *Pierrette*, cette comparaison : Vous êtes comme le chien du maréchal, que le bruit des casseroles réveille et qui dort sous la forge. Elle n'a pas été enregistrée par les auteurs des recueils français, mais elle se trouve en Italie : *Il cane del fabbro dorme al rumor del martello e si desta a quello delle ganasce* : Le chien du forgeron dort au bruit du marteau et se réveille à celui des mâchoires. Une fable turque, qui s'applique à un corps d'état voisin, peut lui servir de commentaire : Certain serrurier avait un chien. Tant que son maître

Intérieur de forge au XVIII° siècle avec des forgerons frappant en mesure avec le marteau.
(Gravure de Chodowiecki.)

forgeait, l'animal dormait sans jamais ouvrir les yeux ; mais à l'heure des repas, il se levait incontinent et dévorait les os qu'il jetait de la table. « Misérable! s'écrie le serrurier irrité de cette conduite, je ne comprends rien à ta manière d'agir : tout le temps que je frappe le fer, tu dors comme un paresseux, et à peine ai-je commencé à jouer des mâchoires, que tu t'éveilles et t'approches de moi en remuant de la queue. »

— *I n' fât nin qwitter l' marihâ sins lî payî ses fiêr.*

Il ne faut pas quitter le maréchal sans lui payer ses fers. Ne demeure pas le débiteur de celui avec qui tu te brouilles. (Belgique wallonne.)

- *Quand on quitte chés marichaux, i feut payer les vius fers.* (Picardie.)

- *A marihú s'clá. A chaque marihú s'clá.*

Chacun ne doit s'occuper que de son métier. (Belgique wallonne.)

- *Bau mey paya haure que hauvillon.*

Il vaut mieux payer un bon forgeron qu'un mauvais. Mieux vaut s'adresser à Dieu qu'à ses saints. (Béarn.)

- Les coups sont inutiles sur le fer froid. (Algérie.)

- Où va ton argent, ô muletier? il s'en va en fers et en clous — se dit d'une personne qui a fait de mauvaises spéculations. (Algérie.)

On applique aux forgerons le proverbe commun à tant de métiers, dont le type le plus connu en France est : Les cordonniers sont toujours les plus mal chaussés. Un ancien dicton anglais associe même les deux professions : *The smith's mare and the souter's wife are aye warst shod* : La jument du forgeron et la femme du cordonnier sont toujours les plus mal chaussées. Sa forme plus moderne est celle-ci : *Who goes more bare than the shoemaker's wife and the smith's mare* : Qui est plus nu-pied que la femme du cordonnier ou la jument du maréchal. En voici quelques autres qui se rattachent au même ordre d'idées. En Italie, on dit : *In domo de ferreri schidoni de linna.* Dans la maison du forgeron, broche de bois. En Espagne : *En casa del herrero cuchillo mangorerro.* Chez le forgeron, le plus mauvais outil est le couteau. En Portugal : *En casa de ferreiro espeto de páo.* Dans la maison du forgeron broche de bois.

En Poitou, dans le Lot et à Guernesey, les nourrices, en frappant légèrement sur la plante des pieds des enfants, leur chantent ces deux formulettes :

Quand je ferre mon cheval
Al,
Je lui donne trois coups,
Ou!

Ferre, ferre, mon poulain,
Pour aller à Saint-Germain !
Ferre, ferre ma pouliche
Pour allaïr cis ma nourriche ! (Guernesey.)

En Écosse, pour amuser les enfants pendant qu'on les
chausse, on leur chante une petite chanson qui décrit l'opération en imitant aussi exactement que possible l'action du
maréchal qui ferre un cheval.

Dans les chansons nuptiales des pays slaves, surtout dans
celles de l'Ukraine, il est souvent question d'un forgeron qui
est convié à venir pour forger des objets symboliques : un
bateau en cuivre, des roues en argent, le couteau destiné à
partager le pain de la noce, la clé pour ouvrir le lieu où se
trouve la fiancée.

En France, parmi les jeux à gages, figure celui qui porte le
titre de : Maréchal, sais-tu bien ferrer? La personne qui commence le cercle s'adresse à son voisin de droite en lui présentant un objet quelconque, et après qu'elle a légèrement frappé
sur son pied, le voisin prend l'objet ; mais si par malheur, il n'a
pas observé qu'on lui a donné l'objet d'une main après avoir
frappé l'autre, et qu'il le tende à son tour de la même main
dont il s'est servi pour frapper sa semelle, il est assuré de donner
un gage.

SOURCES

Folk-Lore Journal, II, 322; 108, 109 (fêtes), 326. — *Karkowski Sbornik*, III, 48, 64. — *Revue des traditions populaires*, VI. 169; IX, 143, 572. — Sébillot, *Contes de la Haute-Bretagne*, I, 256, 260; II, 52, 139. — Luzel, *Légendes chrétiennes*, I, 316. — Adam, *Les patois lorrains*, 441. — L. Brueyre, *Contes de la Grande-Bretagne*, 226, 330. — Dasent, *Popular Tales from the Norse*, 105. — Cerquand, *Légendes basques*, IV, 5. — Frank, *Contes allemands du temps passé*, 131, 265. — L. Brueyre, *Contes populaires de la Russie*, 63. — Cosquin, *Contes de Lorraine*, I, 27. — *Folk-Lore Record*, IV, 13. — Wratislaw, *Folk Tales from slavonic sources*, 138. — Bladé, *Proverbes de l'Armagnac*. — Sauvé, *Lavarou-Koz*. — *Traditions de la Suisse romande*, 421, 87. — Monteil, *Histoire des Français*, V, 77. — Monseur, *Folk-Lore wallon*, 118, 131. — Collin de Plancy, *Dictionnaire infernal*, II, 102. — Henderson, *Folk-Lore of Northern counties*, 81. — L.-F. Sauvé, *F. L. des Hautes-Vosges*, 355. — C.-G. Simon, *Étude sur le compagnonnage*, 120, 152, 192. — A. Perdiguier, *Mémoires d'un compagnon*, 8. — *Mélusine*, IV, 499. — Goudé, *Histoire de Chateaubriant*, 325. — Communications de M. C. de Cock-Reinsberg-Düringsfeld, *Traditions de la Belgique*, II. 297. — Brand, *Popular antiquities*, I, 408. — W. Gregor, *Trans. of Banfshire-club* 1880 et 1883. — Leroux de Lincy, *Livre des proverbes*. — Decourdemanche, *Proverbes turcs*. — Ledieu. *Traditions du Demain*. — Dejardin, *Dictionnaire des Spots*. — Reinsberg-Düringsfeld, *Sprichwörter*. — Decourdemanche, *Fables turques*, 226. — Corblet, *Gloss. picard*. — Rolland, *Rimes de l'Enfance*. — Communications de MM. T. Volkov (Russie et Ukraine), A. Harou (Belgique). — Mme Celnart, *Jeux*, 102.

Serruriers et Forgerons.

Jeu universel de l'Industrie.

PAUL SÉBILLOT

LÉGENDES ET CURIOSITÉS
DES MÉTIERS

LES CHAUDRONNIERS

Les chaudronniers ou maigniens ne figurent pas dans le *Livre des Métiers*. Pourtant ils formaient, dit Chéruel, une corporation fort ancienne, dont les statuts furent confirmés par Louis XII en 1514. On distinguait les chaudronniers-grossiers qui ébauchaient l'ouvrage, les-chaudronniers-planeurs qui l'achevaient, les chaudronniers faiseurs d'instruments de musique, et enfin, les chaudronniers au sifflet qui parcouraient les campagnes. Ces derniers sont à peu près les seuls qui présentent de l'intérêt au point de vue qui nous occupe. On appelait ainsi, aux siècles derniers, les chaudronniers des provinces, particulièrement d'Auvergne, qui, courant la campagne, se servaient d'un sifflet antique pour avertir les habitants des lieux où ils passaient, de leur apporter à raccommoder les ustensiles de cuisine; ils achetaient aussi et revendaient de vieux cuivres. Le Bocage normand partageait, dit Lecœur, avec l'Auvergne, le privilège de fournir la France de chaudronniers ambulants, fondeurs,

étameurs, raccommodeurs de vaisselle et fabricants de soufflets. C'est au commencement du printemps que ces braves
gens désertent leurs paroisses natales. Ils emmènent avec eux
pour chiner, et les aider dans leur travail, leurs jeunes garçons
dès qu'ils ont atteint l'âge de douze ans. Chacun de ces Raqui-
naudeux ou Rouleurs, ainsi qu'on les appelle, gagne alors son
canton ordinaire, va revoir sa petite clientèle. Ils se dissémi-
nent sur tous les points de la France, même jusque sur les
frontières de Suisse, d'Italie et d'Espagne. On les rencontre
sur toutes les routes, cheminant à petites journées, l'échine
péniblement courbée sous le poids de leur *bataclan* : bassine
de fer à trois pieds, soufflet, moules à cuillers, marteaux et
autres ustensiles de leur métier. Derrière le père trottine l'enfant, s'attardant parfois au rebord des haies où les oiseaux
recommencent à édifier leurs nids. L'hiver les ramène au
logis ; ils le regagnent vers la Toussaint, rapportant le produit
de leur travail et de leurs économies. Le petit magot péniblement amassé est le pain de la famille pendant la dure saison.
Souvent à force de persévérance et de courage les pères
amassent, pour leurs enfants, un petit patrimoine. Durant
l'absence du chef de la famille, c'est la femme qui a le gouvernement de la maison et qui s'occupe des récoltes. Le mari à
son retour trouve tout en ordre et s'occupe des labours et de
la pilaison des pommes ou des poires.

Les chaudronniers auvergnats et normands ne sont pas les
seuls qui viennent exercer dans les campagnes ce métier et
quelques petites industries qui s'y rattachent ; mais ils sont les
plus connus ; leurs visites étaient, surtout autrefois, pério-
diques ; ils se mêlaient à la vie des paysans qui avaient l'habitude de les voir revenir chaque année. Leurs clients de la
campagne les accueillaient avec plaisir, et la description que
Mme Destriché a donnée dans le *Magasin pittoresque* de l'arrivée

dans un village du Maine d'un étameur ambulant pouvait s'appliquer à beaucoup d'entre eux. Celui-là portait le sobriquet caractéristique de père Bontemps, qui attestait sa popularité et qu'il devait sans doute à sa joyeuse humeur. Il venait dans une petite charrette attelée d'un âne, et quand il s'était installé et qu'il avait déballé ses outils et son attirail, il était entouré des commères du hameau qui lui demandaient et lui disaient des nouvelles pendant qu'il repassait les ciseaux, et lorsqu'il fondait les cuillers ou qu'il étamait les casseroles, les gamins le regardaient curieusement.

En Basse-Normandie, les paillers ou chaudronniers ambulants qui, pour la plupart, étaient originaires de Villedieu et des environs, recevaient l'hospitalité chez les habitants. Ceux-ci se plaisaient à les faire causer et s'amusaient de leur prononciation traînante et chantée. Les paillers racontaient aussi des contes et surtout des histoires extraordinaires, des mensonges énormes, qui font songer aux légendaires exploits de M. de Crac. Jean Fleury, dans sa *Littérature orale de la Basse-Normandie*, en a donné quelques échantillons sous le titre de « Propos de paillers ».

Mais à côté de ces petits industriels, populaires dans les campagnes, il en était d'autres qui étaient moins estimés. C'était le cas des étameurs de casseroles, qui sont en même temps fondeurs de cuillers de plomb ou d'étain. Ils se faisaient marchands voyageurs et quittaient pendant la belle saison la grande ville pour parcourir les campagnes. Ils voyagent avec femme et enfants, disent les *Français peints par eux-mêmes*, père et mère, et souvent un petit chien et une grande chèvre. Ils montent habituellement leur établissement devant la mairie, l'église ou le presbytère. Les familles de ces raccommodeurs ressemblent beaucoup à celles des bohémiens ; leur vie est une vie nomade ; ils couchent parfois à la belle étoile, ils

mangent à la gamelle et en plein air, tout à côté d'un réchaud
allumé et d'un berceau garni souvent de deux ou trois raccommodeurs en herbe. Le chaudronnier ambulant a plus d'une
industrie; il raccommode les vieux soufflets ou les échange
contre des neufs. Mais il y a surtout un moment où il est beau
de gloire et de puissance : c'est celui où il daigne se manifester
comme fondeur de cuillers aux regards de la foule ébahie.
L'heureux événement pour les enfants du village que l'arrivée
de cet habile prestidigitateur! Toute la journée ils se tiennent en
cercle autour de cette poêle dans laquelle fondent le plomb et
l'étain. Ils oublient le boire et le manger, et surtout l'école en
voyant les débris de cuillers se transformer en une substance
fluide et argentée.

Les chaudronniers exerçaient, ainsi qu'on l'a vu, le métier
d'étameur de casseroles; dans les villes, ceux-ci formaient
une catégorie à part de petits industriels. Voici, d'après les
Français, comme ils opéraient vers 1840 : Coiffé d'un chapeau à larges bords, vêtu d'une veste brune, d'un pantalon
flottant dont le fond en lambeaux accuse de fréquents contacts
avec le pavé, l'étameur de casseroles parcourt les rues tenant
au bras son réchaud, la main ornée d'une énorme cuiller de
fer ou de plomb, portant sur ses épaules les casseroles, poêles
et boîtes au lait, et poussant son cri si reconnaissable : « Eh!
le chaudronnier ou étameur de casseroles! » Rarement il
marche sans un compagnon, grand garçon de quinze à vingt
ans, dont l'office est d'aller en quête des pratiques. Pendant
que l'un, s'adossant à quelque coin de mur, allume le feu de
son réchaud et prépare ses outils, l'autre explore chaque rue,
chaque impasse du quartier, fait une station dans toutes les
cours pour y chanter deux autres fois sur le *Pater* son raccommodeur de casseroles, et ne recule même pas devant un escalier à six étages pour se mettre en communication plus directe

le Chaudronier

Auec sa voix de loup garoù,   Chacun dit qu'il sçait à merueille,
Et son siflet rude à l'oreille ;   Mettre la piece auprès du treù .

avec la ménagère, qui peut ne pas l'avoir entendu. Chargé d'un butin de cafetières et de marmites, il retourne vers son compagnon, à qui il explique qu'il faut étamer celle-ci, mettre une pièce à celle-là, et, pendant que la besogne se fait, il la quitte de nouveau pour aller se livrer à d'autres explorations.

A Paris, ils criaient :

Rrrrétameurr rrrfondeur!

Kastner a noté, dans ses *Voix de Paris*, plusieurs autres de leurs cris. Ils se distinguent, dit-il, par des formes assez variées : c'est tantôt un cri bref comme celui du vitrier, tantôt un court récitatif, débité avec volubilité :

Voy' (voilà) l'étameur, voy' étameur de cass'rol; voy' l'raccommodeur!
Étameur, v'là l'fondeur étameur, étameur des cass'roles, voilà l'étameur.

Actuellement, leur appel le plus habituel est :

Voilà le raccommodeur' Voilà l'étameur!

A Marseille, les fondeurs d'étain se divisent en deux états bien distincts : ceux qui fondent les vieux ustensiles en étain pour en faire des couverts neufs, au moyen de moules en fer qu'ils transportent avec eux, et qui étament les cuillers en fer ; leur cri est en français :

Blanchir les fourchettes, fondeur d'étain !

et les étameurs ; ceux-ci ont un véritable chant auquel ils ajoutent même quelques fioritures :

Stammar le marmitta,
Cassarol' estamar,
Peirols raccoumoudar!

Étamer les marmites, — Les casseroles étamer, — Les chaudrons raccommoder.

Quelques-uns disent :

Abrazar marmitta,
Cassarol' estamar!

Braiser (souder) marmites, casseroles étamer. Ce qu'ils ajoutent à ce mauvais italien est du français : comme il faut, comme il faut, avec de nombreuses variations.

Autrefois, les paysans avaient une assez grande méfiance à

l'égard de certains des chaudronniers ambulants; ils étaient pour la plupart étrangers, et comme tous les nomades, ils traitaient avec beaucoup de sans gêne la propriété privée, comme le font encore les Bohémiens rétameurs et fondeurs, dont les caravanes viennent quelquefois camper dans les villages. Il est vraisemblable aussi qu'on les accusait quelque peu de sorcellerie; un reproche plus mérité était celui de commettre des fraudes en raccommodant les objets qui leur étaient confiés. Ainsi qu'on l'a vu, il en est qui sont bien accueillis dans les villages où ils reviennent périodiquement.

Il n'en a pas toujours été ainsi : des dictons et des légendes assurent que plusieurs furent punis du dernier supplice, à cause de leurs vols ou de leur grossièreté. On dit encore dans les environs de Dijon :

On pend les magniens à Dampierre,
On les pend à Beaumont.

Selon la tradition populaire, quatre chaudronniers de Villedieu rencontrant un inconnu l'insultent, le forcent à porter leurs paquets jusqu'à Domfront, où ils entrent à midi. L'étranger se fait reconnaître pour le roi, et se venge du peu de courtoisie de ses compagnons en ordonnant leur supplice. C'est de là que serait venu le blason de la ville :

Domfront, ville de malheur.
Arrivé à midi, pendu à une heure.

On raconte dans le Bocage normand comment une bonne femme, quelque peu sorcière, punit une des fraudes les plus habituelles aux chaudronniers ambulants. Elle avait confié ses vieilles cuillers d'étain fin, pour les refondre, à un fondeur de cuillers ambulant, en lui faisant la recommandation expresse de ne pas leur en substituer d'autres en plomb, selon l'habitude de ces gens, trop peu scrupuleux d'ordinaire. Le fondeur promit de faire sa besogne en conscience, ce qui ne l'empêcha pas, au moment de la fonte, de remplacer dans la bassine les cuillers d'étain fin par du plomb. En retirant la première cuiller du moule, il s'aperçut qu'elle était aussi percée de trous qu'une écumoire. Il crut s'y être mal pris, et recommença plusieurs fois son opération sans plus de succès. La bonne femme, peu confiante dans sa promesse, l'avait vu accomplir sa fraude. Elle avait détaché de sa bavette une grosse épingle jaune, et, relevant un coin de son tablier, elle s'était mise à le cribler de coups d'épingles, en marmottant quelques mots étranges à chaque cuiller mise au moule.

Il est vraisemblable qu'ils avaient aussi la réputation d'être peu respectueux des choses saintes.

Près de Pont-Audemer, une croix de carrefour est surnommée la Croix-des-Magnants, parce que des hommes qui exerçaient la profession de chaudronniers ambulants furent engloutis à cet endroit, après avoir commis un acte d'impiété. Ils continuèrent d'habiter l'abîme souterrain où leur crime les avait précipités ; naguère encore on croyait entendre le bruit sourd et mesuré du marteau sur leurs chaudrons, qu'ils ne doivent point cesser de battre jusqu'à la fin des siècles.

Un grand nombre de dictons et de formulettes les accusent d'une maladresse volontaire lorsqu'ils font des réparations à un ustensile usé ou percé.

Dans le Morvan, on leur adresse la formulette suivante :

Magnin clidou,
Mai lai pièce ai coté deu trou,
T'aré mai d'ovraige.

Chaudronnier, — Mets la pièce à côté du trou, — Tu auras plus d'ouvrage.

Dans l'Aube, les enfants les poursuivent en leur adressant ce refrain :

Bon Chaudronnier en châtrant un matou.
Ne met jamais la piece auprez du trou

N. Guerard le F. li fecit C P R

Chaudronnier ambulant, d'après Guérard.

> *Chaudrongna matou,*
> *Qui met lai pièce au long du trou.*

Chaudronnier matou, — Qui met la pièce à côté du trou.

On disait, d'ailleurs, en parlant d'un homme qui voulant remédier à une chose n'y apportait point le remède nécessaire : « Il fait comme le chaudronnier, il met la pièce à côté du trou ». Ce reproche est ancien ; il est formulé au XVI⁰ siècle dans la *Farce nouvelle et fort joyeuse des femmes qui font escurer leurs chaulderons et deffendent que on ne mette la pièce auprès du trou.*

> Avous que faire du maignen,
> Du maignen, commère, du maignen.
> — Tenez nostre maistre,
> Savez qu'il est. N'allez pas mettre
> Iey la pièce auprès du trou...
> Gardez bien de tirer le clou.
> Ne les pièces auprès du trou,
> Comme maignens ont de coustume.

Dans la *Farce d'un chauldronnier*, celui-ci arrive sur la scène en criant :

> Chaudronnier, chaudron, chaudronnier!
> Qui veult ses poeles reffaire ?
> Il est heure d'aller crier
> Chaudron, chaudronnier !
> Seigneur je suis si bon ouvrier
> Que pour un trou je sçay deulx faire.

Dans la *Farce nouvelle*, une dispute a lieu entre un savetier et un chaudronnier, le savetier lui dit :

> Tu faictz pour ung trou deux,
> Et pour ce tu as tant de plet.

Ce dicton se retrouve en Angleterre :

Like Banbury tinkers who in stropping one hole make two

Comme les chaudronniers de Banbury qui, en bouchant un trou, en font deux.

Les chaudronniers sédentaires ont moins que les ambulants, dont ils diffèrent d'ailleurs, attiré l'attention populaire.

En Normandie, on blasonnait toutefois les habitants de Villedieu; ils sont appelés Sourdins, à cause de la dinanderie qu'ils fabriquent; car tout le monde en cette petite ville travaille à fondre ou à battre le cuivre, ce qui fait un tintamarre si continuel, qu'un grand nombre parmi eux deviennent sourds; d'où leur est venu le nom de Sourdins. Aussi, n'est-il pas très sûr d'aller dans quelque atelier demander l'heure qu'il est, sans courir le risque de recevoir quelque mauvais compliment, ou quelque chose de pire, car ils jettent, assurait-on jadis, le marteau à la tête. D'après un ancien auteur, Charles de Bourgueville, les habitants de Villedieu « qui sont poesliers ou magnants, sont bien faschez quand on leur demande quelle heure il soit, parce qu'ils ne peuvent ouyr l'horloge pour le bruit qu'ils font ».

En Belgique, le jour Saint-Gilles, les apprentis chaudronniers se promenaient par la ville : l'un d'eux s'était coiffé d'une sorte de shako surmonté d'un panache, tandis que l'autre portait sur une espèce d'estrade, soutenue par un long manche, la statue du saint, entourée de fleurs; de l'estrade pendaient des cuillers, des pots et autres menus ustensiles. Ils allaient demander un pourboire chez les clients.

Au moyen âge, le chaudronnier avait assez d'importance pour que les règlements, royaux ou féodaux, se soient occupés de lui dans des articles spéciaux. Grosley a donné dans ses *Éphémérides troyennes* un extrait de la *Pancarte du droit de péage du canton de Lesmont*, qui leur accorde une sorte de privilège en raison peut-être de leur pauvreté :

Art. XXIII. — Un chaudronnier, passant avec ses chaudrons, doit deux deniers, si mieux n'aime dire un *Pater* et un *Ave* devant la porte dudit sieur comte de Lesmont ou son fermier.

Le seigneur de Pacé, en Anjou, avait le droit de faire travailler les chaudronniers qui passaient, en leur payant chopine.

Chaudronier, chaudronier

D'après Poisson (XVIII⁰ siècle).

Au XVIᵉ siècle, les chaudronniers sont au premier rang des
artisans qui figurent dans les petites comédies; ils le devaient
au pittoresque de leur costume, à leur réputation de gens à
réplique facile, et aussi aux plaisanteries à double sens, très

en usage à cette époque, auxquelles prêtait le dicton si populaire, qui les accusait de mettre la pièce à côté du trou.

La *Farce nouvelle des femmes qui font refondre leurs maris*

Chaudronniers argent des rechaux

D'après Brébiette (XVII° siècle).

est bien plus ancienne que la *Facétie de Lustucru*, qui fut si en vogue au milieu du XVII°, et dont nous avons parlé dans la monographie des Forgerons. Lorsque les femmes, lasses de voir les images qui représentaient les forgerons en train de

leur redresser la tête, voulurent avoir leur revanche, les dessinateurs se ressouvinrent sans doute de la petite comédie
jouée cent ans auparavant, et qui vraisemblablement n'était
pas complètement oubliée. Elle met en scène un personnage
qui est appelé fondeur de cloches, mais qui est en réalité un
chaudronnier, puisqu'il arrive en criant : *Ho, chaulderons
vielz, chaulerons vielz.*

> Je sçay de divers metaulx
> Fondre cloche, s'il est mestier
> Pour trouver maniere de vivre.
> De fer, de layton et de cuivre
> Sçay faire de divers ouvrages
> Comme chaudières, poilles pour menaiges...
> Mais surtout j'ay une science
> Propice au pays où nous sommes ;
> Je sçay bien refondre les hommes
> Et affiner selon le temps ;
> Car un vieillard de quarante ans
> Sçay retourner et mettre en aage
> De vingt ans, habile et saige.
> Bien besongnant du bas mestier...
> Il n'est si vieil, soit borgne ou louche
> Que je ne face jeune à mon aise
> Par la vertu de ma fournaise.

Deux femmes veulent faire refondre leurs maris et Per-
nette, l'une d'elles, dit au sien :

> Le maistre est logé en la ville
> Qui en a jà refondu (dix) mille
> Et retournent beaux et plaisants.

Les deux maris persuadés viennent trouver le fondeur, qui
leur dit :

> Il n'est si vieil, soit borgne ou louche
> Que (je) ne face jeune à mon aise
> Par la vertu de ma fournaise.
> Ne s'y mette qui ne vouldra.
> Mais il me fault premierement

Sçavoir le pourquoy et comment
Vos femmes y consentent,
Affin s'elles se repentent
Qu'elles ne m'en demandent rien.
Je croy qu'il vauldroit mieulx garder
Vos marys en l'aage qu'ilz sont.

Les femmes répondent :

Refondez les tost, nostre maistre,
Et vienne qu'en peut advenir.

Pendant qu'ils sont en la forge, ce sont elles qui soufflent, comme dans les *Facéties de Lustucru* et de la *Forge merveilleuse*. L'opération dure longtemps ; à la fin le fondeur s'écrie :

Holà, ho, tout est formé :
Ilz ne sont borgnes ne camus,
Chantez Te Deum laudamus.
Voicy vos marys beaulx et gents.

JENNETTE.

Par mon serment, ilz sont jolys ;
Je ne vouldroye pour grand chose,
Qu'il fust à faire.

LE FONDEUR.

Je suppose
Que jai bien gagné mon sallaire,
Mais qu'il ne vous vueille desplaire
Chacun recoignoisse le sien.

JENNETTE.

Je cuyde que voicy le mien :
Avez-vous point à nom Thibault?

THIBAULT.

Ouy vrayement, hardys et baus,
Qui estoyes dous et courtoys,
Et vous estes ma mesnagière.
Mais il fauldroit changer manière,
Je veulx gouverner à mon tour.

Les hommes refondus et rajeunis veulent commander, et

c'est alors que les femmes désirent que le fondeur défasse
son ouvrage ; la pièce se termine par cette morale :

> Pour éviter autres perilz.
> Eh bien vous gardez haut et bas
> De refondre vos bons maris.

En Angleterre, le chaudronnier était aussi populaire : il
était placé parmi les artisans joyeux : dans une petite pièce
qui se jouait autrefois tous les ans dans le Stafforshire et le
Shropshire, il arrivait sur la scène et disait : « Je suis un joyeux
chaudronnier — et je l'ai été toute ma vie : ainsi je pense qu'il
est temps de chercher une fraîche et jolie femme. C'est alors
qu'avec les amis nous mènerons une vie plus joyeuse que
jamais je ne l'ai eue. Je ferai résonner vos vieux chaudrons. ».

Shakspeare et ses contemporains les ont aussi mis à la
scène des chaudronniers. Christophe Fûté (Sly), « porte-balle
de naissance, cartonnier par occasion, par transmutation
montreur d'ours, et présentement chaudronnier de son état »,
s'étant couché ivre-mort, un seigneur qui le voit s'amuse à le
transformer en lord ; il se réveille, comme le dormeur éveillé
des *Mille et une Nuits*, dans un appartement somptueux, et les
gens qui le servent lui annoncent qu'on va jouer devant lui
une pièce qui n'est autre que la *Méchante mise à la raison*.
Tom Snout (museau) est dans le *Songe d'une nuit d'été* l'un
des artisans qui représentent une comédie.

Il y a quelques chansons populaires dont les chaudronniers
sont les héros: M. de Puymaigre en a recueilli une dans le
pays messin, qui raconte comment furent accueillis les galanteries de l'un d'eux :

> C'est un drôle de chaudronnier
> Qui s'appelait Grégoire.

Apprentis chaudronniers visant leurs pratiques le jour de Saint-Gilles,
d'après une lithographie coloriée de Madou.

Un jour passant par Chaumont,
Pour y vendre ses chaudrons,

CHAUDRONNIERS, SERRURIERS, CLOUTIERS. 3

Fut bien attrapé,
Fut bien étrillé
Par trois jeunes filles
Gaillardes et gentilles.

Il s'en va par la ville,
Criant à voix haute :
— Argent de tous mes chaudrons !
Trouve z une belle brune.
Parfaite en beauté :
— O z en vérité.
Oh ! mademoiselle.
Que vous êtes belle !

Je voudrais pour tous mes chaudrons
Petite brunette,
Avoir fait collation
Avec vous seulette...

— Entrez dans ma chambre.
J'en suis bien contente,
Nous ferons sans façon
La collation.

Quand la belle eut la bourse :
— Notre affaire est faite.
Attendez un petit moment.
J'y reviens dans l'instant ;
Je m'en vais chez Martin.
Chercher du bon vin,
Car il nous faut faire
Une bonne chère.

La belle fut avertir
Trois de ses voisines.
Elles sont venues toutes les trois
Comme à la sourdine.
Donner du balai
Sur le chaudronnier.
Son pauvre derrière
Paya le mystère.

— Aïe ! aïe ! ne frappez pas tant.
Laissez ma culotte,
Que les cent diables soient de l'amour !
Jamais je ne le ferai de mes jours.

> Voilà mes chaudrons
> Tous en carillon;
> Tout mon ballottage
> A resté pour gage.

Dans le Lot on chante sur un air qui rappelle le cri modulé de l'étameur une chanson où un de ces artisans, également galant, a un rôle plus avantageux. Il est vrai que cette chanson a été transmise par les étameurs ambulants :

Se n'és un paouré peyré	Il est un pauvre peyré étameur
Qué sé boulio marida.	Qui se voulait marier.
Fa, fa, foundré las culliéros,	Faire, faire fondre les cuillères,
Dés clnous, dés cassettos,	Des clous, des cassettes
Et de candéliers,	Et des chandeliers,
Et des boutons de mancho.	Et des boutons de manche.
Del, s'en bay dé bourg en bilo	Lui s'en va de ville en ville
Per uno fillo trouba.	Pour trouver une fille.
La prumière qué rencountro	La première qu'il rencontre
La fille d'un aboucat.	Est la fille d'un avocat.
— Diga, mé, midamiselle.	— Dites-moi, mademoiselle,
Boulez-bous bous marida?	Voulez-vous vous marier?
— Noun, pas ambé tu, lou payré,	— Non pas avec toi, le peyré,
Lés négré coumo un talpo.	Tu es noir comme une taupe.
— Sabez pas, midamisello,	— Vous ne savez pas, mademoiselle.
Terro négro fay boun blat.	Terre noire fait bon blé.

Bien qu'en général les chaudronniers, habitués à courir le monde, soient loin d'être sots, quelques récits leur attribuent une assez forte dose de naïveté : on raconte en Gascogne qu'un jour trois étameurs Auvergnats, chargés de chaudrons, de poêles et de casseroles montaient au galop la grande Pousterle d'Auch. Quand ils furent tout en haut, ils étaient rouges comme le sang et soufflaient comme des blaireaux. Ils s'étonnaient de voir d'autres gens arrivés en haut de la grande Pousterle dispos et pas du tout essoufflés.

— Comment donc avez-vous fait? leur demandèrent les trois Auvergnats.

— Nous sommes montés doucement.

Les trois Auvergnats descendirent la grande Pousterle, pour la remonter doucement aussi.

Le *Blason populaire de Villedieu* est un recueil d'histoires comiques dont *les Poëliers* sourdins sont les héros. Le *Moyen de parvenir* rapporte une aventure arrivée en Franche-Comté, dans laquelle un chaudronnier fut pris pour le diable : En ce pays-là les maisons sont près la montagne et n'ont qu'une cheminée au milieu, sur le haut de laquelle deux fenêtres ou portes, pour donner le vent par rencontre, afin que la fumée n'importune point. Or, le vent étant tourné, le valet voulut aussi tourner les portes, en ouvrir une et fermer l'autre, de laquelle un des gonds étant rompu ou arraché il n'en put venir à bout, si qu'il lui fut forcé de monter en haut, et ce, par la cheminée. Étant en haut il avisa le défaut, mais il n'avait point de marteau pour s'aider à descendre. Il se fâchait, de sorte qu'il alla par le toit droit sur la montagne quérir une pierre, et ainsi il fit un petit sentier : il raccoutra sa porte, puis descendit. Il y avait un pauvre chaudronnier qui cherchait logis, mais pour ce qu'il brunait il ne pouvait voir de chemin, joint qu'il avait neigé depuis que le monde se fut retiré. Ce chaudronnier, bien empêché, ne savait que faire, il levait le nez à mont, découvrant çà et là ; enfin, il avisa le sentier qu'avait fait ce valet, et lui, là, il suivit, et, voyant la clarté de la chandelle, il ouvre la porte et cuidant entrer, il se pousse dans la cheminée. Étant ébranlé, il n'y eut pas moyen de se retenir, si qu'il tomba au milieu de la chambre, disant : « Dieu soit céans ! » Nous vîmes ce personnage noir et ses chaudrons, qui firent à nos oreilles une fois plus de bruit qu'ils n'eussent pu faire. Nous fûmes tous, cuidant que ce fût le maréchal des logis de Lucifer, qui vint mettre dans ses chaudières les petits enfants pour les faire cuire et nous envahir comme reptes franches. »

Étameur ambulant vers 1850, d'après une eau-forte (Musée Carnavalet).

Dans la Cornouaille anglaise, le chaudronnier est un personnage très populaire, et dit Loys Bruèyre, il y personnifie le mines d'étain, très abondantes en ce pays. Il figure dans plusieurs contes : Tom Hickathrift, le tueur de géants, fut longtemps sans trouver quelqu'un qui osât se mesurer avec lui : un jour, en traversant un bois, il rencontra un vigoureux chaudronnier qui avait un bâton sur l'épaule ; devant lui trottait un gros chien qui portait son sac et ses outils. Tom lui ayant demandé ce qu'il faisait là, le chaudronnier lui répondit : De quoi vous mêlez-vous ; ils tombèrent à bras raccourcis l'un sur l'autre, mais à la fin Tom dut s'avouer vaincu, et ils s'en revinrent ensemble les meilleurs amis du monde. Le chaudronnier courut alors les aventures avec le héros, et lui fut d'un grand secours en maintes occasions. Quand Tom eut à combattre un grand géant monté sur un dragon et qui commandait une troupe composée d'ours et de lions, le chaudronnier vint à son secours. A eux deux, l'un avec son épée à deux mains, et l'autre avec son long bâton pointu, ils eurent bientôt tué les six ours et les huit lions de la suite du dragon. Malheureusement le chaudronnier périt dans le combat et Tom en fut inconsolable.

D'après un proverbe écossais, les chaudronniers ne figuraient pas en ce pays parmi les gens courageux. Jamais, dit-il, le chaudronnier n'a été un preneur de villes.

Dans un conte finlandais, un chaudronnier qui a abandonné le héros Mattu quand il était en danger, est lancé par celui-ci dans les nuages noirs ; il est là captif, et lorsqu'il s'irrite de ne pouvoir reprendre sa liberté, il frappe sur son chaudron : de là le bruit que le peuple appelle le roulement du tonnerre.

PAUL SÉBILLOT

LÉGENDES ET CURIOSITÉS
DES MÉTIERS

LES SERRURIERS

En argot, le serrurier est un « tape-dur » ; on l'appelle aussi un « bruge », du vieux mot frapper, heurter ; à Genève, c'est « un mâchuré » ; à Troyes il est connu, ainsi que tous les ouvriers du fer, sous le surnom de « gueule noire ».

A Marseille, pour désigner un mauvais ouvrier :

Es lou sarrailhïer de ma tanto. — C'est le serrurier de ma tante.

La sûreté des maisons et le secret des coffres-forts reposant, pour ainsi dire, entre les mains des serruriers, ils s'efforcèrent de gagner la confiance de leurs clients par une inviolable fidélité. Pour parvenir à ce but, quelques-uns gravaient sur leurs estampilles ou cachets de marque ces deux mots : *Fidélité et secret*. C'était pour le même motif que les statuts défendaient à tous maîtres ou compagnons d'ouvrir une serrure en l'absence de son possesseur, ou de faire des clés sur des moules de cire ou de terre, sous peine de punition ou d'amende :

Afin de bien prouver que la clé lui avait été commandée, il lui était interdit d'en faire aucune sans avoir sous les yeux la serrure. « Nus Serreuriers ne puet faire clef a serreure, se la serreure n'est devant lui en son hostel. » Au XVII° siècle, les serruriers prévaricateurs étaient pendus, et l'on mettait sur le gibet cette inscription : « Crocheteur de porte ».

ALMANACH DES MAITRES SERRURIERS

Dans le compagnonnage, d'après G. S. Simon, les serruriers du Devoir de liberté suivent la même règle que les menuisiers, avec lesquels ils se confondent administrativement, toutes les fois que, dans une même ville, ils sont en trop petit nombre pour former un groupe distinct. Les serruriers dévoirants sont peu nombreux, la plupart des aspirants de cette profession étant passés à la société de l'Union. Leurs règlements sont identiques à ceux des menuisiers, avec lesquels ils vivaient naguère en parfait accord ; depuis quelques années, cette bonne harmonie est rompue, pour des causes dont

Agricol Perdiguier dit avoir connaissance sans vouloir les divulguer.

Habit de Serrurier.

Travestissement du XVIIe siècle, d'après Valck.

En Suisse, parmi les farces usitées au premier avril, il en est de particulières aux serruriers, qui envoient les apprentis

CHAUDRONNIERS, SERRURIERS, CLOUTIERS.

naïfs vendre le mâchefer chez les marchands d'eau de Seltz ou le laver pour en faire de la limonade.

Les enseignes des serruriers n'ont pas en général beaucoup d'originalité; leur attribut le plus ordinaire est une grande clé, souvent dorée, suspendue au-dessus de leur boutique.

Il en est peu qui ait fait usage d'enseignes dans le genre de celle que l'on voyait à Liège : un petit groupe en fer représentait Noé ivre conduit par ses deux fils, avec cette inscription, dont le rapport avec la serrurerie est assez difficile à deviner : « A l'excès de nos grands-pères ».

Dans la Côte-d'Or, on donne à la mésange charbonnière le nom de serrurier, parce que son cri imite le grincement d'une scie qu'on lime. Ce bruit est l'un des plus désagréables qui existent; lorsque Grandville fit sa planche assez alambiquée du «charivari qui pend à l'oreille de MM. Guizot, Dupin, etc. », il plaça au premier rang un diable serrurier qui limait une scie.

Les serruriers, comme tous les gens de métiers exercés par peu de personnes et qui ne présentent pas de particularités, occupent une petite place dans les traditions populaires, et ce qu'on raconte à leur sujet rentre plutôt dans le cadre des anecdotes que dans celui des contes. Voici ce qu'on lit dans la *Nouvelle fabrique des excellents traits de vérité* :

« Quelque serrurier, passant le bois pour aller en certain village porter serrures, rencontra un grand porc sanglier que les chiens de monsieur de Verniquet avoient eschauffé, fort espouvantable à regarder, lequel voyant cet homme commença de faire à venir vers lui. Au moyen de quoy le pauvre diable fut si effrayé qu'il pensoit estre mort et ne sceut autre chose faire sinon monter à un chesne qui estoit prochain de luy. Ledit sanglier estant parvenu auprès de l'arbre et n'ayant peu attaindre son homme, commença à escumer par la gueule, regardant contre mont et tournoyant à l'entour, comme s'il eust voulu monter après et ainsi eschauffé en sa colère, de ce qu'il ne pouvoit approcher, donna si furieusement de l'une de ses défenses contre ledit chesne qu'il le passa tout outre, de façon que le croc sortoit de l'autre costé un grand demy pied ; ce que voyant ledit serrurier descendit promptement, et avec son marteau abaissa et riva le bout dudit croc en crochant et le cacha dans le bois bien avant, comme l'on fait un clou attachant serrures et pentures. Par ce moyen ledit sanglier demeura prins et attaché, et le pauvre serrurier eschappa le peril de la mort et fit du porc sanglier tout ce qu'il voulut. Premièrement il le tua, il l'habilla, il l'escorcha, il le trencha, il le couppa, il le donna, il en joüa, il en mangea, il en salla, il en mucha, il en presta, il en gasta, il s'en saoulla, il en vendit, et si en fit de bon pastez. »

Une autre anecdote nous est fournie par le *Facétieux Réveil des esprits mélancoliques :*

« Un serrurier voulant aller au marché, à Bourgueil, vendre des serrures, avoit arrêté avec ses voisins de partir de bonne heure ; il arriva donc que, s'étant levé plus matin que les autres, il se mit en chemin : mais ayant fait une bonne lieue et voyant qu'il était trop matin, se voulut reposer en attendant ses compagnons, et, sans y penser, se coucha au pied d'une potence où on avoit attaché un larron depuis quelques jours, et s'y endormit. Le jour venant, ses compagnons passant près de là, dirent qu'il falloit appeler le pendu, si bien que l'un va crier : Ho ! compagnon, ho ! ho ! veux-tu pas venir, tu as assez demeuré là ? Le dormeur qui étoit dans la fosse s'éveille, et croyant qu'ils parloient à lui, répondit : Oui, oui, j'y vais, haut, attendez-moi. Ces passants se trouvèrent grandement surpris, croyant que c'étoit le pendu qui leur avoit parlé, et le serrurier de courir après eux avec ses ferrements, et eux de fuir pensant que ce fût le pendu avec sa chaîne : le serrurier

les appelle et les suit de toute sa force : eux fuyant encore plus
épouvantés : aussi ne cessèrent les uns et les autres de fuir et

Le Serrurier galant, d'après Pigal.

de suivre jusqu'à ce qu'ils furent à Bourgueil, où ils se recon-
nurent. »

PAUL SÉBILLOT

LÉGENDES ET CURIOSITÉS
DES MÉTIERS

LES CLOUTIERS

Les cloutiers ou fabricants de clous ont bien perdu de leur importance, depuis qu'on a trouvé le moyen de les faire en gros, par des procédés qui diminuent le prix de revient. On peut considérer ce métier comme en voie de disparition. Sans être au premier rang des travailleurs du fer, les cloutiers y faisaient une certaine figure. Un Noël de la Franche-Comté, composé en 1707, et qui fait venir autour de la crèche de l'Enfant-Jésus les divers corps d'état, présente les cloutiers, non sans insinuer qu'ils boivent assez volontiers :

> Las clouties que sont tous en rond
> Autoñot de lieute forge,
> Fant das pointes pou las chevrons ;
> Lou Môitre airouë sas compaignous
> De toute soûthe en borge :
> Lou feu, lai bise en ste saison
> Lieu fant soîchie lai gorge.

Dans le Bocage normand, d'après Richard Séguin, on rencontrait fréquemment, au coin d'un bois ou d'une pièce de terre, une méchante cabane noircie, où, dès le point du jour, en été, et plusieurs heures avant le lever du soleil, en hiver, se rendaient deux ou trois cloutiers qui travaillaient à la même forge. Un petit garçon, encore trop faible pour manier le marteau, faisait marcher le soufflet, assis sur le billot. Le dimanche ils portaient leurs sacs chez les grossiers, qui les leur payaient et rapportaient un paquet de verges de fer qu'ils mettaient en œuvre la semaine suivante. Ils travaillaient beaucoup et leur gain était petit.

Les cloutiers figuraient dans le compagnonnage; ils présentaient même cette particularité que, plus que tout autre corps d'état, ils suivaient les plus anciennes coutumes; ils commandent leurs assemblées, dit Perdiguier, ils font leurs grandes cérémonies en culotte courte et en chapeau monté. De plus, ils ont des cheveux longs et tressés sur leur tête. Si un membre de la société vient à mourir, ils quittent leurs chapeaux, défont, délient leurs longues tresses et vont l'enterrer avec les cheveux en désordre et leur couvrant presque tout le visage. Les cloutiers sont nombreux à Nantes et se soutiennent comme frères.

Brizeux, qui avait eu l'occasion de voir souvent des cloutiers en Bretagne, où, il y a une trentaine d'années, ils étaient renommés pour la jovialité de leur caractère et leur esprit porté à la farce, a écrit la chanson du cloutier, l'une des plus jolies pièces qui aient été faites sur les ouvriers :

> Sans relâche dans mon quartier
> J'entends le marteau du cloutier.
>
> Le jour, la nuit son marteau frappe !
> Toujours sur l'enclume il refrappe !
>
> Voyez ses bras noirs et luisants
> Retourner le fer en tout sens.
>
> Jamais il ne voit le ciel bleu,
> Mais toujours la forge et son feu.

C'est pour sa femme et ses enfants
Qu'il fait tant de clous tous les ans.

Grands clous à tête et petits clous,
Oh! combien de fer pour deux sous!

Rarement le cabaretier
Voit dans sa maison le cloutier.

Mais le dimanche, il chôme enfin.
Et chante à l'office divin.

Que Dieu dans son noir atelier,
Dieu bénisse cet ouvrier!

Le lutin allemand Hütchen, ainsi nommé parce qu'il se montrait la tête couverte d'un petit chapeau de feutre, donna à un pauvre cloutier d'Hildesheim un morceau de fer dont il pouvait faire des clous d'or, et à sa fille un rouleau de dentelles d'où l'on pouvait toujours tirer, sans crainte de le diminuer.

Atelier de serrurerie, d'après Jost Amman.

SOURCES

CHAUDRONNIERS. — *Dictionnaire de Trévoux*. — Lecœur, *Esquisses du Bocage normand*, I, 51; II, 62. — *Les Français peints par eux-mêmes*, II, 169, 368. — Régis de la Colombière, *Les Cris de Marseille*, 214. — Clément-Janin, *Blason populaire de la Côte-d'Or*, Dijon, 31. — Amélie Bosquet, *La Normandie romanesque*, 363. — E. Rolland, *Rimes et Jeux de l'enfance*, 321. — Baudouin, *Glossaire du patois de la forêt de Clairvaux* (Aube). — *Ancien théâtre français*, I, 63, 90, 110; II, 10, 116. — *Folk-Lore Record*, II, 77. — *Blason populaire de Villedieu-les-Poêles*, 79. — Blavignac, *l'Empro genevois*, 302. — Michelet, *Origines du droit français*, 196. — *Folk-Lore Journal*, IV, 260. — Comte de Puymaigre, *Chansons populaires du pays messin*, I, 203. — Daymard, *Vieilles chansons du Quercy*, 156. — J.-F. Bladé, *Contes populaires de Gascogne*, III. 362. — Loys Brueyre, *Contes populaires de la Grande-Bretagne*, 31. — X. Marmier, *Contes populaires de différents pays*, II, 297.

SERRURIERS. — Larchey, *Dictionnaire d'argot*. — *Revue des Traditions populaires*, X, 31. — Régis de la Colombière, *Cris de Marseille*, 175. — Ouin Lacroix, *Histoire des Corporations de Normandie*, 184. — G.-S. Simon, *Études sur le Compagnonnage*, 94, 105. — Blavignac, *l'Empro genevois*, 365. — *Le Conteur vaudois*, 30 juillet 1887. — Communication de M. Alfred Harou. — *Wisla*, 1893, 309. — Communication de M. Vladimir Bugiel.

CLOUTIERS. — *Recueil des Noëls anciens au pays de Besançon*, 1773, 111. Lecœur, *Esquisses du Bocage normand*, I, 49. — A. Perdiguier, *Le livre du Compagnonnage*, I, 44. — Grimm, *Veillées allemandes*, I, 121.

Étameur ambulant, d'après le *Jeu brûlant des Enseignes* (1823).

PAUL SÉBILLOT

LÉGENDES ET CURIOSITÉS

DES MÉTIERS

LES IMPRIMEURS

Lorsque l'imprimerie fut inventée, ou, pour parler plus exactement, quand on imagina les caractères mobiles, la Renaissance n'était pas loin, et le temps était déjà passé où toute chose qui étonnait s'expliquait par une légende: un peu plus tôt, on aurait sans doute attribué à des causes surnaturelles, aux saints ou plus probablement au diable, l'origine de cet art, d'une si incomparable puissance pour la conservation et la diffusion de la pensée humaine. Il est juste de dire que la typographie ne frappa pas tout d'abord les imaginations, et qu'au début l'on n'y vit qu'un procédé plus rapide, plus économique et plus régulier que l'écriture; au XV° siècle, personne n'aurait pensé à écrire la phrase célèbre de Victor Hugo : Ceci tuera cela.

Cent ans après les premiers essais de l'imprimerie, en plein mouvement de la Réforme, on a pu constater que les idées

n'ont point de véhicule plus puissant, et plusieurs villes reven-
diquent l'honneur d'avoir vu les premières presses fonctionner
dans leurs murs.

A Strasbourg, on prétendit qu'un certain Jean Mentelin,
citoyen de cette ville, avait inventé l'imprimerie, et qu'ayant
confié son secret à un de ses serviteurs, Jean Gœnsfleich, natif
de Mayence, celui-ci l'aurait transmis à Gutenberg, qui,
n'osant s'en servir à Strasbourg, alla à Mayence, où parurent
les premiers produits de cet art nouveau. La *Revue d'Alsace*
de 1836, à laquelle nous empruntons ces détails, extraits d'une
ancienne chronique manuscrite, dit que ce même document
ajoute plus loin : Dieu, qui ne laisse aucune infidélité sans châtiment, punit Gœnsfleich en le privant de la vue. Ce dernier
trait, où figure une des punitions familières à la *Légende dorée*,
constitue déjà une circonstance merveilleuse; à la fin du
XVIᵉ siècle, un chroniqueur hollandais nous en donne une
autre :

En 1588, dans un livre intitulé *Batavia*, Adrien Junius
disait avoir appris d'hommes respectables par leur âge et les
fonctions qu'ils avaient exercées, une tradition qu'ils tenaient
de leurs ancêtres. Un jour, vers 1420, Laurent Jean, surnommé Coster, se promenant dans un bois voisin de la ville,
comme font après les repas ou les jours de fêtes les citoyens
qui ont du loisir, se mit à tailler des écorces de hêtre en forme
de lettres, avec lesquelles il traça sur du papier, en les impri-
mant l'une après l'autre en sens inverse, un modèle composé
de plusieurs lignes, pour l'instruction de ses petits-fils. Encou-
ragé par ce succès, son génie prit un plus grand essor, et
d'abord, de concert avec son gendre, il inventa une espèce
d'encre plus visqueuse et plus tenace que celle qu'on emploie
pour écrire, et il imprima ainsi des images auxquelles il avait
ajouté ses caractères en bois. Adrien Junius était un savant,

et il n'est pas difficile de reconnaître dans ce récit une variante
de l'ancienne légende grecque, bien connue à l'époque de la
Renaissance, du berger qui, voyant l'ombre de sa fiancée se
projeter sur le sable, imagina d'en cerner les contours, et
inventa ainsi l'art du dessin; il est vraisemblable que Junius
ou les personnes qu'il cite s'en inspirèrent pour justifier les
prétentions des Hollandais à la priorité d'une des inventions
qui font le plus honneur à l'esprit humain.

L'imprimerie eut le sort commun à toutes les découvertes
qui froissent des préjugés ou lèsent des intérêts. Les écrivains
ou copistes, que ruinait le bon marché des livres sortis des
premières presses, et dont l'aspect rappelait les manuscrits, ne
trouvèrent rien de mieux, pour se débarrasser de cette concurrence, que de lancer contre les imprimeurs l'accusation de
sorcellerie. On ne connaît pas le détail des griefs qu'ils formu-
lèrent; ils devaient différer assez peu de ceux qui étaient d'usage
en semblable occurrence : pacte avec le diable, intervention
de puissances surnaturelles et impiétés. Selon Voltaire, qui
ne cite pas la source de cette anecdote, ils avaient intenté un
procès à Gering et à ses associés, qu'ils traitaient de sorciers.
Le Parlement commença par faire saisir et confisquer tous les
livres. C'est alors que le roi intervint entre les persécutés et
le tribunal persécuteur. « Il lui fit défense, dit Voltaire, de
connaître de cette affaire, l'évoqua à son conseil, et fit payer
aux Allemands le prix de leurs ouvrages. »

L'espèce de mystère dont les premiers imprimeurs entouraient leur art, l'isolement dans lequel vivaient les compagnons, presque tous étrangers au début, pouvaient donner
quelque vraisemblance à la dénonciation des copistes. Ils
avaient probablement appris qu'on n'était initié aux mystères
de l'imprimerie qu'après un temps d'épreuve et d'apprentissage : un serment terrible liait entre eux les compagnons qui

avaient été jugés dignes, par le maitre, d'être admis dans l'association. On peut même supposer que le maitre ne confiait à personne certains procédés de main-d'œuvre, qu'il exécutait seul.

Quand la période difficile fut passée, le nombre des imprimeurs devint considérable, et l'initiation des ouvriers dut perdre peu à peu le caractère rituel qu'elle avait au début; mais il en subsista des traces dans des cérémonies, où elles étaient conservées par tradition, alors que le sens primitif en était oublié. Au siècle dernier, la réception d'un ouvrier imprimeur était l'occasion d'épreuves bizarres, qui formaient l'objet d'un rituel spécial, caché soigneusement aux profanes et aux non initiés, et qui étaient de tradition dans tout atelier de typographie allemande. L'apprenti, dit la *Revue des arts graphiques*, qui venait de terminer son apprentissage et demandait à faire partie de l'association des chevaliers du Livre, y était admis à la suite d'une séance solennelle où la bière coulait à flots. Le récipiendaire était désigné sous le nom de Gehörnter Bruder, frère Cornu. Cette dénomination venait de ce qu'on le coiffait d'un bonnet orné de gigantesques cornes de diable, dont on ne le débarrassait qu'après lui avoir fait subir toute une série de mauvais traitements, dont l'ordre était soigneusement indiqué. On lui remplissait les narines de poivre, on le frappait à coups de poing et de coups de pied, on le jetait brusquement à terre. Le nouvel initié avait-il une belle barbe, vite on le rasait; parfois même, la barbe lui était arrachée par quelqu'un des malins compagnons qui, pendant tout le temps de la cérémonie, chantaient des cantiques lugubres, dont les couplets alternaient bizarrement avec des refrains obscènes. Le récipiendaire devait subir patiemment ces épreuves, auxquelles il s'attendait quelque peu; il était d'ailleurs solidement ficelé sur l'escabeau, qui lui servait de banc

de torture. Pour clore la cérémonie, un des assistants, affublé
d'une grotesque défroque ou d'ornements sacerdotaux, mon-

Imprimerie au XVIᵉ siècle, d'après Stradan.

dait d'eau le frère Cornu, après lui avoir fait jurer sur la lame
d'un glaive de ne rien révéler des épreuves qu'il venait de

subir, lui donnant, au nom de Cérès, de Vénus et de Bacchus, le baptême qui le consacrait ouvrier et compagnon.

Ces coutumes se conservent encore en Autriche et surtout dans la Suisse romande; mais le rite a été adouci. En Suisse, le baptême subsiste, mais l'eau lustrale y est administrée d'une façon moins barbare : le récipiendaire, que de vigoureux camarades saisissent par la tête et par les pieds, est plongé à plusieurs reprises dans un baquet garni d'éponges et de vieux chiffons des machines, imbibés ou plutôt inondés d'eau. Un camarade jovial régale parfois l'initié d'une douche supplémentaire, mais tout se borne là, et le soir, dans un punch d'honneur, dont il paye les frais, le nouveau confrère reçoit des plus anciens un diplôme de *baptême d'éponges*, qui reste pour lui la preuve qu'il a satisfait à cette formalité, sans laquelle en ce pays nul ne peut être ouvrier du livre.

En France, ces cérémonies semblent avoir disparu d'assez bonne heure : dans l'enquête faite au milieu du XVII° siècle sur les rites sacrilèges attribués aux compagnons des divers états, les imprimeurs ne sont pas mentionnés. Mais jusqu'à ces derniers temps, lorsqu'un apprenti avait fini son temps, l'usage l'obligeait à payer une sorte de redevance avant de prendre place parmi les ouvriers en pied. A Troyes, de 1845 à 1848, suivant un règlement conventionnel observé à cette époque, on payait les droits de tablier, de bonnet de papier, etc. Un collègue du récipiendaire lisait, en 1827, les *Heures typographiques*, après quoi on allait manger un morceau chez un débitant voisin, et la fête durait parfois jusqu'au soir.

Les imprimeurs étrangers trouvaient meilleur accueil en France que les compagnons français qui allaient chercher de l'ouvrage dans les pays voisins. « Qu'un imprimeur allemand, dit en 1796 Ant.-François Momoro dans son *Manuel de l'Imprimerie*, vienne travailler en France, il est bien reçu partout;

il travaille librement, ne paie aucuns droits que celui de bienvenue de 30 sous, et celui de première banque de 9 livres ;
une fois ces droits modiques payés, il participe à tous les
bons de chapelle. Mais qu'un Français aille en Allemagne
pour y travailler dans les imprimeries, on ne le regarde pas ;
on le moleste, on l'oblige à travailler tête nue, tandis que
messieurs les Allemands ont leurs bonnets ou leurs chapeaux
sur la tête ; il ne participe à aucuns bons, n'est admis à aucuns
conseils ; et si on a quelque chose à délibérer dans l'imprimerie, on le fait sortir ; et pour ne pas être exposé à cet insul-
tant mépris, on est contraint de payer une somme de cinquante
écus dans certains endroits, d'un peu moins dans d'autres,
mais toujours exorbitante pour des compagnons qui ne sont
jamais trop pécunieux. »

Les imprimeurs ont eu, dès une époque assez reculée, la
réputation de n'être point ennemis de la bouteille ; à la fin du
XVI° siècle, ils figurent en bon rang dans la *Chanson nouvelle
de tous les drolles de tous estats qui ayment à bien boire* :

> Faut enroller premierement
> Tous les libraires.
> Imprimeurs sont de nos gens.
> Ils ayment à boire.
>
> Parcheminiers et papetiers
> Sont bien des nostres.
> Mes drolles, mes drolles.
> Venez trestous, qu'on vous enrolle.

L'image de saint Lundi, publiée à Épinal, est accompagnée
de vers que récitent chacun des corps d'état qui y sont représentés ; l'imprimeur Boit sans soif s'exprime en ces termes :

> Mes amis, je vous fais sans peine
> De ma foi la profession ;
> Si j'honore sainte Quinzaine.
> La bouteille à discussion

Est ma seule religion.
Que me fait enfin dans le doute
Que notre fin soit bien ou mal.
Si je m'amuse sur la route,
Je vais tout droit à l'hôpital.

La *Physiologie de l'imprimeur* et un grand nombre de pièces contemporaines ne sont pas éloignées de prétendre que les imprimeurs, surtout les pressiers, sont parmi les meilleurs clients des marchands de vins. L'amour du pittoresque a sans doute poussé ces divers auteurs à généraliser; sans vouloir enrôler les typographes parmi les adeptes des sociétés de tempérance, il serait, je crois, injuste de prendre à la lettre ces assertions, si répétées qu'elles soient.

Ce qui a pu y donner lieu, c'est le nombre de circonstances qui motivent un « arrosage ». Le soir de sa première « banque » on paye, l'ouvrier nouvellement embauché dans une maison offre à boire à ses compagnons. Cela s'appelle payer son *quantès* quand est-ce) ou bien payer son article 4. Dans le règlement des confréries ou chapelles d'autrefois, l'article 4, le seul qui soit, par tradition, resté en vigueur, déterminait tous les droits dus par les typographes. On ajoute quelquefois, en parlant de cet article, versel 20, qu'il est facile de traduire par « versez vin ». Dans le nord de la France, s'acquitter du droit de bienvenue, c'est « payer ses quatre heures ». On célèbre de la même manière, la sortie de la maison.

On arrose la réglette d'un nouveau metteur en pages, la première page d'un ouvrage important, le premier numéro d'un journal, avec le concours et aux frais de l'administration ; le premier qui emploie une fonte neuve est parfois moralement obligé d'offrir une tournée à ses compagnons. Un bouquet est placé en haut d'une presse neuve le jour où l'on achève de la monter, et le patron est tacitement invité à l'arroser. Dans quelques villes de province, quand un étranger visite l'atelier, on secoue derrière lui une jatte dans laquelle se trouvent quelques lettres, pour imiter le bruit d'un ballon de quêteur, et lui faire comprendre qu'une générosité à la chapelle sera la bienvenue ; mais peu nombreux sont ceux qui

Presses et pressiers (XVIᵉ siècle) frontispice d'un livre de Josse Badius.

comprennent la « sorte », et moins encore ceux qui s'exécutent.

À l'imprimerie de l'abbé Migne qui, d'après un manuscrit conservé à la Chambre syndicale des typographes, était appelée en 1852 *refugium Sarrasinorum*, le compositeur qui n'avait pas commis de bourdon ou de doublon dans la semaine avait

droit à un petit verre d'eau-de-vie qu'on lui versait conscien-
cieusement et qu'il avalait de même.   -

L'apprenti est désigné quelquefois sous le nom ironique
d'*attrape-science*. Vers 1840 on l'appelait aussi *pâtissier*, parce
qu'on l'employait à faire du pâté, c'est-à-dire à trier les
caractères mêlés et brouillés; à la même époque, d'après la
Physiologie de l'imprimeur, les ouvriers lui donnaient le nom
de *cabot*.

En Angleterre le *Printer Devil*, diable d'imprimerie, est le
petit garçon chargé de porter et d'aller chercher les épreuves
chez les auteurs; Douglas Jerrold, traduit dans les *Anglais
peints par eux-mêmes*, pensait que ce nom pouvait dater de
l'époque où l'imprimeur était un sorcier, un magicien, et que
ce fut alors que ce petit garçon fut ainsi baptisé. Dans l'imprimerie, le diable est l'homme de peine; il n'y a pas d'occupation trop sale pour lui, pas de fardeau trop lourd pour ses
forces, pas de course trop longue pour ses jambes; il doit
courir, il doit voler; car c'est un axiome que le diable d'imprimeur est obligé de ne jamais marcher.

En France, l'apprenti imprimeur est le factotum des compositeurs; il va chercher le tabac et fait passer clandestine-
ment la chopine ou le litre qui sera bu derrière un rang par
quelque compagnon altéré. Il va chez les auteurs porter les
épreuves, et fait en général plus de courses que de *pâté*.
Quand il a le temps on lui fait ranger les interlignes ou trier
quelque vieille fonte, ou bien encore il est employé à tenir la
copie du correcteur en première, besogne pour laquelle il
montre d'ordinaire une grande répugnance.

Si sa condition n'est pas très brillante, elle s'est pourtant
bien améliorée depuis le commencement de ce siècle. L'auteur
de la *Misère des garçons imprimeurs*, un certain Dufrêne, qui
s'était fait une spécialité de décrire en vers très médiocres les

misères des divers apprentis, nous a laissé une description des débuts d'un jeune compositeur vers 1710; bien que parfois chargée, elle présente des détails intéressants : Voici comment il est accueilli à son arrivée : Le prote « d'un air dur et rébarbatif » lui dit :

— Est-ce vous qui venez ici comme apprentif?
— Ouy, Monsieur. A ces mots la main il me presente
Et me fait compliment sur ma force apparente.
— Quel compère, dit-il, vous suffirez à tout,
Et des plus lourds fardeaux seul vous viendrez à bout.
Portez donc ce papier et le rangez par piles. »
Moi, qui sens mon cœur faible et mes membres débiles,
Je ne veux pas d'abord chercher à m'excuser.
De peur que de paresse on ne m'aille accuser;
Je m'efforce et ployant sous ma charge pesante.
Chaque pas que je fais m'assomme et m'accravante;
Je monte cent degrez chargé de grand-raisin.
J'en porte une partie dans le haut magazin;
Et pour le faire entrer dans une étroite place,
Avec de grands efforts je le presse et l'entasse.
N'ayant encore fait ma tâche qu'à demy.
J'entends crier d'en bas : « Holà! donc! eh! l'amy! »
Je descends pour savoir si c'est moi qu'on appelle.
— Oui, dit le prote, il faut allumer la chandelle.
— Où l'iray-je allumer? — Attendez, me dit-il,
Je m'en vais vous montrer à battre le fusil. »
En deux coups je fais feu. — Bon, vous êtes un brave;
Bon cœur, vous irez loin. Descendez à la cave.
Quand vous aurez remply de charbon ce panier,
Vous viendrez allumer le feu sous le cuvier.

Après sa journée, l'apprenti va se coucher dans une espèce de soupente humide, espérant dormir tout son content; mais c'est une illusion qui dure peu :

...Je commence à peine à sommeiller,
Je n'ay pas fermé l'œil. qu'il me faut me réveiller.
Car j'entends tirailler une indigne sonnette,
Qui de son bruit perçant ébranlant ma couchette,
Me dit d'aller ouvrir la porte aux compagnons.

Je saute donc du lit, et, marchant à tâtons.
Souvent transi de froid, je tempête et je jure
De ne pouvoir trouver le trou de la serrure...

Avec le jour l'ouvrage recommence pour l'apprenti, auquel
on fait allumer le poêle, et l'on crie après lui parce qu'il s'y est
pris maladroitement. Cette besogne faite, une autre l'attend :

Le baquet put, dit l'autre. on dirait d'une peste.
Nettoyez le dedans et vuidez l'eau qui reste...
Le baquet plein, j'entends d'une voix de lutin
Cinq ou six alterez crier : « D*** ! au vin! »
L'un dit : « Je bus dimanche, au bas de la montagne.
D'un vin qui sur ma foy vaut le vin de Champagne. »
Si. sur un tel rapport. un autre en veut goûter,
Fût-ce encore plus loin, il faut m'y transporter;
Celui-ci veut du blanc, celui-là du Bourgogne.
Si je tarde un peu trop, ils me cherchent la rogne.
Sans songer que souvent. pour leurs demy-septiers.
Il faut aller quêter chez dix cabaretiers.
A l'un faut du gruyère, à l'autre du hollande;
Un autre veut du fruit, faut chercher la marchande.
Encore ont-ils l'esprit si bizarre et mal fait
Qu'avec toute ma peine aucun n'est satisfait.
Je ne réplique rien, mais dans le fond j'enrage
De me voir accablé de fatigue et d'ouvrage.
Et d'être à tous momens grondé mal à propos.
Pendant que ces messieurs déjeunent en repos.

Cet apprentissage était doux si on le compare à ce qui,
d'après M. Salvadore Landi, se passait il y a cinquante ans
en Italie : Il était facile à un enfant d'entrer dans une imprimerie; on ne lui demandait pas quelle instruction il avait. Ce
n'était pas d'ailleurs un ouvrier, à peine une créature; c'était
un instrument, une petite machine, de laquelle on exigeait tous
les services. et auquel on faisait porter tous les fardeaux. S'il
avait bonne volonté et s'il se mettait à lire rapidement les
feuilles imprimées, on le mettait à la casse, et il s'appelait le
stampatorino: mais c'était un titre assez vain, qui ne le dis-

pensait pas d'accomplir des besognes pénibles, dont la plupart n'avaient rien de commun avec l'imprimerie. C'est ainsi qu'il était chargé d'aller le matin chercher chez le patron la clef de

Apprenti imprimeur, d'après Ch. de Saillet (1842).

l'atelier et de la reporter le soir. Quand il avait ouvert l'atelier, il devait le balayer de fond en comble, ramasser les lettres tombées à terre et nettoyer les chandeliers ; s'il manquait un

homme on le mettait à rouler la presse. Du matin jusqu'au
soir il devait être en tout point le serviteur des ouvriers et
obéir à tous leurs caprices. Il avait beau faire de son mieux,
il n'échappait pas aux reproches et aux mauvais traitements.
Pour une erreur, pour une plainte, pour un mot de réplique
ou de révolte, il était injurié et frappé. Si le manquement était
plus grave, si envoyé en commission, il s'était trop attardé, à
son retour il trouvait tout disposé pour ce que l'on appelait
funerale solenne. Le prote, aposté à l'entrée, lui barbouillait
la figure avec un torchon imbibé d'essence, et, armé d'une
corde empruntée aux balles de papier, frappait à coups redou-
blés sur le maigre corps de l'enfant. Celui-ci poussait des cris
désespérés, qui avaient fait donner à cette punition le nom de
funérailles. Pour les ouvriers, la punition du pauvre apprenti
était un passe-temps, un spectacle, une cérémonie divertis-
sante. Au premier cri de la victime, il y avait dans tout l'atelier
une explosion de gros rires, puis pour que les funérailles
eussent plus de caractère, derrière les rangées de casses,
les voix des ouvriers imitaient le son des cloches qui sonnent
pour les morts en faisant entendre un *din, don, don* prolongé,
qui croissait de ton à mesure que les cris du pauvre enfant
devenaient plus aigus.

Les compagnons s'amusaient aussi aux dépens du nouveau
venu, et il était l'objet de farces traditionnelles. A Genève, le
1ᵉʳ avril, on envoie un apprenti imprimeur bien novice demander
la pierre à aiguiser le composteur, les gants en fer pour fondre
les rouleaux ou des espaces italiques. A Troyes, on lui dit
d'aller emprunter chez des confrères ou dans d'autres salles
de la maison le marteau à enfoncer les espaces fines, la machine à cintrer les guillemets, le soufflet à gonfler le cylindre,
les ciseaux à moucher les becs de gaz, l'écumoire à passer
les gros points et autres ustensiles imaginaires.

« L'homme de conscience » est le compositeur payé à la journée et non aux pièces; on désignait sous le nom de « conscience » l'ensemble de ces ouvriers. Le *Code de la Librairie* (1723) dit que les protes et autres ouvriers travaillant à la semaine ou à la journée, qu'on appelait vulgairement travailleurs en conscience, ne pouvaient quitter leurs maîtres qu'en les avertissant deux mois auparavant, et s'ils avaient commencé quelque labeur, ils étaient tenus de le finir. De leur côté les maîtres ne pouvaient les congédier qu'en les avertissant un mois auparavant, si ce n'est pour cause juste et raisonnable. La sortie des ouvriers aux pièces était subordonnée à l'achèvement du labeur pour lequel ils avaient été embauchés, et sujette à un avertissement préalable de huit jours seulement.

En 1840, on désignait sous le nom d'*ogres* les compositeurs d'imprimerie qui travaillaient, dit Moisand, pour leurs enfants; ils étaient à la conscience.

« L'homme de bois » était, en 1821, celui qui, dans les imprimeries, rajustait les planches avec des petits coins en bois. D'après Boutmy, c'est une désignation ironique qui sert à désigner un ouvrier en conscience; elle s'applique à peu près exclusivement aujourd'hui à celui qui distribue, corrige et aide le metteur en pages.

Les *caleurs* ou goippeurs étaient ceux qui à chaque instant se dérangeaient de leur place pour admirer la beauté d'un animal quadrupède qui se promenait tranquillement sur les toits; ou bien, s'ils n'apercevaient pas de chat, ils allaient conter des *piaux* ou blagues aux autres caleurs, leurs amis; ceux-là travaillaient aux pièces, et on les payait seulement en raison de leur travail.

Quand l'ouvrier caleur ou trimardeur a roulé dans toutes les imprimeries de la capitale, et qu'il ne peut plus s'embaucher nulle part, il se met à faire un paquet de toute sa petite garde-robe (son Saint-Jean), et, un beau matin, il prend la barrière Saint-Denis, décidé à visiter la Picardie, la Normandie et autres pays s'il se plaît en province. Lorsqu'il arrive dans une ville quelconque, son premier soin est d'aller chez les imprimeurs demander du travail, mais, hélas! on n'a rien pour le moment, et notre héros prie le patron de vouloir bien lui permettre de visiter son atelier. A ses saluts réitérés, à son air confus, on le reconnaît de suite, et, avant qu'il n'ait dit un mot, le prote lui demande son livret, il le lit attentivement, puis il quitte sa place pour prier ses camarades de secourir notre infortuné sans ouvrage; bientôt on a ramassé cinq ou six francs que l'on remet au malheureux voyageur qui tire sa révérence avec un plaisir extrême, en assurant de sa reconnaissance éternelle. Quand il a parcouru un espace de deux cents lieues, il commence à se fatiguer de sa vie de coureur. Il ne trouve pas toujours la *passe* que les ouvriers donnent aux compagnons sans ouvrage. Alors il revient à Paris, et retourne chez son ancien bourgeois le prier de le rembaucher, en promettant de devenir ogre, et en jurant que la province ne vaut pas Paris.

Il y avait en outre parmi les typographes des gens ayant des défauts de caractère ou des vices. Les *gourgousseurs*, dit Décembre-Alonnier, ont le caractère morose et grondeur, lisant assez volontiers leur copie à haute voix, sans s'inquiéter des récriminations de leurs voisins que cela empêche de travailler, et ils entremêlent leur lecture de réflexions *ad hoc*. Le gourgousseur est presque toujours en même temps *chevrotin*, c'est-à-dire irascible. Le *fricoteur*, le premier arrivé à l'imprimerie, passe rapidement en revue les casses des camarades qui travaillent sur le même caractère que le sien et prélève un impôt sur chacun. On l'appelle aussi *pilleur de boîtes*.

La *Physiologie de l'imprimeur* dépeint le pressier comme

un personnage à la figure bourgeonnée, à la taille petite, mais énorme, propriétaire d'un léger « extrait de barbe » ou com-

Habit d'Imprimeur en Lettres.

mencement d'ivresse, qu'il espère couper bientôt par quelques petits verres de cognac, et qui a chez le marchand de vins une ardoise remplie. Les pressiers étaient désignés sous le nom d'*ours*. Ce terme est vraisemblablement ancien, la *Misère des garçons imprimeurs* « parle de cinq ou six malotrus ressemblant à des ours ». Le mouvement de va-et-vient, qui ressemble assez à celui d'un ours en cage, par lequel les pressiers se portent de l'encrier à la presse leur a sans doute, dit Balzac, valu ce sobriquet. Lors de l'introduction des mécaniques ceux qui tournaient la manivelle étaient appelés *écureuils*. En revanche les ours ont nommé les compositeurs des *singes*, à cause du continuel exercice qu'ils font pour attraper les lettres (p. 31). Il y avait autrefois une sorte d'inimitié entre ces deux catégories, d'ailleurs très différentes, d'employés d'imprimerie.

Il est très rare, dit l'auteur de *Typographes et gens de lettres*, de voir un imprimeur s'aventurer dans l'atelier des compositeurs, à moins qu'il n'ait des formes à y porter : alors on peut être assuré qu'un dialogue dans le genre de celui-ci s'établit : « Ah ! voilà Martin ! monte à l'arbre ! — Monte à l'arbre toi-même, mal appris ! — Hé ! là-bas, tâchons d'être poli ! — Tu ne vois donc pas que c'est un ours mal léché ! — Je te vas faire lécher ma savate ; parce qu'on n'a pas reçu qué qu'indu... » Le bruit des composteurs frappant sur les casses et les rires couvrant la voix du malheureux, il descend auprès de son compagnon exhaler ce qui lui reste de mauvaise humeur. Il est juste de dire que quand un compositeur s'aventure aux presses, il est reçu avec la même déférence ; pour le conducteur il en est de même.

Au siècle dernier et au commencement de celui-ci, les ouvriers de chaque imprimerie, compositeurs et pressiers, formaient entre eux, dans l'atelier, une petite société qui avait ses usages, ses règles, ses privilèges même, et à laquelle ils donnaient le nom de « Chapelle » ; les adhérents étaient tout naturellement appelés chapelains. En dépit de son nom, la

chapelle n'avait aucun caractère religieux. Elle n'était fermée
à personne : pour devenir chapelain, il suffisait de verser en
entrant dans l'atelier la somme fixée pour le droit d'admission,
qui n'était que de trente sous, plus un autre droit prélevé sur
la première banque ou paye du postulant, et qui se montait à
neuf livres. Le règlement spécifiait, en outre de ces deux taxes
obligatoires, bon nombre d'autres cas qui étaient un prétexte
à la perception d'un droit ou d'une amende : L'apprenti qui
débutait ou terminait son apprentissage et devenait ouvrier;
le confrère qui se mariait; les ouvriers qui se querellaient,
se battaient ou plaisantaient trop grossièrement; celui qui
oubliait d'éteindre sa chandelle en quittant l'atelier à la fin de
la journée, ou lorsqu'il s'absentait, ne fût-ce que pour quelques
minutes; le sortier qui, pour faire pièce à l'imprimeur, mettait de l'eau sur la poignée du barreau ou de l'encre sur la
manivelle d'une presse, etc., devaient tous payer une somme
plus ou moins élevée, et le refus de verser entraînait la
déchéance de tous droits dans le partage de la caisse. Les
chapelains avaient une autre source de revenus dans les
quêtes qu'il faisaient deux fois par an chez tous les auteurs ou
clients en rapport avec l'imprimerie, en même temps que chez
les fondeurs, fabricants de papiers, marchands d'encre, en un
mot chez tous les fournisseurs; aux sommes ainsi perçues
venaient se joindre trois exemplaires de chaque ouvrage composé et imprimé par eux, qui, sous le nom de copies de chapelle, leur étaient offerts par l'éditeur.

La veille de la Saint-Jean et de la Saint-Martin, le partage
était fait entre tous les sociétaires, et le lendemain ils se réunissaient pour commencer la fête qui, généralement, se pro-
longeait, laissant plusieurs jours les rangs déserts et les presses
silencieuses. Le bourgeois, ainsi qu'on appelait alors le patron,
avait beau tempêter et gémir, il n'empêchait pas les chape-

lains de s'amuser le mieux et le plus longtemps possible. Les chapelles n'existent plus dans les imprimeries actuelles.

On donnait le nom de « Bonnet » à une espèce de ligue offensive et défensive que formaient quelques compositeurs employés depuis longtemps dans une maison, et qui avaient tous, pour ainsi dire, la tête sous le même bonnet. Rien de moins fraternel que le bonnet, dit Boutmy : il fait la pluie et le beau temps dans un atelier, distribue les mises en pages et les travaux les plus avantageux à ceux qui en font partie d'abord, et, s'il en reste, aux ouvriers plus récemment entrés qui ne lui inspirent pas de crainte. Le bonnet est tyrannique, injuste et égoïste comme toute coterie ; il tend à disparaître.

Certaines des amendes qui existaient au temps des chapelles sont encore aujourd'hui en pleine vigueur ; on en a ajouté d'autres. C'est ainsi qu'on astreint à une redevance le compagnon qui néglige de fermer une porte à la clôture de laquelle l'atelier est intéressé ; celui qui s'en va sans achever une ligne commencée ; celui qui oublie, en s'en allant, d'éteindre le bec de gaz ou la lampe de sa place. Un confrère s'empresse alors de l'éteindre et emmanche aussitôt dans le verre un long cornet de papier, que le compagnon oublieux trouve le lendemain matin et qui lui annonce ce qu'il a à payer.

Lorsqu'un confrère reste longtemps absent et qu'on ne craint pas la visite du prote, on fait un catafalque sur sa casse ; on place ses outils en croix, on étend sa blouse, s'il a une chandelle on l'allume ; enfin on tâche de figurer quelque chose de lugubre. On a surtout soin d'empiler un grand nombre d'objets lourds et difficiles à manier, de façon que lorsque le malheureux veut reprendre possession de sa place, il soit très longtemps à la débarrasser. Un apprenti est placé en vedette pour signaler son arrivée ; aussitôt qu'il paraît on se

L'Imprimerie

C'est elle qu'on a voulu représenter par cette figure assise devant une Casse, dont elle tire des lettres pour composer. Sans son Secours, les plus rares productions des Sciences, et des Arts périraient souvent dès leur naissance. Tel était leur Sort, avant que cet admirable Secret de L'Imprimerie eut été trouvé; Ce fut à Mayence, en 1440 Par Jean Guttemberg de Strasbourg.

met à psalmodier quelque chose de traînant sur un mode grave, une espèce de scie à faire fuir les plus intrépides :

> C'pauvre monsieur Chicard est mort (*bis*),
> I! est mort, on n'en parlera plus!
> Hue! Hue!

Tous n'ont pas le caractère à prendre la chose du bon côté ; il y en a qui sortent furieux ; alors à la psalmodie funèbre succède un véritable chœur de bacchanal qui ébranle les solives de l'atelier et fait bondir le prote :

> Tu t'en vas et tu nous quittes,
> Tu nous quittes et tu t'en vas.

L'imprimerie représentait autrefois, alors que l'accès des ateliers était sévèrement interdit aux profanes, une sorte de lieu mystérieux et qui paraissait quelque peu diabolique aux gens qui n'avaient fait qu'entrevoir le travail des compositeurs et le mouvement des presses ; les mains et les vêtements noircis par l'encre grasse pouvaient aussi suggérer des comparaisons, et il est même assez curieux de ne rencontrer aucun proverbe qui rentre dans cet ordre d'idées.

L'auteur des *Fariboles saintongheaises*, petite revue patoise humoristique qui paraissait à Royan vers 1877, a mis dans la bouche d'un paysan la description suivante d'une imprimerie qu'il était censé avoir visitée : « Y ai vu la machine oure qu'on met les Fariboles en emolé. A semble in moulin à venter, s'rment a l'est pu grand, toute en fer et graissée de ciraghe d'in bout à l'autre. O l'y a t'in gars, qu'a in bonnet de papé, qui l'a fait marcher et qu'a du virer la broche dans sa j'henesse, parce qu'au j'hour d'anneut o ly sied trop ben. In aut'e gars, qu'est rond comme un tonquin, se promenait tout autour, mettait d'au ciraghe, brassait d'au popé, chantusait, parlait de mangh'er d'au gighot avec des châtagnes. Dans le bout, o l'y avait trois ou quatre Monsieux qui preniant d'aux p'tites lettres en fer dans des boites et les mettions à côté des ines des autres ; n'on voyait pas marcher zeux mains. In aut'e faisait virer un' g'huillotine qui copait mais d'in cent de feuilles de papé à la foué. »

Une habitude assez répandue consiste à installer des musées fantaisistes sur les murs de l'atelier de composition. Concurremment avec les affiches et autres impressions voyantes « réussies » de la maison, on voit des collections pêle-mêle ou méthodiquement alignées sur le mur. Toutes sortes de débris disparates s'y coudoient, avec des inscriptions abracadabrantes, où l'esprit ne fait pas toujours défaut. Tel vieux clou servit à fixer Jésus-Christ sur la croix, telle poignée de filasse fut la chevelure de Sarah Bernhardt, telle savate sans forme, raccommodée avec des ficelles et des porte-pages, fut la pantoufle de Cendrillon. On y trouve aussi de petits souvenirs d'atelier : la pipe d'un camarade « qui a cassé la sienne » ; la carte d'un repas pris en commun, etc.

Au siècle dernier, les imprimeurs appelaient leur Saint-Jean, à l'instar des cordonniers qui donnaient à leur sac à outils le nom de Saint-Crépin, les objets dont ils devaient se munir à leurs frais : en 1791, les ouvriers de la casse devaient se procurer le chandelier, le composteur et les pointes ; les pressiers des ciseaux, un peloton, une lime, un couteau à râtisser les balles, un ébauchoir.

De tout temps les ouvriers imprimeurs avaient employé entre eux un langage et des signes particuliers qu'ils appelaient le *tric*, signal de quitter le travail pour aller boire ou quelquefois pour se mettre en grève. Plusieurs ordonnances l'avaient interdit sans beaucoup de succès.

Ce mot a disparu de la langue des typographes ; mais ils ont conservé des coutumes analogues et un vocabulaire spécial, qui n'est pas très étendu, si l'on considère comme à peu près complet le *Dictionnaire de l'argot des typographes*, publié par Eugène Boutmy, en 1878 et en 1883.

Dans quelques ateliers, au coup de quatre heures, les imprimeurs et compositeurs altérés poussent le cri d'appel : Bé! Bé! imitant le bêlement du mouton.

La « taquance » se fait pour signifier que l'on ne croit pas ce que vient de dire un confrère. Elle consiste à frapper trois coups sur le bord de la casse ou même partout ailleurs. A Troyes, celui dont les paroles sont ainsi mises en doute s'écrie alors : Celui qui taque n'a pas de chemise.

Quand un *sarrasin*, ouvrier non syndiqué, pénètre dans une galerie, quand un compositeur est vu d'un mauvais œil, qu'il est ridicule ou ivre, qu'il a émis une idée baroque et inacceptable, les typographes manifestent bruyamment leur déplaisir par une *roulance*. C'est un tapage assourdissant, que les ouvriers d'un atelier font tous ensemble, en frappant avec leur composteur sur leur galée ou sur les compartiments qui divisent les casses en cassetins, sur les taquoirs avec les marteaux ; en même temps ils frappent le sol avec les pieds. Ce charivari ne respecte rien : les protes, les patrons eux-mêmes n'en sont pas à l'abri.

L'exclamation *il pleut!* a pour but d'avertir les camarades de l'irruption intempestive dans la galerie du prote, du patron ou d'un étranger. Dans quelques maisons, elle est remplacée par : *Vingt-deux!*

La composition demandant une attention soutenue amène une fatigue de tête, qui doit avoir quelque analogie avec celle des écrivains ; c'est là vraisemblablement la cause du besoin que les compositeurs éprouvent de laisser un moment la casse, pour ne plus penser pendant quelque temps à lever la lettre. Ils ont imaginé plusieurs façons ingénieuses de se distraire sans quitter l'atelier.

Le jeu des cadratins est assez usité : l'enjeu est toujours une chopine, un litre ou toute autre consommation. Les cadratins sont de petits parallélipipèdes de même métal et de même force que les caractères d'imprimerie, mais moins hauts que les lettres de diverses sortes. Ils servent à renfoncer les lignes pour marquer les alinéas, et portent sur une de leurs faces un, deux ou trois crans. Ce sont ces marques qui ont donné l'idée

L'Imprimerie, figure allégorique de Gravelot.

aux typographes de s'en servir comme de dés à jouer. Les compositeurs qui calent, c'est-à-dire qui n'ont pas d'ouvrage pour le moment, s'amusent parfois à ce jeu sur le coin d'un marbre. Le coup nul, celui où les cadratins n'ont montré que leur face unie, est dit « faire blèche » ; lorsque par hasard l'un d'eux reste debout, on a fait « bonhomme ». Ce coup merveilleux annule le coup de blèche.

Parfois le baquet à tremper le papier est transformé par les apprentis en un billard aquatique, sur lequel roulent légèrement trois boules à peu près sphériques, taillées dans des morceaux de pierre ponce ; des biseaux, ou, à défaut, de fortes réglettes, tiennent lieu de queues, ou bien un grand châssis, posé sur le marbre et dans lequel trois billes sont emprisonnées, forme un billard sec. Les biseaux servent aussi d'épées aux jeunes escrimeurs. Ils confectionnent encore des lampes primitives à l'aide de gros cadrats de 60 ou 80, remplis d'huile à machines et surmontées d'un filet posé à plat et percé d'un trou, dans lequel s'emmanche un petit tube formé d'une interligne roulée, garni de filasse ; des papiers de couleur, disposés autour, en font des lanternes vénitiennes.

Jusqu'à la Révolution, les imprimeurs eurent leur fête du mai. Partout, elle était célébrée avec pompe et allégresse ; mais c'est surtout à Lyon qu'il faut la chercher pour la retrouver dans toute sa splendeur. Les imprimeurs de cette ville faisaient ordinairement planter un mai devant l'hôtel du gouverneur.

Un autre mai des imprimeurs était un placard en vers, assez médiocrement payé sans doute à quelque poète famélique, et que les membres de la corporation affichaient dans leur boutique, auprès du rameau de verdure détaché du mai annuel et votif de la confrérie.

Les imprimeurs de Paris et ceux des autres villes de France avaient, dit l'*Histoire de l'Imprimeur*, la permission de se réunir aux jours de fêtes solennelles et religieuses sous la bannière de Saint-Jean-Porte-Latine. A ce patron orthodoxe, les imprimeurs de Lyon en joignaient un burlesque, dont ils célébraient non moins exactement la fête : c'était le momon ou mannequin bizarre qu'ils appelaient le seigneur de la Coquille, et qui n'était sans doute autre chose que la très étrange personnification des fautes typographiques ou coquilles. S'il en était ainsi, l'impénitence des imprimeurs à l'égard des erreurs de leur métier aurait été complète, puisqu'ils en riaient au lieu de s'en corriger. Voici ce qu'on lit dans une pièce rarissime de ce temps intitulée : *Recueil faict au vray de la Chevauchée de l'Asne faicte en la ville de Lyon : et commencée le premier jour du moys de septembre mil cinq cent soixante six avec tout l'ordre tenu en icelle. Lyon, Guillaume Testefort :* Un drôle ou masque tenoit une lance en main où estoit le guidon du seigneur de la Coquille, estant iceluy de taffetas rouge et au milieu d'iceluy un grand V verd, et au dedans d'iceluy V estoit escrit en lettres d'or : Espoir de mieux. Quant à la présence du V sur cette bannière du patron des bandes typographiques, par préférence à toute autre lettre, il faut vraisemblablement l'attribuer à ce que cette lettre, qui était alors notre *u* actuel, pouvant aisément être retournée et ainsi passer pour un *n*, se trouvait être de toutes celles de l'alphabet la plus favorable aux coquilles.

Cette mascarade solennelle se maintint longtemps à Lyon. Chaque année elle recevait, avec des rites nouveaux, des chants burlesques et des discours à l'avenant, dont le seigneur de la Coquille faisait naturellement les frais d'impression. Ils portaient des titres dans le genre de celui-ci : *Plaisants devis... extraits la plupart des Oct. de AZ recitez publiquement le dimanche 6 mars 1594, imprimée à Lyon par le seigneur de la Coquille.*

Vers 1840, d'après la *Physiologie de l'imprimerie*, voici comme se passaient les fêtes de l'imprimerie : Le 6 mai, jour de la Saint-Jean-Porte-Latine, est la fête des compositeurs ; le singe fait ce qu'il appelle ses frais. Tous les compagnons du même atelier se réunissent pour aller dîner aux *Vendanges de Bourgogne*, et cet illustre restaurant devient alors le théâtre des débauches les plus désordonnées. Cette délicieuse noce dure au moins trois jours, jusqu'à ce qu'enfin les eaux soient devenues tellement basses qu'il faille retourner à ce maudit atelier. Quand vient la Saint-Martin, patron des ouvriers imprimeurs, les ours se partagent le *boni*, ou si vous aimez mieux toutes les amendes de l'année, et au lieu, à l'exemple des singes, d'employer leur argent à faire un fameux dîner, ils dissipent leur *Saint-Jean* en bourgogne ou en gris de Suresnes.

Les imprimeurs sont trop modernes et vivent trop à l'écart des ouvriers ordinaires pour jouer un rôle quelconque dans les contes populaires, ils ne figurent même pas, à ma connaissance, dans ceux qui appartiennent à la série comique ou satirique. Les chansons populaires n'en parlent pas davantage, et s'ils ont été quelquefois mis sur la scène de nos jours, l'ancien théâtre ne les connaît pas. Des artistes d'un grand mérite nous ont laissé des intérieurs d'imprimerie (p. 5, 9) ou ont gravé des compositions où l'art de la typographie est surtout un caractère emblématique (p. 21, 25); mais l'imagerie proprement dite des *typos* est assez pauvre. Les caricatures se bornent presque toujours à représenter l'ouvrier, ou l'apprenti coiffé du bonnet de papier qui fut, pendant la première moitié de ce siècle, un des attributs de la profession, mais qui appartient maintenant à l'archéologie. Le surnom de *singe*, appliqué aux compositeurs, n'a guère tenté que les caricaturistes américains (p. 31).

En revanche, il existe un certain nombre d'historiettes ou d'*ana*, plus ou moins amusants, dont les typographes sont les héros.

On sait qu'un typographe « met en pâte » ou « fait de la pâte » quand il laisse tomber une poignée de lettres composées ; le résultat de cet accident se nomme *pâté*, de même que l'assemblage sans ordre des lettres ainsi mélangées dans une composition postérieure. Au siècle dernier, « Des compagnons imprimeurs s'étaient avisés de former une affiche avec deux paquets de « pâté » recomposé. Ce texte était établi sur

deux colonnes, précédé du titre AVIS AU PUBLIC et d'une
initiale ornée, et terminé par une défense au public de déchirer
ledit placard, ainsi qu'aux afficheurs de le couvrir avec d'autres. Une enquête ouverte pour rechercher les auteurs de
cette gaminerie amena leur découverte; on reconnut qu'ils
avaient tiré de leur œuvre une douzaine d'exemplaires, dont

Printer devil d'après *Les Anglais peints par eux-mêmes.*

un est joint à la note d'enquête, pour s'amuser à l'occasion
du Carnaval. »

Mercier donne une version plus plaisante : « Un apprentif,
un jour de fête, seul dans l'imprimerie, s'avisa, pour s'amuser,
d'imprimer un exemplaire du pâté, et puis examinant l'ouvrage
indéchiffrable, il lui vint dans l'idée de faire une affiche au
coin d'une rue. C'étoit dans un temps où les placards tenoient
toute la police en mouvement. La multitude s'arrête, veut lire,

et ne pouvant rien comprendre, s'attroupe pour deviner ce
que cela pouvoit être. On invoque le Cicéron du quartier qui
y perd son latin; le commissaire arrive, et n'y comprenant
rien lui-même, imagine la satyre la plus effrénée. Il couvre
respectueusement du pan de sa robe l'affiche présumée scan-
daleuse. On la détache avec le plus grand soin, pour la porter
au lieutenant de police. L'inspecteur et les exempts forment
un rempart et empêchent les regards de la multitude de se
porter sur l'engin. Ils arrivent en tremblant chez le magistrat,
déposent l'imprimé. Tous les déchiffreurs, les algébristes sont
mandés. On épuise les combinaisons. Oh! c'est la langue du
diable; mais cette langue dit beaucoup. Chacun hasarde ses
conjectures; il y a une infernale malice sous ces mots, car
enfin ce sont des lettres françoises. L'imagination enfante vite
un libelle diffamatoire contre des personnes sacrées et pis
encore. A force de soins et de recherches on découvre le petit
apprentif, on l'arrête; on le mène devant le lieutenant de
police qui l'interroge : Eh! Monseigneur, répondit l'autre,
c'est un pâté d'imprimerie. »

On a parodié, à l'usage de divers métiers, les Commandements de l'Église. Voici les commandements du compositeur
typographe :

La casse où tu composeras,
Tu dois la tenir proprement.

Du manuscrit ne lèveras
Jamais les yeux en travaillant.

Point de fautes tu ne feras,
S'il est possible, en composant.

De l'auteur ne retrancheras,
Ni mot, ni ligne, absolument.

Le même espace tu mettras
Entre les mots également.

Et surtout tu t'appliqueras
A justifier justement.

Chaque paquet ficelleras
Avec soin, bien solidement.

Les épreuves tu tireras
Chaque fois bien lisiblement.

Les corrections n'omettras
De faire très exactement.

Toute copie enfermeras
Dans ton tiroir soigneusement.

Les coquilles t'efforceras
D'éviter en distribuant.

De ton patron écouteras
Les avis attentivement.

A l'atelier tu te rendras
Aux heures régulièrement.

Et des travaux tu garderas
Le secret scrupuleusement.

Singe compositeur, caricature américaine.

SOURCES

Revue d'Alsace, mai 1836. — Jacob, *Curiosités de l'Histoire des Arts*, 91
— P.-L. Lacroix et E. Fournier, *Histoire de l'Imprimerie*, 83, 152, 149 —
Revue des Arts graphiques, 9 mars 1895. — Communications de M. Edmond
Morin. — *Magasin pittoresque*, 1846, 281. — Communications de M. Louis
Morin (surtout pour ce qui a rapport à Troyes). — Moisand, *Physio-
logie de l'Imprimeur*, 38, 57, 73, 75. — Boutmy, *Dictionnaire de l'argot
des typographes*. — *Les Anglais peints par eux-mêmes*, 394. — Albert de
Saillet, *Les Enfants peints par eux-mêmes*, 293. — Salvadore Landi, *Il Ra-
gazzo di stamperia di cinquant' anni*, 8, 13. — E. Blavignac, *l'Empro genevois*,
365. — Lorédan Larchey, *Dictionnaire d'argot*. — Décembre-Alonnier,
Typographes et Gens de lettres, 67, 133, 214. — *Intermédiaire des Imprimeurs*,
septembre 1890. — E. Lemarié, *Fariboles saintongheaises* (Royan), nᵒˢ 25,
99. — Bouland, *Manuel de l'Imprimeur*. — E. Fournier, *Variétés historiques
et littéraires*, V. 235; VII, 133. — *Revue des Traditions populaires*, IX, 630.
— Mercier, *Tableau de Paris*, IX, 177.

L'Imprimerie, vignette de B. Picart.

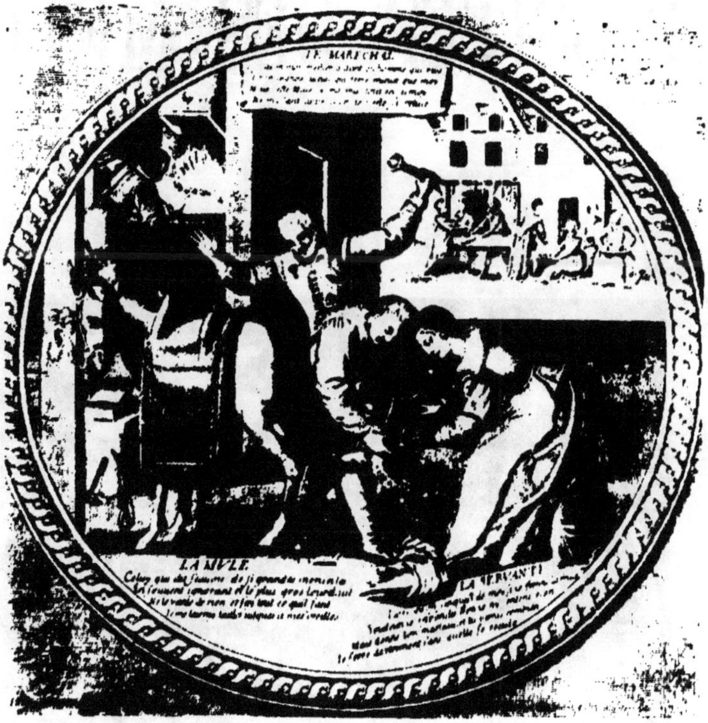
LE MARECHAL
LA MVLE
LA SERVANTE

IMPRIMERIE E. FLAMMARION, 26, RUE RACINE, PARIS

Prix : 50 centimes.

PAUL SÉBILLOT

LÉGENDES

ET

CURIOSITÉS DES MÉTIERS

I

LES TAILLEURS

PARIS

ERNEST FLAMMARION, ÉDITEUR

26, RUE RACINE, PRÈS L'ODÉON

Prix : **50 centimes.**

PAUL SÉBILLOT

LÉGENDES

ET

CURIOSITÉS DES MÉTIERS

II

LES BOULANGERS

Histoire d'un Boulanger de Madrid qui a été chastié pour avoir
vendu son pain trop cher
sur la chère ces deux Messieurs le vous prie.

PARIS

ERNEST FLAMMARION, ÉDITEUR

26, RUE RACINE, PRÈS L'ODÉON

PAUL SÉBILLOT

LÉGENDES

ET

CURIOSITÉS DES MÉTIERS

III

LES FORGERONS

PARIS

ERNEST FLAMMARION, ÉDITEUR

26, RUE RACINE, PRÈS L'ODÉON

LÉGENDES

ET

CURIOSITÉS DES MÉTIERS

On s'est beaucoup occupé des métiers au point de vue technique, économique, social ou historique ; on a reproduit avec détail les règlements qui les régissaient sous le régime des corporations ; mais on n'a guère parlé, si ce n'est très incidemment, de ce qu'on pourrait appeler leur histoire familière.

Au moyen âge, et jusqu'à une époque assez récente, il y avait, lors de la réception d'un compagnon ou d'un maître, à sa mort ou au moment de la fête annuelle, des cérémonies d'un caractère original, qui semblaient dériver d'anciens rites et dont quelques-unes remontaient vraisemblablement aux origines de l'industrie.

Les corporations étaient jalouses les unes des autres, et les « consommateurs » avaient à l'égard des gens de chaque métier des idées quelquefois bizarres, des préjugés plus ou moins justifiés, mais parfois si tenaces que maintenant encore ils ne sont pas tout à fait disparus. La malice populaire se plaisait à les entretenir ; les sobriquets, les proverbes, les chansons et les légendes en portent le reflet, et on les trouve constatés dans des anecdotes conservées par les anciens auteurs, dans les menus faits rapportés par les historiens, et aussi dans les tableaux, les estampes satiriques et l'imagerie.

Les monographies qui portent le titre général de *Légendes et Curiosités des Métiers* ont été composées à l'aide d'un choix de ces divers documents, auxquels sont venues s'ajouter des enquêtes faites par l'auteur ou par ses correspondants. Elles retraceront les coutumes singulières, ainsi que les faits caractéristiques de la vie des ouvriers. Chaque métier sera l'objet d'une sorte de physiologie anecdotique et légendaire, dans laquelle la partie rétrospective tiendra une grande place, mais où l'on rencontrera aussi bien des traits contemporains.

Il est intéressant, à une époque où des causes de natures très variées ont amené dans la vie industrielle une évolution importante, de savoir ce qui se passait autrefois, de connaître les opinions et les préjugés de jadis. En les retraçant, l'auteur aura fourni à l'histoire intime de chacun des métiers une contribution d'un caractère très particulier, et leur ensemble pourra aussi être utile à l'histoire générale des travailleurs.

TROIS SÉRIES SONT EN VENTE :

Les Tailleurs, Les Boulangers, Les Forgerons.

Prix de chaque série : **50** *centimes* (*franco*).

PARIS. — IMP. ERNEST FLAMMARION.

LÉGENDES

ET

CURIOSITÉS DES MÉTIERS

On s'est beaucoup occupé des métiers au point de vue technique, économique, social ou historique ; on a reproduit avec détail les règlements qui les régissaient sous le régime des corporations; mais on n'a guère parlé, si ce n'est très incidemment, de ce qu'on pourrait appeler leur histoire familière.

Au moyen âge, et jusqu'à une époque assez récente, il y avait, lors de la réception d'un compagnon ou d'un maître, à sa mort ou au moment de la fête annuelle, des cérémonies d'un caractère original, qui semblaient dériver d'anciens rites et dont quelques-unes remontaient vraisemblablement aux origines de l'industrie.

Les corporations étaient jalouses les unes des autres, et les « consommateurs » avaient à l'égard des gens de chaque métier des idées quelquefois bizarres, des préjugés plus ou moins justifiés, mais parfois si tenaces que maintenant encore ils ne sont pas tout à fait disparus. La malice populaire se plaisait à les entretenir; les sobriquets, les proverbes, les chansons et les légendes en portent le reflet, et on les trouve constatés dans des anecdotes conservées par les anciens auteurs, dans les menus faits rapportés par les historiens, et aussi dans les tableaux, les estampes satiriques et l'imagerie.

Les monographies qui portent le titre général de *Légendes et Curiosités des Métiers* ont été composées à l'aide d'un choix de ces divers documents, auxquels sont venues s'ajouter des enquêtes faites par l'auteur ou par ses correspondants. Elles retraceront les coutumes singulières, ainsi que les faits caractéristiques de la vie des ouvriers. Chaque métier sera l'objet d'une sorte de physiologie anecdotique et légendaire, dans laquelle la partie rétrospective tiendra une grande place, mais où l'on rencontrera aussi bien des traits contemporains.

Il est intéressant, à une époque où des causes de natures très variées ont amené dans la vie industrielle une évolution importante, de savoir ce qui se passait autrefois, de connaître les opinions et les préjugés de jadis. En les retraçant, l'auteur aura fourni à l'histoire intime de chacun des métiers une contribution d'un caractère très particulier, et leur ensemble pourra aussi être utile à l'histoire générale des travailleurs.

PARIS. — IMP ERNEST FLAMMARION.

LÉGENDES

ET

CURIOSITÉS DES MÉTIERS

On s'est beaucoup occupé des métiers au point de vue technique, économique, social ou historique ; on a reproduit avec détail les règlements qui les régissaient sous le régime des corporations; mais on n'a guère parlé, si ce n'est très incidemment, de ce qu'on pourrait appeler leur histoire familière.

Au moyen âge, et jusqu'à une époque assez récente, il y avait, lors de la réception d'un compagnon ou d'un maitre, à sa mort ou au moment de la fête annuelle, des cérémonies d'un caractère original, qui semblaient dériver d'anciens rites et dont quelques-unes remontaient vraisemblablement aux origines de l'industrie.

Les corporations étaient jalouses les unes des autres, et les « consommateurs » avaient à l'égard des gens de chaque métier des idées quelquefois bizarres, des préjugés plus ou moins justifiés, mais parfois si tenaces que maintenant encore ils ne sont pas tout à fait disparus. La malice populaire se plaisait à les entretenir; les sobriquets, les proverbes, les chansons et les légendes en portent le reflet, et on les trouve constatés dans des anecdotes conservées par les anciens auteurs, dans les menus faits rapportés par les historiens, et aussi dans les tableaux, les estampes satiriques et l'imagerie.

Les monographies qui portent le titre général de *Légendes et Curiosités des Métiers* ont été composées à l'aide d'un choix de ces divers documents, auxquels sont venues s'ajouter des enquêtes faites par l'auteur ou par ses correspondants. Elles retraceront les coutumes singulières, ainsi que les faits caractéristiques de la vie des ouvriers. Chaque métier sera l'objet d'une sorte de physiologie anecdotique et légendaire, dans laquelle la partie rétrospective tiendra une grande place, mais où l'on rencontrera aussi bien des traits contemporains.

Il est intéressant, à une époque où des causes de natures très variées ont amené dans la vie industrielle une évolution importante, de savoir ce qui se passait autrefois, de connaitre les opinions et les préjugés de jadis. En les retraçant, l'auteur aura fourni à l'histoire intime de chacun des métiers une contribution d'un caractère très particulier, et leur ensemble pourra aussi être utile à l'histoire générale des travailleurs.

TROIS SÉRIES SONT EN VENTE :

Les Tailleurs, Les Boulangers, Les Forgerons.

Prix de chaque série : **50** *centimes (franco).*

PARIS. — IMP ERNEST FLAMMARION.

Prix : 50 centimes.

PAUL SÉBILLOT

LÉGENDES

ET

CURIOSITÉS DES MÉTIERS

IV

LES COIFFEURS

PARIS

ERNEST FLAMMARION, ÉDITEUR

26, RUE RACINE, PRÈS L'ODÉON

Prix : 50 centimes.

PAUL SÉBILLOT

LÉGENDES

ET

CURIOSITÉS DES MÉTIERS

V

LES COUTURIÈRES, DENTELLIÈRES ET MODISTES

PARIS
ERNEST FLAMMARION, ÉDITEUR
26, RUE RACINE, PRÈS L'ODÉON

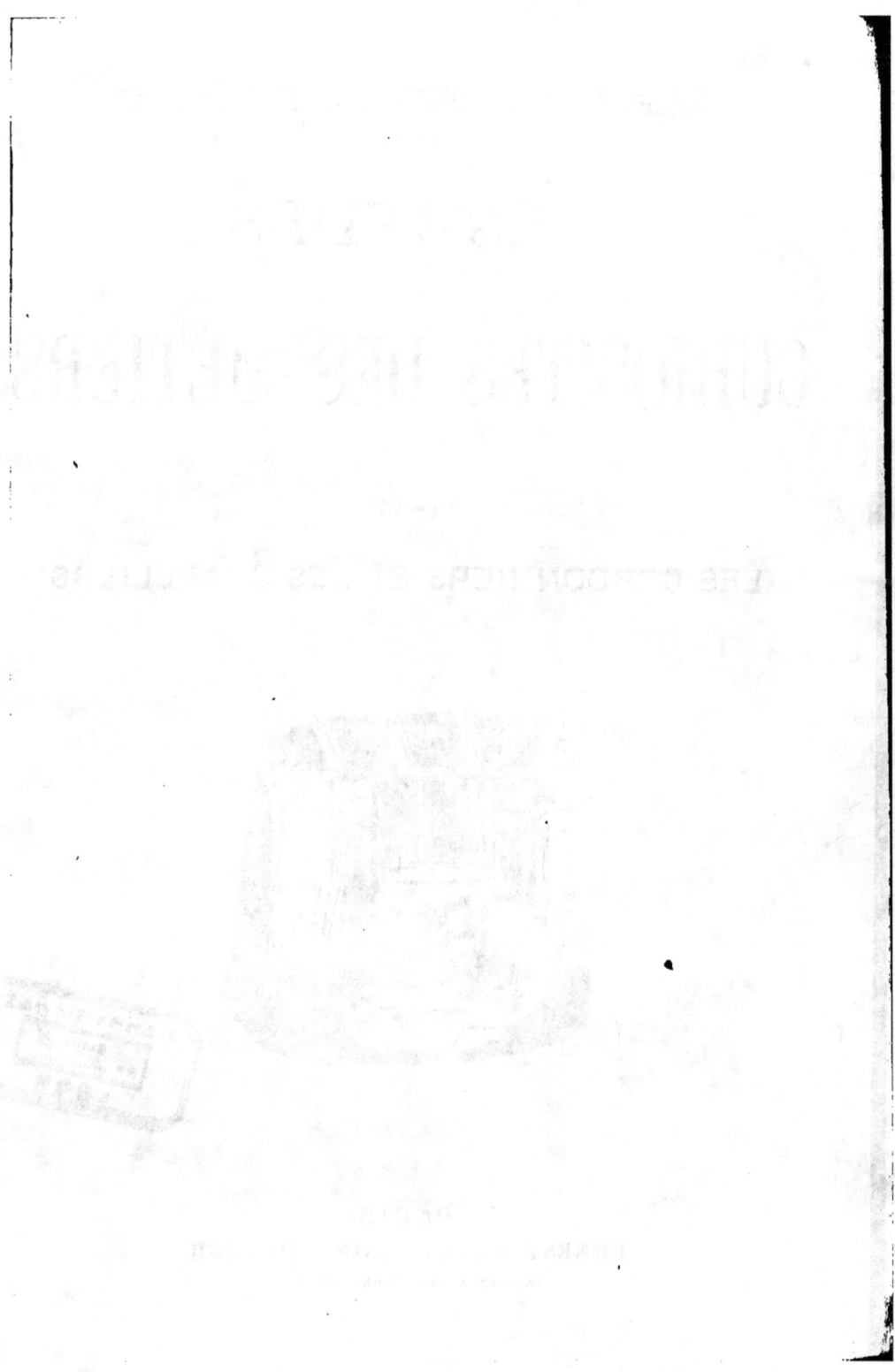

rix : **1** franc.

PAUL SÉBILLOT

LÉGENDES

ET

CURIOSITÉS DES MÉTIERS

VI – VII

LES CORDONNIERS ET LES CHAPELIERS

PARIS

ERNEST FLAMMARION, ÉDITEUR

26, RUE RACINE, PRÈS L'ODÉON

LÉGENDES

ET

CURIOSITÉS DES MÉTIERS

Nous ne manquons pas d'excellents ouvrages sur les origines et sur l'organisation des corporations ouvrières, mais leur « histoire familière » nous est moins bien connue. Les écrivains qui ont étudié le régime économique et les pratiques techniques des artisans d'autrefois ne se sont guère occupés, en effet, des côtés anecdotiques du sujet, des usages bizarres particuliers aux différents corps de métiers, des préjugés plus ou moins justifiés du public à l'égard de ceux-ci, des sobriquets et proverbes comiques, des chansons et légendes moqueuses dont la malice populaire a perpétué la tradition, depuis le moyen âge jusqu'à notre époque.

Il appartenait au savant et zélé folkloriste, M. Paul Sébillot, de compléter, sous ces rapports, l'œuvre de ses érudits devanciers, et c'est dans ce but qu'il a entrepris la publication d'une série de monographies fort curieuses, dont cinq ont déjà paru. Les deux premières sont consacrées aux *tailleurs* et aux *boulangers*, deux métiers au sujet desquels, malgré leur incontestable utilité, la malignité publique s'exerça volontiers de tout temps. Ce qu'on reprochait surtout à ces artisans, c'est l'amour de la grivèlerie, des petits profits illicites, sournoisement réalisés au préjudice des pauvres gens. Il existe un vieux proverbe qui caractérise à merveille le sentiment du petit peuple envers ceux qui touchent à l'étoffe et à la farine. « Mettez un meunier, un tailleur et un tisserand dans un sac et secouez-le ; le premier qui sortira sera un voleur ! »

Les *forgerons*, qui viennent ensuite, sont, comme tous les ouvriers du fer, beaucoup mieux traités ; les brocards lancés contre eux sont assez rares et visent moins leur probité et leurs défauts professionnels que leur superbe vanité. Avec les *coiffeurs*, recommence un vrai déluge de récits burlesques, de facéties énormes et d'épigrammes bien méritées. Les *couturières, dentellières et modistes*, qui font l'objet de la cinquième étude, bénéficient de plus d'indulgence ; toutefois, l'esprit de malice, qui les épargne en tant qu'ouvrières, se rattrape amplement sur le chapitre de la galanterie féminine.

On peut, d'après ce qui précède, présumer aisément l'intérêt du nouveau travail de M. Paul Sébillot : l'imagerie, comme il convenait, y tient une large place ; les tableaux anciens et les nombreuses estampes satiriques, dont il nous donne les reproductions, ne sont pas le moindre attrait de son instructive publication. (F. D.)　　(*Journal des Débats.*)

SEPT SÉRIES SONT EN VENTE :

Les Tailleurs ; Les Boulangers ; Les Forgerons ; Les Coiffeurs ; Les Couturières, Dentellières et Modistes ; Les Cordonniers et les Chapeliers (Série double, à **1** franc).

Prix de chaque série : **50** *centimes (franco).*

PARIS — IMP. ERNEST FLAMMARION.

LÉGENDES

ET

CURIOSITÉS DES MÉTIERS

On s'est beaucoup occupé des métiers au point de vue technique, économique, social ou historique ; on a reproduit avec détail les règlements qui les régissaient sous le régime des corporations ; mais on n'a guère parlé, si ce n'est très incidemment, de ce qu'on pourrait appeler leur histoire familière.

Au moyen âge, et jusqu'à une époque assez récente, il y avait, lors de la réception d'un compagnon ou d'un maître, à sa mort ou au moment de la fête annuelle, des cérémonies d'un caractère original, qui semblaient dériver d'anciens rites et dont quelques-unes remontaient vraisemblablement aux origines de l'industrie.

Les corporations étaient jalouses les unes des autres, et les « consommateurs » avaient à l'égard des gens de chaque métier des idées quelquefois bizarres, des préjugés plus ou moins justifiés, mais parfois si tenaces que maintenant encore ils ne sont pas tout à fait disparus. La malice populaire se plaisait à les entretenir ; les sobriquets, les proverbes, les chansons et les légendes en portent le reflet, et on les trouve constatés dans des anecdotes conservées par les anciens auteurs, dans les menus faits rapportés par les historiens, et aussi dans les tableaux, les estampes satiriques et l'imagerie.

Les monographies qui portent le titre général de *Légendes et Curiosités des Métiers* ont été composées à l'aide d'un choix de ces divers documents, auxquels sont venues s'ajouter des enquêtes faites par l'auteur ou par ses correspondants. Elles retraceront les coutumes singulières, ainsi que les faits caractéristiques de la vie des ouvriers. Chaque métier sera l'objet d'une sorte de physiologie anecdotique et légendaire, dans laquelle la partie rétrospective tiendra une grande place, mais où l'on rencontrera aussi bien des traits contemporains.

Il est intéressant, à une époque où des causes de natures très variées ont amené dans la vie industrielle une évolution importante, de savoir ce qui se passait autrefois, de connaître les opinions et les préjugés de jadis. En les retraçant, l'auteur aura fourni à l'histoire intime de chacun des métiers une contribution d'un caractère très particulier, et leur ensemble pourra aussi être utile à l'histoire générale des travailleurs.

CINQ SÉRIES SONT EN VENTE :

Les Tailleurs; Les Boulangers; Les Forgerons; Les Coiffeurs; Les Couturières, Dentellières et Modistes.

Prix de chaque série : **50 centimes** *(franco).*

PARIS. — IMP. ERNEST FLAMMARION

LÉGENDES

ET

CURIOSITÉS DES MÉTIERS

On s'est beaucoup occupé des métiers au point de vue technique, économique, social ou historique ; on a reproduit avec détail les règlements qui les régissaient sous le régime des corporations ; mais on n'a guère parlé, si ce n'est très incidemment, de ce qu'on pourrait appeler leur histoire familière.

Au moyen âge, et jusqu'à une époque assez récente, il y avait, lors de la réception d'un compagnon ou d'un maitre, à sa mort ou au moment de la fête annuelle, des cérémonies d'un caractère original, qui semblaient dériver d'anciens rites et dont quelques-unes remontaient vraisemblablement aux origines de l'industrie.

Les corporations étaient jalouses les unes des autres, et les « consommateurs » avaient à l'égard des gens de chaque métier des idées quelquefois bizarres, des préjugés plus ou moins justifiés, mais parfois si tenaces que maintenant encore ils ne sont pas tout à fait disparus. La malice populaire se plaisait à les entretenir ; les sobriquets, les proverbes, les chansons et les légendes en portent le reflet, et on les trouve constatés dans des anecdotes conservées par les anciens auteurs, dans les menus faits rapportés par les historiens, et aussi dans les tableaux, les estampes satiriques et l'imagerie.

Les monographies qui portent le titre général de *Légendes et Curiosités des Métiers* ont été composées à l'aide d'un choix de ces divers documents, auxquels sont venues s'ajouter des enquêtes faites par l'auteur ou par ses correspondants. Elles retraceront les coutumes singulières, ainsi que les faits caractéristiques de la vie des ouvriers. Chaque métier sera l'objet d'une sorte de physiologie anecdotique et légendaire, dans laquelle la partie rétrospective tiendra une grande place, mais où l'on rencontrera aussi bien des traits contemporains.

Il est intéressant, à une époque où des causes de natures très variées ont amené dans la vie industrielle une évolution importante, de savoir ce qui se passait autrefois, de connaître les opinions et les préjugés de jadis. En les retraçant, l'auteur aura fourni à l'histoire intime de chacun des métiers une contribution d'un caractère très particulier, et leur ensemble pourra aussi être utile à l'histoire générale des travailleurs.

CINQ SÉRIES SONT EN VENTE :

**Les Tailleurs; Les Boulangers; Les Forgerons; Les Coiffeurs;
Les Couturières, Dentellières et Modistes.**

Prix de chaque série : **50** *centimes (franco).*

PARIS. — IMP. ERNEST FLAMMARION

Prix : 50 centimes.

PAUL SÉBILLOT

LÉGENDES

ET

CURIOSITÉS DES MÉTIERS

VIII

LES PATISSIERS

Voila le bon Pain d'Epices de Reims

PARIS

ERNEST FLAMMARION, ÉDITEUR

26, RUE RACINE, PRÈS L'ODÉON

Prix : **30** centimes

PAUL SÉBILLOT

LÉGENDES

ET

CURIOSITÉS DES MÉTIERS

IX

LES BOUCHERS

PARIS

ERNEST FLAMMARION, ÉDITEUR

26, RUE RACINE PRÈS L'ODÉON

PAUL SÉBILLOT

LÉGENDES

ET

CURIOSITÉS DES MÉTIERS

X

LES CHARPENTIERS ET LES MENUISIERS

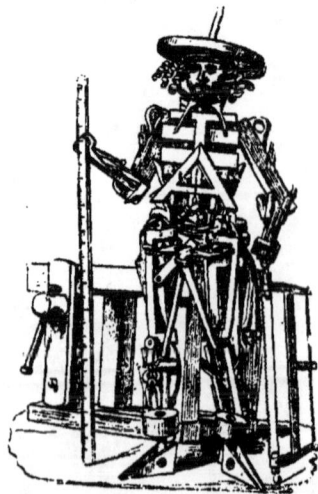

PARIS
ERNEST FLAMMARION, ÉDITEUR
26, RUE RACINE, PRÈS L'ODÉON

LÉGENDES

ET

CURIOSITÉS DES MÉTIERS

Nous ne manquons pas d'excellents ouvrages sur les origines et sur l'organisation des corporations ouvrières, mais leur « histoire familière » nous est moins bien connue. Les écrivains qui ont étudié le régime économique et les pratiques techniques des artisans d'autrefois ne se sont guère occupés, en effet, des côtés anecdotiques du sujet, des usages bizarres particuliers aux différents corps de métiers, des préjugés plus ou moins justifiés du public à l'égard de ceux-ci, des sobriquets et proverbes comiques, des chansons et légendes moqueuses dont la malice populaire a perpétué la tradition, depuis le moyen âge jusqu'à notre époque.

Il appartenait au savant et zélé folkloriste, M. Paul Sébillot, de compléter, sous ces rapports, l'œuvre de ses érudits devanciers, et c'est dans ce but qu'il a entrepris la publication d'une série de monographies fort curieuses, dont cinq ont déjà paru. Les deux premières sont consacrées aux *tailleurs* et aux *boulangers*, deux métiers au sujet desquels, malgré leur incontestable utilité, la malignité publique s'exerça volontiers de tout temps. Ce qu'on reprochait surtout à ces artisans, c'est l'amour de la grivèlerie, des petits profits illicites, sournoisement réalisés au préjudice des pauvres gens. Il existe un vieux proverbe qui caractérise à merveille le sentiment du petit peuple envers ceux qui touchent à l'étoffe et à la farine. « Mettez un meunier, un tailleur et un tisserand dans un sac et secouez-le ; le premier qui sortira sera un voleur ! »

Les *forgerons*, qui viennent ensuite, sont, comme tous les ouvriers du fer, beaucoup mieux traités ; les brocards lancés contre eux sont assez rares et visent moins leur probité et leurs défauts professionnels que leur superbe vanité. Avec les *coiffeurs*, recommence un vrai déluge de récits burlesques, de facéties énormes et d'épigrammes bien méritées. Les *couturières, dentelières et modistes*, qui font l'objet de la cinquième étude, bénéficient de plus d'indulgence ; toutefois, l'esprit de malice, qui les épargne en tant qu'ouvrières, se rattrape amplement sur le chapitre de la galanterie féminine.

On peut, d'après ce qui précède, présumer aisément l'intérêt du nouveau travail de M. Paul Sébillot : l'imagerie, comme il convenait, y tient une large place ; les tableaux anciens et les nombreuses estampes satiriques, dont il nous donne les reproductions, ne sont pas le moindre attrait de son instructive publication. (F. D.)   (*Journal des Débats.*)

DIX SÉRIES SONT EN VENTE :

Les Tailleurs; Les Boulangers; Les Forgerons; Les Coiffeurs; Les Couturières, Dentellières et Modistes; Les Cordonniers et les Chapeliers (Série double, à 1 franc); Les Pâtissiers; Les Bouchers; Les Charpentiers et les Menuisiers.

Prix de chaque série : **50** *centimes (franco).*

PARIS. — IMP. ERNEST FLAMMARION

LÉGENDES
ET
CURIOSITÉS DES MÉTIERS

Nous ne manquons pas d'excellents ouvrages sur les origines et sur l'organisation des corporations ouvrières, mais leur « histoire familière » nous est moins bien connue. Les écrivains qui ont étudié le régime économique et les pratiques techniques des artisans d'autrefois ne se sont guère occupés, en effet, des côtés anecdotiques du sujet, des usages bizarres particuliers aux différents corps de métiers, des préjugés plus ou moins justifiés du public à l'égard de ceux-ci, des sobriquets et proverbes comiques, des chansons et légendes moqueuses dont la malice populaire a perpétué la tradition, depuis le moyen âge jusqu'à notre époque.

Il appartenait au savant et zélé folkloriste, M. Paul Sébillot, de compléter, sous ces rapports, l'œuvre de ses érudits devanciers, et c'est dans ce but qu'il a entrepris la publication d'une série de monographies fort curieuses, dont cinq ont déjà paru. Les deux premières sont consacrées aux *tailleurs* et aux *boulangers*, deux métiers au sujet desquels, malgré leur incontestable utilité, la malignité publique s'exerça volontiers de tout temps. Ce qu'on reprochait surtout à ces artisans, c'est l'amour de la grivèlerie, des petits profits illicites, sournoisement réalisés au préjudice des pauvres gens. Il existe un vieux proverbe qui caractérise à merveille le sentiment du petit peuple envers ceux qui touchent à l'étoffe et à la farine. « Mettez un meunier, un tailleur et un tisserand dans un sac et secouez-le ; le premier qui sortira sera un voleur ! »

Les *forgerons*, qui viennent ensuite, sont, comme tous les ouvriers du fer, beaucoup mieux traités ; les brocards lancés contre eux sont assez rares et visent moins leur probité et leurs défauts professionnels que leur superbe vanité. Avec les *coiffeurs*, recommence un vrai déluge de récits burlesques, de facéties énormes et d'épigrammes bien méritées. Les *couturières*, *dentelières* et *modistes*, qui font l'objet de la cinquième étude, bénéficient de plus d'indulgence ; toutefois, l'esprit de malice, qui les épargne en tant qu'ouvrières, se rattrape amplement sur le chapitre de la galanterie féminine.

On peut, d'après ce qui précède, présumer aisément l'intérêt du nouveau travail de M. Paul Sébillot : l'imagerie, comme il convenait, y tient une large place ; les tableaux anciens et les nombreuses estampes satiriques, dont il nous donne les reproductions, ne sont pas le moindre attrait de son instructive publication. (F. D.)   (*Journal des Débats.*)

PARIS. — IMP. ERNEST FLAMMARION.

LÉGENDES

ET

CURIOSITÉS DES MÉTIERS

Nous ne manquons pas d'excellents ouvrages sur les origines et sur l'organisation des corporations ouvrières, mais leur « histoire familière » nous est moins bien connue. Les écrivains qui ont étudié le régime économique et les pratiques techniques des artisans d'autrefois ne se sont guère occupés, en effet, des côtés anecdotiques du sujet, des usages bizarres particuliers aux différents corps de métiers, des préjugés plus ou moins justifiés du public à l'égard de ceux-ci, des sobriquets et proverbes comiques, des chansons et légendes moqueuses dont la malice populaire a perpétué la tradition, depuis le moyen âge jusqu'à notre époque.

Il appartenait au savant et zélé folkloriste, M. Paul Sébillot, de compléter, sous ces rapports, l'œuvre de ses érudits devanciers, et c'est dans ce but qu'il a entrepris la publication d'une série de monographies fort curieuses, dont cinq ont déjà paru. Les deux premières sont consacrées aux *tailleurs* et aux *boulangers*, deux métiers au sujet desquels, malgré leur incontestable utilité, la malignité publique s'exerça volontiers de tout temps. Ce qu'on reprochait surtout à ces artisans, c'est l'amour de la grivèlerie, des petits profits illicites, sournoisement réalisés au préjudice des pauvres gens. Il existe un vieux proverbe qui caractérise à merveille le sentiment du petit peuple envers ceux qui touchent à l'étoffe et à la farine. « Mettez un meunier, un tailleur et un tisserand dans un sac et secouez-le ; le premier qui sortira sera un voleur ! »

Les *forgerons*, qui viennent ensuite, sont, comme tous les ouvriers du fer, beaucoup mieux traités ; les brocards lancés contre eux sont assez rares et visent moins leur probité et leurs défauts professionnels que leur superbe vanité. Avec les *coiffeurs*, recommence un vrai déluge de récits burlesques, de facéties énormes et d'épigrammes bien méritées. Les *couturières, dentellières* et *modistes*, qui font l'objet de la cinquième étude, bénéficient de plus d'indulgence ; toutefois, l'esprit de malice, qui les épargne en tant qu'ouvrières, se rattrape amplement sur le chapitre de la galanterie féminine.

On peut, d'après ce qui précède, présumer aisément l'intérêt du nouveau travail de M. Paul Sébillot : l'imagerie, comme il le convenait, y tient une large place ; les tableaux anciens et les nombreuses estampes satiriques, dont il nous donne les reproductions, ne sont pas le moindre attrait de son instructive publication. (F. D.) (*Journal des Débats.*)

NEUF SÉRIES SONT EN VENTE :

Les Tailleurs; Les Boulangers; Les Forgerons; Les Coiffeurs;
Les Couturières, Dentellières et Modistes;
Les Cordonniers et les Chapeliers (Série double, à **1** franc);
Les Pâtissiers; Les Bouchers.

Prix de chaque série : **50** *centimes (franco).*

PARIS. — IMP. ERNEST FLAMMARION

Prix : 50 centimes

PAUL SÉBILLOT

LÉGENDES

ET

CURIOSITÉS DES MÉTIERS

XI

LES BUCHERONS ET LES CHARBONNIERS

Iamais meufnier & charbonnier ne s'accorderent en leur mestier

PARIS
ERNEST FLAMMARION, ÉDITEUR
26, RUE RACINE, PRÈS L'ODÉON

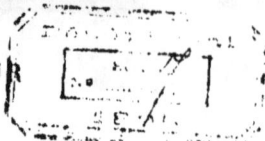

PAUL SÉBILLOT

LÉGENDES

ET

CURIOSITÉS DES MÉTIERS

XII

LES TAILLEURS DE PIERRE, MAÇONS ET COUVREURS

PARIS

ERNEST FLAMMARION, ÉDITEUR

26, RUE RACINE. PRÈS L'ODÉON

Prix : 50 centimes.

PAUL SÉBILLOT

LÉGENDES

ET

CURIOSITÉS DES MÉTIERS

XIII

LES MEUNIERS

PARIS

ERNEST FLAMMARION, ÉDITEUR

26, RUE RACINE, PRÈS L'ODÉON

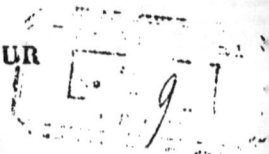

LÉGENDES

ET

CURIOSITÉS DES MÉTIERS

Nous ne manquons pas d'excellents ouvrages sur les origines et sur l'organisation des corporations ouvrières, mais leur « histoire familière » nous est moins bien connue. Les écrivains qui ont étudié le régime économique et les pratiques techniques des artisans d'autrefois ne se sont guère occupés, en effet, des côtés anecdotiques du sujet, des usages bizarres particuliers aux différents corps de métiers, des préjugés plus ou moins justifiés du public à l'égard de ceux-ci, des sobriquets et proverbes comiques, des chansons et légendes moqueuses dont la malice populaire a perpétué la tradition, depuis le moyen âge jusqu'à notre époque.

Il appartenait au savant et zélé folkloriste, M. Paul Sébillot, de compléter, sous ces rapports, l'œuvre de ses érudits devanciers, et c'est dans ce but qu'il a entrepris la publication d'une série de monographies fort curieuses, dont cinq ont déjà paru. Les deux premières sont consacrées aux *tailleurs* et aux *boulangers*, deux métiers au sujet desquels, malgré leur incontestable utilité, la malignité publique s'exerça volontiers de tout temps. Ce qu'on reprochait surtout à ces artisans, c'est l'amour de la grivèlerie, des petits profits illicites, sournoisement réalisés au préjudice des pauvres gens. Il existe un vieux proverbe qui caractérise à merveille le sentiment du petit peuple envers ceux qui touchent à l'étoffe et à la farine. « Mettez un meunier, un tailleur et un tisserand dans un sac et secouez-le ; le premier qui sortira sera un voleur ! »

Les *forgerons*, qui viennent ensuite, sont, comme tous les ouvriers du fer, beaucoup mieux traités ; les brocards lancés contre eux sont assez rares et visent moins leur probité et leurs défauts professionnels que leur superbe vanité. Avec les *coiffeurs*, recommence un vrai déluge de récits burlesques, de facéties énormes et d'épigrammes bien méritées. Les *couturières*, *dentellières* et *modistes*, qui font l'objet de la cinquième étude, bénéficient de plus d'indulgence ; toutefois, l'esprit de malice, qui les épargne en tant qu'ouvrières, se rattrape amplement sur le chapitre de la galanterie féminine.

On peut, d'après ce qui précède, présumer aisément l'intérêt du nouveau travail de M. Paul Sébillot : l'imagerie, comme il convenait, y tient une large place ; les tableaux anciens et les nombreuses estampes satiriques, dont il nous donne les reproductions, ne sont pas le moindre attrait de son instructive publication. (F. D.)   (*Journal des Débats.*)

TREIZE SÉRIES SONT EN VENTE :

Les Tailleurs ; Les Boulangers ; Les Forgerons ;
Les Coiffeurs ; Les Couturières, Dentellières et Modistes ;
Les Cordonniers et les Chapeliers ;
Les Pâtissiers ; Les Bouchers ; Les Charpentiers et Menuisiers ;
Les Tailleurs de pierre, Maçons et Couvreurs ; Les Bûcherons et Charbonniers ;
Les Meuniers.

Prix de chaque série : **50** *centimes (franco).*

PARIS. — IMP. ERNEST FLAMMARION.

LÉGENDES

ET

CURIOSITÉS DES MÉTIERS

Nous ne manquons pas d'excellents ouvrages sur les origines et sur l'organisation des corporations ouvrières, mais leur « histoire familière » nous est moins bien connue. Les écrivains qui ont étudié le régime économique et les pratiques techniques des artisans d'autrefois ne se sont guère occupés, en effet, des côtés anecdotiques du sujet, des usages bizarres particuliers aux différents corps de métiers, des préjugés plus ou moins justifiés du public à l'égard de ceux-ci, des sobriquets et proverbes comiques, des chansons et légendes moqueuses dont la malice populaire a perpétué la tradition, depuis le moyen âge jusqu'à notre époque.

Il appartenait au savant et zélé folkloriste, M. Paul Sébillot, de compléter, sous ces rapports, l'œuvre de ses érudits devanciers, et c'est dans ce but qu'il a entrepris la publication d'une série de monographies fort curieuses, dont cinq ont déjà paru. Les deux premières sont consacrées aux *tailleurs* et aux *boulangers*, deux métiers au sujet desquels, malgré leur incontestable utilité, la malignité publique s'exerça volontiers de tout temps. Ce qu'on reprochait surtout à ces artisans, c'est l'amour de la grivèlerie, des petits profits illicites, sournoisement réalisés au préjudice des pauvres gens. Il existe un vieux proverbe qui caractérise à merveille le sentiment du petit peuple envers ceux qui touchent à l'étoffe et à la farine. « Mettez un meunier, un tailleur et un tisserand dans un sac et secouez-le ; le premier qui sortira sera un voleur ! »

Les *forgerons*, qui viennent ensuite, sont, comme tous les ouvriers du fer, beaucoup mieux traités ; les brocards lancés contre eux sont assez rares et visent moins leur probité et leurs défauts professionnels que leur superbe vanité. Avec les *coiffeurs*, recommence un vrai déluge de récits burlesques, de facéties énormes et d'épigrammes bien méritées. Les *couturières, dentelières* et *modistes*, qui font l'objet de la cinquième étude, bénéficient de plus d'indulgence ; toutefois, l'esprit de malice, qui les épargne en tant qu'ouvrières, se rattrape amplement sur le chapitre de la galanterie féminine.

On peut, d'après ce qui précède, présumer aisément l'intérêt du nouveau travail de M. Paul Sébillot : l'imagerie, comme il convenait, y tient une large place ; les tableaux anciens et les nombreuses estampes satiriques, dont il nous donne les reproductions, ne sont pas le moindre attrait de son instructive publication. (F. D.)   (*Journal des Débats.*)

DOUZE SÉRIES SONT EN VENTE :

**Les Tailleurs; Les Boulangers; Les Forgerons; Les Coiffeurs;
Les Couturières, Dentellières et Modistes;
Les Cordonniers et les Chapeliers** (Série double, à **1** franc); **
Les Pâtissiers: Les Bouchers; Les Charpentiers et les Menuisiers;
Les Bûcherons et Charbonniers; Les Tailleurs de pierre,
Maçons et Couvreurs.**

Prix de chaque série : **50** *centimes (franco).*

PARIS. — IMP. ERNEST FLAMMARION

LÉGENDES

ET

CURIOSITÉS DES MÉTIERS

Nous ne manquons pas d'excellents ouvrages sur les origines et sur l'organisation des corporations ouvrières, mais leur « histoire familière » nous est moins bien connue. Les écrivains qui ont étudié le régime économique et les pratiques techniques des artisans d'autrefois ne se sont guère occupés, en effet, des côtés anecdotiques du sujet, des usages bizarres particuliers aux différents corps de métiers, des préjugés plus ou moins justifiés du public à l'égard de ceux-ci, des sobriquets et proverbes comiques, des chansons et légendes moqueuses dont la malice populaire a perpétué la tradition, depuis le moyen âge jusqu'à notre époque.

Il appartenait au savant et zélé folkloriste, M. Paul Sébillot, de compléter, sous ces rapports, l'œuvre de ses érudits devanciers, et c'est dans ce but qu'il a entrepris la publication d'une série de monographies fort curieuses, dont cinq ont déjà paru. Les deux premières sont consacrées aux *tailleurs* et aux *boulangers*, deux métiers au sujet desquels, malgré leur incontestable utilité, la malignité publique s'exerça volontiers de tout temps. Ce qu'on reprochait surtout à ces artisans, c'est l'amour de la griveterie, des petits profits illicites, sournoisement réalisés au préjudice des pauvres gens. Il existe un vieux proverbe qui caractérise à merveille le sentiment du petit peuple envers ceux qui touchent à l'étoffe et à la farine. « Mettez un meunier, un tailleur et un tisserand dans un sac et secouez-le ; le premier qui sortira sera un voleur ! »

Les *forgerons*, qui viennent ensuite, sont, comme tous les ouvriers du fer, beaucoup mieux traités ; les brocards lancés contre eux sont assez rares et visent moins leur probité et leurs défauts professionnels que leur superbe vanité. Avec les *coiffeurs*, recommence un vrai déluge de récits burlesques, de facéties énormes et d'épigrammes bien méritées. Les *couturières*, *dentellières* et *modistes*, qui font l'objet de la cinquième étude, bénéficient de plus d'indulgence ; toutefois, l'esprit de malice, qui les épargne en tant qu'ouvrières, se rattrape amplement sur le chapitre de la galanterie féminine.

On peut, d'après ce qui précède, présumer aisément l'intérêt du nouveau travail de M. Paul Sébillot : l'imagerie, comme il convenait, y tient une large place ; les tableaux anciens et les nombreuses estampes satiriques, dont il nous donne les reproductions, ne sont pas le moindre attrait de son instructive publication. (F. D.) (*Journal des Débats.*)

ONZE SÉRIES SONT EN VENTE :

**Les Tailleurs ; Les Boulangers ; Les Forgerons ;
Les Coiffeurs ; Les Couturières, Dentellières et Modistes ;
Les Cordonniers et les Chapeliers** (Série double, à **1** franc).
**Les Pâtissiers ; Les Bouchers ; Les Charpentiers et les Menuisiers :
Les Bûcherons et Charbonniers.**

Prix de chaque série : **50** *centimes (franco).*

PARIS. — IMP. ERNEST FLAMMARION.

PAUL SÉBILLOT

LÉGENDES

ET

CURIOSITÉS DES MÉTIERS

XIV

LES CHAUDRONNIERS, SERRURIERS ET CLOUTIERS

ALMANACH DES MAITRES SERRURIERS

PARIS
ERNEST FLAMMARION, ÉDITEUR
26, RUE RACINE, PRÈS L'ODÉON

PAUL SÉBILLOT

LÉGENDES

ET

CURIOSITÉS DES MÉTIERS

XV

LES FILEUSES

PARIS

ERNEST FLAMMARION, ÉDITEUR

26, RUE RACINE, PRÈS L'ODÉON

Prix : 50 centimes.

PAUL SÉBILLOT

LÉGENDES

ET

CURIOSITÉS DES MÉTIERS

XVI

LES BOISIERS, SABOTIERS ET TONNELIERS

PARIS

ERNEST FLAMMARION, ÉDITEUR

26, RUE RACINE, PRÈS L'ODÉON

Prix : 50 centimes.

PAUL SÉBILLOT

LÉGENDES

et

CURIOSITÉS DES MÉTIERS

XVII

LES LAVANDIÈRES ET LES BLANCHISSEUSES

hola: commere mon batoy
afin de fraper fur nes draps
fi vo. lauez ne me le donnez pas
fi n'avõ. ne lauez pas donnez-le moy

PARIS

ERNEST FLAMMARION, ÉDITEUR

26, RUE RACINE, PRÈS L'ODÉON

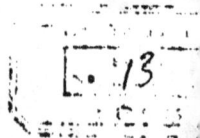

LÉGENDES
ET
CURIOSITÉS DES MÉTIERS

Nous ne manquons pas d'excellents ouvrages sur les origines et sur l'organisation des corporations ouvrières, mais leur « histoire familière » nous est moins bien connue. Les écrivains qui ont étudié le régime économique et les pratiques techniques des artisans d'autrefois ne se sont guère occupés, en effet, des côtés anecdotiques du sujet, des usages bizarres particuliers aux différents corps de métiers, des préjugés plus ou moins justifiés du public à l'égard de ceux-ci, des sobriquets et proverbes comiques, des chansons et légendes moqueuses dont la malice populaire a perpétué la tradition, depuis le moyen âge jusqu'à notre époque.

Il appartenait au savant et zélé folkloriste, M. Paul Sébillot, de compléter, sous ces rapports, l'œuvre de ses érudits devanciers, et c'est dans ce but qu'il a entrepris la publication d'une série de monographies fort curieuses, dont cinq ont déjà paru. Les deux premières sont consacrées aux *tailleurs* et aux *boulangers*, deux métiers au sujet desquels, malgré leur incontestable utilité, la malignité publique s'exerça volontiers de tout temps. Ce qu'on reprochait surtout à ces artisans, c'est l'amour de la grivèlerie, des petits profits illicites, sournoisement réalisés au préjudice des pauvres gens. Il existe un vieux proverbe qui caractérise à merveille le sentiment du petit peuple envers ceux qui touchent à l'étoffe et à la farine. « Mettez un meunier, un tailleur et un tisserand dans un sac et secouez-le ; le premier qui sortira sera un voleur ! »

Les *forgerons*, qui viennent ensuite, sont, comme tous les ouvriers du fer, beaucoup mieux traités ; les brocards lancés contre eux sont assez rares et visent moins leur probité et leurs défauts professionnels que leur superbe vanité. Avec les *coiffeurs*, recommence un vrai déluge de récits burlesques, de facéties énormes et d'épigrammes bien méritées. Les *couturières*, *dentelières* et *modistes*, qui font l'objet de la cinquième étude, bénéficient de plus d'indulgence ; toutefois, l'esprit de malice, qui les épargne en tant qu'ouvrières, se rattrape amplement sur le chapitre de la galanterie féminine.

On peut, d'après ce qui précède, présumer aisément l'intérêt du nouveau travail de M. Paul Sébillot : l'imagerie, comme il convenait, y tient une large place ; les tableaux anciens et les nombreuses estampes satiriques, dont il nous donne les reproductions, ne sont pas le moindre attrait de son instructive publication. (F. D.) (*Journal des Débats.*)

VINGT SÉRIES SONT EN VENTE :

Les Tailleurs ; Les Boulangers ; Les Forgerons ;
Les Coiffeurs ; Les Couturières, Dentellières et Modistes ;
Les Cordonniers et les Chapeliers (Série double, à 1 fr.) ;
Les Pâtissiers ; Les Bouchers ; Les Charpentiers et Menuisiers ;
Les Tailleurs de pierre, Maçons et Couvreurs ; Les Bûcherons et Charbonniers ;
Les Meuniers ; Les Chaudronniers, Serruriers et Cloutiers ; Les Fileuses ;
Les Boisiers, Sabotiers et Tonneliers ;
Les Lavandières et les Blanchisseuses ; Les Charrons, Tourneurs, Peintres, etc. ;
Les Tisserands, Gazières et Cordiers ;
Les Imprimeurs.

Prix de chaque série : **50** *centimes (franco).*

PARIS. — IMP. ERNEST FLAMMARION

LÉGENDES

ET

CURIOSITÉS DES MÉTIERS

Nous ne manquons pas d'excellents ouvrages sur les origines et sur l'organisation des corporations ouvrières, mais leur « histoire familière » nous est moins bien connue. Les écrivains qui ont étudié le régime économique et les pratiques techniques des artisans d'autrefois ne se sont guère occupés, en effet, des côtés anecdotiques du sujet, des usages bizarres particuliers aux différents corps de métiers, des préjugés plus ou moins justifiés du public à l'égard de ceux-ci, des sobriquets et proverbes comiques, des chansons et légendes moqueuses dont la malice populaire a perpétué la tradition, depuis le moyen âge jusqu'à notre époque.

Il appartenait au savant et zélé folkloriste, M. Paul Sébillot, de compléter, sous ces rapports, l'œuvre de ses érudits devanciers, et c'est dans ce but qu'il a entrepris la publication d'une série de monographies fort curieuses, dont cinq ont déjà paru. Les deux premières sont consacrées aux *tailleurs* et aux *boulangers*, deux métiers au sujet desquels, malgré leur incontestable utilité, la malignité publique s'exerça volontiers de tout temps. Ce qu'on reprochait surtout à ces artisans, c'est l'amour de la grivèlerie, des petits profits illicites, sournoisement réalisés au préjudice des pauvres gens. Il existe un vieux proverbe qui caractérise à merveille le sentiment du petit peuple envers ceux qui touchent à l'étoffe et à la farine. « Mettez un meunier, un tailleur et un tisserand dans un sac et secouez-le ; le premier qui sortira sera un voleur ! »

Les *forgerons*, qui viennent ensuite, sont, comme tous les ouvriers du fer, beaucoup mieux traités ; les brocards lancés contre eux sont assez rares et visent moins leur probité et leurs défauts professionnels que leur superbe vanité. Avec les *coiffeurs*, recommence un vrai déluge de récits burlesques, de facéties énormes et d'épigrammes bien méritées. Les *couturières*, *dentellières* et *modistes*, qui font l'objet de la cinquième étude, bénéficient de plus d'indulgence ; toutefois, l'esprit de malice, qui les épargne en tant qu'ouvrières, se rattrape amplement sur le chapitre de la galanterie féminine.

On peut, d'après ce qui précède, présumer aisément l'intérêt du nouveau travail de M. Paul Sébillot : l'imagerie, comme il convenait, y tient une large place ; les tableaux anciens et les nombreuses estampes satiriques, dont il nous donne les reproductions, ne sont pas le moindre attrait de son instructive publication. (F. D.)   (*Journal des Débats.*)

VINGT SÉRIES SONT EN VENTE :

Les Tailleurs ; Les Boulangers ; Les Forgerons ;
Les Coiffeurs ; Les Couturières, Dentellières et Modistes ;
Les Cordonniers et les Chapeliers (Série double, à 1 fr.) ;
Les Pâtissiers ; Les Bouchers ; Les Charpentiers et Menuisiers ;
Les Tailleurs de pierre, Maçons et Couvreurs ; Les Bûcherons et Charbonniers ;
Les Meuniers ; Les Chaudronniers, Serruriers et Cloutiers ; Les Fileuses ;
Les Boisiers, Sabotiers et Tonneliers ;
Les Lavandières et les Blanchisseuses ; Les Charrons, Tourneurs, Peintres, etc. ;
Les Tisserands, Gaziers et Cordiers ;
Les Imprimeurs.

Prix de chaque série : **50** *centimes (franco).*

PARIS. — IMP. ERNEST FLAMMARION.

LÉGENDES

ET

CURIOSITÉS DES MÉTIERS

Nous ne manquons pas d'excellents ouvrages sur les origines et sur l'organisation des corporations ouvrières, mais leur « histoire familière » nous est moins bien connue. Les écrivains qui ont étudié le régime économique et les pratiques techniques des artisans d'autrefois ne se sont guère occupés, en effet, des côtés anecdotiques du sujet, des usages bizarres particuliers aux différents corps de métiers, des préjugés plus ou moins justifiés du public à l'égard de ceux-ci, des sobriquets et proverbes comiques, des chansons et légendes moqueuses dont la malice populaire a perpétué la tradition, depuis le moyen âge jusqu'à notre époque.

Il appartenait au savant et zélé folkloriste, M. Paul Sébillot, de compléter, sous ces rapports, l'œuvre de ses érudits devanciers, et c'est dans ce but qu'il a entrepris la publication d'une série de monographies fort curieuses, dont cinq ont déjà paru. Les deux premières sont consacrées aux *tailleurs* et aux *boulangers*, deux métiers au sujet desquels, malgré leur incontestable utilité, la malignité publique s'exerça volontiers de tout temps. Ce qu'on reprochait surtout à ces artisans, c'est l'amour de la grivèlerie, des petits profits illicites, sournoisement réalisés au préjudice des pauvres gens. Il existe un vieux proverbe qui caractérise à merveille le sentiment du petit peuple envers ceux qui touchent à l'étoffe et à la farine. « Mettez un meunier, un tailleur et un tisserand dans un sac et secouez-le ; le premier qui sortira sera un voleur ! »

Les *forgerons*, qui viennent ensuite, sont, comme tous les ouvriers du fer, beaucoup mieux traités ; les brocards lancés contre eux sont assez rares et visent moins leur probité et leurs défauts professionnels que leur superbe vanité. Avec les *coiffeurs*, recommence un vrai déluge de récits burlesques, de facéties énormes et d'épigrammes bien méritées. Les *couturières*, *dentelières* et *modistes*, qui font l'objet de la cinquième étude, bénéficient de plus d'indulgence ; toutefois, l'esprit de malice, qui les épargne en tant qu'ouvrières, se rattrape amplement sur le chapitre de la galanterie féminine.

On peut, d'après ce qui précède, présumer aisément l'intérêt du nouveau travail de M. Paul Sébillot : l'imagerie, comme il convenait, y tient une large place ; les tableaux anciens et les nombreuses estampes satiriques, dont il nous donne les reproductions, ne sont pas le moindre attrait de son instructive publication. (F. D.)   (*Journal des Débats*.)

VINGT SÉRIES SONT EN VENTE :

Les Tailleurs ; Les Boulangers ; Les Forgerons ;
Les Coiffeurs ; Les Couturières, Dentellières et Modistes ;
Les Cordonniers et les Chapeliers (Série double, à 1 fr.) ;
Les Pâtissiers ; Les Bouchers ; Les Charpentiers et Menuisiers ;
Les Tailleurs de pierre, Maçons et Couvreurs ; Les Bûcherons et Charbonniers ;
Les Meuniers ; Les Chaudronniers, Serruriers et Cloutiers ; Les Fileuses ;
Les Boisiers, Sabotiers et Tonneliers ;
Les Lavandières et les Blanchisseuses ; Les Charrons, Tourneurs, Peintres, etc. ;
Les Tisserands, Gazières et Cordiers ;
Les Imprimeurs.

Prix de chaque série : **50** *centimes (franco).*

PARIS. — IMP. ERNEST FLAMMARION

LÉGENDES

ET

CURIOSITÉS DES MÉTIERS

Nous ne manquons pas d'excellents ouvrages sur les origines et sur l'organisation des corporations ouvrières, mais leur « histoire familière » nous est moins bien connue. Les écrivains qui ont étudié le régime économique et les pratiques techniques des artisans d'autrefois ne se sont guère occupés, en effet, des côtés anecdotiques du sujet, des usages bizarres particuliers aux différents corps de métiers, des préjugés plus ou moins justifiés du public à l'égard de ceux-ci, des sobriquets et proverbes comiques, des chansons et légendes moqueuses dont la malice populaire a perpétué la tradition, depuis le moyen âge jusqu'à notre époque.

Il appartenait au savant et zélé folkloriste, M. Paul Sébillot, de compléter, sous ces rapports, l'œuvre de ses érudits devanciers, et c'est dans ce but qu'il a entrepris la publication d'une série de monographies fort curieuses, dont cinq ont déjà paru. Les deux premières sont consacrées aux *tailleurs* et aux *boulangers*, deux métiers au sujet desquels, malgré leur incontestable utilité, la malignité publique s'exerça volontiers de tout temps. Ce qu'on reprochait surtout à ces artisans, c'est l'amour de la grivèlerie, des petits profits illicites, sournoisement réalisés au préjudice des pauvres gens. Il existe un vieux proverbe qui caractérise à merveille le sentiment du petit peuple envers ceux qui touchent à l'étoffe et à la farine. « Mettez un meunier, un tailleur et un tisserand dans un sac et secouez-le ; le premier qui sortira sera un voleur ! »

Les *forgerons*, qui viennent ensuite, sont, comme tous les ouvriers du fer, beaucoup mieux traités ; les brocards lancés contre eux sont assez rares et visent moins leur probité et leurs défauts professionnels que leur superbe vanité. Avec les *coiffeurs*, recommence un vrai déluge de récits burlesques, de facéties énormes et d'épigrammes bien méritées. Les *couturières, dentellières et modistes*, qui font l'objet de la cinquième étude, bénéficient de plus d'indulgence ; toutefois, l'esprit de malice, qui les épargne en tant qu'ouvrières, se rattrape amplement sur le chapitre de la galanterie féminine.

On peut, d'après ce qui précède, présumer aisément l'intérêt du nouveau travail de M. Paul Sébillot : l'imagerie, comme il convenait, y tient une large place ; les tableaux anciens et les nombreuses estampes satiriques, dont il nous donne les reproductions, ne sont pas le moindre attrait de son instructive publication. (F. D.) (*Journal des Débats.*)

QUATORZE SÉRIES SONT EN VENTE :

**Les Tailleurs ; Les Boulangers ; Les Forgerons ; Les Coiffeurs ;
Les Couturières, Dentellières et Modistes ;
Les Cordonniers et Chapeliers (Série double, à 1 franc) ; Les Pâtissiers ;
Les Bouchers ; Les Charpentiers et Menuisiers ; Les Bûcherons et Charbonniers
Les Tailleurs de pierre, Maçons et Couvreurs ; Les Meuniers ;
Les Chaudronniers, Serruriers et Cloutiers.**

Prix de chaque série : **50** *centimes (franco).*

PARIS. — IMP. ERNEST FLAMMARION

Prix : **50** centimes.

PAUL SÉBILLOT

LÉGENDES

ET

CURIOSITÉS DES MÉTIERS

XVIII

LES CHARRONS, TOURNEURS, PEINTRES, ETC.

PARIS

ERNEST FLAMMARION, ÉDITEUR

26, RUE RACINE, PRÈS L'ODÉON

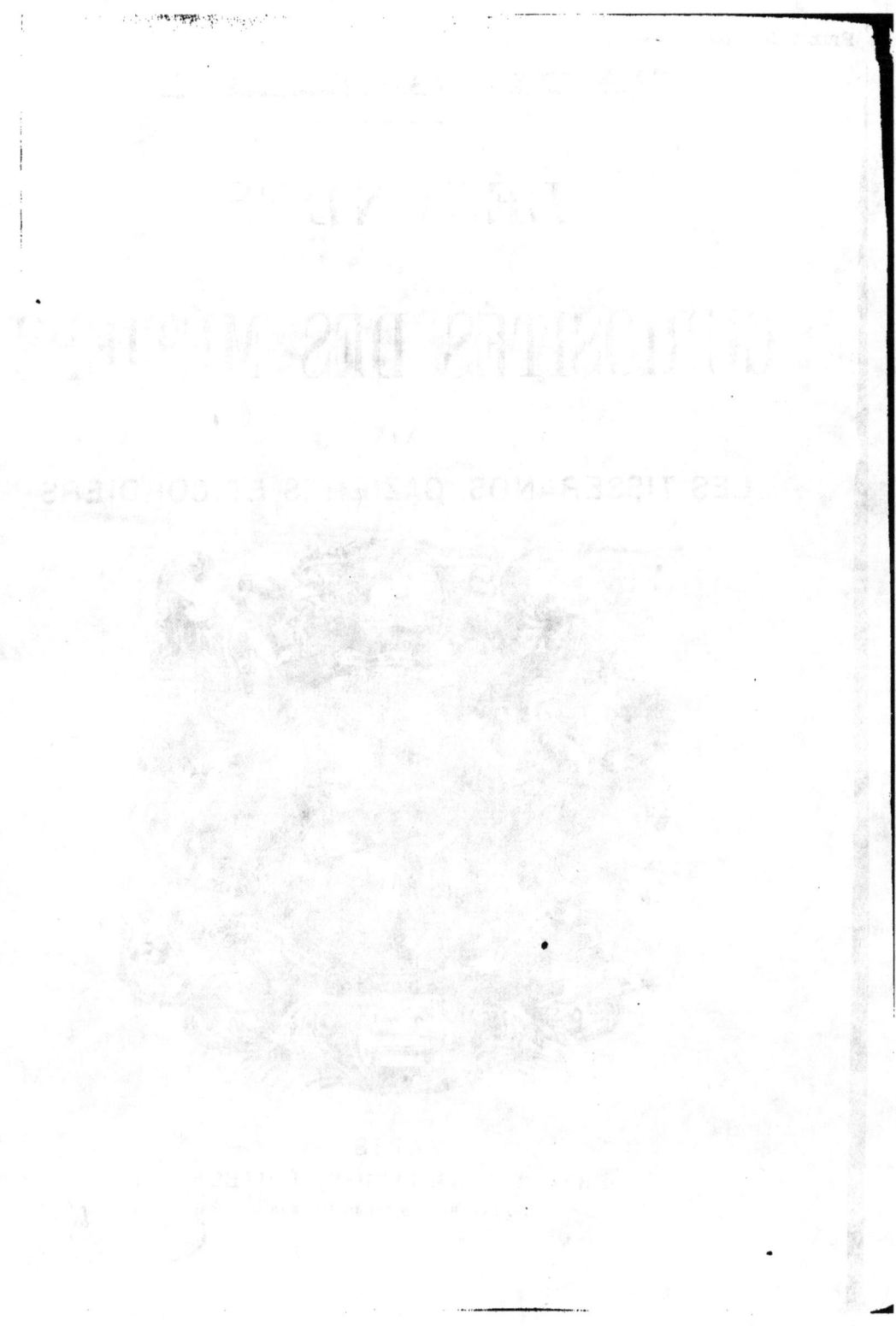

PAUL SÉBILLOT

LÉGENDES

ET

CURIOSITÉS DES MÉTIERS

XIX

LES TISSERANDS, GAZIÈRES ET CORDIERS

PARIS

ERNEST FLAMMARION, ÉDITEUR

26, RUE RACINE, PRÈS L'ODÉON

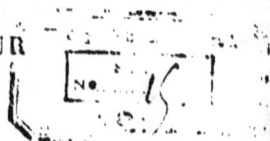

PAUL SÉBILLOT

LÉGENDES

ET

CURIOSITÉS DES MÉTIERS

XX

LES IMPRIMEURS

PARIS

ERNEST FLAMMARION, ÉDITEUR

26, RUE RACINE, PRÈS L'ODÉON

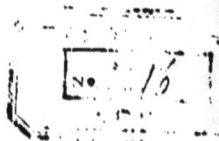

LÉGENDES

ET

CURIOSITÉS DES MÉTIERS

Nous ne manquons pas d'excellents ouvrages sur les origines et sur l'organisation des corporations ouvrières, mais leur « histoire familière » nous est moins bien connue. Les écrivains qui ont étudié le régime économique et les pratiques techniques des artisans d'autrefois ne se sont guère occupés, en effet, des côtés anecdotiques du sujet, des usages bizarres particuliers aux différents corps de métiers, des préjugés plus ou moins justifiés du public à l'égard de ceux-ci, des sobriquets et proverbes comiques, des chansons et légendes moqueuses dont la malice populaire a perpétué la tradition, depuis le moyen âge jusqu'à notre époque.

Il appartenait au savant et zélé folkloriste, M. Paul Sébillot, de compléter, sous ces rapports, l'œuvre de ses érudits devanciers, et c'est dans ce but qu'il a entrepris la publication d'une série de monographies fort curieuses, dont cinq ont déjà paru. Les deux premières sont consacrées aux *tailleurs* et aux *boulangers*, deux métiers au sujet desquels, malgré leur incontestable utilité, la malignité publique s'exerça volontiers de tout temps. Ce qu'on reprochait surtout à ces artisans, c'est l'amour de la grivèlerie, des petits profits illicites, sournoisement réalisés au préjudice des pauvres gens. Il existe un vieux proverbe qui caractérise à merveille le sentiment du petit peuple envers ceux qui touchent à l'étoffe et à la farine. « Mettez un meunier, un tailleur et un tisserand dans un sac et secouez-le ; le premier qui sortira sera un voleur ! »

Les *forgerons*, qui viennent ensuite, sont, comme tous les ouvriers du fer, beaucoup mieux traités ; les brocards lancés contre eux sont assez rares et visent moins leur probité et leurs défauts professionnels que leur superbe vanité. Avec les *coiffeurs*, recommence un vrai déluge de récits burlesques, de facéties énormes et d'épigrammes bien méritées. Les *couturières*, *dentellières* et *modistes*, qui font l'objet de la cinquième étude, bénéficient de plus d'indulgence ; toutefois, l'esprit de malice, qui les épargne en tant qu'ouvrières, se rattrape amplement sur le chapitre de la galanterie féminine.

On peut, d'après ce qui précède, présumer aisément l'intérêt du nouveau travail de M. Paul Sébillot : l'imagerie, comme il convenait, y tient une large place ; les tableaux anciens et les nombreuses estampes satiriques, dont il nous donne les reproductions, ne sont pas le moindre attrait de son instructive publication. (F. D.)   (*Journal des Débats.*)

VINGT SÉRIES SONT EN VENTE :

Les Tailleurs ; Les Boulangers ; Les Forgerons ;
Les Coiffeurs ; Les Couturières, Dentellières et Modistes ;
Les Cordonniers et les Chapeliers (Série double, à 1 fr.) ;
Les Pâtissiers ; Les Bouchers ; Les Charpentiers et Menuisiers ;
Les Tailleurs de pierre, Maçons et Couvreurs ; Les Bûcherons et Charbonniers ;
Les Meuniers ; Les Chaudronniers, Serruriers et Cloutiers ; Les Fileuses ;
Les Boisiers, Sabotiers et Tonneliers ;
Les Lavandières et les Blanchisseuses ; Les Charrons, Tourneurs, Peintres, etc. ;
Les Tisserands, Gazières et Cordiers ;
Les Imprimeurs.

Prix de chaque série : **50** *centimes (franco).*

PARIS. — IMP. ERNEST FLAMMARION

LÉGENDES

ET

CURIOSITÉS DES MÉTIERS

Nous ne manquons pas d'excellents ouvrages sur les origines et sur l'organisation des corporations ouvrières, mais leur « histoire familière » nous est moins bien connue. Les écrivains qui ont étudié le régime économique et les pratiques techniques des artisans d'autrefois ne se sont guère occupés, en effet, des côtés anecdotiques du sujet, des usages bizarres particuliers aux différents corps de métiers, des préjugés plus ou moins justifiés du public à l'égard de ceux-ci, des sobriquets et proverbes comiques, des chansons et légendes moqueuses dont la malice populaire a perpétué la tradition, depuis le moyen âge jusqu'à notre époque.

Il appartenait au savant et zélé folkloriste, M. Paul Sébillot, de compléter, sous ces rapports, l'œuvre de ses érudits devanciers, et c'est dans ce but qu'il a entrepris la publication d'une série de monographies fort curieuses, dont cinq ont déjà paru. Les deux premières sont consacrées aux *tailleurs* et aux *boulangers*, deux métiers au sujet desquels, malgré leur incontestable utilité, la malignité publique s'exerça volontiers de tout temps. Ce qu'on reprochait surtout à ces artisans, c'est l'amour de la grivèlerie, des petits profits illicites, sournoisement réalisés au préjudice des pauvres gens. Il existe un vieux proverbe qui caractérise à merveille le sentiment du petit peuple envers ceux qui touchent à l'étoffe et à la farine. « Mettez un meunier, un tailleur et un tisserand dans un sac et secouez-le ; le premier qui sortira sera un voleur ! »

Les *forgerons*, qui viennent ensuite, sont, comme tous les ouvriers du fer, beaucoup mieux traités ; les brocards lancés contre eux sont assez rares et visent moins leur probité et leurs défauts professionnels que leur superbe vanité. Avec les *coiffeurs*, recommence un vrai déluge de récits burlesques, de facéties énormes et d'épigrammes bien méritées. Les *couturières*, *dentellières* et *modistes*, qui font l'objet de la cinquième étude, bénéficient de plus d'indulgence ; toutefois, l'esprit de malice, qui les épargne en tant qu'ouvrières, se rattrape amplement sur le chapitre de la galanterie féminine.

On peut, d'après ce qui précède, présumer aisément l'intérêt du nouveau travail de M. Paul Sébillot : l'imagerie, comme il convenait, y tient une large place ; les tableaux anciens et les nombreuses estampes satiriques, dont il nous donne les reproductions, ne sont pas le moindre attrait de son instructive publication. (F. D.)   (*Journal des Débats.*)

VINGT SÉRIES SONT EN VENTE :

Les Tailleurs ; Les Boulangers ; Les Forgerons ;
Les Coiffeurs ; Les Couturières, Dentellières et Modistes ;
Les Cordonniers et les Chapeliers (Série double, à 1 fr.) ;
Les Pâtisiers ; Les Bouchers ; Les Charpentiers et Menuisiers ;
Les Tailleurs de pierre, Maçons et Couvreurs ; Les Bûcherons et Charbonniers ;
Les Meuniers ; Les Chaudronniers, Serruriers et Cloutiers ; Les Fileuses ;
Les Boisiers, Sabotiers et Tonneliers ;
Les Lavandières et les Blanchisseuses ; Les Charrons, Tourneurs, Peintres, etc. ;
Les Tisserands, Gazières et Cordiers ;
Les Imprimeurs.

Prix de chaque série : **50** *centimes (franco).*

PARIS. — IMP. ERNEST FLAMMARION.

LÉGENDES

ET

CURIOSITÉS DES MÉTIERS

Nous ne manquons pas d'excellents ouvrages sur les origines et sur l'organisation des corporations ouvrières, mais leur « histoire familière » nous est moins bien connue. Les écrivains qui ont étudié le régime économique et les pratiques techniques des artisans d'autrefois ne se sont guère occupés, en effet, des côtés anecdotiques du sujet, des usages bizarres particuliers aux différents corps de métiers, des préjugés plus ou moins justifiés du public à l'égard de ceux-ci, des sobriquets et proverbes comiques, des chansons et légendes moqueuses dont la malice populaire a perpétué la tradition, depuis le moyen âge jusqu'à notre époque.

Il appartenait au savant et zélé folkloriste, M. Paul Sébillot, de compléter, sous ces rapports, l'œuvre de ses érudits devanciers, et c'est dans ce but qu'il a entrepris la publication d'une série de monographies fort curieuses, dont cinq ont déjà paru. Les deux premières sont consacrées aux *tailleurs* et aux *boulangers*, deux métiers au sujet desquels, malgré leur incontestable utilité, la malignité publique s'exerça volontiers de tout temps. Ce qu'on reprochait surtout à ces artisans, c'est l'amour de la grivèlerie, des petits profits illicites, sournoisement réalisés au préjudice des pauvres gens. Il existe un vieux proverbe qui caractérise à merveille le sentiment du petit peuple envers ceux qui touchent à l'étoffe et à la farine. « Mettez un meunier, un tailleur et un tisserand dans un sac et secouez-le ; le premier qui sortira sera un voleur ! »

Les *forgerons*, qui viennent ensuite, sont, comme tous les ouvriers du fer, beaucoup mieux traités ; les brocards lancés contre eux sont assez rares et visent moins leur probité et leurs défauts professionnels que leur superbe vanité. Avec les *coiffeurs*, recommence un vrai déluge de récits burlesques, de facéties énormes et d'épigrammes bien méritées. Les *couturières*, *dentelières* et *modistes*, qui font l'objet de la cinquième étude, bénéficient de plus d'indulgence ; toutefois, l'esprit de malice, qui les épargne en tant qu'ouvrières, se rattrape amplement sur le chapitre de la galanterie féminine.

On peut, d'après ce qui précède, présumer aisément l'intérêt du nouveau travail de M. Paul Sébillot : l'imagerie, comme il convenait, y tient une large place ; les tableaux anciens et les nombreuses estampes satiriques, dont il nous donne les reproductions, ne sont pas le moindre attrait de son instructive publication. (F. D.)   (*Journal des Débats*.)

VINGT SÉRIES SONT EN VENTE :

Les Tailleurs ; Les Boulangers ; Les Forgerons ;
Les Coiffeurs ; Les Couturières, Dentellières et Modistes ;
Les Cordonniers et les Chapeliers (Série double, à 1 fr.) ;
Les Pâtissiers ; Les Bouchers ; Les Charpentiers et Menuisiers ;
Les Tailleurs de pierre, Maçons et Couvreurs ; Les Bûcherons et Charbonniers ;
Les Meuniers ; Les Chaudronniers, Serruriers et Cloutiers ; Les Fileuses ;
Les Boisiers, Sabotiers et Tonneliers ;
Les Lavandières et les Blanchisseuses ; Les Charrons, Tourneurs, Peintres, etc. ;
Les Tisserands, Gazières et Cordiers ;
Les Imprimeurs.

Prix de chaque série : **50** *centimes (franco).*

PARIS. — IMP. ERNEST FLAMMARION.